普通高等学校应用型教材 · 金融

金融学概论

（第三版）

INTRODUCTION TO FINANCE

主　编　王常柏
副主编　邵永同　赵玉平

中国人民大学出版社
· 北京 ·

出版说明

随着金融成为现代经济运行的核心，社会对金融教育和人才培养提出了更深的要求：分层培养人才。既要着力于培养研究型人才，又要培养大批应用型人才，这已是共识。许多非研究型院校师生反映，市场上现有的金融学教材大多重理论轻实践，重国际化轻中国化。根据这些院校的特点和培养目标，他们认为在教材内容上不仅要包含本领域的基本理论问题，让学生对于基本概念、基本原理有完整的掌握，同时还应包含本领域的基本实践问题，让学生掌握一定的实务操作方法，以应对未来工作的挑战。本着这一要求，由李小牧教授和李嘉珊教授牵头，中国人民大学出版社组织中国人民大学、西安交通大学、北京第二外国语学院、北京外国语大学、首都经济贸易大学、对外经济贸易大学、北京工商大学等若干所学校以及国家外汇管理局、保险公司、证券公司、商业银行等的专家，设计和推出了这套普通高等学校应用型教材。该套教材突出了以下三点：

第一，所列课程完全根据教育部“高等教育面向21世纪教学内容与课程体系改革规划”编写。

第二，根据应用型人才培养目标，教材强化了各项业务的操作规程和实践做法，通过对案例的分析和点评让学生对实务操作有一个真切的体验。

第三，压缩教材的篇幅，学习资料、练习题等相关内容学生可以通过网络获取，减轻学生负担。

这里要说明的是，出于对应用型人才培养探索的要求，出版社并没有提出过分严格的要求，只是在教材的定位、篇幅、编写体例上提出了一些原则性建议，具体编写工作则实行主编负责制，由各位主编和作者全权处理各教材的编写工作，并对各自的内容负责。

教材的出版凝结了所有参编专家、教授的辛劳和智慧，在此一并表示感谢。

真诚地期待广大教师、学生和其他读者的批评和意见。

中国人民大学出版社

第三版前言

“金融学”作为金融学专业的基础理论课，作为经济管理类相关专业的必修课程或选修课程，首要任务是为读者建立一个金融学的整体框架，并且这个框架不应以作者的偏好而随意取舍，而应较全面地反映金融学的全貌，在奠定基本金融分析原理的同时，便于读者今后知识的拓展，而不是使读者学完金融学后，对金融学的内涵和外延仍是一头雾水。本书正是在这样的思想指导下对内容体系进行设计的。

此外，为全面贯彻习近平新时代中国特色社会主义思想，金融学教育应落实习近平关于金融工作的一系列重要论述。比如习近平要我们走中国特色金融发展之路，坚持把马克思主义金融理论同当代中国具体实际相结合、同中华优秀传统文化相结合，不断推进金融实践创新、理论创新、制度创新。习近平的这些思想体现了对金融发展规律的科学认识和把握，为我国金融事业的健康发展提供了根本遵循。

本书由四部分组成，一是介绍金融学的框架体系和其他有关金融理论的部分，以便读者对金融学形成全面的认识，包括第一章和第十五章。二是微观金融部分，包括第二章至第七章，介绍了信用工具、利息的来源及其计算、金融资产的价值评估及企业金融决策原理。三是介绍作为宏观金融运行基础的金融市场与金融运营组织的部分，包括第八章至第十章。四是宏观金融部分，包括第十一章至第十四章，有助于读者认识货币创造及货币均衡的原理，以及国家的货币政策、监管与调控。

本书从体系和内容编写、修订上进行了三项探索：

首先，我们认为金融最基本的含义是关于资金融通的学问，可是学生在学习完很多金融学的教材后，并没有得到关于个人和企业是通过什么渠道、方式进行资金融通的指导。另外，金融学教学应该指导学生学会如何进行正确的金融决策，而进行正确决策的前提是正确评估资产价值，因此，我们将微观金融的核心内容——证券估值与金融决策的内容加入本书的体系中，重点阐释了证券估值原理和企业金融决策主要考虑的因素。同时我们对货币银行学所涉及的宏观金融的内容进行了精简和补充。具体而言，一是简化了中央银行的内容，补充了证监会、银保监会的内容，较全面地介绍了监管体系，因而有别于绝大多数金融学教科书秉承货币银行学以宏观金融学为主，将中央银行、金融监管分别单独作为一章介绍的安排，读者若想对中央银行方面的知识进行更深入的研究，可以继续阅读有关中央银行学的教材。二是为了改变宏观金融对宏观经济学相关内容的简单重复问题，将通货膨胀与通货紧缩的内容简化为第十三章“货币供求及均衡”的一节，同时力求使没有学过宏观经济学的读者也能读懂。三是鉴于金融运行的组织机构仍比较重要，而又缺乏专门的课程来介绍，特别是许多读者对非银行类金融机构比较陌生的现状，本书不但保留了原货币银行学的相关内容，而且对非银行类金融机构进行了补充。

其次，为了使读者对金融理论有一个更完整的认识，为读者进一步学习提供指导，本书最后一章对有关理论进行了介绍，便于读者能够在较短的时间内了解这些理论。这一章的目的不是试图准确地概括这些理论，而是试图对读者深入学习起到一定的指引作用。

最后，本书在设计体系和编写、修订时本着实用的原则，力求避免一些不必要的引经据典式的陈述，尽量减少没有必要定义的概念和分类，重点阐述金融原理和金融运行机制，如对企业如何进行金融决策以及证券价值评估原理的探讨。对于书中涉及公式计算和公式推导的内容，一般直接给出最终的公式，省略公式的详细推导过程，但尽可能配上公式的实际应用案例，即通过简洁明了的案例将公式包含的本质内容介绍清楚。

为了便于读者自主学习，同时加深对相关章节知识的理解，本书在每一章内容的最后部分增加了本章小结、思考题和推荐阅读书目，有些章还配有案例分析。

本书的第一版由重庆工商大学和天津商业大学的教师共同编写完成。感谢第一版教材所有作者作出的贡献，尤其是重庆工商大学的参编者所付出的辛勤工作。第二版和第三版的修订工作全部由天津商业大学的教师完成。感谢一直以来业界同人和读者给予的理解、包容和支持，特别感谢那些提出意见和建议的读者们，正是你们的建议和期望使本书在修订过程中得以不断完善。感谢中国人民大学出版社给予的支持和帮助。

如果说第一版体现的是天津商业大学金融学专业作为国家特色专业建设的成果，第二版的修订则体现了天津商业大学金融学专业作为国家级专业综合改革试点专业（项目编号：ZG0026）、金融学专业天津市级教学团队和天津市普通高等学校本科教学质量与教学改革研究计划项目“金融学专业（财富管理方向）内涵建设的研究与实践”（编号：B02-0203）建设改革的成果。第三版的修订进一步体现了天津商业大学近年来金融学专业建设和课程建设的成果，是金融学国家级一流本科专业建设点（教高厅函［2021］7号）、金融学天津市一流本科专业建设点、证券投资学天津市一流本科建设课程、金融学天津商业大学一流本科建设课程、证券投资学天津商业大学一流本科建设课程、证券投资学天津商业大学课程思政示范课程和天津商业大学本科教学改革研究项目“金融学专业实践教学课程体系构建研究”阶段性成果的重要体现。

第三版修订的分工为：王常柏负责进行体系、内容的整合，王常柏、邵永同、赵玉平共同进行了全书的审阅、统稿工作。具体修订工作分工为：王常柏负责第一、第三、第六、第七、第八章，赵玉平负责第二、第十一、第十二、第十三章，邵永同负责第九、第十、第十四、第十五章，刘红霞负责第四章，田菁负责第五章。

如书中有不足之处，敬请广大读者和业界同人不吝斧正。在教材的编写过程中，我们参阅了大量同类教材和著作，使我们受益良多，主要参考文献在本书后详细列出，在此，谨向这些文献的作者表示诚挚的感谢并致以崇高的敬意。

王常柏

目　录

第一章 导　论

第一节　金融学的研究对象

习近平指出要坚定不移走中国特色金融发展之路。习近平提出的一系列原创性新思想和新观点，把我们党对金融工作本质规律和发展道路的认识提升到了新的高度。金融在很大程度上影响甚至决定着经济的健康发展，习近平强调加强党中央对金融工作的集中统一领导的重要性。他认为，这是做好金融工作的根本保证。习近平还强调金融要造福人民的理念，他指出金融工作要站稳人民立场，增强服务的多样性、普惠性、可及性，更好保护金融消费者权益。这一理念对于推动金融市场向着更加普惠、公平的方向发展具有重要的指导意义。探讨金融学的研究对象，必须首先深刻理解和把握习近平关于金融工作的新思想和新观点，并坚决贯彻落实。

著名金融学家黄达教授所编著的《金融学》① 第一、第二版中昭示了三个方面的问题：其一，伴随着我国金融体系的发展，作为金融学专业基础课程的《货币银行学》正从传统的以货币银行为中心的体系向现代金融体系过渡和演变，并逐渐形成新的金融学体系。其二，对于什么是金融学，它与传统的在我国金融教育中长期占统治地位的货币银行学到底有什么本质区别还不是非常清晰，由此形成了当今多种金融学的体系安排。其三，目前除

① 黄达．金融学．3 版．北京：中国人民大学出版社，2012.

了少数几本教科书对金融学的内涵进行了明晰的界定外，大部分教科书对金融学的内涵界定并不清晰，正如有些经济学家所说：对于金融学的内涵界定混沌一片。[①] 具体表现在以下两个体系上：一是以黄达主编的《金融学》和曹龙骐主编的《金融学》为代表，以传统的货币银行学为核心、增补了国际金融等内容的宏观金融体系；另一个是以苏平贵主编的《金融学》为代表，在适当保留货币银行学的基本理论知识的基础上，以研究金融市场和资产定价为核心的微观金融为主的体系。

要弄清金融学的研究对象，首先要弄清金融的内涵。

一、金融的内涵

什么是金融？企业家、政府官员或专家学者会给出不同的答案，因为金融尚没有一个统一的定义。1915 年出版的《词源》称："今谓金钱之融通曰金融，旧称银根。"相应地，"各种银行、票号、钱庄曰金融机关"。教科书一般将金融解释为"货币资金的融通"。1990 年经济管理出版社出版的《中国金融百科全书》中对"金融"的词条解释为："货币流通和信用活动以及与之相关的经济活动的总称。"这一定义显然比定义为"货币资金的融通"更能体现现代金融的本质，但就其外延来讲不是很清晰，伸缩性太大。因此，有的学者认为，"现代金融是以货币或货币索取权形式存在的资产的流通"。[②]

追根溯源，大多数学者都认为金融一词来源于西方，英语为"finance"，其本意是"货币资产及其管理"，有时也译为"财政"。由于不同的主体对货币资产的管理有不同的目标，在西方，"finance"在不同的场合下，有不同的具体含义和内容。

一种观点认为，西方对"finance"的使用大致存在三种不同的口径：其一是从国外引进的窄口径金融，是以资本市场为核心的微观金融；其二是中口径金融，大体相当于我国的宽口径金融；其三则是更为广泛的金融，除宽口径金融的含义外，还包括国家财政、企业财务、个人货币收支等。显然，第三种口径过于宽泛，并且国家财政、企业财务等都有其他学科专门研究，没有必要拓展到金融的研究领域中。而如果采用窄口径金融，主要进行以资本市场为核心的微观层面分析，显然不够全面，很难达到对资金融通和运行的规律性的把握，而对金融中介机构的分析也会被忽略。因此，采用西方的中口径（也即我国的宽口径）金融概念更合理。

另一种观点认为，正确地把握金融的含义，要注意三点：一是不能忽视金融是以融资活动为主体；二是随着融资活动的发展变化，融资的结构、规模、结算工具都在不断地由单一向多元、简单到复杂推进；三是从不同的角度往往有不同的定义。特别是从主体上讲，金融是研究家庭资金融通与资产配置，企业资金融通的成本、规模、方式、方法、资本结构与金融资源配置，中介机构经营货币、证券并进行经营管理，政府调控货币供求、资本市场运行、金融资产的定价、金融监管和金融制度安排的社会科学。学习金融学应注意的是，金融的含义不是固定不变的，随着经济的发展，特别是经济金融化、金融虚拟化

① 张新．中国金融学面临的挑战和发展前景．金融研究，2003（8）．
② 曾康霖．金融学教程．北京：中国金融出版社，2006．

的加深，其内涵也在不断拓展，读者从后面金融学的演变与发展中可以更清晰地感受到这一点，因此，没有一个绝对的定义。为了使读者更清晰地理解金融的含义，建议将金融理解为：不同的经济主体通过金融市场参与资产定价，进行资金融通、金融产品交易、配置资产以及与之相联系的监管、保险和国际金融活动。

二、金融学的研究对象

理解了金融的内涵后，金融学的研究对象就清晰了，概括而言，金融学是研究货币融通、流通及金融产品定价、金融资源配置的一门学科。具体而言，主要包括四个方面：一是以货币银行为核心的间接融资活动；二是以资本市场为核心的直接融资活动和资产定价活动；三是货币的供求、国际资本流动问题；四是货币政策、金融监管、金融制度安排等宏观调控问题。不难看出，中国的金融学是不包含公共财政和公司理财学在内的学科体系。另外，作为一门学科，金融还必须研究金融虚拟化的影响效应问题，如金融虚拟化产生的对国民收入分配的影响及其带来的财富贮藏与使用的时空配置效应，金融虚拟化对货币流通的影响，金融虚拟度，资产泡沫与金融安全，宏观财富的虚拟问题等。然而，金融学作为一门课程和作为一门学科又是不同的，金融学作为一门课程应主要揭示货币运行（无论是直接融资还是间接融资，国内金融还是国际金融）的基本原理、货币运行的基本规律，通过对这些原理规律的把握认识到货币的职能、货币的时间价值、金融市场上的各种信用工具及其定价原理、货币供求原理及金融体系的作用、货币政策和金融制度、不同国家货币与货币政策间的关系以及金融虚拟化带来的影响。现在金融学教科书中存在三种倾向：一是脱胎于货币银行学，因此名称上是金融学，但基本上是货币银行学的内容外加一点微观金融和国际金融的知识；二是吸收了西方以微观金融为主的理念，将部分由证券投资学承担的课程内容加到金融学中，造成金融学与证券投资学的重复内容过多；三是由于金融的外延非常广泛，作为一门基础课程，所包含的内容过多，什么都想包含进去，但在其组合过程中又很难处理好与证券投资学、国际金融、商业银行经营管理、宏观经济学、金融市场等课程的分工问题，致使真正应该在金融学中阐述的作为货币流通规律性的东西却显得不足。其主要原因是我们国家的金融本身处于一个大变革的时代，所以有关金融学的研究也在逐渐完善之中，有些研究比如金融虚拟化问题才刚刚开始，有待深化，因此就更难以在教科书中有所反映了。作此交代，也是希望读者对此有一个正确的认识。

第二节　金融学的演变与发展

一门学科的发展归根到底是为经济发展服务的，因此，其内容和学科体系的演变过程是与其经济发展进程密切相关的。就西方而言，由于直接融资业务的发展，与之相关的资产定价与融资策略、融资结构的研究一直占据重要的位置。然而，中国由于在很长时间里没有资本市场，仅有间接融资，所以以宏观金融为主，将中央银行、商业银行、金融市场、货币供求作为核心目标的货币银行学在相当长时间内被看成是中国的金融学，随着中国资本市场的发展，以货币银行为主体的宏观金融逐渐向微观金融转化，因此，金融学的演变与发展主要反映在微观和宏观两个层面。

一、西方微观金融学的演变与发展

在西方，微观金融学一直居于主导地位，从西方金融学的演变与发展来看，大致经历了旧金融学、现代金融学和新金融学这三个阶段。

（一）旧金融学

根据罗伯特·豪根的观点，旧金融学研究的主题是以会计学和法学为基础，研究财务报表分析和金融要求权及其使用，主要反映在两本经典的教材中，一是本杰明和戴维·多德的《证券分析》(1951)，主要阐述应如何调整会计报表使其能够对不同公司的收益和资产负债表进行直接比较；二是阿瑟·斯通·杜因的《公司的融资策略》(1953)，主要阐述与兼并、收购及破产重组相关的法律问题。这两本著作确立了金融学作为一门学科发展的基本原则。可以看出，旧金融学以微观金融为核心，主要研究公司发展和资本市场的运用等问题。

（二）现代金融学

随着四个金融学基本理论的发展，即哈里·马科维茨的组合最优化理论，佛朗哥·莫迪利亚尼和默顿·米勒的无关性定理（通常叫 MM 定理），威廉·夏普、约翰·林特纳和简·莫辛的资本资产定价模型（CAPM）和尤金·法马的有效市场假说（EMH）理论，建立了基于理性经济行为的现代金融学。

（三）新金融学

由于越来越多的证据表明有效市场假说是有待商榷的，基于理性经济行为对投资者金融市场行为的解释被抛弃，而以统计学、经济计量学和心理学为基础的对非有效市场的研究奠定了当代金融学的基石，多因素模型、特殊预期回报模型、行为金融这些对股票估值具有较强解释力和预测力的研究成为新金融学的核心。

对行为金融的研究可追溯到 19 世纪古斯塔夫·勒庞（Gustave Le Bon）的《乌合之众》（*The Crowd*）和麦基（Mackey）的《非同寻常的大众幻想与全民疯狂》（*Extraordinary Popular Delusions and the Madness of Crowds*）对投资市场群体行为的研究，但直到 20 世纪 90 年代，行为金融学才逐渐引起金融学界的重视。

二、西方宏观金融学的演变与发展

西方宏观金融学的发展大体经历了以下几个阶段：

（一）古典货币需求理论

以费雪、马歇尔和庇古等为代表的古典经济学派采用“二分法”将经济分为两个独立的部分：实体经济领域和货币领域，认为货币不过是覆盖于实物经济之上的一层面纱，对经济并不产生影响。按照货币中性论的说法，个别商品的价格取决于该商品的供求关系，即经济的实物方面，而社会平均的物价水平和货币购买力则取决于货币的数量和流通速度，即经济的货币方面，二者没有内在的联系。古典经济学派对经济的“二分法”的观点认为货币是中性的，货币只是影响价格水平等名义变量，而不会影响社会实际就业量和产量。

（二）凯恩斯的货币需求理论——流动性偏好理论

凯恩斯曾经是现金余额数量论的重要代表，在他的早期著作《货币论》中，对货币需求的分析并没有完全脱离古典理论。1936年，《就业、利息和货币通论》（以下简称《通论》）的出版引发了“凯恩斯革命”。在货币需求方面，放弃了古典经济学派将货币流通速度视为常量的观点，强调利率的重要性，反对将实物经济和货币经济分开的“二分法”，提出了流动性偏好的货币需求理论。流动性偏好理论的特点是以人们意愿持有货币的动机（交易需求、谨慎需求、投机需求）作为划分货币需求的依据，对流动性陷阱进行了描述。这一理论在西方货币需求理论中占有重要地位，既发展了古典货币需求理论，又开创了新的研究方法。

（三）现代货币数量论

1956年，弗里德曼在《货币数量论——一个重新表述》一文中发展了货币需求理论。弗里德曼采取了与凯恩斯不同的方法探讨人们持有货币的原因，他不再具体研究人们持有货币的动机，而将货币作为构成财富资产的一种，通过影响人们选择资产的种类来保存财富的因素研究货币需求，实际上是资产需求理论在货币需求理论上的应用。在弗里德曼看来，货币是债券、股票和商品的替代品，货币需求是个人拥有的财富及其他资产相对于货币预期收益率的函数，并认为货币需求主要取决于总财富，但总财富实际上是无法衡量的，只能用持久性收入而非不稳定的现期收入来代替。所以弗里德曼认为持久性收入是决定货币需求的主要因素，货币需求对利率不敏感，持久性收入的稳定导致了货币需求的稳定。

（四）新凯恩斯主义经济学派

该学派在批判地继承了原凯恩斯理论的基础上，试图建立有微观理论基础的宏观经济学。该学派从微观层面入手，以不完全竞争和信息不对称为分析基础，提出各种各样的理论模型论证工资、价格具有黏性，坚持“非市场出清”的假设，认为货币是非中性的，政府的经济政策能够影响就业和产量，需要政府积极发挥作用，通过政府干预纠正市场失灵。

（五）理性预期学派

该学派形成于20世纪70年代初，是与货币学派、供给学派并驾齐驱的新自由主义经济流派之一。该学派认为，人们能够利用所掌握的信息理性地进行经济决策。在此基础上，政府试图用宏观经济政策来干预经济的努力会由于人们的理性预期而无法达到目标，从而货币政策是无效的。

三、金融学学科体系的主要内容

由于受国外著名大学商学院和经济学院不同模式下金融课程设置的影响，加上现代金融业的飞速发展，对于金融学科体系及学科发展定位没有统一的公认的说法（也不必要有完全统一的认识）。大体而言，金融学的学科范畴从内容上来说涉及两个层面：一是微观金融，主要包括金融市场、金融中介和资产定价；二是宏观金融，包括货币供求、均衡及其效应，汇率与国际资本流动，虚拟经济与实体经济，金融制度、监管及国际金融政策的协调。

在划分金融学科的分支体系时，不同的学者由于分析问题的角度不同，往往会得到不同的结论。学术界比较认可宏观金融学、微观金融学及与其他学科的交叉这样的划分。张新在《中国金融学面临的挑战和发展前景》一文中主张按照研究领域的差异，将金融学分为三大学科支系：微观金融学、宏观金融学以及由金融与数学、法学等学科互渗形成的交叉学科。这三大支系主要的研究内容及其侧重点为：(1) 微观金融学，就是国际学术界通常理解的“finance”，主要包含公司金融、投资学和证券市场微观结构三个大的方向。(2) 宏观金融学，可以分为两类：一是微观金融学的自然延伸，包括以国际资产定价理论为基础的国际证券投资和公司金融、金融市场和金融中介机构等；二是国内学界以前理解的“金融学”，即以“货币银行学”为核心，主要包括货币、银行、国际收支和金融危机等方面的研究。(3) 金融学和其他学科的交叉学科，主要有两个：一是由金融和数理统计、系统工程等学科结合而形成的“金融工程学”；二是由金融和法学交叉而形成的“法和金融学”。其有两大研究方向：一是结合法律制度来研究金融学问题，强调法律这一制度性因素对金融主体行为的影响；二是利用金融学的研究方法来研究法学问题，例如，金融立法和监管的经济学分析。

从课程上而言，以金融经济学和货币银行学为主干，形成了包括微观金融学和宏观金融学两大主要分支，涵盖投资学、公司金融学、金融经济学、货币银行学、商业银行经营管理学、金融市场学、金融工程学、保险学、中央银行学或金融监管学、国际金融学、公共财政学、数理金融学或金融计量学等的结构。

本章小结

人们对金融非常熟悉，但给金融下一个准确的定义还是很难的。本章对较权威的金融含义进行了介绍，并给出了金融的定义，认为金融学是不同的经济主体通过金融市场参与资产定价，进行资金融通、金融产品交易、配置资产以及与之相联系的监管、保险和国际金融活动。因此金融学的研究对象应包括而不限于：一是以货币银行为核心的间接融资活动；二是以资本市场为核心的直接融资活动和资产定价活动；三是货币的供求、国际资本流动问题；四是货币政策、金融监管、金融制度安排等宏观调控问题。在此基础上，对金融学的演变与发展以及金融学的学科体系进行了梳理。

思考题

1. 东西方对金融的理解有什么差异？
2. 金融学的研究对象有哪些？现代金融应包含哪些领域？

推荐阅读书目

[1] 黄达，张杰．金融学．4 版．北京：中国人民大学出版社，2017.
[2] 刘澄，曹辉，李锋．金融学教程．3 版．北京：中国人民大学出版社，2018.
[3] 曾康霖．金融学教程．北京：中国金融出版社，2006.

第二章

货币与货币制度

⊙本章提要⊙

本章主要介绍货币的产生与发展，货币从实物货币、金属货币、纸币到电子货币的演变过程；货币充当价值尺度、流通手段、贮藏手段、支付手段以及世界货币的职能与作用；货币流通规律以及纸币流通规律；货币制度的形成、构成要素及演变过程。

⊙重点与难点⊙

- 货币的职能和作用
- 货币流通规律与纸币流通规律的区别与联系
- “劣币驱逐良币”的现象

引导案例

小说《雍正皇帝》节选：

孙嘉淦磕了个头说：“皇上，臣与司官意见不合，又受了他的压制，万不得已，才和他闹翻了的。不过，这件事用不着臣为自己辩解。臣有一事不明想问问皇上：朝廷新铸的雍正制钱不知万岁见到没有？”

“朕已经见到了，铸得很好啊，怎么了？”

“万岁可曾知道，原来的康熙制钱要多少个铜子才能换一两纹银？”

“朕知道，一两纹银能换两千枚制钱。怎么，它与你说的事有什么相关？”

“万岁爷刚才说的是官价，实际上一两纹银在市面上却只能换得七百五十枚制钱。不知万岁想过这其中的缘故吗？”

“钱贵银贱，自古如此，有什么值得大惊小怪的？”

“不，皇上，你错了！”

孙嘉淦一句“皇上，你错了”一出口，在场的人无不大惊失色。一个小小的京官，竟然敢当面指责皇上，他难道是吃了熊心豹子胆了吗？他们战战兢兢地向上面一瞧，果然，雍正皇上的脸已经由红变紫、由紫变白，额头上的汗珠也浸了出来，这是他脾气就要发作的前兆。孙嘉淦自己也觉得是说走了嘴，心中暗叫一声：“完了，我命休矣！”

但令人奇怪的是，皇上最终没有生气。他沉静地问：“哦，你说朕错了吗？那你就说说朕到底错在哪里？”

“皇上，请恕臣适才失言之罪。臣以为，这不是通常的钱贵银贱的小事，而是因为康熙钱的比例不对所致。皇上知道，康熙钱铸造比例是半铜半铅。有些奸民看到这是个有利可图的情况，就在民间广收制钱。收上来后，把它熔化了重新炼造制成铜器，再拿到市场上卖。这样，一翻手就是几十倍的赚头。那些贪心的官吏们，也就趁机上下其手，从中牟利。皇上改元登极，志在刷新政治，改革吏治，却为什么要重蹈前朝的覆辙，重铸这样的雍正钱？”

孙嘉淦一语道破了钱政上的弊端，引起了雍正皇帝的沉思，也引起了他的共鸣。清理积欠、杜绝贪贿，是雍正的一贯主张，也是他不遗余力地想要干好的事情。孙嘉淦的话让他看到了这样一种现实：各级官吏在收取税金时，要百姓们交纳的都是纹银。可是，老百姓交上来的大多是制钱。官吏们收制钱时，是按官价一对两千折算的。可他们一转手，就按黑市价一对七百五十卖出。而他们上交国库时，又变成了一对两千。就这么一倒手，就从中赚了几乎三倍！这确实是一大弊政，这个弊政非革掉不行！

案例思考：为什么康熙钱铸造比例是半铜半铅会引起如此大的弊政呢？这在货币制度里如何解释？本章所要学习的“格雷欣法则”，即“劣币驱逐良币”的现象会告诉你问题的答案。

第一节　货币的起源

一、商品的价值形式与货币的产生

人类社会起初并无货币存在。货币是与商品相伴而生的经济范畴，是商品交换发展的自然结果。原始社会后期，由于社会生产力的发展，产品在满足生产者自身需要后有了一些剩余，于是，在原始公社之间出现了最初的实物交换，商品的交换比例是由凝结在商品中的一般人类劳动，即商品的价值决定的。与商品交换的发展相适应，价值形式的发展先后经历了简单的或偶然的价值形式、扩大的价值形式、一般的价值形式和货币形式四个阶段。货币出现以后，商品的价值便由货币来表现，这是价值形式长期发展的结果。

二、货币的演变

（一）实物货币

如果作为货币的价值与作为商品的价值相等，则称这种货币为实物货币。在原始社会后期，有时候不得不耗时耗力寻找一种能够为交换双方都接受的物品，这就要求达到“需求的双重巧合”，即要求交换双方在交换商品的品种、数量、时间上具有高度一致性。这就需要一种能被大家普遍接受的一般等价物出现。最初充当一般等价物的商品是不固定的，它只在狭小的范围内暂时地、交替地由这种或那种商品承担，牲畜、盐、稀有的贝壳、珍稀鸟类羽毛、宝石等不容易大量获取的物品都曾经作为实物货币使用过。中国古代以海贝充当原始货币。“贝者，水虫，古人取其甲以为货，如今之用钱然。”（《尚书·盘庚中》孔颖达疏）贝产于海，不敷流通，就用仿制品来代替，于是有珧贝、蚌制贝、骨贝、石贝、陶贝等，乃至出现了向金属货币形态过渡的铜贝。

（二）金属货币

金属货币是指以金属作为货币材料，充当一般等价物。金属货币经历了两个方向的演变：

1. 由贱金属到贵金属的演变

货币金属最初是贱金属。多数国家和地区使用的是铜，在中国，铜从商代到民国一直作为主要币材，铁曾经在宋代四川作为币材出现过，银是宋代后成为主币币材的，金在商代是作为饰物，在战国有了金币和金板，西汉后成为次要的币材。

商品流通的发展推动着货币形式的不断发展，充当货币的商品最终集中到贵金属——金银的身上。金银本来只是普通的商品，由于其具有质地均匀、体积小、价值大、便于分割、携带方便、不易腐烂变质、可以长期保存等特点，它们成了货币最为理想的材料。所以，马克思曾说过：“金银天然不是货币，但货币天然是金银。”[①] 到19世纪上半期，世界大多数国家处于金银复本位货币制度时期，货币金属主要是金、银等贵金属。

2. 由称量货币到铸币的演变

金属货币最初是以块状流通的，没有一定的形状大小，交易时要称其重量、估其成色，这种货币就是称量货币，交易成本较高。商品经济的发展使在流通中要分割和鉴定成色的金属称量货币逐步不适应，而被金属铸币所取代。

铸币是得到国家证明其重量和成色的印记的金属块。国家的印记包括形状、花纹、文字等。中国是世界上最早使用铸币的国家，从春秋时期进入金属铸币阶段，到战国时期已确立了布币、刀币、蚁鼻钱、环钱四大货币体系。中原地区即赵、韩、魏三国和周王室土地等，主要流行布币，它是由青铜农具镈演变而来，从镈得音称布，因形状似铲，又称铲布。东方的齐国和北方的燕国主要使用刀币，又称刀货，是金属铸币的雏形，由生产工具

① 马克思，恩格斯．马克思恩格斯全集：第13卷．北京：人民出版社，1962：145.

刀演变而成，因系诸侯和乡大夫各自铸造，故种类很多，有齐刀、安阳刀、针首刀、尖首刀、圆首刀和明刀等，一般铸有铸造地点等文字。南方楚国铸币铜贝称蚁鼻钱，由贝币演化而来。蚁鼻喻小，意即小钱。铜贝因形似鬼脸，又俗称“鬼脸钱”。西北方的秦国独用环币，其形由纺轮或玉璧演化而来，环币分圆形圆孔和圆形方孔两种。秦统一六国推行圆形方孔的半两钱以后，各种铜质的方孔圆钱一直延续到清代末年。

铸币在其产生的初期是足值的，但在流通过程中铸币会磨损，或人为地刮削等，使铸币的名义金属含量与其实际含量分离，逐渐向价值符号转化，为可兑现纸币的出现奠定了基础。

（三）纸币

纸币与金属货币相比，制作成本低，更易于保管、携带和运输，避免了铸币在流通中的磨损。它是一种象征性货币，是社会商品经济发展到一定阶段的产物，经历了从兑现纸币到不兑现纸币的发展历程。

兑现纸币本身所含的价值低于它作为货币的价值，其特点是可与所代替的贵金属自由兑换，是黄金等贵金属的替代品，代表黄金等贵金属发挥货币的职能。兑现纸币的出现是商品交换日益扩大的结果，它克服了贵金属数量上不足的缺点。可兑现的银行券最早是在商业票据流通的基础上代替金属货币流通，通过与金属货币的兑现维持其价值。由于商业票据的流通时间和流通范围都有较大的局限性，而体现银行信用的银行券可不受支付日期的限制，并可随时兑换黄金，信用基础稳固，所以银行券得以广泛使用。早期的银行券是由私人银行发行的，中央银行产生以后，银行券由中央银行垄断发行，金属货币制度崩溃后，银行券成为不兑现的纸制信用货币。

不兑现纸币是指由国家发行的强制使用的货币符号。世界上最早出现的纸币是中国北宋时期四川成都的“交子”。“交子”的出现便利了商业往来，弥补了现钱的不足，是我国货币史上的一大业绩。南宋还有会子、关子。到了元代，曾铸行过少量铜钱，但货币主要流通纸币，这在中国古代是较突出的。元代的纸币称为钞，纸钞发行量有严格限制，但元末政治腐败，皇室奢侈，军费开支浩大，财政入不敷出，政府只好靠滥发纸币来弥补，引起物价飞涨。目前世界上流通使用的共有两百多种纸币，比较重要的纸币包括美元、欧元、人民币、日元和英镑等。

（四）电子货币

电子货币是通过销售终端、不同的电子设备之间以及在互联网上执行支付的“储值”和“预付支付机制”。作为支付手段，大多数电子货币不能脱离现金或存款，只是用电子化方法传递、转移，以清偿债务、实现结算。电子货币的种类目前主要有：

1. 储值卡

储值卡是发卡银行根据持卡人要求将其资金转至卡内储存，交易时直接从卡内扣款的预付钱包式借记卡。

2. 信用卡

信用卡是银行或其他财务机构签发给那些资信状况良好的人，用于在指定的商家购物和消费，或在指定银行机构存取现金的特制卡片，是一种特殊的信用凭证。它是银行提供给用户的一种先消费后还款的小额信贷支付工具。

3. 电子支票

电子支票是客户向收款人签发的无条件的数字化支付指令。这是一种借鉴纸张支票转移支付的优点，利用数字传递将钱款从一个账户转移到另一个账户的电子付款形式。

4. 电子钱包

电子钱包是电子商务活动中网上购物时顾客常用的一种支付工具。使用电子钱包购物，通常需要在电子钱包服务系统中进行。电子钱包的软件通常都是免费提供的，可以直接使用与自己银行账号相连接的电子商务系统服务器上的电子钱包软件，也可采用各种保密方式使用 Internet 上的电子钱包软件。

5. 数字货币

数字货币是在数字经济和信息科技发展的背景下诞生的，是数字化的货币形式。数字货币可以分为中央银行数字货币或私人数字货币。私人数字货币目前最重要的代表是比特币，2008 年中本聪提出比特币概念，这被认为是数字货币的发展起点，2009 年比特币带着区块链标签面世，成为世界上第一个去中心化的分布式匿名货币。以区块链为底层技术的分布式账本，具有去中心化的特点，同时实现了电子货币的点对点传输，改变了传统的电子支付方式。2019 年脸书（Facebook）联合世界多家商业巨头创建了名为“Libra”的“超主权货币”，目标是使之成为一个不受中央银行控制，可以覆盖数十亿人的全球性货币和财务基础设施。

具有法定地位、具有国家主权背书、具有发行责任主体的数字货币构成法定数字货币，或称中央银行数字货币。伴随着私人数字货币的迅猛发展，研究和发行央行数字货币成为主要国家金融当局的重要议题。中国人民银行于 2014 年创建法定数字货币研究小组，目前法定数字货币的发行和流通机制仍然在研究中。随着金融科技的快速发展，法定数字货币将成为各国未来的重要货币形式。

第二节 货币的本质与职能

一、货币的本质

货币是固定充当一般等价物的特殊商品。货币首先是商品，它与其他商品一样，是人类劳动的产物，是价值和使用价值的统一体。但货币又不是普通商品，而是特殊商品，其特殊性表现在：第一，货币是衡量一切商品价值的材料，具有同其他一切商品相交换的能力，是一般的交换手段。第二，货币具有双重使用价值。货币从它的自然属性来说，与其他商品一样具有特殊的使用价值，例如，金可作饰物的材料。但更重要的是它对任何人都具有一般的使用价值，即它是一般等价物，握有它就等于握有任何使用价值。

二、货币的职能

货币的职能也就是货币在人们经济生活中所起的作用。在发达的商品经济条件下，货币具有五种职能：价值尺度、流通手段、贮藏手段、支付手段和世界货币。其中，价值尺度和流通手段是货币的基本职能，其他三种职能是在商品经济发展中陆续出现的。

（一）价值尺度

价值尺度是货币的基本职能之一，就是把商品的价值表现为价格，即表现为一定的观念上的货币。价值尺度是货币最早产生的、最基本的职能，货币的其他职能都是以这个职能为基础的。

（二）流通手段

流通手段也是货币的基本职能，就是为商品世界充当交易媒介，使所有的商品通过它进行交换。其主要特点是在商品买卖中，商品的让渡和货币的让渡在同一时间内完成，通俗地说就是一手交钱、一手交货。充当流通手段的货币不一定非要足值的货币，铸币和纸币就是在货币执行流通手段中产生的。

（三）贮藏手段

某些商品所有者可能卖而不买，于是，执行流通手段职能的货币在他们手中就会退出流通，被当作价值保存，从而执行价值贮藏手段职能。所谓退出流通，是指货币被搁置相当长的时间，而不是几个小时或几天。

在金属货币流通的经济中，货币贮藏具有自发调节货币流通的“蓄水池”作用，即当流通中的货币量过多时，多余的货币会退出流通而成为贮藏货币。反之则进入流通中，从而保证了流通中的货币量维持在一定水平。

现代货币（纸币和电子货币）都是价值符号，它们本身没有或几乎没有价值，但它们也能执行价值贮藏职能。但是纸币发挥贮藏手段职能是有条件的，即它所代表的价值要比较稳定。

（四）支付手段

在商品让渡同货币的支付在时间上分离开来的现象中，货币执行的就是支付手段的职能，如货币被用来清偿债务或支付赋税、租金、工资等。支付手段职能的产生是源于商品转移、劳动付出与货款、劳动报酬取得的时间不一致以及大宗交易的延期付款等。

货币执行支付手段职能对经济产生了很大影响。第一，货币执行支付手段职能是一切信用关系得以建立的基础。马克思说：“信用货币是直接从货币作为支付手段的职能中产生的。”① 第二，克服了现款交易对商品生产的限制，促进了商品经济的发展。第三，可能使买卖关系进一步脱节，使商品流通增加了爆发危机的可能性。

（五）世界货币

所谓世界货币，就是在世界市场具有普遍接受性地能够发挥价值尺度、流通手段、支付手段和贮藏手段职能的货币。

黄金曾经发挥过世界货币的作用，在国与国之间作为商品和劳务流通的媒介，执行货币的各种职能。但目前，黄金只是一般的商品，偶尔在国与国之间作为最后的清偿支付手段。

---

① 马克思，恩格斯．马克思恩格斯选集：第 2 卷．3 版．北京：人民出版社，2012：152.

第三节 货币流通

一、货币流通规律

货币流通规律是一定时期内商品流通中所需货币量的规律，也叫货币需要量规律。它取决于三个因素：一是参加流通的商品数量；二是商品的价格水平；三是货币的流通速度，即一定时期内同一货币单位的平均周转次数。货币流通规律的内容是：一定时期内流通中所需要的货币量，与商品的价值总额成正比，与单位货币的流通速度成反比。用公式表示就是：

$$\text{一定时期内流通中所需要的货币量}=\frac{\text{商品的价值总额}}{\text{单位货币的流通速度（次数）}}$$

其中，商品的价值总额＝商品流通总量×商品的价格水平，这里有关流通中的货币是指金属货币，所以它也被称为“金属货币流通规律”。在金属货币流通的情况下，由于金属货币具有贮藏手段职能，能够自发地调节流通中的货币量，使之同实际需要量相适应，因而不可能出现通货膨胀或通货紧缩。

在信用货币作为支付手段职能产生以后，一定时期内流通中所需要的货币量会发生变化。因为在本期内赊购的商品无须支付货币，前期赊购而在本期内到期的货款需要支付货币，交易双方互相赊购的商品可以彼此抵销。所以，货币流通规律公式变为：

$$\begin{matrix}\text{一定时期内流通中}\\\text{所需要的货币量}\end{matrix}=\frac{\text{商品的价值总额}-\text{赊购价值总额}+\text{到期支付总额}-\text{抵销支付总额}}{\text{单位货币的流通速度（次数）}}$$

需要指出的是，金融产品本身的交易也会产生对货币的需求，由于这种需求极不稳定，上述公式中未予以考虑。

二、纸币流通规律

纸币流通规律是商品流通中所需要的金属货币量决定纸币流通量的规律，即纸币的发行限于它象征性代表的金（或银）的实际流通数量。这时纸币只按照它所代替的金属货币的价值执行流通手段的职能。纸币流通不同于金属货币流通，在实行金属货币流通的条件下，过多的金属货币会被市场所排斥，执行贮藏手段职能而退出流通，使流通中的金属货币量随着流通需要的变化而变化，货币量得到自发的调节。但是，在纸币流通的条件下，当纸币的发行量超过商品流通中所需要的金属货币量，就会引起纸币贬值、物价普遍上涨，出现通货膨胀；相反，当纸币的发行量不能满足流通中所需要的金属货币量，则会导致纸币升值、物价普遍下跌，从而出现通货紧缩。

以国民党统治时期的纸币流通为例，1935 年国民政府宣布推行法币改革，规定自 1935 年 11 月 4 日起，以中央银行、中国银行、交通银行 3 家银行所发行的钞票为“法币”

（1936 年又增加了中国农民银行）。从法币改革到抗日战争前夕，法币的发行额增加了 3 倍以上。抗日战争期间，法币的发行额迅速增长，1945 年 8 月抗日战争结束时，法币的发行额为 1937 年 7 月抗日战争发生时的 340 余倍，同一时期的物价至少上涨了 2 000 倍左右。抗日战争结束后，国民党反动派又发动了国内战争，更加大量地增发纸币。从 1937 年 6 月至 1948 年 8 月 21 日法币崩溃为止，法币发行量上升到 47 万倍，同一时期上海的物价上涨了 492 万倍。大量发行的结果是法币急剧贬值，1948 年 8 月法币的购买力只有战前币值的1/500。

第四节　货币制度

货币制度是指一个国家或地区对货币的构成要素、货币发行流通的组织和管理等的一系列的规定。货币制度是随着商品经济的发展而逐步产生和发展，伴随着国家统一铸造铸币开始的，在资本主义社会形成统一的、定型的货币制度，促进了资本主义经济的发展。

一、货币制度的构成要素

（一）货币材料

货币材料的确定是指法律规定用哪种金属作本位货币，这种规定是商品经济发展的客观要求，是由社会生产水平与发展程度决定的。从历史上看，曾经历了从银本位制、金银复本位制、金本位制到纸币本位制的过程。目前各国都实行不兑现的纸币制度，对货币材料不再做明确规定。

（二）货币单位

货币单位是货币本身的计量单位，规定货币单位包括两方面：一是规定货币单位的名称；二是规定货币单位的价格标准。在金属货币流通条件下，价格标准是铸造单位货币的法定含金量。在纸币本位制度下，货币不再规定含金量。确定货币单位的价格标准表现为确定或维持本币的利率。

（三）货币种类

货币的种类主要包括主币和辅币。主币，也称本位币，是一个国家的基本通货和法定的计价结算货币。辅币是主币以下的小额通货，供小额周转使用，通常用贱金属铸造。金属货币制度下，主币的面值与实际金属价值是一致的，是足值货币，具有无限法偿能力。辅币所包含的实际价值低于名义价值，但国家以法令形式规定在一定限额内使用。辅币仅具有有限法偿性，不能自由铸造，只准国家铸造，其铸币收入是国家财政收入的重要来源。

（四）发行保证制度

发行保证制度也称发行准备制度，通常以货币金属作为发行信用货币的保证。国家规定中央银行或政府为保证货币的稳定，要储备一定的贵金属、外汇。20 世纪 30 年代以后，各国逐渐取消金本位制。第二次世界大战后，资本主义国家普遍实行以美元为主要储备货币的金汇兑本位制。1973 年以后，各国都取消了货币发行保证制度。在当代，世界各国都实行的是不兑现的信用货币制度，即不兑现本位制。

二、货币制度的演变

(一) 银本位制

在银本位制下，国家规定白银为货币金属，并要求铸成一定形状、重量和成色的银币。银币可以自由铸造和自由熔化，银行券可以自由兑换银币或白银，银币和白银可自由输出或输入，以保证外汇市场的稳定。

(二) 金银复本位制

在这种制度下，黄金与白银同时作为本位币的制作材料，金币与银币都具有无限法偿能力，都可以自由铸造、流通、输出与输入。金币和银币可以自由兑换。这一制度的出现弥补了黄金产量不能满足市场需求的问题，是资本主义国家发展初期广泛采用的货币制度。金银复本位制有三种类型：

1. 平行本位制

金币和银币按其实际价值流通，两种货币的兑换比率完全由金银的市场比价确定，国家不规定金银的法定比价。缺点在于商品具有金币和银币的双重价格，金币和银币的价格波动导致市场价格的经常波动。

2. 双本位制

为克服在平行本位制下金银市场比价经常波动造成的商品价格不稳定，政府以法律形式规定金银的法定比价，这就是双本位制。但是在金属货币流通条件下，官方金银比价与市场自发的金银比价平行存在，使得金币与银币的名义价值与实际价值相背离。名义价值低于实际价值的良币必然被人收藏、熔化或输出国外，而名义价值高于实际价值的劣币则独占市场，最后的结果是只有一种货币在流通。在 16 世纪英国金融家汤姆斯·格雷欣给女王的关于改铸货币的建议中把这种现象描述为“劣币驱逐良币”，后被经济学家引用，称为“劣币驱逐良币”规律或“格雷欣法则”，即如果在同一地区同时流通两种货币，且官方规定两种货币的比价，则价值相对低的劣币会把价值相对高的良币排挤出流通领域。

3. 跛行本位制

当 19 世纪 70 年代世界银价暴跌时，劣币驱逐良币现象大规模地出现，资本主义国家开始实行跛行本位制。跛行本位制下金银都是本位币，但国家规定银币不能自由铸造，并限制每次的支付额，只有金币能自由铸造，两者有法定比率。这是一种向金本位制过渡的制度。

与银本位制相比，金银复本位制最大的优点就是币材充足，其货币材料来源既可以是白银，也可以是黄金，来源充足；当需要进行大额交易时可以使用黄金，小额交易则使用白银，灵活方便，两种币材之间可以相互补充。但其缺点也很明显，“劣币驱逐良币”不可避免，这时起主要作用的往往总是一种货币：银贱则银充斥市场，金贱则金充斥市场。随着社会的发展，金银复本位制已经不能适应商品经济不断发展的要求，从 19 世纪起，英国及各主要资本主义国家先后放弃了这种货币制度。

（三）金本位制

金本位制于19世纪中期开始盛行。在历史上，曾有过三种形式的金本位制：金币本位制、金块本位制、金汇兑本位制。其中金币本位制是最典型的形式，就狭义来说，金本位制即指该种货币制度。

1. 金币本位制

金币本位制又称“金铸币本位制”，是19世纪末20世纪初资本主义各国普遍实行的一种货币制度。自由铸造、自由兑换及黄金自由输出入是该货币制度的三大特点。金币本位制将黄金铸币作为法定本位币，金币可以自由铸造，自由熔化，有无限法偿能力，银行券可以自由兑换成金币，而银币则退居辅币地位，它的自由铸造和无限法偿能力受到限制。黄金可以自由输出或输入国境，并在输出入过程中形成铸币—物价流动机制，对汇率起到自动调节作用。这种制度下的汇率，因铸币平价的作用和受黄金输送点的限制，波动幅度不大。

金币本位制消除了金银复本位制下存在的价格混乱和货币流通不稳定的弊病，使流通中货币对本位币金属黄金不发生贬值，保证了世界市场的统一和外汇行市的相对稳定，是一种相对稳定的货币制度，它对资本主义的生产起到一定的促进作用。然而，黄金数量的有限性与资本主义生产规模的快速扩大存在着不可调和的矛盾。第一次世界大战爆发后，帝国主义国家军费开支猛烈增加，纷纷停止金币铸造和价值符号的兑换，禁止黄金输出入，从根本上破坏了金币本位制赖以存在的基础，导致了金币本位制的彻底崩溃。

2. 金块本位制

金块本位制又称“生金本位制”，是指国内不铸造、不流通金币，金币停止流通而以银行券代替金币流通。银行券仍规定一定的含金量，其发行以一定数量的黄金为基础，居民可在一定范围内按法定含金量自由地兑换金块。在金块本位制下，金币的铸造和流通以及黄金的自由输出入已被禁止，黄金已不可能发挥自动调节货币供求和稳定汇率的作用，从而使金块本位制失去了稳定的基础。因此，金块本位制实际上是一种残缺不全的金本位制度。

3. 金汇兑本位制

金汇兑本位制也称作“虚金本位制”。当一个国家实行这种货币制度时，国内市场上没有金币流通，本国纸币仍规定有一定的含金量，但在国内不能兑换黄金，需要将黄金存放在另一个国家，本国货币与之实行固定比率，只有当本国货币兑换成黄金存放国的货币时，才能兑换成黄金，这是一种殖民地性质的货币制度。这种制度曾经在第一次世界大战之前的一些殖民地国家、战后的战败国和当时的中国实行。

1944年形成的布雷顿森林体系也是以美元和黄金为基础的特殊金汇兑本位制。布雷顿森林体系包括两个方面的内容：第一，美元与黄金直接挂钩。第二，其他会员国货币与美元挂钩，即同美元保持固定汇率关系。布雷顿森林体系使美元在战后国际货币体系中处于中心地位，美元成了黄金的“等价物”，各国货币只有通过美元才能同黄金发生关系。从此，美元就成了国际结算的支付手段和各国的主要储备货币。但是布雷顿森林体系隐含着深刻的内在矛盾，即“特里芬两难”：若美国国际收支保持顺差，则国际金融市场美元短缺，势必影响全球经济的正常发展；若美国国际收支持续逆差，虽可满足国际对美元作为支付手段和储备手段的增长性需求，但逆差的扩大意味着美元的泛滥，国际对美元的信心下降乃至瓦解，布雷顿森林体系的基础必将动摇。“特里芬两难”的存在要求美国能够保持国际收支平衡且拥有绝对的黄金储备优势，但是进入20世纪60年代后，美国经济实力相对减弱。1950年以后，除个别年度略有顺差外，其余各年度都是逆差，并且有逐年增加的趋势。至1971年，仅上半年，逆差就高达83亿美元。随着国际收支逆差的逐步增加，美国的黄金储备也日益减少。1949年，美国的黄金储备曾高达246亿美元，占当时整个资本主义世界黄金储备总额的73.4%，这是战后的最高数字。此后，逐年减少，至1971年8月，尼克松宣布“新经济政策”时，美国的黄金储备只剩下102亿美元，而短期外债为520亿美元，黄金储备只相当于积欠外债的1/5。美元大量流出美国，导致“美元过剩”，1973年底，游荡在各国金融市场上的“欧洲美元”就达1 000多亿美元。各国争先向美国挤兑黄金，而美国的黄金储备已难以应付，美国于1971年宣布实行“新经济政策”，停止各国政府用美元向美国兑换黄金，这就使西方货币市场更加混乱。在1973年美元危机中，美国再次宣布美元贬值，导致各国相继实行浮动汇率制代替固定汇率制。美元停止兑换黄金和固定汇率制的垮台，标志着战后以美元为中心的金汇兑本位制在一定程度上瓦解。

（四）纸币本位制

1973年末，随着布雷顿森林体系的崩溃，各国实行不兑现的纸币本位制。纸币本位制是以国家发行的纸币作为本位货币的一种货币制度。其特点是国家不规定纸币的含金量，也不允许纸币与金银兑换，纸币作为主币流通，具有无限法偿能力；同时，国家也发行少量金属铸币作为辅币流通，但辅币价值与用于铸造它的金属商品价值无关。

纸币本位制具有以下特点：第一，政府以法律手段强制公众接受，保证纸币的流通；第二，纸币的发行量不受黄金限制，其规模只受货币当局控制；第三，纸币的价值与黄金无关，由购买力决定。

三、区域货币

区域货币指在某一特定区域流通的货币，是货币经济活动的空间分布与协调。根据最优货币区理论，任意两个区域既可以使用各自的货币，也可以使用共同货币，还可以同时使用两种货币，这取决于是否利大于弊。

（一）地区货币制度

1997年和1999年，香港和澳门相继回归中华人民共和国后，在政治上实行“一国两制”，中国在货币制度安排上出现了与多种社会经济制度相适应的人民币、港币、澳门币“一国三币”的特有历史现象。由于这三种货币是在不同的区域流通，所以不会产生“格雷欣法则”效应。

（二）跨国货币制度

跨国货币制度是建立在区域经济一体化的基础上的。为了稳定汇率，抵御货币危机的冲击，开展区域性的货币金融合作与协调便成为各种区域性经济组织的适应性选择。跨国货币制度可以消除贸易成本，消除汇率的不确定性，形成更健全的价格机制和降低实际利率水平。当今世界真正意义上的区域货币只有三种：

1. 欧元

欧元是最具代表性的跨国货币，是人类历史上跨国货币制度的创新。1999年诺贝尔经济学奖获得者罗伯特·蒙代尔是最优货币区理论的首创者，对于欧元的创立起了重要的作用。

1999年1月1日，欧元启动，当时有11个成员国：德国、法国、意大利、荷兰、比利时、卢森堡、爱尔兰、西班牙、葡萄牙、奥地利和芬兰。自诞生以来，欧元的国际影响力正在不断地增强，且在继续“东扩”，斯洛文尼亚是第一个申请加入欧元区的东欧国家。截至2020年11月，欧元区共有19个成员国，后来加入的国家包括希腊、斯洛文尼亚、塞浦路斯、马耳他、斯洛伐克、爱沙尼亚、拉脱维亚和立陶宛。

2. 西非法郎

西非法郎是非洲金融共同体法郎的简称，是西非经济货币联盟的统一货币。西非经济货币联盟于1994年成立，有8个成员国：贝宁、布基纳法索、科特迪瓦、几内亚比绍、马里、尼日尔、塞内加尔及多哥。非洲金融共同体法郎区是根据一系列经济和金融协定建立的，法国曾通过这些协定对它的殖民地实施管理。2019年12月21日，西非经济货币联盟与法国达成协议，将非洲金融共同体法郎（西非法郎）更名为ECO。根据协议，ECO继续与欧元挂钩，但这些国家不必继续将其外汇储备的50%保存在法国财政部，西非经济货币联盟董事会也不再设法国代表。

3. 中非法郎

中非法郎是中非金融合作法郎的简称，是除西非法郎外的另一种非洲法郎，是中非经济共同体国家银行发行的一种货币，是赤道几内亚、刚果共和国、加蓬、喀麦隆、乍得、中非6国的官方货币。1959年中非、刚果共和国、加蓬、乍得4国建立了赤道关税联盟，并发行中非法郎。1964年12月喀麦隆、中非、乍得、刚果共和国、加蓬5国决定建立中非经济和关税联盟以代替原来的赤道关税联盟，并由赤道非洲国家银行和喀麦隆银行发行赤道非洲国家法郎。1973年，中非5国成立中非国家银行代替原赤道非洲国家银行及喀麦隆银行，同时发行中非金融合作法郎，简称中非法郎。1983年12月，赤道几内亚正式加入中非经济和关税联盟，成为第6个成员国。

四、中国的人民币制度

我国人民币制度包括以下几个方面：

1. 人民币是唯一法偿币，具有无限法偿能力

1948年12月1日，中国人民银行在华北银行、北海银行、西北农民银行的基础上合并组成，同时，人民币作为中华人民共和国的唯一法偿币正式发行，标志着中国人民币制度建立。根据《中华人民共和国中国人民银行法（修正案）》规定，中华人民共和国的法定货币是人民币。以人民币支付中华人民共和国境内的一切公共和私人债务，任何单位和个人不得拒收。人民币的单位为元，人民币辅币单位为角、分。

2. 人民币发行权垄断于中国人民银行

人民币由国务院授权给中国人民银行发行和管理，由中国人民银行统一印制、发行，是一种不兑现的银行券制度，从未规定过含金量。中国人民银行设立人民币发行库，在其分支机构设立分支库，负责保管人民币发行基金。人民币发行基金的调拨应当按照中国人

民银行的规定办理。任何单位和个人不得违反规定动用人民币发行基金，不得干扰、阻碍人民币发行基金的调拨。

3. 实行有管理的浮动汇率制度

我国一直在深化汇率制度改革，1994 年以前的人民币汇率由国家实行严格的管理和控制。1994 年 1 月 1 日，人民币官方汇率与外汇调剂价格正式并轨，我国开始实行以市场供求为基础的、单一的、有管理的浮动汇率制。按照我国对外经济发展的实际情况，2005 年 7 月 21 日起，我国又开始实行以市场供求为基础、参考一篮子货币进行调节、有管理的浮动汇率制度。2016 年 4 月 29 日，中共中央政治局会议强调，要保持人民币汇率基本稳定，逐步形成以市场供求为基础、双向浮动、有弹性的汇率运行机制。2017 年 10 月，党的十九大报告强调，要继续深化汇率市场化改革。未来的人民币汇率制度将能更好地反映国际收支变化和外汇市场变化，促进人民币对关键货币汇率的综合稳定，加速人民币的境外使用和人民币国际化进程。

本章小结

货币是价值形式长期发展的结果，经历了从实物货币、金属货币、纸币到电子货币的演变过程。货币的本质是固定充当一般等价物的特殊商品。货币具有价值尺度、流通手段、贮藏手段、支付手段和世界货币五种职能。其中，价值尺度和流通手段是货币的基本职能，其他三种职能是在商品经济发展中陆续出现的。货币流通规律是指一定时期内流通中所需要的货币量，与商品的价值总额成正比，与单位货币的流通速度成反比。纸币流通规律是商品流通中所需要的金属货币量决定纸币流通量的规律，即纸币的发行限于它象征性代表的金（或银）的实际流通数量。货币制度是指一个国家或地区对货币的构成要素、货币发行流通的组织和管理等一系列的规定。其构成要素包括货币材料、货币单位、货币种类以及发行保证制度。货币制度的演变经历了银本位制、金银复本位制、金本位制以及纸币本位制。我国人民币制度包括以下几个方面：人民币是唯一法偿币，具有无限法偿能力；人民币发行权垄断于中国人民银行；实行有管理的浮动汇率制度。

思 考 题

1. 简述货币的职能。
2. 怎样理解纸币流通规律？
3. 结合“格雷欣法则”分析我国的“一国三币”制度。
4. 跨国货币制度是否有发展前景？说明理由。

推荐阅读书目

[1] 黄达，张杰．金融学．5 版．北京：中国人民大学出版社，2020.
[2] 弗雷德里克·S. 米什金．货币金融学：第 12 版．北京：中国人民大学出版社，2021.

第三章

信用与信用工具

⊙本章提要⊙

本章主要分析了信用产生和发展的历史及其演变；商业信用、银行信用、国家信用和消费信用等各种信用形式及其特点；主要的信用工具及其优缺点。

⊙重点与难点⊙

- 各种信用形式及其作用
- 间接融资和直接融资的区别及其在资金融通中的不同作用

引导案例

在美国，每个人都有一个“社会安全号”（social security number，SSN），这个安全号可以把一个美国人一生几乎所有的信用记录串在一起，个人的银行账号、税号、信用卡号、社会医疗保障号等都与之挂钩。自 20 世纪 30 年代美国成立社会安全管理局后，联邦政府下令，所有合法公民和居民必须持有有效社会安全号，该号由国家社会安全管理局统一赋予。只要把某个人的社会安全号输入全国联网的计算机，任何人均可查到自己的背景资料，既包括年龄、性别、出生日期等自然状况，也包括教育背景，工作经历，与税务、保险、银行打交道时的信用状况，有无犯罪记录，等等。如果一个人有过不良纳税记录，那么这一记录将永远伴随着他，当他去求职、买保险、买汽车、开公司时，几乎无论做什么，无论到哪个州，这一污点都无法抹去，并将因此而四处碰壁。

在美国，社会安全号就如同中国的居民身份证号码，每人只有一个，并且终身不变、终身使用。美国是一个联邦国家，即使是作为“身份证”的驾驶执照，也是每个州不同。所以唯一跟着人一生不变的，唯有社会安全号。很多学校拿此来做学籍号码。没有它的人只能算是一个社会边缘人。

对消费者进行信用评估和提供个人信用服务的中介机构，在美国称信用局，或称消费信用报告机构。美国的信用局制度就个人信用信息的收集、个人信用产品的开发和管理形成了一套科学的体系，其主要包括三个环节：(1) 个人信用资料的收集和登记；(2) 个人信用数据的加工处理和信用评估；(3) 个人信用产品的销售使用。

在美国，几乎每个成年人都离不开信用消费，要申请信用卡、分期付款、抵押贷款等，都需要对消费者的信用资格、信用状态和信用能力进行评价，这种评价集中表现为信用报告。美国的个人信用报告由三大信用机构提供，对个人的借款习惯进行详细记录和分析。如果有了不良记录，可能没人再愿意贷款给你，这时信用修复机制会帮你解除顾虑，给你提供建议，包括如何清理、重组债务，如何加强理财，以便分批偿还债务等。还清贷款后再对你观察两三年，如果没有污点，就可以消除记录。

案例思考： 从美国个人信用管理制度中，我们能够得到什么样的启示？

第一节 信 用

一、什么是信用

信用是以偿还本金和支付利息为基本特征的借贷行为，体现的是债权债务关系。信用是商品生产和货币流通发展到一定阶段的产物。信用关系是在商品货币关系基础上产生的，它反映了商品生产者之间的经济关系。信用产生的基本前提是私有制条件下的社会分工和大量剩余产品的出现。

高利贷是指以取得或偿付高额利息为特征的一种信贷活动，是最原始的信用形态。它产生于原始社会末期，在奴隶社会和封建社会中是占主导地位的信用形式。

现代信用以货币借贷为主，现代货币制度是建立在信用制度基础之上的，任何信用活动都会导致货币运动的变化。

二、信用形式

信用作为一种借贷行为，要通过一定的形式表现出来。现代信用活动可以从不同的角度划分为不同的类型：根据信用活动涉及的地理区域可以分为国内信用和国际信用；根据融资活动中当事人的法律关系和法律地位可以划分为债务信用和债权信用；按融资活动中参与主体的性质可以分为商业信用、银行信用、国家信用和消费信用等。

（一）商业信用

1. 商业信用的定义

商业信用是指工商企业之间在进行商品交易时，以延期支付或预付的形式所提供的信用。它是信用制度的基础，是最基本的信用形式。商业信用的具体方式有很多，如赊销赊购商品、预付货款、分期付款、延期付款、经销、代销等，其中以商品赊销或预付货款为主要形式。

商业信用活动包括买卖行为和借贷行为，但借贷行为是以买卖行为为基础的。例如，一个生产汽车的企业需要购进轮胎，但在汽车没有销售出去之前，汽车厂商没有钱支付轮胎的货款，因此它就会要求轮胎厂商以赊销的方式出售这批货物，同时汽车厂商向轮胎厂商开出商业汇票。在这里轮胎厂商就向汽车厂商提供了商业信用：一方面，轮胎厂商卖出了自己的产品，这是买卖行为；另一方面，汽车厂家欠了轮胎厂商的货款——以一定货币金额表示的货款，从而产生了债权债务关系。买卖行为在发生商业信用时已结束，即该轮胎由轮胎厂商所有变成汽车厂商所有；而在此之后，轮胎厂商和汽车厂商之间则只存在着以货币计价的债权债务关系。商业信用在商品经济中发挥着润滑剂的作用，它可以保证商品生产活动正常运转，使产品供销顺畅进行。就企业而言，它可以利用商业票据获得银行的贴现贷款，为生产经营活动筹集短期资金，从这个意义上讲，商业信用是间接信用活动的基础。

2. 商业信用的特点

归纳起来，商业信用具有如下特点：

（1）商业信用与特定的商品买卖相联系。商业信用是一个企业以商品形式提供给另一个企业的，借贷对象是待实现价值的商品。商业信用活动同时包含两种性质不同的经济行为——买卖行为和借贷行为。当一个企业把商品赊销给另一个企业时，商品的买卖行为即完成，即商品的所有权发生了转移，由卖者手中转移到了买者手中，但由于商品的货款并未立即支付，从而使卖者成为债权人，买者成为债务人，买卖双方形成了债权债务关系，买者到期必须以货币的形式偿还债务。

（2）商业信用的债权人和债务人都是商品的经营者。商业信用由于是以商品形式提供的，因此，不仅债务人是从事生产或流通活动的商品经营者，而且债权人也必然是商品经营者，只有他们才拥有可供赊销的商品。

（3）商业信用的供求与经济景气状态一致。在经济繁荣时期，由于生产扩大，商品增加，商业信用的供应和需求会随之增加。而在经济衰退时期，生产下降，商品滞销，对商业信用的需求也会减少。

3. 商业信用的作用和局限性

商业信用直接与商品生产和流通相联系，有其广泛的运用范围，因而它构成了整个信用制度的基础。在现代市场经济条件下，商业信用得到广泛发展，成为普遍的、大量的社会经济现象，几乎所有的工商企业都卷入了商业信用的链条。商业信用在调节企业之间的资金余缺、提高资金使用效率、节约交易费用、加速商品流通等方面发挥着巨大的作用。

但它存在以下三个方面的局限性：

(1) 商业信用的授信规模和数量有限。商业信用所能提供的债务或资金是以产业资本的规模为基础的，它最终无法摆脱产业资本的规模限制。商业信用的最高界限不过是全社会现有的资本。

(2) 商业信用具有严格的方向性。由于商业信用是以商品形式提供的，而商品均具有特定的使用价值，商业信用的需求者只能是商品买卖双方，因此商业信用不能提供给买卖双方之外的第三者，而只能由商品的生产者提供给商品的需求者（赊销），或者相反（预付）。在以买方市场为主的市场经济中，多数的商业信用是由卖方提供给买方的。

(3) 商业信用在管理和调节上有一定的局限性。商业信用是在众多企业之间自发产生的，经常形成一条债务链，如甲欠乙，乙欠丙，而丙则欠丁等。如果这一链条上的某一环出现问题，不能按时偿债，就有可能导致整个债务链条的中断，引发债务危机，甚至会冲击银行信用。由于商业信用主要发生在企业之间，中央银行很难运用货币政策进行调控。在作用机制上，商业信用甚至与中央银行调控措施要达到的效果完全相反，如当中央银行紧缩银根，使银行信用的获得较为困难时，恰恰为商业信用活动提供了条件。只有当中央银行放松银根，使银行信用的获得较为容易时，商业信用活动才可能相对减少。因此，对商业信用膨胀所带来的危机是较难控制的。由于上述局限，商业信用具有分散性、盲目性的特点，不能成为现代市场经济信用的中心和主导。

(二) 银行信用

1. 银行信用的定义

银行信用是银行及其他金融机构通过存款、贷款等业务活动，以货币形式提供的信用。银行信用是伴随着现代资本主义银行的产生，在商业信用的基础上发展起来的一种间接信用，它的产生标志着一个国家信用制度的发展与完善。银行信用在规模、范围、期限上都大大超过了商业信用，成为现代经济中最基本的占主导地位的信用形式。

2. 银行信用的特点

银行信用的特点表现在：

(1) 银行信用所贷放的是社会资金。它来源于再生产过程中游离出来的暂时闲置的资金。银行集中了各种闲置资金，形成巨额可贷资金，并且在规模上没有限制。

(2) 银行信用是一种间接信用。在银行信用活动过程中，银行和其他金融机构充当信用中介。银行信用的直接债权人主要是银行，也包括其他非银行金融机构；债务人主要是从事商品生产和流通的工商企业和个人。当然，银行和其他非银行金融机构在筹集资金时又作为债务人承担经济责任。银行和其他非银行金融机构作为投融资中介，可以把分散的社会闲置资金集中起来统一进行借贷，克服了商业信用受制于产业资本规模的局限性。

(3) 银行信用与产业循环的资金变动不一致。银行信用所提供的信贷资金主要是通过聚集社会上的闲置资金，其资金来源脱离了产业资本循环，不受个别企业资金数量的限制，聚集小额的可贷资金满足大额资金借贷的需求。银行吸收的资金中，有长期闲置资金与短期闲置资金两种，并且所放贷款有长期贷款与短期贷款，因此银行信用在调剂资金期限上具有灵活性，长期闲置资金可用于发放短期贷款，短期闲置资金也可续短为长，用于发放长期贷款。同时，与商业信用相比，银行信用没有方向上的局限性，可提供给产业的上游、下游企业。

（4）银行和其他金融机构可以通过规模投资，降低信息成本和交易费用，从而有效地减少借贷双方的信息不对称以及由此产生的逆向选择和道德风险问题，其结果降低了信用风险，增加了信用过程的稳定性。

银行信用在规模、范围、期限等方面的优越性，使它在整个经济社会信用体系中占据核心地位，发挥着主导作用。商业信用的发展也越来越依赖银行信用，银行的商业票据贴现将分散的商业信用集中为银行信用，为商业信用的进一步发展提供了条件。

（三）国家信用

1. 国家信用的定义

国家信用是指以政府为债务人或债权人的信用形式，通常为债务人。国家信用包括国内信用和国外信用两部分。国内信用主要是“内债”，是政府以债务人身份向国内居民或企业单位以公债、国库券等形式借款，以及在特定情况下向中央银行透支或借款，这会形成国家的“内债”。国家信用的国外部分，既包括国家以债务人身份在国际金融市场上以债券形式筹资，或向国际金融机构或外国政府借款，形成国家的“外债”，也包括国家以债权人身份向国外政府提供贷款形成的信用。

2. 国家信用的基本形式

（1）公债。公债是各级政府借债的统称。中央政府的债务称为中央债，又称国债；地方政府的债务称为地方债。公债是一种长期负债，一般在 1 年以上，有的长达 10 年或 10 年以上。通常用于国家大型项目投资或较大规模的建设。

（2）国库券。国库券是一种短期负债，以 1 年以下居多，一般为 1 个月、3 个月、6 个月等。

（3）专项债券。专项债券是一种指明用途的债券，如我国发行的国家重点建设债券等。

（4）财政透支或借款。在公债、国库券、专项债券仍不能弥补财政赤字时，余下的赤字即向银行透支和借款。透支一般是临时性的，有的在年度内偿还。借款期限一般较长，一般在隔年财政收入大于支出时才能偿还。

3. 国家信用的作用

（1）筹集建设资金和调节政府收支不平衡的重要手段。以国家信用的形式将分散在居民、企业、团体的小额、零散的货币或资金集聚起来，用于应对战争、特大自然灾害和进行国家大型项目的投资，利用国家信用为财政筹集资金，有利于缓解财政资金供应不足的矛盾，实现财政收支平衡。

（2）弥补财政赤字的重要手段。解决财政赤字的方法主要有增加税收、挤占银行贷款和借债。其中国家举债的方法副作用较小，是弥补财政赤字的主要手段。

（3）调节经济的重要手段。通过在公开市场上买卖国家债券来调节整个社会的货币供给，影响金融市场资金供求关系，从而达到调节经济的目的。

（四）消费信用

1. 消费信用的定义

消费信用是指工商企业、银行及其他非银行金融机构向消费者个人提供的、用于消费目的的信用。随着生产力的发展，人民生活水平的提高，人们的消费需求逐渐从对吃、穿等低层次的消费品的需求上升到对耐用消费品、住房等的需求。但对大多数收入水平不够高的居民来说，购买耐用消费品和住房的价款在短时间内难以备齐。消费信用便给这种超前消费提供了可能性。

2. 消费信用的形式

消费信用主要有两种类型，一是企业通过赊销商品形式提供的消费信用；二是银行以贷款形式提供的消费信用。具体形式有：

（1）赊销。工商企业向消费者提供的短期信用，即按照延期付款方式销售，到期一次付清货款。在西方国家，对一般消费信用多采用信用卡方式，即由银行或其他金融机构发给其客户信用卡，消费者可凭该信用卡在约定单位购买商品或作其他支付，有的还可以向发卡银行或其代理行透支小额现金。工商企业每天营业结束时向发卡机构索偿款项，发卡机构与持卡人定期结算清偿。

（2）分期付款。消费者在购买消费品或取得劳务时，只支付一部分货款，然后按合同分期加息支付其余款项，多用于购买高档耐用消费品或房屋、汽车等，属中长期消费信用。

（3）消费贷款。银行及其他金融机构采用信用放款或抵押放款方式，对消费者发放贷款，按规定期限偿还本息，有的时间可长达20～30年，属长期消费信用。

3. 消费信用的作用

（1）消费信用有利于消费品的升级换代和消费者消费水平的提升。通过消费信用，可以缓解消费者有限的购买力与不断增长的现代化生活需要之间的矛盾，有助于提高消费水平，改善人民生活。消费信用可帮助中等收入群体购买耐用消费品，如住房、汽车等；帮助低收入者购买价格较低的一般消费品和部分耐用消费品，改善了人民的生活条件。同时使得住房、汽车、旅游、教育、信息消费等成为新的消费热点。

（2）消费信用有利于扩大内需，促进经济增长。一是信用消费对消费需求具有乘数效应，可以放大消费需求。调查数据表明，1元消费信贷可以带动1.5元的商品消费。二是直接增加最终消费需求，拉动经济增长。三是通过产品销售和服务消费，刺激投资，扩大投资的乘数效应，带动经济增长。例如住房、汽车、教育贷款的增加，不仅使住房、汽车、教育方面的消费增加，还刺激了建筑、钢铁等相关行业的发展。

（3）消费信用的盲目发展也会给正常经济生活带来不利影响。一是消费信用过分发展，掩盖消费品供求之间的矛盾，造成一时的虚假需求，给生产传递错误信息，使一些消费品生产盲目发展；二是由于消费信用是对未来购买力的预支，在延期付款的诱惑下，对未来收入预算过大使消费者债务负担过重，最终迫使生活水平下降，增加社会不稳定因素。

除了以上四种信用形式外，还有股份信用、租赁信用、国际信用、保险信用等。

第二节　信用工具

一、信用工具的含义及基本特征

信用工具，又称金融工具，也称金融市场工具，是在金融活动中产生的能够证明金融交易的合法凭证，是能够证明债权债务关系或所有权关系并据以进行货币资金交易的法律凭证，对于交易双方所应承担的义务与享有的权利均具有法律效力。

信用工具的种类很多，不同的信用工具具有不同的用途和特征。一般而言，信用工具具有偿还性、流动性、收益性和风险性四个基本特征。

(1) 偿还性：指信用工具的发行主体或债务人应按照约定按期归还本金和利息。

(2) 流动性：指信用工具可以变现而不至于遭受损失的能力。一般而言，信用工具的债务人偿债能力越强，流动性就越好。流动性好的金融工具在同类金融工具中市场价格往往较高，反之其市场价格就相对较低。

(3) 收益性：信用是以让渡资金的使用权为核心的，作为交易的重要部分，信用工具能定期或不定期地为持有人带来一定的收入。

(4) 风险性：信用工具的债务人可能不能按时履约，或者信用工具市场价格波动，都会给信用工具的持有人带来损失。

二、主要的信用工具

了解主要的信用工具及其优缺点，有助于我们选择适宜的信用工具进行融资和投资。除下面讲到的信用工具外，读者还可结合本书第八章“金融市场及其构成”的内容，了解其他金融工具。

(一) 借据

借据，也称借条，是民间借贷过程中常用的信用工具，也是最古老的信用工具，是居民或企业间自发形成的资金融通形成的契约，是资金融入方给融出方出具的信用凭证。与借据类似的还有可能是因为买卖、租赁、利息等原因产生的欠条。无论是借条还是欠条，都有一定的诉讼时效，就是在有效的诉讼时效内，如果债权人没有主张权利，则法律不再支持债权人拥有的对债务的索取权。显然，民间借贷主要发生在熟人之间，简单方便，但由于受相互之间关系远近、出借人能力和出借意愿的限制，其规模不大，有时难以满足借款人的需求，并且这种金融工具的流动性往往很差，风险也千差万别。

(二) 存贷款凭证

通过以银行为主体的金融机构进行资金融通是解决借款人和贷款人之间信息不对称问题的重要形式，由此形成的存贷款凭证是一种非常常见的信用工具。对贷款而言，主要有银行直接放贷和委托贷款。

银行是居民和企业最主要的融资渠道，主要包括抵押贷款、信用贷款、担保贷款和票据贴现四种形式。但银行的基本倾向是“嫌贫爱富”，以审慎的风险控制为原则，这是由银行的业务性质决定的。对银行来说，一般不愿冒太大的风险，因为银行借款没有利润要求权，所以对风险大的企业或项目即使有很高的预期利润，银行也不愿发放贷款。相反，实力雄厚、收益或现金流稳定的企业是银行青睐的贷款对象。

银行贷款与其他融资方式相比，主要不足在于：一是条件苛刻，限制性条款太多，手续比较复杂，费时费力，有些贷款审批和手续的办理需要时间较长；二是借款期限相对较短，难以满足企业固定资产投资的需要，企业通常贷短投长，在贷款到期前容易面临流动性问题；三是借款额度通常难以满足企业融资的需要，通过银行解决企业发展所需要的全部资金是很难的，特别对于在起步和创业阶段的企业，由于贷款的风险较大，所以很难获得银行贷款。如果银行不熟悉贷款人的信息，会增加银行决策的难度和时长，因此，积累信用对于获取金融资源非常重要。

（三）股票

股份制以股本的形式出资，共同分享企业发展的收益并分担风险，是筹集企业发展资金的重要形式。由此形成的股票、入股单也是一种重要的信用工具。一般而言，企业在发展过程中，遇到资金不足，首先依靠自己内部积累来解决，通常称为内部融资或内源融资。在内部融资不能满足企业发展需要时，企业进行外部融资，即通过吸收其他经济主体的储蓄，使之转化为自己投资的过程，主要包括直接融资和间接融资。直接融资是资金需求者从资本市场投资者手中直接获取资金的行为，而间接融资是资金供给者和资金需求者通过金融中介机构实现资金融通的行为。

股票是股份有限公司公开发行的、用以证明投资者的股东身份和权益，并据以获得股息和红利的凭证。股票一经认购，持有者不能以任何理由要求退还股本，只能通过证券市场将股票转让或出售。

按股票代表的股东权利划分，股票可分为优先股和普通股两类。普通股是最普通、最重要的股票种类，普通股的红利随公司盈利的多少而增减，同时，股东能够参与公司的决策。

股票主要有如下五个特征：

（1）收益性。收益性是股票最基本的特征，它是指股票可以为持有人带来收益的特性。股票收益来源可分成两类：一是来自股份公司，其收益大小取决于公司的经营状况和盈利水平。二是来自股票流通，其收益大小是买卖股票的价差，又称资本利得。

（2）风险性。风险性是指持有股票可能产生经济利益损失的特征。股票的风险性是与股票的收益性相对应的。认购股票后，投资者有可能获取较高的投资收益，同时也要承担较大的投资风险。

（3）流动性。流动性是指股票可以在依法设立的证券交易所上市交易或在经批准设立的其他证券交易场所转让的特征。股票转让意味着转让者将其出资金额以股价的形式收回，而将股票所代表的股东身份及各种权益让渡给了受让者。

（4）永久性。永久性是指股票所载有权利的有效性是始终不变的，因为它是一种无期限的法律凭证。股票是一种无期限的法律凭证，它反映了股东与公司之间比较稳定的经济关系；同时，投资者购买了股票就不能退股，股票的有效存在又是与公司的存续期间相联系的。

（5）参与性。股票的持有者即发行股票的公司的股东，有权出席股东大会、选举公司的董事会、参与公司的经营决策。股票持有者的投资意志和享有的经济利益，通常是通过股东参与权的行使而实现的。股东参与公司经营决策的权利大小取决于其所持有的股份的多少。

企业以发行股票的形式向新的投资者筹集资金的行为是一种重要的外部融资方式，主要有上市融资、风险投资、私募股权融资等形式。

1. 上市融资

上市融资指的是公司在证券市场公开发行股票，募集资金。上市融资的具体形式很多，企业首次公开发行股票（IPO）后通常有配股、增发新股等。股票可以在境内上市，也可以在境外上市；可以在主板上市，也可以在高新技术企业板块上市。例如股票可以在美国纳斯达克上市，也可以在中国的中小板、创业板、科创板上市。发行股票是一种资本金融资，投资者对企业利润有要求权，但所投资金不能收回，投资者所冒风险较大，因此要求的预期收益也较高，从这个角度而言，股票融资的资金成本比银行借款高。

2. 风险投资

风险投资是由职业金融家投入新兴的、迅速发展的、具有巨大竞争潜力的企业的一种权益资本。从投资行为的角度来讲，风险投资是把资本投向蕴藏着失败风险的高新技术及其产品的研究开发领域，旨在促使高新技术成果尽快商品化、产业化，以取得高资本收益的一种投资过程。从运作方式来看，是指由专业化人才管理下的投资中介向特别具有潜能的高新技术企业投入风险资本的过程，也是协调风险投资家、技术专家、投资者的关系，利益共享，风险共担的一种投资方式。传统的风险投资对象主要是那些处于启动期或发展初期却快速成长的小型企业，并主要着眼于那些具有发展潜力的高科技产业。风险投资通常以部分参股的形式进行，它具有强烈的“承受风险”之特征，而作为高投资风险的回报则是得到中长期高收益的机会。

3. 私募股权融资

私募股权融资是指非上市公司通过非公共渠道定向引入具有战略价值的股权投资人，即引进风险投资者或战略投资者。私募股权融资是除银行贷款和公开上市融资之外的另外一种重要的融资方式。在许多情况下，对于尚无法满足银行贷款条件和上市要求的企业，私募融资甚至成为唯一的选择。在资金募集上，私募股权融资主要通过非公开方式面向少数机构投资者或个人募集，它的销售和赎回都是基金管理人通过私下与投资者协商进行的。另外在投资方式上也是以私募形式进行，绝少涉及公开市场的操作，一般无须披露交易细节。私募股权融资主要适合那些公司业务成熟，需要大量资金或者需要引进战略投资者的企业。

私募股权融资具有以下七大特点：(1) 所融资金一般无须抵押、质押和担保；(2) 所融资金通常不需要偿还，由投资方承担投资风险；(3) 投资方不同程度地参与企业管理，并将投资方的优势与公司结合，为公司发展带来科学的管理模式、丰富的资本市场运作经验以及市场渠道、品牌资源和产品创新能力等；(4) 投资方可以为公司的后续发展提供持续的资金需求，解决企业的发展瓶颈，实现企业超常规发展；(5) 对非上市公司（特别是中小企业）的股权投资，因流动性差被视为长期投资，所以投资者会要求高于公开市场的收益；(6) 没有上市交易，所以没有现成的市场供非上市公司的股权出让方与购买方直接达成交易，而持币待投的投资者和需要投资的企业必须依靠个人关系、行业协会或中介机构来寻找对方；(7) 资金来源广泛，如部分富人、战略投资者、风险基金、养老基金、保险公司等。

(四) 债券

债券是一种重要的信用工具，债券是债务人向债权人出具的、在一定时期支付利息和到期归还本金的债权债务凭证，上面载明债券发行机构、面值、期限、利率等事项。债券主要有如下四个特征：

（1）偿还性。偿还性是指债券有规定的偿还期限，债务人必须按期向债权人支付利息和偿还本金。借贷经济关系将随偿还期结束、还本付息手续完毕而消失。这一特征与股票的永久性有很大的区别。

（2）流动性。流动性是指债券持有人可按自己的需要和市场的实际状况，灵活地转让债券，以提前收回本金和实现投资收益。

（3）安全性。安全性是指债券持有人的收益相对稳定，不随发行者经营收益的变动而变动，并且可按期收回本金。债券投资不能收回有两种情况：第一，债务人不履行债务，政府债券不履行债务的风险最低；第二，流通市场风险，即债券在市场上转让时因价格下跌而承受损失。

（4）收益性。债券收益可以表现为两种形式：一种是利息收入；另一种是资本损益，即债权人到期收回的本金与买入债券之间或中途卖出债券与买入债券之间的价差收入。

根据发行人的不同，债券可分为政府债券、金融债券和公司债券三大类。政府债券是国家根据信用原则举借债务的借款凭证，按偿还期的不同可分为短、中、长期债券。金融债券是银行或其他金融机构作为债务人发行的借债凭证，目的是筹措中长期贷款的资金。公司债券又称企业债券，是公司为筹集资金而发行的债务凭证。

一般来说，债券的主体是公司债券。公司债券是公司依照法定程序发行的，一般要经过政府金融主管部门审批。债券持有人不参与公司的经营管理，但有权按期收回约定的本息。在公司破产清算时，债权人优先于股东享有对公司剩余财产的索取权。公司债券与股票一样，同属有价证券，可以自由转让。

发行债券的优缺点介于上市和银行借款之间，也是一种实用的融资手段，但关键是选好发债时机。选择发债时机要充分考虑对未来利率的走势预期。

采用发行债券的方式进行融资，其好处在于还款期限较长，附加限制少，资金成本不高，但手续复杂，对企业要求严格，而且我国债券市场相对清淡，交投不活跃，发行风险大，特别是长期债券，面临的利率风险较大，而又缺少风险管理金融工具。

（五）可转换公司债券

可转换公司债券，简称“可转换债券”或“可转债”，是兼具债券和股票特性的具有双重特性的一种信用工具，是股份公司才能发行的特殊的公司债券，是可以在特定时间、按特定条件（募集说明书约定的条件）转换为普通股股票的特殊公司债券。这种债券对公司而言，付息成本较低；对投资者而言，风险较小，但潜在收益较高（转股带来的高收益）。

可转换公司债券是一种附有转股权的债券。在转换以前，它是一种公司债券，具有债券的一切特征，有规定的利率和期限，体现的是债权债务关系，持有者是债权人；在转换成股票后，它变成了股票，具有股票的一般特征，体现所有权关系，持有者由债权人变成了股权所有者。可转换公司债券具有双重选择权的特征。一方面，投资者可自行选择是否转股，并为此承担可转换公司债券利率较低的机会成本；另一方面，可转换公司债券发行人拥有是否实施赎回条款的选择权，并为此要支付比没有赎回条款的可转换公司债券更高的利率。

可转换公司债券的投资者需要了解的主要事项包括但不限于（1）所投资的股份公司的风险程度；（2）所投资的股份公司的成长性，特别是转股期内的盈利能力；（3）募集说明书中的重要条款，主要有转股条件、特别向下修正条款、赎回条款、回售条款等。

（六）证券投资基金

证券投资基金是金融市场上常见的投融资信用工具，指通过公开发售基金份额募集资金，由基金托管人托管，由基金管理人管理和运用资金，以资产组合方式进行证券投资的一种利益共享、风险共担的集合投资方式。证券投资基金有如下三个主要特征：

（1）集合投资。基金的特点是将零散的资金汇集起来，交给专业机构投资于各种金融工具，以谋取资产的增值。在参与证券投资时，资本越雄厚，优势越明显，而且可能享有大额投资在降低成本上的相对优势，从而获得规模效益的好处。

（2）分散风险。通过多元化的投资组合，一方面借助于资金庞大和投资者众多的优势使每个投资者面临的投资风险变小，另一方面又利用不同投资对象之间收益率变化的相关性，达到分散投资风险的目的。

（3）专业理财。将分散的资金集中起来以信托方式交给专业机构进行投资运作，既是证券投资基金的一个重要特点，也是它的一个重要功能。基金实行专业理财制度，由受过专门训练、具有比较丰富的证券投资经验的专业人员运用各种技术手段收集、分析各种信息资料，制定投资策略和投资方案，从而最大限度地避免投资失误，提高投资收益。

（七）票据

票据是由出票人签名于票据上，约定由自己或另一个主体无条件地支付确定金额、可流通转让的证券。票据分为两大类：一种是传统的商业票据，如汇票、本票、支票等，有真实的商品或劳务交易做基础，因此又称真实票据；一种是以融资为目的的创新型商业票据，没有真实的商品交易为基础，如融通票据。

1. 汇票

在商品交易中，买方出于资金流动性的考虑，往往会提出延迟付款的要求，这时商品的买方会向卖方签发约定在未来某个日期向持票人（因为票据可以交易，所以持票人不一定是原来商品的卖方）无条件支付确定金额的票据。如果出票人是企业，称为商业汇票；如果出票人是银行，称为银行汇票。

虽然汇票是一种书面的无条件支付的命令，但仅仅如此的话，其风险还是比较大的，所以商品的卖方会要求买方找一个信誉卓著的商业机构进行承兑，即当买方无力在确定的日期交付载明金额的资金时，由承兑人无条件予以垫付。而这个承兑人往往由与买方联系密切的、愿意为买方提供保证的银行来承担，因此承兑人必须在票据上签名盖章，注明“承兑”字样。大多情况下签发票据的人（出票人）是商品的买方或其委托的银行，到期委托别人付款或自己付款，当委托人或自己不能及时履行付款义务时，由承兑方无条件付款。出票人也可以是商品的卖方或其指定的第三方，在这里出票人是谁并不重要，重要的是付款人和承兑人，这就像借条一样，不一定借条都必须由借款人书写，付款人也不一定就是商品的买方，可以是愿意为买方支付款项的第三方。

2. 本票

本票是出票人签发的、承诺自己在见票时无条件支付确定的金额给持票人的付款承诺书。本票按其出票人的身份，可分为银行本票和商业本票。银行本票是由银行或其他金融机构作为出票人签发的。商业本票是由银行或其他金融机构以外的法人或自然人作为出票人签发的。因此，本票属于自付（约定本人付款）证券；汇票是委付（委托他人付款）证券。

《中华人民共和国票据法》（简称《票据法》）对本票的定义指的是银行本票，指由出票人签发的，承诺自己在见票时无条件支付确定金额给收款人或者持票人的票据。《票据法》第74条还规定："本票的出票人必须具有支付本票金额的可靠资金来源，并保证支付。"从规定的"必须""保证"等字眼中，可以看出立法者的意图，不保护没有合法交易关系而签发的本票的效力。可见，中国在立法条文中体现出注重"票据使用过程的安全"的立法精神。因此在我国本票是由单位和个人向银行申请的用于商品交易、劳务和其他款项的结算的凭证。企业和个人想取得银行本票，需按规定存入银行要求的款项。《票据法》对期限和出票人、追索权等都有明确的规定。从当前来看，本票的使用范围要比汇票小得多。银行本票的要项主要有：(1) 表明"本票"的字样；(2) 无条件支付的承诺；(3) 确定的金额；(4) 收款人名称；(5) 出票日期；(6) 出票人签章。

3. 支票

支票是银行的存款客户签发的、委托银行在见票时无条件支付确定的金额给收款人或持票人的一种凭证。按支付方式可分为现金支票和转账支票，现金支票可以从银行提取现金，转账支票则只能用于转账结算。这里，出票人必须是在银行开立支票存款账户的单位（有的国家个人也可以），支票由单位向银行申领，付款人是办理支票存款业务的银行，出票人签发的支票金额如果超出了其支票存款账户金额，则为空头支票，属《票据法》所禁止的。从上面的叙述中不难看出，支票也是一种委付凭证，且受托人只限于银行或其他法定金融机构。支票为见票即付，其职能是为了避免使用现金的危险和麻烦而用支票来代替现金支付。

4. 融通票据

融通票据是一种新型的票据，通常称为商业票据或金融票据，是指由资信优良的大企业或金融机构以融资为目的而开出的无担保的短期期票。由于其发行票据的目的为短期融资，所以票据的发行与商品交易没有关系。由于其风险较大，利率高于同期银行存款利率。商业票据的可靠程度依赖于发行企业的信用程度，可以背书转让，但一般不能向银行贴现，如果想向银行申请贴现或将票据抵押给银行获得抵押贷款，则需要票据持有人取得金融机构的承兑。

（八）信托凭证

信托是指委托人基于对受托人（信托投资公司）的信任，将其合法拥有的财产委托给受托人，由受托人按委托人的意愿以自己的名义，为受益人的利益或者特定的目的进行管理或者处置的行为。概括地说就是"受人之托，代人理财。"信托受益凭证则是由信托公司出具的表明投资人向某一投资项目进行投资的凭证，风险由投资人自行承担，信托公司不具有刚性兑付义务。采用信托方式向投资者筹集资金成本远远高于银行贷款，并且由于受信托法对投资人数量的限制，单一信托所筹集的资金数量有限。

（九）融资租赁合约

融资租赁合约是依附于传统租赁上的金融交易形成的交易凭证，是一种特殊的金融工具。它与传统租赁的一个本质区别是：传统租赁以承租人租赁使用物件的时间计算租金，而融资租赁以承租人占用融资的时间来计算租金。融资租赁作为银行信用和实物信用结合的金融工具，已成为银行贷款之外的一个重要融资渠道。

融资租赁又称金融租赁或财务租赁，是指出租人根据承租人对供货人和租赁标的物的选择，由出租人向供货人购买租赁标的物，然后租给承租人使用。它通过融资与融物的结合，兼具金融与贸易的双重职能，对提高企业的筹资融资效益，推动与促进企业的技术进步有着十分显著的作用。融资租赁有直接购买租赁、售出后回租以及杠杆租赁等形式。此外，还有租赁与补偿贸易相结合、租赁与加工装配相结合、租赁与包销相结合等多种租赁形式。融资租赁业务为企业技术改造开辟了一条新的融资渠道，采取融资融物相结合的新形式，提高了生产设备和技术的引进速度，还可以节约资金，提高资金利用率。一般情况下，选择融资租赁方式所承担的资金成本会大大高于银行贷款，但由于方式灵活，只要项目盈利状况好，利用融资租赁建设项目的收益支付租金，实现以较少的资金投入带动企业的发展未尝不是一件好事。在一次性投资较大的经营项目中采用融资租赁的方式更是非常普遍，如飞机、轮船等。

（十）当票

当票是典当行出具的凭证，典当是以实物为抵押的形式取得临时性贷款的一种融资方式。与银行贷款相比，典当贷款成本高、贷款规模小，但典当贷款也有银行贷款所无法相比的优势。首先，与银行对借款人的资信条件近乎苛刻的要求相比，典当行对客户的信用要求几乎为零，典当行只注重典当物品是否货真价实。而且一般商业银行只做不动产抵押，而典当行则可以动产与不动产抵押二者兼为。其次，到典当行典当物品的起点低，千元、百元的物品都可以当。与银行相反，典当行更注重对个人客户和中小企业的服务。再次，与银行贷款手续繁杂、审批周期长相比，典当贷款手续十分简便，大多立等可取，即使是不动产抵押，也比银行要便捷许多。最后，客户向银行借款时，贷款的用途不能超过银行指定的范围，而典当行则不问贷款的用途，钱使用起来十分自由，周而复始，大大提高了资金使用效率。

除上述信用工具外，还有信用卡、抵押回购协议、资产证券化产品、期权、期货以及金融衍生工具等，这些信用工具大部分将在本书第八章“金融市场及其构成”中加以介绍。

三、信用渠道：融资的分类

根据筹集资金来源的不同，企业融资可以分为内部融资和外部融资。外部融资又可区分为直接融资和间接融资。

（一）内部融资和外部融资

1. 内部融资

内部融资，也叫内源融资，是企业依靠其内部积累进行的融资，主要包括企业自有资金、企业应付税款和利息、企业未使用或未分配的专项基金，是企业利用各种形式加强自身积累、筹集内部资金的做法。企业内部融资能力的大小主要取决于企业利润水平、净资产规模和股东的预期等因素。内部融资对企业的资本形成具有原始性、自主性、低成本和抗风险的特点，是企业生存与发展不可或缺的重要组成部分。

内部融资的优点在于融资成本低廉且融资主体在资金使用上具有较高的自由度。当企业将本企业的利润转化为投资时，不必为融资支付成本，既节约了股权融资的交易费用，也避免了债务融资中的利息负担及或有的交易费用。并且由于资金来源于本企业，在资金使用数额、期限、范围的决定上，得到企业现有股东同意即可，可以避免债务融资受债权人约束及外部股权融资受众多股东监督或"用脚投票"的不利局面。

2. 外部融资

外部融资，也叫外源融资，是企业吸收其他经济主体的储蓄，使之转化为自己投资的过程，主要包括银行借款、发行债券、融资租赁和商业信用等负债融资方式与吸收直接投资、发行股票等权益融资方式。外部融资对企业的资本形成具有高效性、灵活性、大量性和集中性等特点。随着科学技术的不断进步和生产规模的扩大，单纯依靠内部融资已很难满足企业的资金需求，外部融资已逐渐成为企业获得资金的重要方式。但其缺点是保密性差，企业需要负担较高的成本，融资风险和不确定性较大。

3. 内部融资和外部融资的选择

企业融资是一个随自身的发展由内部融资到外部融资的交替变换过程。创业之初，主要依靠内部融资来积累；随着企业逐步成长，抗风险能力增强，内部融资难以满足要求，外部融资就成为企业扩张的主要手段。当企业具备相当规模后，自身有了较强积累能力，则又会逐步缩小外部融资总量，转而依靠自身雄厚的积累资金来发展。

考虑到外部融资的成本代价，创业企业在资金筹措过程中，一定要高度重视内部积累。辩证地讲，内部融资是外部融资的基础和保证，外部融资的规模和风险必须以内部融资的能力来衡量。通常是在内部融资不能满足要求的时候，才考虑通过外部融资渠道来解决。如果不顾内部融资的能力而盲目地进行外部融资，不但无益于提高资金利用效率，而且将使企业陷入盲目扩张带来的财务危机之中。同时，由于企业内部融资的成本低于外部融资，所以企业在选择融资方式时应该以内部融资为主、外部融资为辅。

（二）直接融资和间接融资

按筹集资金过程中形成债权债务关系方式的不同，可将外部融资分为直接融资和间接融资。资金供求双方直接形成债权债务关系的为直接融资，资金供求双方分别与金融机构形成债权债务关系的为间接融资。这两种融资方式各具优缺点。

1. 直接融资

直接融资是没有金融机构作为中介的融通资金方式。拥有暂时闲置资金的单位（包括企业、机构和个人）与资金短缺的单位，相互之间直接进行协议，或者在金融市场上前者购买后者发行的有价证券，将货币资金提供给需要补充资金的单位使用，从而完成资金融通的过程。直接融资工具主要有商业票据和直接借贷凭证、股票、债券等。

直接融资的优点主要有：（1）资金供求双方联系紧密，有利于资金快速合理配置和使用效益的提高；（2）筹资的成本较低而投资收益较大。直接融资的缺点主要有：（1）直接融资双方在资金数量、期限、利率等方面受到较多的限制；（2）直接融资使用的金融工具的流通性较间接融资要弱，兑现能力较低；（3）直接融资的风险较大。

一般来说，直接融资主要包括以下几种形式，即上市融资、风险投资、私募股权融资和债券融资等。

2. 间接融资

间接融资是指拥有暂时闲置货币资金的单位通过存款的形式，或者购买银行、信托、保险等金融机构发行的有价证券，将其闲置资金先行提供给这些金融中介机构，然后再由这些金融机构以贷款、贴现或通过购买融资单位有价证券的形式，把资金提供给这些单位使用，从而实现资金融通的过程。

间接融资的优点在于：(1) 银行等金融机构网点多，吸收存款的起点低，能够广泛筹集社会各方面闲散资金，积少成多，形成巨额资金。(2) 在直接融资中，融资的风险由债权人独自承担。而在间接融资中，由于金融机构的资产、负债是多样化的，融资风险便可由多样化的资产和负债机构分散承担，从而安全性较高。(3) 降低融资成本。因为金融机构的出现是专业化分工协作的结果，它具有了解和掌握借款者有关信息的专长，而不需要每个资金盈余者自己去搜集资金需求者的有关信息，因而降低了整个社会的融资成本。间接融资的局限性主要是由于资金供给者与需求者之间以金融机构为中介，隔断了资金供求双方的直接联系，在一定程度上减少了投资者对投资对象经营状况的关注和筹资者在资金使用方面的压力和约束。

间接融资主要包括银行贷款、典当融资和融资租赁等形式，银行承兑汇票、可转让大额存单等也属于间接融资。

企业融资渠道选择很多，理性的融资顺序应为：内部融资、债权融资、股权融资。在市场竞争和金融市场不断变化的环境下，企业选择融资渠道需要从企业的现状和未来发展计划测算企业融资额度、融资成本和融资风险，选择适合企业发展的融资渠道，资本经营和产品经营相结合，实现股东价值最大化。

四、信用工具（金融工具）的分类

除了上述直接融资和间接融资、内部融资和外部融资的分类外，按照不同的标准，信用工具（金融工具）还可以进行不同的分类，下面进行简要介绍。

（一）按投资者所拥有的权利划分

按投资者所拥有的权利划分，金融工具可分为债权工具、股权工具和混合工具。债权工具的代表是债券，股权工具的代表是股票，混合工具的代表是可转换公司债券和证券投资基金。

（二）按期限的长短划分

按期限的长短划分，金融工具分为短期金融工具和长期金融工具。短期金融工具的期限一般在一年以下（含一年），如商业票据、短期国库券、银行承兑汇票、可转让大额定期存单、回购协议、货币市场共同基金等。长期金融工具的期限一般在一年以上，如股票、公司债券、长期国债、证券投资基金等。

本章小结

本章主要分析了信用的概念及其产生，高利贷信用，各种信用形式及其特点，各种主要的信用工具以及各种信用融资渠道，这些都是货币银行学的基本要素——信用范畴的基本概念和基本原理。这一章以马克思主义的历史唯物主义为指导，从逻辑的和历史的两条线索阐明了信用的产生及其与货币的关系，重点阐述了在现代信用经济中，各种现代信用的概念、特点及其对经济发展的推动作用，同时还介绍了直接融资和间接融资的特点及作用。

思考题

1. 为什么说银行信用在现代信用体系中起着主导作用?

2. 生活中哪些信用形式属于直接信用，哪些属于间接信用? 请举例说明。

3. 谈谈你所了解的信用工具和可资利用的融资渠道，它们在融资中都具有什么优势和劣势?

4. 比较商业信用和银行信用的特点，指出两者之间的联系。

推荐阅读书目

[1] 郭生祥. 信用经济学. 北京：东方出版社，2007.

[2] 蒋先玲. 货币金融学. 2版. 北京：机械工业出版社，2017.

第四章

利息与利率

⊙本章提要⊙

利率是货币金融理论的基础概念，也是经济中最受关注的一个经济变量。利率水平的高低直接影响着储蓄、投资、物价和金融资产的价值，进而对整个经济活动产生广泛的影响。本章的主要内容有：利息的本质与利率，利率的主要理论，利率的作用与影响利率的主要因素。

⊙重点与难点⊙

- 利息的本质与利率
- 利率的作用
- 影响利率的主要因素

引导案例

2020 年 3 月 15 日，美联储意外将联邦基金利率区间降至 0%～0.25%，并推出 7 000 亿美元量化宽松计划。3 月 20 日中国即将发布新一期贷款市场报价利率（LPR），市场预期中国央行有可能降低 LPR，即降息。国内市场贷款利率未来怎么走？中国人民银行给出了权威的答复。

2020 年 3 月 15 日，中国人民银行货币政策司司长孙国峰在国务院联防联控机制新闻发布会上说，中国人民银行将继续综合采取多种措施促进贷款利率明显下行，支持企业复工复产和经济发展。一是运用多种货币政策工具，保持流动性合理充裕，为降低企业融资成本提供一个良好的流动性环境；二是继续推进LPR改革，有序推进存量浮动利率贷款定价基准转换；三是引导银行体系适当向实体经济让利，降低企业融资成本；四是继续发挥存款利率、基准利率作为整个利率体系压舱石的作用。

案例思考： 结合上述材料分析中国人民银行的利率政策会产生哪些效应？

第一节　利息的本质与利率

一、利息

（一）利息的概念

利息是指在信用关系中债务人支付给债权人的（或债权人向债务人索取的）报酬。利息是伴随着信用关系的发展而产生的经济范畴。随着社会经济的发展，商品、货币的出现，信用活动随之产生，利息也就伴随信用而产生。

在信用活动中，货币的所有者在不改变货币所有权的前提下，将货币的使用权在一定时期内让渡给货币需求者，在借贷期满时，凭借货币的所有权从货币需求者那里获得超出借贷本金的增加额，这个增加额就是利息。因此，利息是借贷资本的增值额或使用借贷资本的代价。对于货币所有者来说，利息是他们让渡资金使用权而应该获得的报酬；对于货币借入者来说，利息则是他们取得资金使用权而应当付出的代价。

利息有实物形式和货币形式。在商品交换初期，借贷活动多以实物形式进行，利息也以实物形式支付，随着商品交换的进一步发展，产生了货币借贷，利息逐渐以货币为主要的支付形式。

（二）利息的本质

在远古时代就有了借贷行为，利息作为一种让渡货币使用权的报酬就已出现。但是真正意义上的利息是资本主义的利息。正如马克思指出的："只有资本家分为货币资本家和产业资本家，才使一部分利润转化为利息，一般地说，才产生出利息的范畴；并且，只有这两类资本家之间的竞争，才产生出利息率。"①

马克思从对借贷资本的特殊运动形式的分析中，在人类历史上第一次科学而全面地揭示了利息的来源与实质。马克思把借贷资本运动概括为二重支付和二重回流的运动，明确指出：第一重支付和第二重回流（即货币所有者向货币使用者贷款和货币使用者向货币所有者归还贷款本息），虽然处于产业资本运动过程之外，但以产业资本运动为基础。利息绝不是货币本身生产出来的果实，不是在再生产过程之外的借贷活动中产生的，也不是在购买生产要素和销售产品的流通过程中产生的，而是工人在生产过程中创造的归货币所有者占有的剩余价值的一部分，即利润的一部分，是剩余价值的转化形式。

---

① 马克思，恩格斯．马克思恩格斯全集：第46卷．2版．北京：人民出版社，2003：415.

西方经济学家对利息的来源和本质也有多种解释，例如，威廉·配第认为，利息是因放弃货币的使用权而获得的报酬。西尼尔提出的节欲论侧重从资本来源于储蓄、储蓄来源于节欲的思路上分析利息的本质，认为利息是资本所有者不将资本用于消费所获得的报酬。庞巴维克在边际效用基础上提出时差论，将时间因素导入利息分析，认为同一种类和数量物品的现在价值和未来价值之间存在差别，由于时间的推移，这些物品的边际效用也显著不同，因而出现了利息。马歇尔提出了均衡利息论，认为利息是资本家牺牲现在等待将来而应得的报酬。凯恩斯提出的流动性偏好理论更明确地把利息看成是一种纯粹的货币现象，认为利息是放弃货币灵活性和承担风险的报酬。萨缪尔森则用资本净生产率来解释利息的存在。这些理论大都是从某个侧面入手来观察利息、解释利息的本质。

（三）利息的计算

利息有两种计算方法：单利和复利。

单利是指在计算利息额时，不论期限长短，仅按本金计算利息，所生利息不再加入本金重复计算利息。用公式表示为：

$$\text{利息}(I)=\text{本金}(P)\times\text{利率}(r)\times\text{期限}(n)$$

其本利和的计算公式为：

$$\text{本利和}(S)=P(1+r\times n)$$

复利是指计算利息时，要按一定期限，将所生利息加入本金再计算利息，逐期滚算，称作“利滚利”。其利息计算公式为：

$$I=P(1+r)^n-P$$

或

$$I=P[(1+r)^n-1]$$

例如：一笔期限为 3 年、年利率为 6%的 100 万元的贷款。

按单利法计算，利息总额和本利和分别为：

$$I=1\,000\,000\times 6\%\times 3=180\,000(\text{元})$$
$$S=1\,000\,000\times(1+3\times 6\%)=1\,180\,000(\text{元})$$

按复利法计算，本利和与利息总额分别为：

$$S=1\,000\,000\times(1+6\%)^3=1\,191\,016(\text{元})$$
$$I=1\,191\,016-1\,000\,000=191\,016(\text{元})$$

从上述结果可见，在利率相同的情况下，按复利计息，可多得利息 11 016 元。

二、利率

（一）利率的定义

利率是利息率的简称，是指借贷期满所形成的利息额与所贷出的本金额的比率。用公式表示为：

$$r = I/P \times 100\%$$

式中，r 为利率；I 为利息额；P 为所贷出的本金额。

利率的表示方式有年利率、月利率和日利率。习惯上，我国年息、月息、日息都用“厘”作单位，年利率一般以本金的百分之几表示，通常称为年息几厘。例如，年息 3 厘，就是指本金 100 元，每年利息 3 元。月利率一般以本金的千分之几表示，通常称为月息几厘，如月息 3 厘，即指本金 1 000 元，每月利息 3 元。日利率习惯叫“拆息”，一般以本金的万分之几表示，通常称日息几厘，如日息 3 厘，即指本金 10 000 元，每日利息 3 元。

利率的三种表示方式之间的关系为：

$$年利率 = 月利率 \times 12 = 日利率 \times 360$$

（二）利率的形式

1. 基准利率与市场利率

基准利率（benchmark interest rate）是指在多种利率并存的条件下起决定作用的利率，即这种利率发生变化，其他利率也会相应随之变动。把握基准利率的变动，有助于判断整个利率体系的变化趋势。在西方国家，基准利率一般是指银行间同业拆借利率，如伦敦银行间同业拆借利率（London interbank offered rate，LIBOR）、美国联邦基金利率（federal funds rate，FFR）、日本的东京银行间同业拆借利率（Tokyo interbank offered rate，TIBOR）、欧盟的欧元银行间同业拆借利率（euro interbank offered rate，EURIBOR）等。

经过多年来利率市场化改革的持续推进，我国的贷款利率上、下限已经放开，但仍保留存贷款基准利率，存在存贷款基准利率和市场利率并存的“利率双轨”问题。为深化利率市场化改革，提高利率传导效率，推动降低实体经济融资成本，2019 年 8 月 16 日，中国人民银行决定改革完善贷款市场报价利率（LPR）形成机制，提高 LPR 的市场化程度，发挥好 LPR 对贷款利率的引导作用。主要内容为：（1）自 2019 年 8 月 20 日起，中国人民银行授权全国银行间同业拆借中心于每月 20 日（遇节假日顺延）9 时 30 分公布贷款市场报价利率，公众可在全国银行间同业拆借中心和中国人民银行网站查询。（2）贷款市场报价利率报价行应于每月 20 日（遇节假日顺延）9 时前，按公开市场操作利率（主要指中期借贷便利利率）加点形成的方式，向全国银行间同业拆借中心报价。全国银行间同业拆借中心按去掉最高和最低报价后算术平均的方式计算得出贷款市场报价利率。（3）为提高贷款市场报价利率的代表性，贷款市场报价利率报价行类型在原有的全国性银行基础上增加城市商业银行、农村商业银行、外资银行和民营银行，此次由 10 家扩大至 18 家，今后定期评估调整。（4）将贷款市场报价利率由原有 1 年期一个期限品种扩大至 1 年期和 5 年期以上两个期限品种。银行的 1 年期和 5 年期以上贷款参照相应期限的贷款市场报价利率定价，1 年期以内、1 年至 5 年期贷款利率由银行自主选择参考的期限品种定价。（5）自即日起，各银行应在新发放的贷款中主要参考贷款市场报价利率定价，并在浮动利率贷款合同中采用贷款市场报价利率作为定价基准。存量贷款的利率仍按原合同约定执行。各银行不得通过协同行为以任何形式设定贷款利率定价的隐性下限。

市场利率（market interest rate）是指在金融市场上资金供求双方自由竞争所形成的利率，是借贷资金供求的指示器。

2. 固定利率与浮动利率

固定利率是指在整个借贷期间内按事先约定的利率计息而不作调整的利率。浮动利率是指在借贷期间内随市场利率的变化而定期进行调整的利率。

3. 名义利率与实际利率

名义利率是指包括了通货膨胀因素的利率，通常金融机构公布或采用的利率都是名义利率。实际利率是指名义利率减去当期通货膨胀率之后的真实利率。名义利率与实际利率的关系如下：

令 r 为名义利率，i 为实际利率，S_r 为按名义利率计算的本利和，S_i 为按实际利率计算的本利和，Δp 为通货膨胀率，设 A 为本金，则：

$$S_r = A(1+r)$$
$$S_i = A(1+i)$$
$$A(1+r) = A(1+i)(1+\Delta p)$$

国际通用的计算实际利率的公式为：

$$i = [(1+r)/(1+\Delta p)] - 1$$

反之，名义利率为：

$$r = (1+i)(1+\Delta p) - 1$$

简单的名义利率计算公式为：

$$r = i + \Delta p$$

假设某年物价水平没有变化，某甲从某乙处取得 1 年期的 1 万元贷款，年利息额为 500 元，实际利率是 5%。

如果某年物价水平上涨 3%，即通货膨胀率为 3%，若乙仍要取得 5%的利息，就必须把贷款利率提高到 $r=(1+i)(1+\Delta p)-1$，即 $(1+5\%)\times(1+3\%)-1=8.15\%$。

4. 官定利率与公定利率

官定利率又称法定利率，是由国家货币管理当局（中央银行）根据国家经济发展和金融市场需要所确定和调整的利率，各金融机构必须执行。在实行利率管制的国家，官定利率是指由中央银行统一制定的存款利率、贷款利率、国债利率、公司债券利率、法定存款准备金率、再贴现利率、再贷款利率等。在实行利率市场化的国家，官定利率是指由中央银行直接决定的基准利率。我国目前实行利率管制，由中国人民银行代表官方统一制定国内利率水平和结构，报请国务院批准后执行。利率的浮动幅度和种类，也由中国人民银行统一规定。公定利率是由民间权威性金融组织商定的利率，各成员机构必须执行。如果某家金融机构违反了公定利率，擅自提高或降低利率开展金融业务，将受到行业组织的严厉斥责和惩罚，遭到其他金融机构的共同排挤。所以，在金融同业健全的国家，公定利率的权威性不容挑战。官定利率和公定利率都不同程度地反映了非市场力量对利率形成的干预，官定利率主要代表国家政府的经济发展意志和对金融市场的判断；公定利率主要反映整个金融机构在某一时期的平均利润水平、对金融市场借贷关系的总体分析和认识。

5. 正利率与负利率

一般而言，当名义利率高于通货膨胀率，实际利率大于零时，即为正利率；反之则为负利率。只有正利率才符合价值规律的要求。

目前，负利率的内涵已由实际利率转到名义利率，已由政策利率传导到市场利率；实施范围已由小国转向大国，已由欧洲波及亚洲；影响已由措施转变为结果，已由货币市场传导到国债市场。负利率的表现形式主要有四种：一是央行的基准利率直接降为负，包括瑞典、瑞士、日本等国央行和欧洲央行。二是央行对存在央行的存款和准备金加收利息，如瑞士、丹麦、日本及欧洲央行。三是存贷款利率为负，如丹麦的一家商业银行提供的房贷利率为－0.5％。四是国债表现为负利率，负利率从央行传导到商业银行，到银行间市场，继而到国债市场、实体经济。目前德国长短期国债收益都为负。

6. 国内利率与国际利率

国内利率是反映一国金融市场资金供求总体状况的利率。国际利率反映国际金融市场的利率水平。

第二节　利率的主要理论

利率理论主要研究利率水平的决定机制，探讨利率变动的原因及利率差异的原因。下面选择其中比较重要并且在现实经济活动中可以应用的几种理论予以介绍。

一、马克思的利率决定理论

马克思的利率决定理论是以剩余价值在资本家之间的分割作为研究起点的。利息量的多少取决于利润总额，利息率取决于平均利润率，利息率的变化范围在零和平均利润率之间。因此，利息率具有以下特点：

第一，平均利润率随着技术发展和资本有机构成的提高有下降趋势，因而也影响平均利息率同方向变化；

第二，平均利润率虽有下降趋势，但是一个非常缓慢的过程，因此，平均利息率具有相对稳定性；

第三，由于利息率的高低取决于两类资本家对利润的分割结果，因而使利息率的决定具有很大的偶然性。

二、西方利率决定理论

利率是现代西方利息理论的中心课题。西方学者认为，利率决定于市场供求，而影响利率的供求因素又要受许多市场因素的制约。要研究利率决定问题，必须分析影响市场供求的因素及其在利率决定中的作用方式。由于经济学家们对这些问题认识不同，因而形成了许多利率决定理论。

（一）古典利率理论（*IS* 理论）

该理论流行于19世纪末至20世纪30年代，其主要代表人物有：庞巴维克、费雪、马歇尔。

该理论认为：利率取决于资本的供给和需求，资本的供给由储蓄量决定；资本的需求由投资量决定；储蓄是利率的增函数，投资是利率的减函数；利率决定于储蓄与投资的均衡点，即均衡利率，见图4-1。

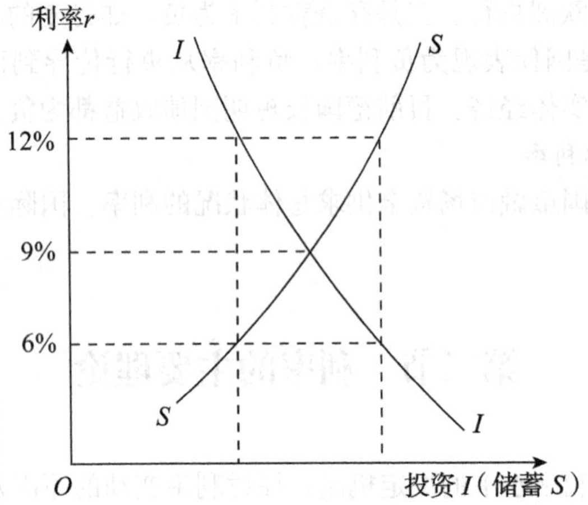

图4-1　古典利率理论

因该理论认为是经济中的实际因素——储蓄和投资决定着利率水平的高低，因此，均衡利率理论也被称为“实际利率理论”或者“储蓄投资决定论”。

如图4-1所示，储蓄是利率的增函数，投资是利率的减函数。

当 $S=I$ 时，利率达到均衡水平；当 $S>I$ 时，资金供给大于资金需求，即储蓄增加，会促使利率下降；反之，当 $S<I$ 时，利率水平将会上升。

按照这一理论，只要利率是灵活变动的，它就和商品的价格一样，具有自动调节功能，使储蓄和投资趋于一致。因为当投资大于储蓄时，利率就会上升，从而使储蓄增加，投资下降，两者最终趋于一致；反之亦然。因此经济不会出现长期的供求失衡，它将自动趋于充分就业水平。

（二）凯恩斯的流动性偏好理论

20世纪30年代世界经济大危机撼动了古典经济学的基石，同时也摧毁了以利率自动调节为核心的古典利率理论。1936年凯恩斯出版了《就业、利息和货币通论》（以下简称《通论》），提出了流动性偏好理论。流动性偏好是指人们喜欢流动性比较高的货币，利息是人们放弃货币，牺牲流动性偏好的报酬。

凯恩斯认为利率取决于货币的供给和需求。货币的供给由中央银行决定，没有利率弹性；货币的需求由“流动性偏好”决定。

“流动性偏好”需求分为交易性货币需求、预防性货币需求和投机性货币需求，这三种需求构成了对货币的总需求。交易性货币需求与预防性货币需求是收入的增函数；投机性货币需求为利率的减函数。如果以L_1表示交易性货币需求与预防性货币需求，则$L_1(Y)$为收入Y的增函数；如果以L_2表示投机性货币需求，则$L_2(r)$为利率r的减函数。货币总需求$L=L_1+L_2$。再假设M_s表示货币供给，M_d表示货币需求，则有公式：

$$M_d=L=L_1+L_2=L_1(Y)+L_2(r)$$

当$M_d=M_s$时，r是由货币供给与货币需求决定的均衡利率。该式说明利率决定于货币数量（货币供给）和灵活（流动性）偏好两大因素。假设人们的流动性偏好强，愿意持有货币，当货币需求大于货币供给时，利率上升；反之，利率下降。因此，利率是由流动性偏好曲线与货币供给曲线共同决定的，如图4-2所示。

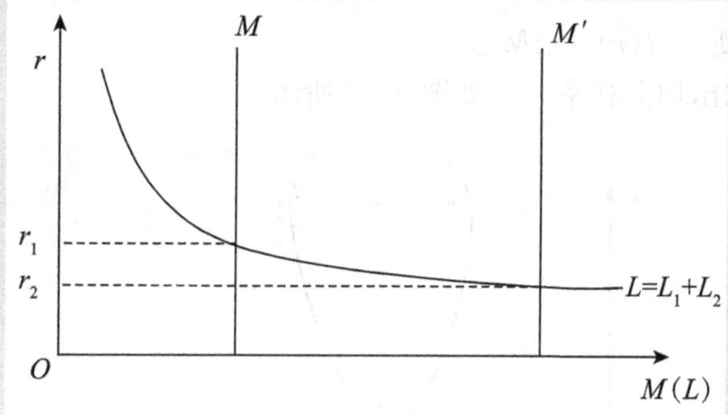

图4-2 流动性偏好理论

货币供给曲线是由中央银行决定的，货币需求曲线$L=L_1+L_2$是一条由上而下、由左到右的曲线，越向右，越与横轴平行。当货币供给曲线与货币需求曲线的平行部分相交时，无论怎样增加货币供给，货币均会被储存起来，不会对利率产生任何影响。这便是凯恩斯利率理论中著名的“流动性陷阱”。

（三）可贷资金利率理论

凯恩斯的流动性偏好理论改变了古典经济学家仅仅从实物因素角度来考虑利率决定的传统，但他将利率纯粹视为一种货币现象，而完全忽视储蓄、投资等实际因素对利率的影响的看法也遭到了许多批评。凯恩斯的《通论》出版之后，凯恩斯的学生罗伯逊（D. H. Robertson）提出了可贷资金利率理论（loanable funds theory of interest），试图将实际因素及货币因素对利率的影响综合起来考虑。这一理论受到俄林（B. G. Ohlin）、勒纳（A. P. Lerner）等经济学家的支持，并且成为一种流行的利率决定理论。

该理论作为新古典学派的利率决定理论，一方面肯定了古典学派考虑储蓄和投资对于利率的决定作用，但认为完全忽视货币因素是不妥的；另一方面在肯定凯恩斯利率理论关于货币因素对利率的影响作用的同时，认为其否定实际因素是错误的。该理论将货币因素与实际因素、存量分析与流量分析相结合，综合了古典利率理论和凯恩斯的流动性偏好理论，认为利率决定于可贷资金的供求状况。

为了进一步说明可贷资金利率理论，我们用一个简化的模型来表示。设有一个封闭经济体，并且在这个封闭经济体中不存在政府，利率为 r，则：

（1）当期可借贷资金供给为 L_s，家庭和企业的实际储蓄为 $S(r)$，实际货币供给量的增加部分为 ΔM_s，其中 $S(r)$ 是利率的函数，ΔM_s 与利率无关，是外生变量，那么有：

$$L_s = S(r) + \Delta M_s$$

（2）当期可借贷资金需求为 L_d，购买实物资产的投资需求为 $I(r)$，家庭和企业的货币需求量为 $\Delta M_{d(r)}$，显然 I 和 $\Delta M_{d(r)}$ 都是利率的函数，那么有：

$$L_d = I(r) + \Delta M_{d(r)}$$

（3）在当期处于均衡状态时，可借贷资金的供给等于可借贷资金的需求，因此有：

$$L_s = L_d$$

即

$$S(r) + \Delta M_s = I(r) + \Delta M_{d(r)}$$

此时，即可以求出均衡利率 r_0，如图 4－3 所示。

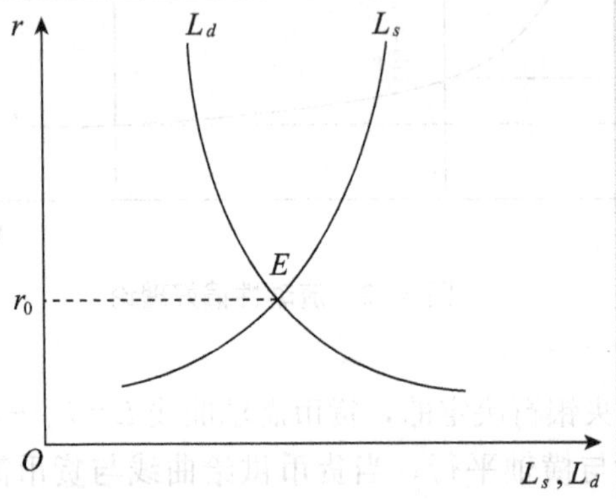

图 4－3　可贷资金利率理论

（四）*IS—LM* 分析的利率理论

IS—LM 模型由英国经济学家希克斯首先提出，美国经济学家汉森加以发展而成。该理论把储蓄投资理论和货币供求利率理论中提出的各种影响利率的因素综合起来，并放在不同的收入水平下研究这些因素对利率的影响，充分考虑了收入在利率决定中的作用，从而促进了利率理论的发展。

IS—LM 模型是从整个市场全面均衡的角度来讨论利率的决定机制，该理论分析中有两个市场：实物市场和货币市场。在实物市场上，投资与利率负相关，而储蓄与收入正相关。根据投资与储蓄的恒等关系，可以导出一条向下倾斜的 *IS* 曲线；在货币市场上，货币需求与利率负相关，而与收入水平正相关，在货币供给量由中央银行决定时，可以导出一条向下倾斜的 *LM* 曲线。两条曲线的交点所对应的利率为均衡利率，所对应的收入为均衡收入，如图 4－4 所示。

以上四种利率理论主要是从整个经济的角度来分析平均利率水平或者利率总水平的决定问题，它们假设市场上只有一种利率。事实上，市场利率是多种多样的。为了有利于调

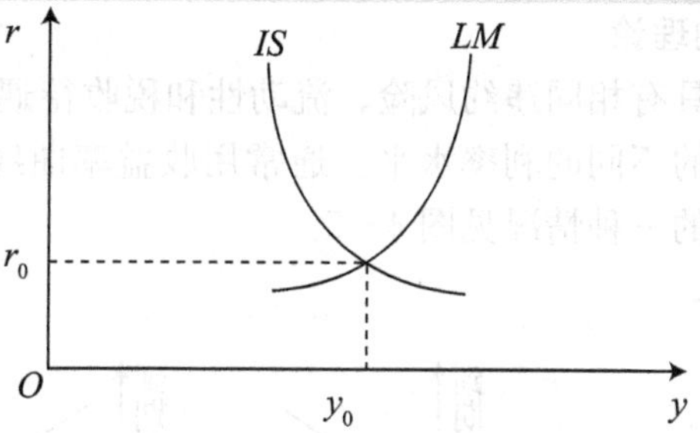

图 4-4 ***IS—LM*理论**

节经济，就需要从理论上解释市场复杂的利率结构是如何形成或决定的，由此形成了利率的风险结构理论和利率的期限结构理论。

（五）利率的风险结构理论

利率的风险结构是指相同期限的债券，因债券发行人的违约风险、债券的流动性和税收等因素不同所产生的利率差异。

1. 违约风险

违约风险也称信用风险，是指债券发行人到期不能或不愿意履行还本付息义务的可能性。违约风险直接影响债券的利率水平。通常情况下，国债因有税收作后盾，被称为无风险债券；而公司债券的偿还能力和偿还意愿与宏观经济环境、公司经营状况、公司信誉等息息相关，因而公司债券被称为有违约风险债券。有违约风险债券与无风险债券的利率的差额称为风险溢价或风险升水（risk premium）。一般来说，有违约风险的债券总是具有正的风险升水，并且风险升水随着违约风险的增加而增大。由此，公司债券的违约风险高于国债的风险，公司债券的利率也高于国债的利率。投资者一般可通过信用评级机构的评级了解所要投资债券的品质和违约的可能性。

2. 流动性

债券的流动性是指在必要时可以迅速、低成本变现的能力大小，是影响债券利率的另一个因素。流动性不同的债券具有不同的利率，国债是流动性最强的债券，公司债券的流动性较差。因此，公司债券的利率高于国债的利率，公司债券与国债的利率差额被称为流动性溢价或流动性升水（liquidity premium）。

3. 税收

税收是影响利率的又一因素。根据各国的规定，债权人获得的利息收益通常是要纳税的。因此，债权人真正关心的是税后实际利率。一般来说，利息收入所得税税率越高的债券，其税前利率也越高，低税率或免税债券的利率可以相对低一些。这也正好解释了自 20 世纪 40 年代以来，美国联邦政府债券的利率一直比美国许多州和地方政府发行的市政债券的利率高的原因。因为美国税法规定，市政债券的利息收入可以免交联邦所得税，而联邦政府债券的利息收入是不免税的。

综上所述，利率的风险结构取决于违约风险、流动性和税收三个因素，债券的利率水平与债券的违约风险正相关，与债券的流动性负相关，债券在税收安排上越有利，其利率水平越低。

（六）利率的期限结构理论

利率的期限结构是指具有相同违约风险、流动性和税收待遇的债券，由于距到期日的时间长短各异而呈现出来的不同的利率水平。通常用收益率曲线①来描述现实经济中的利率期限结构。收益率曲线的三种情况见图4-5。

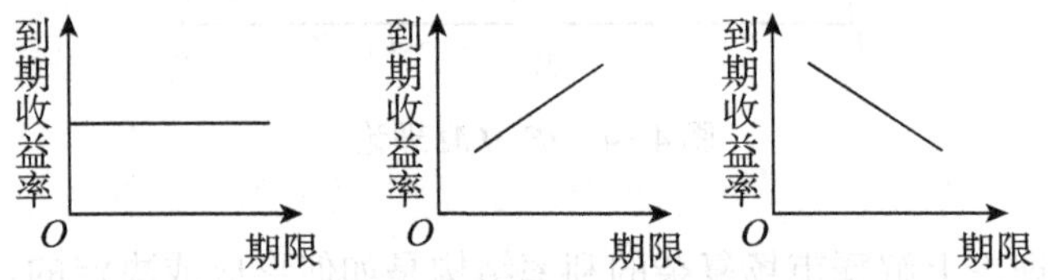

图4-5 三种典型的收益率曲线（利率曲线）

另外，期限结构的三个经验事实如下：

事实1：不同期限债券的利率随时间一起波动，即长期利率上升，短期利率也随之上升；短期利率上升，长期利率也随之上升。

事实2：如果短期利率低，则收益率曲线向右上方倾斜；如果短期利率高，则收益率曲线向右下方倾斜。

事实3：收益率曲线几乎总是向右上方倾斜。

究竟是什么因素决定了收益率曲线的形状或利率的期限结构呢？经济学家围绕上述三个经验事实，由于基本假设不同，形成了三种比较经典的利率的期限结构理论。

1. 预期假设理论

该理论的基本假设：人们对长短期债券并无投资偏好，长短期债券是完全替代品，人们只关心预期收益。换句话说，对投资而言，只要某种债券的预期收益率更高，投资者就会毫不犹豫地转向持有该债券，而不管其期限的长短。同时还假设金融市场是有效率的，人们在不同期限的债券之间进行套利没有转换成本。这样，充分套利的结果必然是任何有利可图的机会都被消除，当市场利率均衡时，长期利率是该期限内预期的短期利率的平均值。②

$$i_{nt}=\frac{i_t+i_{t+1}^e+i_{t+2}^e+\cdots+i_{t+n-1}^e}{n}$$

式中，i_t 为1年期债券利率（短期利率）；i_{t+n}^e 为预期 n 年后的1年期债券利率（预期短期利率）；i_{nt} 为 n 年期债券利率（长期利率）。

例如，在今后5年里，第1年的1年期债券利率是5%，以后各年的1年期债券预期利率分别是6%、7%、8%和9%，则：

---

① 反映风险相同但期限不同的债券到期收益率（或利率）与期限之间关系的曲线称为收益率曲线。

② 蒋先玲．货币金融学．北京：机械工业出版社，2013.

2 年期债券利率＝(5％＋6％)/2＝5.5％

5 年期债券利率＝(5％＋6％＋7％＋8％＋9％)/5＝7％

根据预期假设理论，长期利率或预期未来短期利率的变化决定了利率的期限结构和收益率曲线的形状。短期利率的上升将提高人们对未来短期利率的预期，这样又会进一步使长期利率上升。反之，如果短期利率下降，人们对未来短期利率的预期也会相应地下降，并进一步使长期利率下降。

该理论对事实 1 和事实 2 都能很好地进行解释，但不能解释事实 3。

2. 市场分割理论

市场分割理论颠覆了预期理论的假设前提，认为投资者对长短期债券各有偏好，两种债券完全不可替代。各种期限债券的利率由各自的供求情况决定，彼此之间并无交叉影响。根据市场分割理论，收益率曲线的形状是由不同期限债券的市场供求差异决定的。

在现实经济生活中，偏好短期债券的投资者多于偏好长期债券的投资者。因此，人们对短期债券的需求甚于长期债券，短期债券的价格自然就高于长期债券，利率则必然相反。

显然，市场分割理论能较好地解释事实 3。但是，它无法解释事实 1 和事实 2，因为该理论将不同期限的债券市场看成完全分割的市场。

3. 流动性升水理论

对前两种理论的假设进行折中，即投资者对长短期债券的偏好并非不可改变，因此长短期债券是不完全替代品。如果给长期债券一个升水收益 l_{nt} 的话，短期债券的投资者也可改投于长期债券。

$$i_{nt}=\frac{i_t+i_{t+1}^e+i_{t+2}^e+\cdots+i_{t+n-1}^e}{n}+l_{nt}$$

式中，l_{nt} 为 n 年期债券的流动性升水，具有期限越长、数值越大的特点。

该理论能很好地对事实 1、事实 2 和事实 3 作出解释，它使人们仅仅通过观察收益率曲线的倾斜度就可以预测短期债券的未来市场利率的变化趋势。

第三节　利率的作用与影响利率的主要因素

一、利率的作用

在现代经济中，利率发挥着极其重要的调节作用。但在不同的国家、不同的时期以及不同的利率管理体制下，利率作用的发挥程度也不一样。一般来说，利率既有对宏观经济的调节作用，又有对微观经济的调节作用；既有直接作用，又有间接作用。利率是国家调节经济的重要经济杠杆，是各国中央银行调节货币供给量、实现宏观经济目标的重要工具。

（一）利率的经济功能

（1）中介功能。具体表现在三个方面：首先，它联系了国家、企业和个人三方面的利益，其变动将导致三方利益的调整。其次，它沟通金融市场与实物市场，特别是两个市场上不同利率之间的联动性，使金融市场和实物市场之间相互影响，紧密相关。最后，它连接了宏观经济和微观经济，利率的变动可以把宏观经济的信息传达到微观经济活动中。

（2）分配功能。利率具有对国民收入进行分配与再分配的功能。首先，利率从总体上确定了剩余价值的分割比例，使收入在贷者和借者之间进行初次分配。然后，利率可以对整个国民收入进行再分配，调整消费和储蓄的比例，从而使盈余部门的资金流向赤字部门。

（3）调节功能。利率的调节功能主要是通过协调国家、企业和个人三者的利益来实现的。它既可以调节宏观经济活动，又可以调节微观经济活动。对宏观经济的调节，主要是调节供给和需求的比例，调节消费和投资的比例关系等；对微观经济的调节，主要是调节企业和个人的经济活动等，使之符合经济发展的需求和国家的政策意图。

（4）传递导向功能。在经济运行中，利率的导向功能就是资金总是倾向于向利率高、收益好的部门、企业、产品流动，并引导储蓄、投资，促进经济的发展和增进社会福利。利率之所以能发挥这一功能，一方面得益于利率作为资金的“价格”所具有的集中统一、全局宏观的性质，从而能使资金和资源广泛流动，不断“磨合”；另一方面，利率作为金融市场乃至整个宏观经济中的重要变量，它受到诸如经济周期、政策取向、国际市场等内外经济因素及有关政策的影响，随时随地都会发生灵敏的变动，而利率作为社会经济的晴雨表，又可以通过金融市场迅速而广泛地将这些信息传递给投资者和社会大众，成为连接货币、金融市场与商品市场的桥梁和纽带。

（二）利率在经济中的作用

1. 利率在宏观经济活动中的作用

（1）利率具有引导储蓄和消费的作用。利率的高低不仅影响储蓄的总量，而且影响储蓄的结构。储蓄是利率的增函数，较高的利率会促进储蓄总量的增加，特别是对储蓄存款的促进作用更加明显。在其他条件不变的情况下，利率的提高会缩减即期消费，从而增加储蓄。但是，如果收入水平提高了，可能会出现利率水平提高后储蓄与消费同时增加的现象。利率对储蓄结构的影响主要表现在储蓄者是选择金融资产还是选择实物储蓄，是选择存款还是选择购买股票、债券等。

在其他条件不变的情况下，从短期来看，利率的提高必然会使消费减少，利率的变化会影响消费总量，消费是利率的减函数。从长期来看，利率影响的只是即期消费量，提高利率，则减少即期消费量，但会使远期消费量增加，即增加社会消费基金总量，因为减少的那部分即期消费如果变成储蓄存款，将为其所有者带来利息收入。

（2）利率对投资的影响作用。利率对投资规模和投资结构两方面都有影响。利率对投资规模的影响是指利率作为投资的机会成本对社会总投资的影响。在投资收益不变的条件下，因利率上升而导致的投资成本增加必然使那些投资收益较低的投资者退出投资领域，从而使投资需求减少。相反，利率下跌则意味着投资成本下降，从而刺激投资，使社会总投资增加。正是由于利率具有这一作用，西方经济理论界与货币管理当局都把利率视为衡量经济运行状况的一个重要指标和调节经济运行的重要手段。因此，自20世纪30年代经济大萧条以来，控制利率水平在西方货币政策体系中曾一度占有举足轻重的地位。

投资分为实物投资和证券投资。实物投资是指对生产流通领域进行的投资活动。实物投资与利率的高低有着密切的关系。一般理论认为，低利率对实质性投资有刺激作用。第二次世界大战后，西方各国为了恢复生产，刺激经济的高速发展，都不约而同地把经济增长和充分就业作为经济政策的主要目标。低利率政策因为有利于刺激投资、扩大生产规模、促进经济迅速增长而被广泛采用，并且在战后的 20 多年里，对经济的发展确实起到了积极的促进作用。例如，在整个 20 世纪 50 年代和 60 年代，美国实际年均国民生产总值（GNP）增长率都在 4%左右。日本从低利率政策中获得的好处更大，企业大量利用低利率贷款，减少了利息负担，降低了企业产品成本，增加了企业利润，促进了企业投资，加速了工业发展。日本的低利率政策对日本投资的迅速增长、工业的高速发展和进出口贸易的开展都发挥了重大作用。

（3）利率对货币流通的调节作用。存款利率的高低直接影响银行的存款规模，对实现社会购买力与商品供给量的平衡有调节作用；贷款利率的高低直接影响银行的贷款规模，决定货币供给量，对币值稳定有重要作用；贷款利率的差别对贷款结构和产业结构有重要影响，而产业结构的合理化直接关系到货币正常流通的基础；利率的高低还直接影响企业的生产规模和经营状况，从而影响社会商品的供给量和结构，对货币正常流通有重要作用。

（4）利率对稳定物价的作用。该作用通过以下途径实现：一是调节货币供给量。利率的高低直接影响银行的信贷规模，而信贷规模又直接决定货币供给量。当流通中的货币量超过货币需求量时，调高贷款利率就能收缩信贷规模，减少货币供给量，促使物价稳定。二是调节需求总量和结构。在商品经济中，国民收入分配都是以货币形式进行的价值分配，客观上存在着分配后形成的有支付能力的社会需求与商品可供量在总量和结构上不相适应的可能性，潜藏着危及物价稳定的因素。运用利率杠杆把由于种种原因形成的待实现的购买力以存款形式集中到银行，并在总量和结构上进行调节，对实现供求平衡和物价稳定有重要作用。三是增加有效供给。如有差别地降低某种商品生产企业的贷款利率，刺激企业扩大生产，增加商品供给量，稳定该商品的价格。

（5）利率对汇率和资本国际流动的影响。首先，利率政策通过影响经常项目对汇率产生影响。当利率上升时，信用紧缩，贷款减少，投资和消费减少，物价下降，在一定程度上抑制进口、促进出口，减少外汇需求、增加外汇供给，促使外汇汇率下降、本币汇率上升。与利率上升相反，当利率下降时，信用扩张，货币供给量增加，刺激投资和消费，促使物价上涨，不利于出口，有利于进口。在这种情况下会加大外汇需求，促使外汇汇率上升，本币汇率下降。实际利率的下降引起外汇汇率上升、本币汇率下降。其次，通过影响国际资本流动间接地对汇率产生影响。当一国利率上升时，就会吸引国际资本流入，从而增加对本币的需求和外汇的供给，使本币汇率上升、外汇汇率下降。而且，一国利率的提高促使国际资本流入增加，而资本流出减少，使国际收支逆差减少，支持本币汇率升高。与利率上升相反，当利率下降时，可能导致国际资本流出，增加对外汇的需求，减少国际收支顺差，促使外汇汇率上升、本币汇率下降。

2. 利率在微观经济活动中的作用

（1）激励企业提高资金使用效率。企业利润构成如下：

净利润＝利润总额－所得税

企业利润＝营业利润＋投资收益＋营业外收入－营业外支出

营业利润＝主营业务利润＋其他业务利润－（管理费用＋营业费用＋财务费用）

主营业务利润＝主营业务收入－（主营业务成本＋主营业务税金及附加）

在通常情况下，利息作为财务费用影响利润，利润与利息呈此消彼长的关系。如果利率变动，利润也随之变动，企业为了追求利润的最大化，就会加强经济管理，加速资金周转，提高资金使用效率。

（2）影响家庭和个人的金融资产投资。各种资产的收益和利率密切相关，调整利率还可以引导人们选择不同的金融资产。

（3）作为租金计算基础的作用。资产所有者贷出资产，资产的收益率是参照利率来确定的。

（三）利率充分发挥作用的条件

（1）市场化的利率决定机制。该机制是指利率不是由行业公会或政府决定的，而主要是由市场供求因素通过市场竞争和价值规律决定的。市场上资金供大于求，资金环境相对宽松，利率就会下降；反之，市场上资金供不应求，资金环境相对紧张，利率就会上升。这样的市场利率对社会资金供求状况反应灵敏，可以促使资金合理流动，并通过利率灵活升降以缓和资金供求矛盾，发挥筹集资金、调剂余缺的作用。

（2）合理的利率结构。合理的利率结构包括利率的期限结构、利率的行业结构以及利率的地区结构，可以体现经济发展的不同时期、产业及区域的风险差别，弥补利率水平变动作用的局限性，通过利率结构的变动引起连锁的资产调整，从而引导投资结构、投资趋向的变动，使经济环境产生相应的结构性变化，更加充分地发挥出利率对经济的调节作用。

（3）灵活的利率联动机制。利率之间的联动机制是指在利率体系中，各种利率之间相互联系、相互影响，当其中的一种利率上升或下降时，另一种利率也会随之上升或下降，进而引起整个利率体系的变动，一般是基准利率变动引导其他利率变化。只有灵活的利率机制才能保证利率对经济的有效的调节作用。

（4）适当的利率水平。一个适当的利率水平，一方面能真实反映社会资金供求状况；另一方面使资金借贷双方都有利可图。利率过高会抑制投资，阻碍经济的发展与增长；利率过低又不利于发挥利率对经济的杠杆调节作用，这都不利于利率作用的发挥。因此，利率水平的确定十分重要。在市场化利率决定机制形成的过程中，各国金融管理部门或中央银行应逐步确定并适时调节，从而促进利率作用的发挥，推动经济持续、稳定发展。

（四）限制利率发挥作用的因素

（1）授信限量。它包括授信配给制和其他授信条件的控制，如首期付款量、质押品、分期还款量限制等。这些限制不能满足许多消费需求和投资需求，容易加剧信贷资金的供求矛盾，使利率更大地偏离市场利率，这不仅阻碍了利率机制正常发挥作用，还会引起整个利率体系的结构和层次的扭曲。

（2）利率管制。由于利率可控性强，对经济的作用力大，一些国家进行宏观经济管理时，将其作为一种重要手段，但如果制定的利率水平不恰当或调整不及时，将可能限制利率作用的发挥。

（3）利率弹性。它表示随着利率变化，其他经济变量对利率变化的反应程度。当某一变量的利率弹性较低时，利率发生了变动，该变量受利率的影响不大，反应迟缓，阻碍了利率作用的充分发挥；反之，利率才能发挥作用。

(4) 市场开放程度。一个开放的相互联系的金融市场才能使利率很好地发挥作用。如果国内资金流动受到各种限制，金融市场不是一个有机整体，利率体系各组成部分之间彼此孤立割裂，整个利率体系就会失去弹性，这会极大地限制利率作用的发挥。

二、影响利率的主要因素

(一) 平均利润率

利息来源于生产过程中创造的利润。如前所述，总利润＝企业主收入＋利息，因此，平均利润率的高低决定利润总量的多少，进而决定着利息的高低。在投资总量一定时，平均利润率提高，利润总量增多，利息才能增加；反之，则减少。因此，平均利润率是决定利率的基本因素。

一般地，利率通常在零和平均利润率之间波动。若利率低于平均利润率，借贷资本所有者就不愿将其资本贷出去，宁可将其保留在手中；若利率高于或等于平均利润率，借贷资本的需求者就会因无利可图而不愿借款。但在特定情况下，如一国发生经济危机时，利率也有可能超出这个正常范围。

(二) 资金的供求和竞争状况

利率作为借贷资金的价格，遵循供求决定价格的一般规律，具体表现为资金的供求与市场的竞争状况。这种竞争不是个别人之间的竞争，而是以借贷资本需求者为一方的借者与以借贷资本所有者为一方的贷者之间的竞争。对贷者来说，他们并不真正关心货币资金投入什么行业、企业，以及按什么方式使用，他们只关心如何按期收回资金并尽可能多地占有平均利润；对借者来说，他们只期望以尽可能低的利率去获得所需资金，目的也是占有更多的平均利润。这种竞争的结果直接决定了利率水平的高低：如果供大于求，利率则低；如果供小于求，利率则高。

西方经济学中关于利率决定理论的着眼点全都在于资金的供求关系和竞争，如古典利率理论、凯恩斯的利率理论、可贷资金利率理论等，其区别仅在于分析角度及细化程度的不同。

(三) 通货膨胀预期

在现实中，货币资金体现着与物价水平直接有关的货币购买力，即货币的购买力（或币值）＝1/物价水平。因此，如果人们对物价水平存在“今后一段时间物价将会上涨”的通货膨胀预期时，它对利率的影响就不可避免。其表现为：如果贷者预期物价上涨，在贷款时就会加上一个利率溢价，以避免将来借款人还本付息时因物价上涨带来的货币贬值损失；如果借者也有相同的预期，他就会接受贷者在原有利率水平上的溢价。双方共同作用的结果会使利率趋于攀升。

(四) 国家政策、法规和社会习惯

一国的货币、财政、汇率等方面经济政策的实施，法规的制定以及各种习惯、偏好等社会因素也会引起利率的变动，其中，以货币政策对利率变动的影响最为直接与明显。比

如，如果中央银行判断经济过热，需要紧缩银根时，就会提高再贴现率或进行公开市场操作，使各商业银行及其他非银行金融机构向中央银行取得资金的成本提高，市场上银根紧俏，市场利率上升，从而达到紧缩的意图。再如，政府对各地区和产业的政策倾向也会通过利率水平的高低来反映。

（五）国际经济环境和国际利率水平

全球金融一体化趋势的发展使得国内外金融市场的波动日益同向化。例如，国际金融市场上利率上升，就会吸引国内资金大量流出，则国内货币资金可供量减少，在其他条件不变时，利率必然上升；反之，当外部资金大量涌入时，国内利率必然下降。此外，一国利率水平的高低还受该国的外汇储备和利用外资政策的影响。

总之，从宏观上看，利率的变动主要受由经济周期制约的平均利润率、货币资金的供求、通货膨胀率、货币政策、政府管制、国际金融市场等因素影响；从微观上看，期限、风险、担保品、信誉、预期等因素会对利率的变动产生影响。

本章小结

利息是指在信用关系中债务人支付给债权人的（或债权人向债务人索取的）报酬。利息是伴随着信用关系的发展而产生的经济范畴。马克思从对借贷资本的特殊运动形式的分析中，在人类历史上第一次科学而全面地揭示了利息的来源与实质。马克思认为利息是利润的一部分，是剩余价值的转化形式。利息有单利和复利两种计算方法。利率是利息率的简称，是指借贷期满所形成的利息额与所贷出的本金额的比率。利率的表示方式有年利率、月利率和日利率。利率分为基准利率与市场利率，固定利率与浮动利率，名义利率与实际利率，官定利率与公定利率，正利率与负利率，国内利率与国际利率。利率理论主要研究利率水平的决定机制，探讨利率变动的原因及利率差异的原因。利率的主要理论有：马克思的利率决定理论、古典利率理论（*IS* 理论）、凯恩斯的流动性偏好理论、可贷资金利率理论、*IS*—*LM* 分析的利率理论、利率的风险结构理论和利率的期限结构理论。在现代经济中，利率具有中介功能、分配功能、调节功能、传递导向功能。利率在宏观经济活动中的作用表现为：引导储蓄、消费、投资的作用，调节货币流通、稳定物价水平的作用，利率对汇率和资本国际流动的影响等。利率在微观经济中的作用表现为：激励企业提高资金使用效率，影响家庭和个人的金融资产投资，作为租金计算的基础。影响利率的主要因素有：平均利润率，资金的供求和竞争状况，通货膨胀预期，国家政策、法规和社会习惯，国际经济环境和国际利率水平等。

思考题

1. 如何理解利息的本质？
2. 简述利率的种类。
3. 论述决定和影响利率变化的因素。
4. 什么是利率的风险结构？为什么公司债券的利率通常要高于相同期限国债的利率？
5. 什么是利率的期限结构？运用期限结构理论解释为什么收益率曲线会有不同的

形状。

6. 论述利率对经济的作用。

7. 利率发挥作用需要哪些条件？

推荐阅读书目

[1] 黄达，张杰．金融学．4版．北京：中国人民大学出版社，2019.

[2] 曾康霖．利息论．成都：西南财经大学出版社，1990.

[3] 李健．金融学．3版．北京：高等教育出版社，2018.

[4] 陈野华．西方货币金融学说的新发展．成都：西南财经大学出版社，2001.

[5] 蒋先玲．货币金融学．2版．北京：机械工业出版社，2017.

第五章

货币的时间价值

⊙本章提要⊙

任何资产的价值都决定于其产生的现金流的价值，而未来现金流具有两个特点：时间价值和风险价值。本章的讨论将使用常用的术语，以便理解货币时间价值的相关原理与计算，包括货币时间价值的内涵、货币时间价值的计算、复利终值与现值、年金等内容。风险溢价和具体的定价技术将在后面的章节中讨论。

⊙重点与难点⊙

- 货币时间价值、终值和现值的概念
- 复利终值和现值的计算方法与具体应用
- 年金计算的各种公式和方法

引导案例

假设你继承了一笔钱。你有一个朋友在当地的证券公司做实习生，他的老板正在出售一种能带来4年收益的证券，头3年每年年末你能获得50元，而第4年年末，你能获得1 050元。你的朋友能帮你以每张900元的价格买到这种证券。你的现金存在一家支付8%的名义利率但每季度计息一次的银行里。你认为证券和你的银行存款的安全性和流动性是一样的，所以你要求的证券年收益率和你银行存款的实际年利率相同。

案例思考：要判断这项投资是否值得，必须先知道证券的价值。请问我们该如何计算证券的价值？通过本章内容的学习，你将会轻松掌握证券价值的计算方法。

第一节 货币的时间价值概述

一、货币的时间价值的含义

在经济生活中，个人、公司、金融机构和政府对时间的偏好导致正的利率，货币的时间价值（time value of money）在这种经济中是一个关键的概念。等量的货币在不同的时点上具有不同的价值量。在不考虑投资风险的情况下，今天的 1 元钱与若干时间以后才收到的 1 元钱之间的关系被称作货币的时间价值。今天的 1 元钱和未来的 1 元钱的经济价值是不同的，今年的 1 元钱的经济价值远大于未来的 1 元钱的经济价值。

但是，货币的时间价值不能笼统地一概而论，那些处于静止状态的货币资金（如锁在箱子底层、藏在枕头下面或放在口袋里的钱）永远不会产生时间价值；更有甚者，这些货币的原有价值还会随着国内发生的通货膨胀而出现贬值。所以，确切地说，只有将货币资金投入借贷过程或投资过程，使之运动起来并得到有效的使用，货币的时间价值才会形成。所谓货币的时间价值，是指货币经过一定时间的投资和再投资后产生的增值。对于借贷行为来说，就是贷出（或借入）本金之后所得到（或付出）的利息；利息是储蓄人或贷款者放弃当期消费的权利、并在信用基础上将货币资金暂时让渡给他人使用而从借款人处所获得的一种补偿或报酬。因此，货币的时间价值的表现形式从相对量上可视为无风险、无通货膨胀条件下的利率，是货币资金所有者让渡资金使用权所要求的最低收益率。货币的时间价值是企业资金利润率的下限，是评估投资方案的基本标准。

由于货币存在时间价值，对于不同时点上的资金额直接进行相互比较是不妥当的，因为这种比较结果所传递的信息在相当的程度上受到了扭曲。例如，投资者会直观地认为，今天的 1 元和一年后的 1 元是不等值的。今天将 1 元存入银行，在银行利率为 10%的情况下，一年以后会得到 1.1 元，多出的 0.1 元利息就是 1 元经过一年时间的投资所增加的价值，即货币的时间价值。显然，今天的 1 元与一年后的 1.1 元相等。由于不同时点的资金价值不同，在进行价值大小的比较时，必须将不同时点的资金折算为同一时点后才可以。因此，预期未来现金流（cash flow）的时间表和利率水平对金融资产的定价是至关重要的。

二、时间轴

时间价值分析中最为重要的工具之一就是“时间轴”，它可以直观地说明一个具体问题，并辅助问题的解决。为了解释时间轴的概念，考察图 5-1：

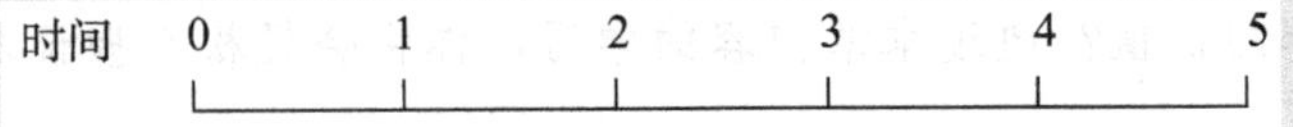

图 5-1　时间轴

时间点 0 是现在，时间点 1 是从现在开始的一个期间，或者是期间 1 的结束；时间点 2 是从现在开始的两个期间，或者是期间 2 的结束；依此类推。因此，线上的数字代表期末数值。通常的期间是年，但是其他的时间间隔，如半年、季度、月甚至是天都可以被使用。如果时间轴上的一个期间代表一年，那么标有 0 和 1 记号之间的时间间隔是第 1 年（year 1），标有 1 和 2 记号之间的时间间隔是第 2 年（year 2），依此类推。注意，每个记号对应一个期间的结束，同时也对应着下一个期间的开始。例如，时间点 1 代表第 1 年的结束，也代表着第 2 年的开始，因为第 1 年已经刚刚过去。现金流的数字可直接标注在记号的下面，利率直接标注在时间轴上。现在考察图 5-2：

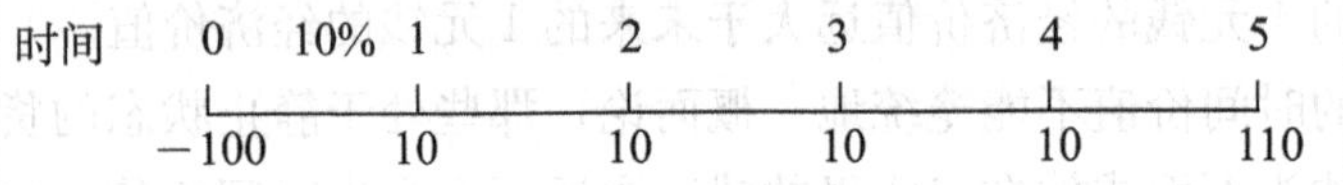

图 5-2　现金流与利率的表示方法

如图 5-2 所示，现在有一笔价值 100 元的现金流出，由于是现金流出，它前面有一个负号；从第 1 年到第 4 年，每年都有 10 元的现金流入，第 5 年有 110 元的现金流入。5 年间利率恒为 10%（如果利率在整个时期都不变，仅仅把它标在期间 1 上就可以了，但是如果利率发生了变化，需要在时间轴上标示出所有相关利率）。

当我们初次学习时间价值的概念时，时间轴是必不可少的，即使是专家，为了分析复杂问题，也往往使用时间轴。

三、复利的计算

前面我们介绍过单利与复利，单利与复利是计算时间价值的两种方法或制度。所谓单利是仅就本金计算利息，每期所产生的利息不加入本金重复计算。所谓复利是不仅对本金计算利息，利息也要计算利息，即通常所说的“利滚利”。由于利息与本金一样可以得到有效使用，在讨论货币时间价值时，通常都采用复利计算方法。

虽然复利计息通常以年为单位进行，但实际应用中复利计息可能会在一年之中发生多次，即一年可分为多期，每期支付一次利息；或者几年发生一次，即一期包含多年，每期支付一次利息。由于银行等金融机构通常公布的利率都是年利率，以这个利率计算的利息就是借出资金使用一年所得到的收益。假如存款人在银行存入 100 元人民币，银行利率为 10%，每半年支付一次利息，也就是说将资金使用一年利息的一半即 5 元先支付给存款人，而存款人并不取出这笔利息，而是将其和本金放在一起继续存在银行半年，相当于在借给银行原来本金的基础上，又将这笔利息借给银行，再过半年也就是满一年之后，银行再将原来本金使用一年利息的一半即 5 元支付给存款人，此外因为又使用了存款人之前得到的 5 元利息，所以还要另外对这部分资金支付利息 0.25 元，如此，一年之后，存款人实际获取的收益除了借出本金使用一年的利息外，还包括这笔利息的一半再借出使用半年的利息，这部分利息其实也是本金带来的，存款人的本金所获得的总利息占本金的比例就是实际年利率。在本例中，实际年利率为 10.25%，并非银行的挂牌利率 10%。这样一来，在复利计息期不是一年的情况下，就有了名义年利率与实际年利率的区别。

名义年利率（stated annual rate of interest，SARI）就是一年公布一次且不作复利调整的利率。实际年利率（effective annual rate of interest，EARI）又称有效年利率，就是对名义年利率按计息期长短等因素进行调整后的利率。

按名义年利率在每年计息 m 次时所产生的利息等于按实际年利率每年计息一次所产生的利息。由此，名义年利率与实际年利率之间的关系可以表示如下：

$$\left(1+\frac{SARI}{m}\right)^{mn}=(1+EARI)^{n} \tag{5-1}$$

式中，m 表示每年计息期数，n 表示计息年数。

根据公式（5-1）可得实际年利率：

$$EARI=\left(1+\frac{SARI}{m}\right)^{m}-1 \tag{5-2}$$

如果 $SARI=10\%$，由年复利计息次数，可以推导出实际年利率，见表 5-1。当计息期短于一年，即一年多次复利计息时，实际年利率会高于名义年利率，而且计息期越短，即一年内计息次数越多，实际年利率就越高。所以，名义年利率只有给出计息期才有意义，而实际年利率本身就具有明确的意义，它不需要给出复利计息的间隔期。

表 5-1 复利计息次数与实际年利率

复利计息次数（m）	$EARI$
每年（$m=1$）	0.1
每半年（$m=2$）	0.102 5
每季（$m=4$）	0.103 81
每日（$m=365$）	0.105 16

第二节 终值和现值

一、终值和现值概述

要准确理解货币时间价值的概念，掌握货币时间价值的计算方法，我们必须清楚地认识货币时间价值计算过程中两个重要的基本概念：终值和现值。通过创造和运用终值和现值的概念来对不同时点上的货币额进行调整，就解决了跨时间的货币可比性问题。

终值（future value，FV）是指现在的一笔资金或一系列收付款项按给定的利率计算所得到的未来某个时点的价值，也就是本金和利息之和。

现值（present value，PV）是指未来的一笔资金或一系列收付款项按给定的利率计算所得到的现在的价值，即由终值倒求现值，一般称之为贴现，所使用的利率又称为贴现率。

终值和现值的计算涉及 3 个要素：现金流、利率与时间。

（一）单利终值与现值

单利（simple interest）是指只有本金能带来利息，而利息不能产生利息的方法。令 SI 为单利的利息额，P_0 为第 0 期的本金，i 为单利的利率，n 为计息期数，单利的利息计算公式为：

$$SI = P_0 \times i \times n \tag{5-3}$$

在单利条件下，第 n 期终值的计算公式为：

$$FV_n = P_0 + SI = P_0(1 + i \times n) \tag{5-4}$$

【例 5-1】 投资者将 100 元存入银行，年存款利率为 2%，3 年后到期，他可获得的本利和为多少？

解：$FV_3 = P_0(1 + i \times n) = 100 \times (1 + 2\% \times 3) = 106$(元)

单利现值可以由单利终值公式逆求本金 P_0 的方法计算：

$$PV = P_0 = FV_n \frac{1}{1 + i \times n} \tag{5-5}$$

【例 5-2】 投资者希望在 5 年后取得本利和 30 000 元，用以支付一笔款项。若利率为 10%，在单利条件下，此人现在需存入银行的本金为多少？

解：$PV = FV_n \dfrac{1}{1 + i \times n} = 30\,000 \times \dfrac{1}{1 + 10\% \times 5} = 20\,000$(元)

单利的计算相对简单，在讨论货币时间价值时，通常都采用复利计算方法，但对单利的学习将有助于我们理解复利。

（二）复利终值与现值

下面通过一个例题来介绍复利条件下终值的计算方法。

【例 5-3】 仍然沿用例 5-1 中的数据，不同的是，银行每年按复利计息，那么，投资者 3 年期满后可以得到多少钱？

解：在第 1 年年末，该投资者银行账户的余额为：

$$FV_1 = P_0(1 + i) = 100 \times (1 + 2\%) = 102\text{(元)}$$

在第 2 年年末，由于第 1 年年末产生的利息被加入本金中再计息，所以此时该投资者银行账户的余额为：

$$FV_2 = FV_1(1+i) = P_0(1+i)^2 = 100 \times (1+2\%)^2 = 104.04(\text{元})$$

同理，在第 3 年年末，该投资者银行账户的余额为：

$$FV_3 = FV_2(1+i) = P_0(1+i)^3 = 100 \times (1+2\%)^3 = 106.12(\text{元})$$

由上例，我们可以得到在复利条件下终值的计算公式：

$$FV_n = P_0(1+i)^n \tag{5-6}$$

在复利终值公式中，$(1+i)^n$ 称为复利终值系数（future value interest factor），其简略形式为 $FVIF_{i,n}$，用符号（F/P，i，n）表示。如本例中利率为 2%、3 年期复利终值系数可以用符号表示为（F/P，2%，3）。复利终值系数可以通过查“复利终值系数表”获得。

与单利比较，复利条件下的资金具有更大的时间价值，这是因为利息能够产生利息并带来价值。而且，随着时间的延长，这两种计息方式产生的终值差额还会进一步扩大。下面这个小故事有助于我们加深理解复利的威力。几年前一个人类学家在一件遗物中发现了一份声明：凯撒借给某人相当于 1 罗马便士的钱，由于没有记录说明这 1 便士是否已偿还，这位人类学家想知道，如果在 20 世纪凯撒的后代想向借款人的后代要回这笔钱，那么本息和总共会是多少？他认为 6%的利率比较合适。令他震惊的是，2 000 多年后，这 1 便士的本息和竟超过地球上的所有财富。

同单利一样，复利条件下的现值计算也可以通过逆求终值公式（5-6）中的 P_0 得出：

$$PV = P_0 = FV_n \frac{1}{(1+i)^n} \tag{5-7}$$

在复利现值公式中，$\frac{1}{(1+i)^n}$ 称为复利现值系数。其简略形式为 $PVIF_{i,n}$，用符号（P/F，i，n）表示，复利现值系数可以通过查“复利现值系数表”获得。

【例 5-4】 某投资项目预计 8 年后将获得收益 500 万元，按年利率 10%计算，此项收益现在价值多少？

解：$PV = FV_n \frac{1}{(1+i)^n} = 500 \times \frac{1}{(1+10\%)^8} = 233.25(\text{万元})$

（三）任意计息期的复利终值与现值

以上讨论都是按年计算复利，但前面曾经提到，现实中很多时候并非以一整年作为计息期，可能是半年、季度，也可能是几年计息一次，这时就有了名义年利率与实际年利率的区别。时间价值是以实际有效利率来计算的，所以当计息期并非以一年为单位时，复利终值与现值的计算公式就有了调整的必要。

联合公式（5-1）和公式（5-6），可以得到任意计息期的复利终值一般公式：

$$FV_n = P_0\left(1+\frac{i}{m}\right)^{mn} \tag{5-8}$$

式中，m 为每年计息次数。

【例 5-5】 仍然沿用例 5-1 中的数据，不同的是，银行每半年按复利计息，那么，投资者 3 年期满后可以得到多少钱?

解：$FV_n = P_0\left(1+\frac{i}{m}\right)^{mn} = 100\times\left(1+\frac{2\%}{2}\right)^{2\times3} = 106.15$(元)

对比例 5-3 中每年复利一次的终值，例 5-5 的终值要高出 0.03 元，这是由于例 5-5 中提前半年将利息加入本金并由此循环产生了更多的利息收入。由此可知，在名义利率相同时，一年中计息期越短、计息次数越多，终值越大。

任意计息期的复利现值计算也可以通过逆求终值公式（5-8）中的 P_0 得出：

$$PV = P_0 = FV_n \frac{1}{\left(1+\frac{i}{m}\right)^{mn}} \tag{5-9}$$

在名义年利率相同时，一年之中计息期越长、计息次数越少，现值就越大。

二、货币的时间价值的应用——年金

前面介绍了一次性收付款项的时间价值，在现实生活中还存在一定时期内一系列款项的收付。年金是指一定时期内连续每期等额收付的系列现金流。在现实生活中，年金的应用非常广泛，比如按年计提的折旧、住房按揭的分期付款、零存整取的银行存款、等额回收的投资等都属于年金的形式。年金的特点是资金收入或付出都是等额发生的，而且每次发生的时间间隔都是相等的，属于系列收付的均匀现金流。

年金按其每次收付款项发生的时间点与期限的不同，可以分为普通年金、永续年金、先付年金、递延年金几种类型，此外还有增长年金。其中，普通年金是最基础、最重要的年金，其他年金的相关计算均通过普通年金进行转换。需要说明的是，无论何种类型的年金，其终值或现值的实质都是多个复利终值或现值之和。

（一）普通年金

普通年金是指从第一期开始的一定时期内每期期末等额收付的系列款项，普通年金的收付款项均发生在每期的期末，又称为后付年金。普通年金的计算具体包括普通年金终值、年偿债基金、普通年金现值和年资本回收额 4 种形式。

1. 普通年金终值

普通年金终值是指在一定时期内每期期末等额的系列收付款项的终值之和。令等额年金为 A，年利率为 i，每年复利计息，n 年后普通年金终值的计算方法如图 5-3 所示。

由此可知，普通年金终值的计算过程为：

$$\begin{aligned} FVA_n &= A(1+i)^0 + A(1+i)^1 + A(1+i)^2 + \cdots + A(1+i)^{n-2} + A(1+i)^{n-1} \\ &= A[1+(1+i)^1+(1+i)^2+\cdots+(1+i)^{n-2}+(1+i)^{n-1}] \end{aligned}$$

上式中括号里是一个公比为 $(1+i)$ 的等比级数，其前 n 项的和为 $\frac{(1+i)^n-1}{i}$，普通

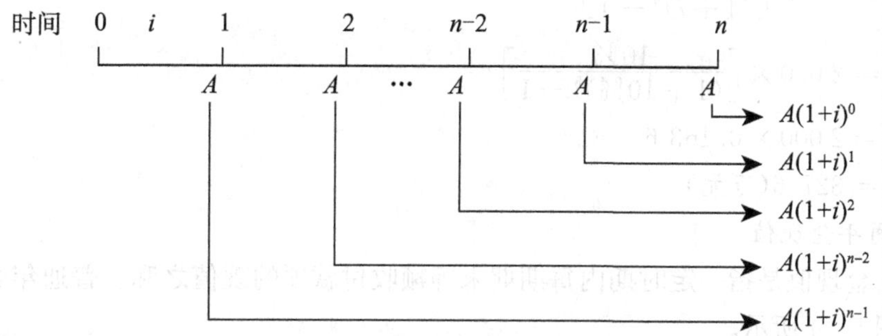

图 5-3　普通年金终值计算示意图

年金终值的计算公式可简化为：

$$FVA_n = A\left[\frac{(1+i)^n - 1}{i}\right] \tag{5-10}$$

在年金终值公式中，$\frac{(1+i)^n-1}{i}$称为年金终值系数（future value interest factors for annuity），其简略形式为 $FVIFA_{i,n}$，或（F/A，i，n），通过查“年金终值系数表”可以直接得到。

【例 5-6】 若连续 8 年每年年末向银行存入 50 000 元，年复利利率为 5%，则 8 年后的本利和应为多少？

解：$FVA_n = A\left[\frac{(1+i)^n - 1}{i}\right]$

$$= 50\,000 \times \left[\frac{(1+5\%)^8 - 1}{5\%}\right]$$

$$= 50\,000 \times 9.549\,1 = 477\,455(\text{元})$$

2. 年偿债基金

年偿债基金是指为了在未来某一时点清偿某笔债务或积聚一定数额的资金而必须分次等额提取的存款准备金。由于每次提取的等额准备金类似年金存款，因而同样可以获得按复利计算的利息，所以债务实际上等于年金终值，每年提取的偿债基金等于年金，即偿债基金的计算实际上是年金终值的逆运算。其计算公式为：

$$A = FVA_n\left[\frac{i}{(1+i)^n - 1}\right] \tag{5-11}$$

在年偿债基金公式中，$\frac{i}{(1+i)^n-1}$称为偿债基金系数，即普通年金终值系数的倒数，也可表示为（A/F，i，n）。

【例 5-7】 某公司有一笔 5 年到期的长期借款，数额为 2 000 万元，为此设置偿债基金，年复利利率为 10%，到期一次还清借款，则每年年末存入的金额应为多少？

解：$A = FVA_n\left[\frac{i}{(1+i)^n - 1}\right]$

$= 2\,000 \times \left[\frac{10\%}{(1+10\%)^5 - 1}\right]$

$= 2\,000 \times 0.163\,6$

$= 327.6$（万元）

3. 普通年金现值

普通年金现值是指一定时期内每期期末等额收付款项的现值之和。普通年金现值的计算方法如图 5-4 所示。

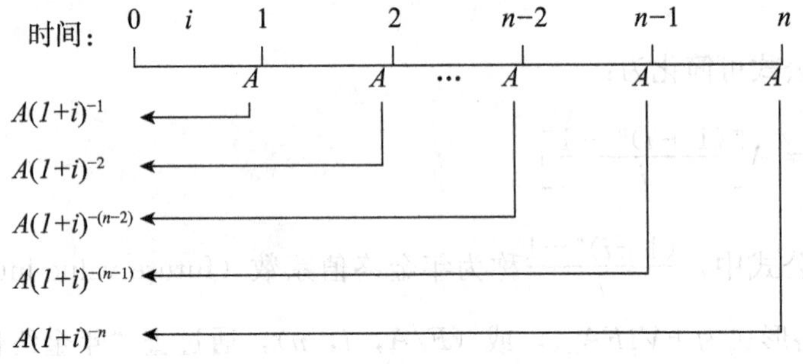

图 5-4　普通年金现值计算示意图

由此可知，普通年金现值的计算过程为：

$$PVA_n = A(1+i)^{-1} + A(1+i)^{-2} + \cdots + A(1+i)^{-(n-2)} + A(1+i)^{-(n-1)} + A(1+i)^{-n}$$
$$= A[(1+i)^{-1} + (1+i)^{-2} + \cdots + (1+i)^{-(n-2)} + (1+i)^{-(n-1)} + (1+i)^{-n}]$$

上式中括号里是一个公比为 $(1+i)^{-1}$ 的等比级数，其前 n 项的和为 $\frac{1-(1+i)^{-n}}{i}$，普通年金现值的计算公式可简化为：

$$PVA_n = A\left[\frac{1-(1+i)^{-n}}{i}\right] \tag{5-12}$$

在年金现值公式中，$\frac{1-(1+i)^{-n}}{i}$ 称为年金现值系数，其简略形式为 $PVIFA_{i,n}$，或 $(P/A, i, n)$，通过查“年金现值系数表”可以直接得到。

【例 5-8】 某企业需租入一种设备，每年年末需要支付租金 5 000 元，年复利利率为 10%，5 年内应支付的租金总额的现值是多少？

解：$PVA_n = A\left[\frac{1-(1+i)^{-n}}{i}\right]$

$= 5\,000 \times \left[\frac{1-(1+10\%)^{-5}}{10\%}\right]$

$= 5\,000 \times 3.790\,8 = 18\,954$（元）

4. 年资本回收额

年资本回收额是指在约定的年限内等额回收的初始投入资本额或清偿的所欠债务额。年资本回收额的计算也就是年金现值的逆运算。其计算公式为：

$$A = PVA_n\left[\frac{i}{1-(1+i)^{-n}}\right] \tag{5-13}$$

在年资本回收额公式中，$\frac{i}{1-(1+i)^{-n}}$ 称为资本回收系数，即普通年金现值系数的倒数，也可表示为（A/P，i，n）。

【例5-9】 若取得贷款200 000元，年利率为6%，需要10年等额偿还，每年需要偿还多少元？

$$\text{解：}A = PVA_n\left[\frac{i}{1-(1+i)^{-n}}\right]$$

$$= 200\,000\times\left[\frac{6\%}{1-(1+6\%)^{-10}}\right]$$

$$= 200\,000\times 0.135\,9 = 27\,180(\text{元})$$

（二）永续年金

永续年金是指从第1期开始，无限期每期期末等额收付的系列款项，它是普通年金的特殊形式。如果你认为永续年金与现实无关，就会大吃一惊，因为这里有一个十分著名的无止境现金流的例子：它是一种被叫做“金边债券”的英国债券。一个购买了金边债券的投资者有权永远每年从英国政府领取利息。而且，在公司持续经营的条件下，其优先股的固定红利支付也可视为永续年金的形式。永续年金的现值计算公式可由普通年金的现值计算公式导出：

$$PVA_n = A\left[\frac{1-(1+i)^{-n}}{i}\right]$$

当 $n\to\infty$ 时，$(1+i)^{-n}$ 的极限为零，故永续年金的现值公式为：

$$PV = \frac{A}{i} \tag{5-14}$$

永续年金的现值随利率的下降而增加，随利率的升高而减少。

【例5-10】 有一笔永续年金，每年支付给投资者100元。如果利率为8%，该永续年金的现值为多少？

$$\text{解：}PV = \frac{A}{i}$$

$$= \frac{100}{8\%} = 1\,250(\text{元})$$

（三）先付年金

先付年金是指从第一期开始的一定时期内每期期初等额收付的系列款项，又称为即付年金或预付年金。先付年金与普通年金的区别仅在于收付款的时间不同，先付年金每次收付款的时间不是在年末，而是在年初。比如，房租支付、学费支付、保险费支付等等都是典型的先付年金。先付年金的计算主要包括先付年金终值与先付年金现值。

1. 先付年金终值

先付年金终值是指在一定时期内每期期初等额的系列收付款项的终值之和。先付年金终值和普通年金终值的计算相似，差别仅在于收付款的时间不同，如图 5-5 所示。

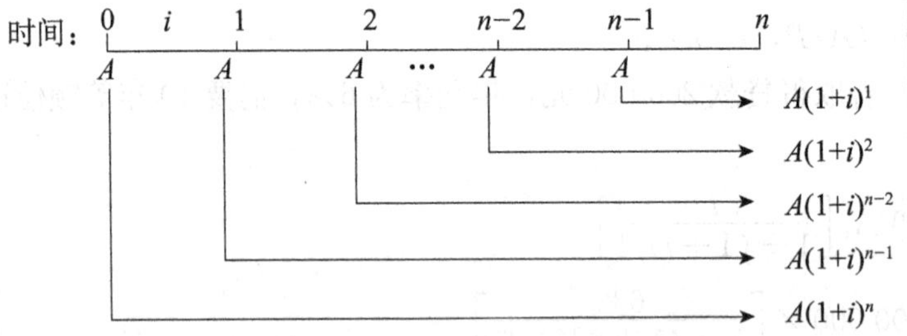

图 5-5 先付年金终值计算示意图

从图中可以看出，n 期先付年金与普通年金的收付款次数相同，但由于付款时间不同，n 期先付年金终值比 n 期普通年金终值多计算一期利息。因此，在 n 期普通年金终值的基础上乘以 $(1+i)$ 就是 n 期先付年金的终值。

$$FVA_n = A\left[\frac{(1+i)^n-1}{i}\right]\cdot(1+i)$$

$$= A\left[\frac{(1+i)^{n+1}-1}{i}-1\right] \qquad (5-15)$$

在先付年金终值公式中，$\frac{(1+i)^{n+1}-1}{i}-1$ 称为“先付年金终值系数”，它是在普通年金终值系数的基础上，期数加 1、系数减 1 所得到的结果。这样，通过查阅“年金终值系数表”得到 $(n+1)$ 期的值，然后减去 1 便可得到对应的先付年金终值系数。由于先付年金终值比普通年金终值多一期利息，因此，先付年金终值比普通年金终值大。

【例 5-11】 若连续 8 年每年年初存入银行 50 000 元，年利率为 5%，则 8 年后的本利和应为多少元？

解：$FVA_n = A\left[\frac{(1+i)^{n+1}-1}{i}-1\right]$

$$= 50\,000\times\left[\frac{(1+5\%)^{8+1}-1}{5\%}-1\right]$$

$$= 50\,000\times(11.026\,6-1) = 501\,330(\text{元})$$

显然，比前面例 5-6 中普通年金的终值多出许多。

2. 先付年金现值

先付年金现值是指在一定时期内每期期初等额收付款项的现值之和。n 期先付年金现值如图 5－6 所示：

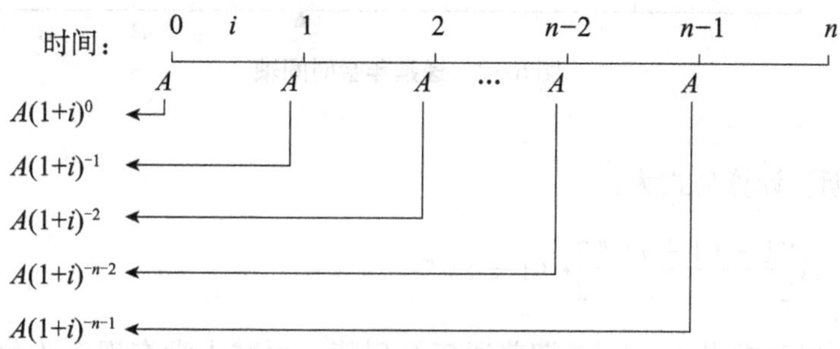

图 5－6　先付年金现值计算示意图

从图 5－6 可以看出，n 期先付年金与 n 期普通年金现值的期限相同，但由于付款时间不同，n 期先付年金现值比 n 期普通年金现值少贴现一期。因此，在 n 期普通年金现值的基础上乘以（$1+i$），便可得到 n 期先付年金的现值：

$$PV = A\left[\frac{1-(1+i)^{-n}}{i}\right]\cdot(1+i)$$

$$= A\left[\frac{1-(1+i)^{-(n-1)}}{i}+1\right] \tag{5-16}$$

在先付年金现值公式中，$\frac{1-(1+i)^{-(n-1)}}{i}+1$ 称为“先付年金现值系数”，它是在普通年金系数的基础上，期数减 1、系数加 1 所得到的结果。这样，通过查“年金现值系数表”得到（$n-1$）期的值，然后加 1 便可得到对应的先付年金现值系数。由于先付年金的现值比普通年金现值少贴现一期，因此，先付年金现值比普通年金现值大。

【例 5－12】 若希望连续 5 年每年年初投资 40 000 元，年利率为 6%，试问如果一次性投资需要支付多少元？

解：$PV = A\left[\frac{1-(1+i)^{-(n-1)}}{i}+1\right]$

$$= 40\,000 \times \left[\frac{1-(1+6\%)^{-(5-1)}}{6\%}+1\right]$$

$$= 40\,000 \times (3.465\,1+1) = 178\,604(\text{元})$$

（四）递延年金

递延年金是指第一次年金收付发生在第 2 期或第 2 期以后，即最初若干期没有收付款项，以后若干期每期发生等额的收付款项。凡不是从第一期开始的普通年金都是递延年金。递延年金终值计算与递延期无关，其计算方法与普通年金终值计算相同。因此，这里只介绍递延年金现值的计算方法。递延 m 期以后的 n 期年金的时间轴如图 5－7 所示。

递延 m 期后的 n 期年金与 n 期普通年金相比，两者付款期数相同，但是，按普通年金计算公式得到的递延年金现值是递延年金在第 m 时点的现值。要计算当前的现值，还需要

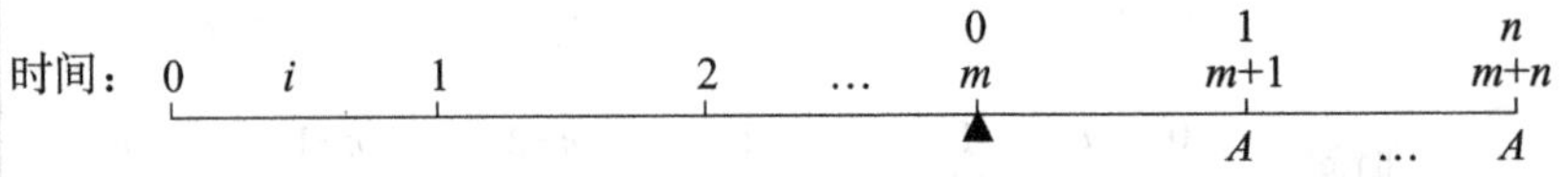

图 5-7　递延年金时间轴

再向前贴现 m 期。计算公式为：

$$PV = A\left[\frac{1-(1+i)^{-n}}{i}\right]\cdot(1+i)^{-m} \tag{5-17}$$

此外，还可以先求出 $(m+n)$ 期普通年金现值，再减去没有现金收付的前 m 期的普通年金现值，即可得到递延年金的现值。计算公式为：

$$\text{解：} PV = A\left[\frac{1-(1+i)^{-(n+m)}}{i}\right]-A\left[\frac{1-(1+i)^{-m}}{i}\right] \tag{5-18}$$

【例 5-13】 某人拟在年初存入一笔资金，以便能从第 5 年末起每年获得收益 3 000 元，直至第 9 年年末为止，年利率为 8%。此人应在最初一次投资多少元？

$$\begin{aligned}\text{解：} PV &= A\left[\frac{1-(1+i)^{-n}}{i}\right]\cdot(1+i)^{-m}\\ &=3\ 000\times\left[\frac{1-(1+8\%)^{-5}}{8\%}\right]\cdot(1+8\%)^{-4}\\ &=3\ 000\times 3.992\ 7\times 0.735\ 0=8\ 803.90(\text{元})\end{aligned}$$

（五）增长年金

一般地，年金被定义为在一定时期内发生的一系列固定支付。“增长年金”（growing annuity）被用来描述在一个特定的期间内一系列按固定增长率增长的支付。由于企业实际增长或通货膨胀的原因，企业现金流常会随着时间而增长，因而增长年金的计算具有重要的现实意义。

当增长率为 g 时，n 期增长年金的现值为：

$$\begin{aligned}PV &= \frac{A}{1+i}+\frac{A(1+g)}{(1+i)^2}+\frac{A(1+g)^2}{(1+i)^3}+\cdots+\frac{A(1+g)^{n-1}}{(1+i)^n}\\ &=A\left[\frac{1}{1+i}+\frac{1+g}{(1+i)^2}+\frac{(1+g)^2}{(1+i)^3}+\cdots+\frac{(1+g)^{n-1}}{(1+i)^n}\right]\end{aligned}$$

上式中括号里是一个公比为 $\frac{1+g}{1+i}$ 的等比级数，其前 n 项的和为 $\frac{1}{i-g}-\frac{1}{i-g}\left(\frac{1+g}{1+i}\right)^n$，增长年金现值的计算公式可简化为：

$$PV = A\left[\frac{1}{i-g}-\frac{1}{i-g}\left(\frac{1+g}{1+i}\right)^n\right] \tag{5-19}$$

【例 5-14】 斯图尔特·加夫列尔（Stuart Gabriel）是一个二年级的 MBA 学生，他得到了一份每年 80 000 美元年薪的工作。他估计他的年薪会每年增长 9%，直到 40 年后退休为止。若年利率为20%，他工作期间工资的现值为多少？（为了便于计算，假设正好从今天起一年以后开始支付年薪，而且每年同一时期支付。）

解：$PV = A\left[\frac{1}{i-g} - \frac{1}{i-g}\left(\frac{1+g}{1+i}\right)^n\right]$

$=80\ 000\times\left[\frac{1}{20\%-9\%} - \frac{1}{20\%-9\%}\times\left(\frac{1+9\%}{1+20\%}\right)^{40}\right]$

$=711\ 731$（美元）

尽管增长年金的用途十分广泛，但它的计算比起其他的简化公式显得冗长乏味。许多复杂的计算如永续年金、年金都有简便的公式，或者可以直接查系数表，但增长年金的计算没有简单方法，我们必须直接计算公式（5-19）中的每一项。

三、货币的时间价值的其他应用

（一）不均匀现金流

年金的定义中包括“等额支付”这一关键词，换句话说，一笔年金的支付在每一个期间都是相等的。虽然很多金融决策的确涉及不变的支付，但是其他很多重大决策涉及的是不均匀的或者是非恒定的现金流。因此，拓展我们对时间价值的讨论以涵盖不均匀现金流是十分必要的。

按照惯例，我们使用 CF（cash flow）来表示不均匀现金流。将每一笔收付按复利计算到期末，然后将这些终值相加，就得到不均匀现金流的终值：

$$FV = CF_1(1+i)^{n-1} + CF_2(1+i)^{n-2} + \cdots + CF_{n-1}(1+i)^1 + CF_n$$

$$= \sum_{t=1}^{n} CF_t(1+i)^{n-t} \qquad (5-20)$$

将每一笔收付贴现到期初，然后将这些现值相加，就得到不均匀现金流的现值：

$$PV = \frac{CF_1}{(1+i)^1} + \frac{CF_2}{(1+i)^2} + \cdots + \frac{CF_{n-1}}{(1+i)^{n-1}} + \frac{CF_n}{(1+i)^n}$$

$$= \sum_{t=1}^{n} \frac{CF_t}{(1+i)^t} \qquad (5-21)$$

【例5-15】 某人赢得了博彩的大奖，他在两年内会有以下现金收入：

年	现金流
1	2 000元
2	5 000元

如果此人的银行存款账户可以获得6%的利率，这两笔现金流的终值和现值为多少？

解：这两笔现金流的终值和现值如下页表所示。

年	现金流×复利终值系数=终值
1 2	2 000×1.06=2 120 元 5 000 元 合计：7 120 元

年	现金流×复利现值系数=现值
1 2	2 000×(1/1.06)=1 887 元 5 000×$(1/1.06)^2$=4 450 元 合计：6 337 元

（二）净现值

净现值（net present value，NPV）用来强调当我们决定一项投资的价值时，我们需要考虑这项投资现在的成本而不仅仅是它收益多少，所以一项投资的净现值是这项投资的未来现金流的现值减去初始投资成本。净现值是决定是否实施投资的一个简单的判断标准：如果一项投资的净现值为正，就应实施；如果一项投资的净现值为负，就应摈弃。

一个在未来 n 期产生效益的投资项目的净现值为：

$$\begin{aligned} NPV &= -CF_0 + \frac{CF_1}{1+i} + \frac{CF_2}{(1+i)^2} + \cdots + \frac{CF_{n-1}}{(1+i)^{n-1}} + \frac{CF_n}{(1+i)^n} \\ &= -CF_0 + \sum_{t=1}^{n} \frac{CF_t}{(1+i)^t} \end{aligned} \tag{5-22}$$

式中，CF_0 为初始投资成本。

【例 5-16】 假设有个人只关心今年和明年的情况。今年他想投资于一块价值为 70 000 元的土地，他肯定明年这块土地值 75 000 元，他将净赚 5 000 元。假设利率为 10%，那么，他是否应该进行这项投资？

解：$NPV = -CF_0 + \dfrac{CF_1}{1+i}$

$$= -70\,000 + \frac{75\,000}{1+10\%} = -1\,818(\text{元})$$

因为 NPV 为负，所以，投资于该土地是不明智的。

（三）求解利率

在终值与现值公式中有四个变量——FV、PV，i 和 n。如果已知其中任意三个，就能解出第四个的值。迄今，我们一直给出的是利率（i）和年数（n），计算 FV 或 PV。然而在很多情形中，如我们下面讨论的一样，需要求解利率。

一般说来，倒求利率可分两步进行。首先，求出复利终值或复利现值系数；然后，根据该系数再求出相应的利率。

【例 5-17】 卡尔因工作出色而得到 10 000 美元奖金，他想在 5 年后买一辆车，他估计那时该车价格会达到 16 105 美元。他必须以多高的利率进行存款才能实现买车的梦想？

解：$\because FV_n = P_0(1+i)^n$

$$\therefore FVIF_{i,n} = \frac{FV_n}{P_0}$$

$$FVIF_{i,5} = \frac{16\ 105}{10\ 000} = 1.610\ 5(\text{美元})$$

通过查表或是使用计算器，都可以解出 $i=10\%$。

在现实中，根据系数直接查表得出 i 的情况不多见，经常是计算出的系数介于某两个利率之间。此时，也可以用插值法来进行估算。

【例 5-18】 某职员按揭购房，该房市价 157 950 元，银行提供首付 20%后的剩余房款，按 5 年期的按揭贷款还本付息。如果银行要求该职员在未来 5 年的每年年末等额地向银行支付贷款本息 29 500 元，试计算银行按揭贷款的利率。

解：$\because PVA_n = A\left[\frac{1-(1+i)^{-n}}{i}\right]$

$$\therefore PVIFA_{i,n} = \frac{PVA_n}{A}$$

$$PVIFA_{i,5} = \frac{157\ 950\times(1-20\%)}{29\ 500} = 4.283(\text{元})$$

从年金现值表中可以看出，在 $n=5$ 的各系数中，i 为 5%时，系数为 4.329；i 为 6%时，系数为 4.212。可见，贴现率应在 5%～6%之间，用插值法计算 i 的过程如下：

$$\frac{4.329-4.283}{4.329-4.212}=\frac{i-5\%}{6\%-5\%}$$

$$i\approx 5.393\%$$

当然，用插值法计算利率只是一种近似的算法。

本章小结

随着时间的推移，投入周转使用的货币价值将会发生增值，这种增值能力或数额就是货币的时间价值。货币的时间价值存在两种表现形式：从未来观点看的终值和从现在观点看的现值。终值是指现在的一笔资金或一系列收付款项按给定的利率计算所得到的未来某个时点的价值，也就是本金和利息之和。由于现金流形式的不同，终值包括复利终值和年金终值两种形式。现值是指未来的一笔资金或一系列收付款项按给定的利率计算所得到的现在的价值，即由终值倒求现值，一般称之为贴现，所使用的利率又称为贴现率。由于现金流形式不同，现值也包括复利现值和年金现值两种形式。货币的时间价值是金融资产定价需要考虑的一个重要因素，也是企业投资价值评估的基础。

思考题

假设你即将毕业，并在一家本地银行申请到了一份工作。作为银行评估过程中的一个环节，你被要求参加一项覆盖了几种金融分析技术的考核。考核的第一部分是分析贴现现金流。你将回答下列问题。

1. 用时间轴表示：(1) 第 2 年年末一笔 100 元的现金流；(2) 一笔每年 100 元、持续 3 年的普通年金；(3) 一笔不均匀现金流，从第 0 年到第 3 年分别为—50 元、100 元、75 元和 50 元。

2. 如果 100 元投资在一个支付 10%年利率的账户上，3 年后它的终值是多少？3 年后收到的 100 元的现值是多少？

3. 我们有时需要知道一笔现金将在多久之后达到一个特定的数目。例如，如果一个公司的销售额以每年 20%的比率增长，那么在多少年后销售额将增加一倍？

4. 普通年金和期初年金有什么区别？哪种类型的年金将表示为下图？你如何将它转换为其他类型的年金？

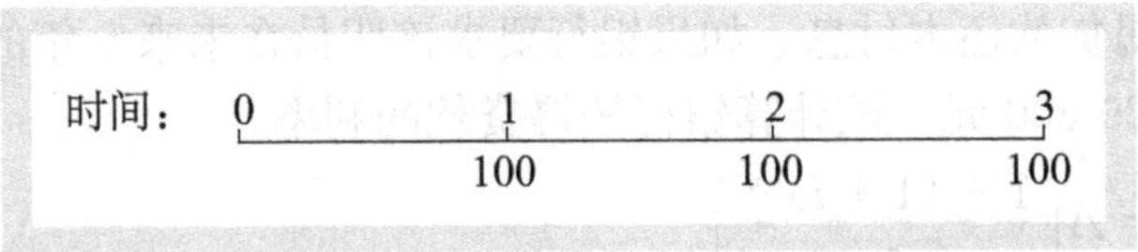

5. 假设年利率为 10%，一笔 3 年期每年 100 元普通年金的终值是多少？这笔年金的现值是多少？如果这是一笔先付年金，它的终值和现值各为多少？

6. 下面这笔不均匀现金流的现值是多少？如果年利率是 10%，每年复利计算。

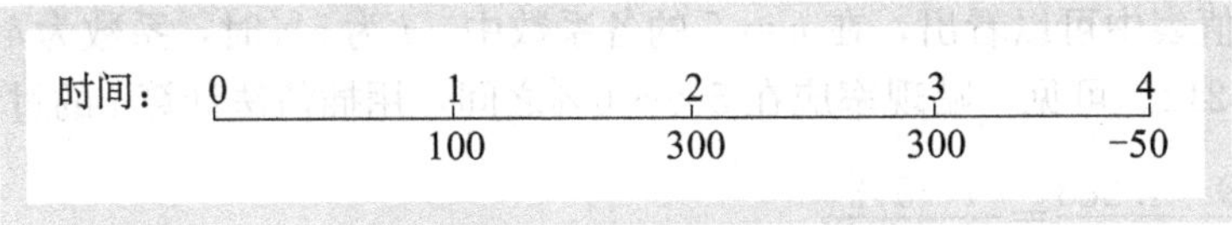

7. 什么样的利率能使 100 元在 3 年后增加到 300 元？

8. 名义利率为 10%、半年计息的有效利率是多少？如果是每季计算呢？如果是每天计算呢？在名义利率为 10%、半年复利一次的条件下，200 元在 3 年后的终值为多少？每季复利或每天复利呢？

9. 假设你继承了一笔钱。你有一个朋友在当地的证券公司做实习生，他的老板正在出售一种能带来 4 年收益的证券，头 3 年每年年末你能获得 50 元，而第 4 年年末，你能获得 1 050 元。你的朋友能帮你以每张 900 元的价格买到这种证券。你的现金存在一家支付 8%的名义利率但每季度计息一次的银行里。你认为证券和你的银行存款的安全性和流动性是一样的，所以你要求的证券年收益率和你银行存款的实际年利率相同。现在你必须计算出证券的价值，以确认这是否为一项好的投资。（提示：可以通过两个途径来检验这项投资，一是比较购买这种证券和继续将钱存在银行你能得到的终值；二是计算投资证券的净现值。）

推荐阅读书目

[1] 布里格姆，埃尔霍尔特．财务管理：理论与实践：第 10 版．北京：清华大学出版社，2005.

[2] 斯蒂芬·A. 罗斯，伦道夫·W. 威斯特菲尔德，杰弗利·F. 杰富．公司理财：第 9 版．北京：机械工业出版社，2012.

第六章
证券估值与投资组合

⊙本章提要⊙

证券价值评估是证券投资者进行证券投资的重要依据，本章主要介绍了证券价值评估的基本原理、债券和股票价值评估的具体方法，并就影响债券和股票内在价值的因素进行了详细分析，最后介绍了投资组合的原理。

⊙重点与难点⊙

- 证券价值评估的基本原理
- 债券和股票价值评估的多个计算公式
- 利用相关公式对债券和股票的内在价值进行评估

引导案例

证券市场变幻莫测，既充满一夜暴富的诱惑，也暗含着顷刻血本无归的风险。因此，能理性地判定股市行情与发展趋势，科学合理地把握股票的价格变化规律，则是在股市中立于不败之地的关键。

在市场经济条件下，股票与货币一样属于特殊商品。它同样具有商品的属性，即价值和价格两重属性。如果不考虑市场炒作影响，股票的价值由其实际价值衡量，和其他商品一样，也应该由物化劳动价值和活劳动价值两部分构成，只不过股票的物化劳动价值和活劳动价值受上市公司业绩的制约，是通过上市公司的业绩间接地表现出来的。股票的价值相对于上市公司来讲，物化劳动价值应该是企业的净资产，而活劳动价值应该是企业利润和积累。这样，每一股股票的价值应该由每股净资产、每股净资产收益率、每股未分配利润和每股公积金组成，这四个方面应该成为构成股票内在价值的主要因素，是构成股票价格的基础。

但是，在证券市场的实际运行中，股票的价格到底是如何决定的？究竟应该如何计算股票的内在价值呢？本章的内容将会帮你解决这些问题。

资料来源：东方财富网。

第一节　证券价值评估的基本原理

大部分证券都会在证券市场上流通，这就产生了如何对交易的证券进行定价的问题。我们在证券市场上看到的是证券的交易价格，并且这一价格大多数时刻都处在变动之中，它与证券的价值是不同的。一般而言，影响证券价格的因素有很多，典型的如供求关系、人们的预期甚至是操作失误等，而证券价值则相对比较稳定。虽然从短期来看，证券的交易价格与证券本身的价值会有偏差，甚至偏差很大，特别是股票市场上更是如此，股票的价值在牛市中往往被过度高估，在熊市中又往往被低估，但归根到底，证券的价格受证券内在价值的制约，过度偏离后的价格会向其内在价值回归。如果不懂得判定证券的价值，不但容易使自己的投资暴露在风险中，对面临的风险大小心中无数，而且由于心中缺乏衡量基准，对交易对手的报价是否合理一无所知，难以作出正确的投资决策，因此，进行证券价值评估是必要的。

证券价值评估就是给金融资产定价，正如第一章所指出的那样，给金融资产定价是金融学的重要内容。证券价值评估是指运用数学方法计算出金融市场上证券的内在价值。证券的内在价值是指信息充分的投资者在自由竞争的市场上购买该证券必须支付的价格。通过对证券内在价值的评估，可以帮助投资者把握证券价格变化的特点及波动轨迹，有针对性地制定出正确的投资策略，有利于获取更大的收益和规避不必要的市场价格波动风险。

由于证券的价值也受多重因素的影响，如证券的信用程度、利率走势等，给证券准确定价是相当困难的，本章以典型证券、债券和股票为代表介绍其估值原理。

从理论上说，证券品种的估值并不复杂，具有共识的主流估值模型和方法就是预计证券可以带来的未来现金流，再考虑和确定一个投资者能够接受的基本收益率作为贴现率，将预计的未来现金流折算为现值，这个贴现值就是证券的内在价值或理论价格。用公式可表示为：

$$\text{某种证券的内在价值} = \sum_{i=1}^{n} \frac{\text{该证券未来第 } i \text{ 年的现金流}}{(1+\text{贴现率})^{i}}$$

对于债券来说，这个未来的现金流包括两个部分：一是持有债券的投资者享有的利息收入，二是到期时投资者兑付后获得的面值收入。由于债券的面值、期限、票面利率是确定和已知的，因此在对债券进行估值时，其未来的现金流是明确的，只要在贴现率的确定上能够达成一致，就很容易完成对债券内在价值的确定。

对于股票来说，这个未来的现金流由股息和红利组成。由于上市公司股息和红利的发放受未来生产经营状况、公司存续期限等较多因素的影响而具有极大的不确定性，因而确定股票的内在价值远较债券复杂得多，从这个意义上讲，股票内在价值的估值不会特别精确，很大程度上是近似值，在实际投资活动中一般可作为投资决策的参考。

在证券估值过程中，贴现率的确定至关重要。从理论上讲，某一证券的贴现率至少应反映出该证券的时间价值成本。在实践中，对于贴现率的确定存在分歧，但通常认为用社会平均利率作为贴现率较为合理。

贴现率选择的差异使证券的评估价值相差悬殊。事实上，这是一种正常的现象。由于投资者用于投资的资金成本不一样，一方面，对于通过融资融券而借入资金用于证券市场投资的投资者来说，市场利率可以视为其融资成本；另一方面，对于使用自有资金投资证券市场的投资者来说，用市场利率计算的利息额是其投资风险证券的机会成本。当然完全按照投资资金成本来进行证券价值评估也是有问题的。因此，虽然我们在计算时得到的证券价值是一个确切的值，但实际上证券估值并不是一个非常精确的值，有一个大体的上下限，也就是说，证券的价值不是一个数，而是一个区域，或者说是一个带。这是因为证券价值评估中所选择的贴现率有一个上下限。那么这个贴现率的上下限到底应如何选取呢？对这个问题理论界没有一个统一的说法。一般说来，贴现率的下限可以选取一年期定期存款利率，贴现率的上限可以选择一年期金融机构的贷款利率，在此基础上，由于估值的对象不同，还应该加上一个风险溢价率，这是因为不同的证券相较银行的存贷款而言，具有不同程度的风险。因此，可用公式表示为：

$$\text{某种证券的内在价值} = \sum_{i=1}^{n} \frac{\text{该证券未来第 } i \text{ 年的现金流}}{(1 + \text{贴现率} + \text{风险溢价率})^i}$$

那么，什么是风险溢价率？对于风险资产，投资者要求较高的投资收益从而对不确定性作出补偿，这种超出无风险收益率之上的必要收益率补偿，就是风险溢价率。

当证券的未来现金流大致确定且用市场利率作为贴现率后，便可对某一证券进行估值。但是这样的证券估值结果并不一定是可靠的，因为除了有关公司的未来经营状况、存续期限等不确定因素会影响估值的精确性外，市场利率水平、证券的品质、投资者的风险收益偏好等多种因素也会影响贴现率，从而影响证券的精确估值。

现金流估值方法既可以运用于债券，也可以运用于股票。但在对股票的价值评估中，由于对每股现金流进行准确预测难度很大，这种方法的运用受到了很大的局限，因而，股票价值评估经常使用多种评价方法相结合的方式，如组合运用市盈率估值法和重置法等。

第二节　债券价值评估

一、债券价值评估的基本公式

由于债券发行时规定了债券的未来收益，根据价值评估的方法，在不考虑违约风险的情况下，只需要运用上一章中货币的时间价值理论将这些收益进行贴现就可以得到债券的内在价值。在债券的价值评估中经常用到的贴现公式有两个：未来单笔收益贴现公式和未来等额现金流收益贴现公式。

由于不同的债券面临的风险不同，债券价值评估中也面临风险溢价率的选取问题，如国债，其信用程度高，风险很低，风险溢价率通常可不予考虑；如公司债券，其信用程度较国债低，风险相对要高，因此，应该有一个风险溢价率，当我们不考虑公司间的差别时，这个风险溢价率大体应与公司债券整体的违约率相当。

（一）未来单笔收益贴现公式

假设投资者未来能获得一笔收益，用 F 表示，贴现率为 i，那么投资者获得的收益的现值 P 为：

$$P=F\times\frac{1}{(1+i)^n} \tag{6-1}$$

式中，n 为计算复利的次数，公式（6-1）是货币资金的时间价值理论的基本公式，其他公式都是由该公式衍生出来的。

（二）未来等额现金流收益贴现公式

假定投资者在未来的一段时间内，可定期获得一笔数额相等的收益 A，贴现率为 i，则其各期的收益现值为：

$$P=A\times\frac{(1+i)^n-1}{i(1+i)^n} \tag{6-2}$$

式中，n 为收益支付的次数。

式（6-2）是由式（6-1）推导出来的。对于未来等额现金流的现值，可以将其看作是 n 个单个未来收益现值的加总，那么有：

$$P=\frac{1}{1+i}\times A+\frac{1}{(1+i)^2}\times A+\cdots+\frac{1}{(1+i)^n}\times A \tag{6-3}$$

式（6-3）两边同乘以（$1+i$），则有：

$$(1+i)P=A+\frac{1}{1+i}\times A+\frac{1}{(1+i)^2}\times A+\cdots+\frac{1}{(1+i)^{n-1}}\times A \tag{6-4}$$

式（6-4）减去式（6-3），得到：

$$i\times P=[1-\frac{1}{(1+i)^n}]\times A$$

整理后即得到：

$$P=A\times\frac{(1+i)^n-1}{i(1+i)^n}$$

式（6-1）和式（6-2）两个基本公式接下来将被用于评估四类最常见债券的价值。

二、固定收益债券的价值评估

（一）固定收益债券的含义

固定收益债券是指带有票面价格，规定了票面利率、付息日和到期日，每隔一定时间支付一次利息的一种债券。这是我国发行最多的一种债券。分析：由于债券存续期内投资者会收到多笔现金流，且这些现金流可以再投资，因此其价值评估要稍显复杂。

（二）固定收益债券实例

表 6－1 是中国财政部 2002 年发行的 010214 号国债的详细信息。

表 6－1　010214 号国债信息

债券名称	02 国债（14）	年利率	2.65％
证券代码	010214	计息方式	每年付息
起息日期	2002－10－25	付息日	每年 10 月 24 日
债券发行总额	224 亿元	到期日	2007－10－24
票面价格	100 元	交易市场	上海证券交易所

（三）固定收益债券内在价值的计算

【例 6－1】 根据表 6－1，假设当时的无风险利率为 2.25％，计算：（1）在 2003 年 10 月 25 日，每张 010214 号国债的内在价值是多少？（2）假如在 2003 年 10 月 25 日将市场无风险利率调整为 3.00％，那么利率调整后的那一刻，每张 010214 号国债的内在价值是多少？①

分析：根据前面所学的知识，要评估一种金融资产的价值，首先要了解该资产未来的收益。如果不考虑该债券收益无法收回的可能性，那么未来的 4 年内，该债券的收益可以分为两部分，一部分是每年付息日给投资者带来 2.65 元人民币的收益，这是等额的现金流；另一部分是在到期日偿还投资者 100 元本金，这是单笔的未来收益，因此该债券的现值是这两部分收益贴现的加总。由于假定 010214 号国债没有任何风险，因此可以使用无风险利率作为贴现率，第一问用 2.25％作为贴现率，第二问则用 3.00％作为贴现率。

解：（1）已知 $A=2.65$，$i=0.022\,5$，$n=4$，$F=100$，根据公式（6－1）和公式（6－2）：

① 计算说明：计算过程中间保留 4 位小数，计算结果以货币为单位保留 2 位小数，以利率为单位保留 4 位小数。未作特别说明时，本章所有例题均按照上述要求计算。

$$
\begin{aligned}
P &= A\times\frac{(1+i)^n-1}{i(1+i)^n}+F\times\frac{1}{(1+i)^n}\\
&= 2.65\times\frac{(1+0.0225)^4-1}{0.0225\times(1+0.0225)^4}+100\times\frac{1}{(1+0.0225)^4}\\
&= 101.51(\text{元})
\end{aligned}
$$

（2）已知 $A=2.65$，$i=0.03$，$n=4$，$F=100$，根据公式（6-1）和公式（6-2）：

$$
\begin{aligned}
P' &= A\times\frac{(1+i)^n-1}{i(1+i)^n}+F\times\frac{1}{(1+i)^n}\\
&= 2.65\times\frac{(1+0.03)^4-1}{0.03\times(1+0.03)^4}+100\times\frac{1}{(1+0.03)^4}\\
&= 98.70(\text{元})
\end{aligned}
$$

即在无风险利率是 2.25%时，该债券的内在价值是 101.51 元，当无风险利率上升至 3%时，该债券的内在价值下降为 98.70 元。

可以看出，随着无风险利率的上升，投资者用于计算金融证券价格的贴现率上升，从而导致固定收益债券的价格下降，这就是为什么中央银行加息会导致债券价格下降的原因。

特别强调：许多时候记忆公式是一件比较麻烦的事情，并且稍不留神就会出错，建议仍然采用上一章我们学到的时间轴分析工具，弄清以下三点：（1）何时会收到多少现金流；（2）这些现金流距所要贴现的时点的时间长度；（3）贴现率。当贴现率为 2.25%时不难画出时间轴，然后进行贴现计算：

$$
P=\frac{2.65}{1+2.25\%}+\frac{2.65}{(1+2.25\%)^2}+\frac{2.65}{(1+2.25\%)^3}+\frac{102.65}{(1+2.25\%)^4}=101.51\ (\text{元})
$$

这样计算虽然比代入公式麻烦一些，但大多数债券的时间不长，只要仔细些，比记公式、代公式出错的概率要低。

在本例中，若 2006 年 10 月 25 日贴现率给定为 2.25%，每张 010214 号国债的内在价值是多少？

分析：由于前面的利息已经支付完毕，仅有一年债券就到期了，该债券每张在 2007 年 10 月 24 日仅有一笔本金 100 元加最后一年利息 2.65 元的现金流入，所以，该债券此时的内在价值为：

$$
P=\frac{102.65}{1+2.25\%}=100.39\ (\text{元})
$$

三、到期支付本息债券的价值评估

（一）到期支付本息债券的含义

到期支付本息债券是指带有票面价格，规定了票面利率、计息日和到期日，但是债券存续期间并不支付利息，到期日一并还本付息的债券。

（二）到期支付本息债券的例子

表 6－2 是根据国债 010709 号修改的虚拟国债（1）的信息。

表 6－2　虚拟国债（1）的信息

债券名称	虚拟国债（1）	年利率	2.65%
证券代码	—	计息方式	到期还本付息
上市日期	2007－06－15	起息日	2007－06－15
债券发行总额	301.5 亿元	到期日	2010－06－14
票面价格	100 元	交易市场	上海证券交易所

（三）到期支付本息债券内在价值的计算

【例 6－2】 根据表 6－2，假定贴现率为 2.25%，试计算在 2008 年 6 月 15 日该国债的价格是多少？

解：因为该国债到期一次还本付息，所以到期日的收益为：

$$F=100+100\times 2.65\%\times 3=107.95(\text{元})$$

又已知在 2008 年 6 月 15 日该债券发行已经一年了，距离到期日收到上述现金流的时间正好两年，即已知 $i=0.022\,5$，$n=2$，根据公式（6－1）：

$$P=F\times\frac{1}{(1+i)^n}$$

$$=107.95\times\frac{1}{(1+0.022\,5)^2}=103.25(\text{元})$$

即该债券 2008 年 6 月 15 日的内在价值是 103.25 元，如果市场交易价格超过 103.25 元，则意味着投资者此时买入该债券并持有至到期，其间得到的年收益率低于 2.25%，会减少该债券的购买；反之，则会增加该债券的购买。

四、零息债券的价值评估

（一）零息债券的含义

零息债券，又称贴现债券，是一种带有票面价格，但没有票面利率，不另外支付利息，到期偿付票面金额的债券。这种债券往往采用折价发行，折价与票面之间的差额就是投资者的收益。

（二）零息债券的实例

表6-3是财政部2004年6月15日发行的010405号国债的详细信息。

表6-3 010405号国债信息

债券名称	04国债（5）	债券期限	2年
证券代码	010405	计息方式	贴现
上市日期	2004-06-25	付息日	无
债券发行总额	332.3亿元	到期日	2006-06-15
票面价格	100元	交易市场	上海证券交易所

（三）零息债券内在价值的计算

【例6-3】 根据表6-3，假设贴现率为2.25%，并且假定上市日期和到期日之间间隔正好为2年，试计算010405号国债的发行价格应该是多少？

解：显然该债券的计算与一次性到期还本付息的债券完全一样，只不过这里零息债券的投资者2年后到期收到的本利和就是面值本身100元，即已知$i=0.0225$，$n=2$，$F=100$，根据公式（6-1），该债券的价值为：

$$P=F\times\frac{1}{(1+i)^n}=100\times\frac{1}{(1+0.0225)^2}$$
$$=95.65(元)$$

即该债券的内在价值是95.65元，如果其发行价超过95.65元，投资者就会认为该债券不具有投资价值，不会购买该债券。

五、永久债券的价值评估

（一）永久债券的含义

永久债券又称不还本债券、利息债券，是指带有票面价格，规定了票面利率和付息日，不规定还本日期，仅按期支付利息的债券。

由于永久债券不需要还本，因此往往只有各国政府或者信誉卓著的大银行、大企业才能成功发行该种债券。历史上英国的统一公债、法国的年金公债和德国的国债都是永久公债。目前世界上的永久公债已经非常稀少，比较著名的是英国财政部发行的，用于偿还拿破仑战争时期的费用的小额统一公债，该债券至今仍有少量交易，其他大部分永久公债则已经被发行人赎回。

（二）永久债券的例子

为了说明永久债券内在价值的计算，不妨构造一种虚拟的永久债券，假设有如表6-4

所示的一种永久债券。

表 6-4 虚拟国债（2）信息

债券名称	虚拟国债（2）	债券期限	无到期日
证券代码	0150101	计息方式	每年付息
上市日期	2015-01-02	年利率	5%
债券发行总额	100 亿元	付息日	每年 1 月 1 日
票面价格	100 元	交易市场	深圳证券交易所

（三）永久债券内在价值的计算

永久债券内在价值的计算与上一章提到的永续年金的原理完全相同。

【例 6-4】 根据表 6-4，试计算：（1）0150101 号永久债券的内在价值（贴现率为 2.25%）；（2）当贴现率上升至 3%时，0150101 号永久债券的内在价值。

解：（1）永久债券每年定期支付一笔利息，期限为无限，不偿还本金，则已知 $A=5$，$i=0.0225$，$n=\infty$，根据公式（6-2），该债券的内在价值为：

$$P=A\times\lim_{n\to\infty}\frac{(1+i)^n-1}{i(1+i)^n}$$

根据极限的运算法则，$\lim_{n\to\infty}\frac{(1+i)^n-1}{i(1+i)^n}=\frac{1}{i}$，所以有：

$$P=5\times\frac{1}{0.0225}=222.22(\text{元})$$

即该债券的内在价值是 222.22 元，如果其发行价超过 222.22 元，投资者就会认为该债券不具有投资价值，从而不会购买该债券。

（2）如果贴现率升至 3%，那么已知 $A=5$，$i=0.03$，$n=\infty$，该债券的内在价值为：

$$P'=5\times\frac{1}{0.03}=166.67(\text{元})$$

即当贴现率升至 3%时，该永久债券的内在价值下降至 166.67 元。

从该例可以看出，永久债券的内在价值受贴现率的影响很大，贴现率上升多大比例，永久债券的价格就下降同等比例。显然对于长期债券的投资者而言，预测利率的走势非常重要。

六、影响债券内在价值的因素

债券的未来收益是确定的，因此，除了市场实际利率以外，其他外部环境的变化不会影响债券的内在价值，债券本身的属性决定了债券的内在价值。

（一）违约风险

债券的违约风险是指债券发行人未能履行债券契约的规定支付债券本金或利息，给投资者带来损失的可能性。在投资收益既定的情况下，每个投资者都会选择带来损失可能性小的那种债券。因此，其他要素都相同的两种债券，违约风险越高，债券的内在价值就越低。债券的违约风险往往通过债券的评级来体现，风险越高，债券的评级越低。

（二）流通性

债券的流通性，或者流动性，是指投资者将所持有的债券变现的能力。流通性越高的债券，投资者将其变现遭受的损失就越小。一般而言，国债的流通性高于公司债券的流通性，小面额债券的流通性高于大面额债券的流通性。由于高流通性会减少投资者变现的损失，等同于提高了债券的收益，因此，其他要素相同的两种债券，流通性高的债券内在价值高。

（三）可赎回、可转换与可延期条款

可赎回条款是指债券发行时规定，在一定时间内发行人有权赎回债券。包含可赎回条款的大多也是公司债券。一般而言，发行人往往会在市场利率下降的时候，按照事先规定的价格赎回债券并且以更低的利率发行新债券进行再融资。由于可赎回条款是有利于发行人而不利于投资者的条款，因此其他要素都相同的两种债券，具有可赎回条款的债券的内在价值较低。

可转换条款是指债券发行时规定，在一定时间内债券持有人有权以事先规定的比率用债券交换普通股股票。包含可转换条款的大多是公司债券。可转换条款赋予投资者一个未来的选择权，对投资者有利，因此加入可转换条款会提高债券的内在价值。

可延期条款是指债券发行时规定，在债券到期时债券持有人有权按事先规定的条款继续拥有该债券。在债券到期时，如果市场实际利率低于债券扣除风险后的实际年收益率，投资者将会选择继续持有该债券。由于可延期条款是有利于投资者的条款，因此加入可延期条款会提高债券的内在价值。

（四）票面利率

债券的票面利率决定了该债券未来收益的多少。很明显，其他要素都相同的两种债券，票面利率高的债券每年的收益更多，从而债券的内在价值也就越高。

（五）债券期限

债券期限对债券内在价值的影响依赖于债券的票面利率和贴现率之间的差异。假设有三种债券，除了期限以外的各项条件都相同：票面金额为 100 元，每年年末付息。期限则分别是 1 年到期、3 年到期和 5 年到期。表 6－5 列出了票面利率高于、等于和低于贴现率三种情况下三种不同期限债券的内在价值。

表 6－5　不同到期期限对债券内在价值的影响

	票面利率	贴现率	不同期限债券价值（元）		
			1 年到期	3 年到期	5 年到期
1	5%	4%	100.96	102.78	104.45
2	4%	4%	100	100	100
3	3%	4%	99.04	97.22	95.55

可以看出，在不考虑风险的情况下，其他条件相同的债券，当债券的票面利率高于贴现率时，债券的期限越长，债券的内在价值越高；当债券的票面利率低于贴现率时，债券的期限越长，债券的内在价值越低；当债券的票面利率等于贴现率时，债券内在价值始终等于其票面价格。

（六）付息频率

债券支付利息的频率有很多种，比较常见的方式有每季度付息、每半年付息、每年付息和到期还本付息。按照货币的时间价值理论，其他要素都相同的两种债券，付息的频率越高，意味着债券支付的实际利率越高，因此债券的内在价值也就越高。

（七）税收待遇

债券的利息收益是一种投资收入，与其他收入一样需要缴纳税收。债券的税收待遇会直接影响到债券的收益率，进而影响到债券的价格。从税率角度看，其他要素都相同的两种债券，税率越高，债券的实际收益率就越低，因此免税的债券的内在价值高于不免税的债券，有税率优惠的债券的内在价值高于无税率优惠的债券。从纳税时点角度看，推迟纳税可以提高债券的实际收益率，因此其他要素都相同的两种债券，具有延缓利息税收支付待遇的债券内在价值更高。比如，我国的国债是免利息税的，金融企业债券则不免利息税，因此其他属性相同的国债和金融企业债券，国债的实际收益率高，内在价值也高。

第三节 股票价值评估

由于股票投资的收益不稳定，加上企业是有生命周期的，因此，股票价值评估中所要求的风险溢价要远远高于债券，这个风险溢价到底应该是多少？由于影响风险溢价的因素颇为复杂，自然也没有一个统一的标准，一般而言，这个风险溢价率与企业盈利前景、企业倒闭率有密切的联系，因此，风险溢价率在不同的宏观背景下是不同的。投资者可以类似地参照投资国债类的低风险产品的收益率与投资其他风险较高的金融产品如信托等的收益率的差别同样的原理来确定。由于在具体计算中引入风险溢价率会使事情变得复杂，为简便起见，在本节具体阐述模型及计算的过程中就不再单独提及风险溢价率，当然还有另一种办法，就是大家在理解时把这里的贴现率理解为已经包括风险溢价率在内的贴现率。在本章，我们之所以单独提出这一问题，是因为在价值评估中许多人对风险溢价认识不够。

一、股利贴现模型

（一）股利贴现模型的含义

股利贴现模型是指运用货币时间价值理论，通过将股票未来预期收益贴现来确定股票内在价值的模型。

（二）股利贴现模型的公式

假定某一种股票，其当前内在价值为 P_0，i 为贴现率，第 t 年的股息收益为 A_t，第 t

年年末发放股息后的股票价格为 P_t（$t=1, 2, \cdots, n$，为了计算方便，股利贴现模型假设公司的盈利全部用在年末发放股息）。根据货币的时间价值理论，股票的内在价值等于未来收益的贴现，因此其当前的内在价值为：

$$P_0=\frac{1}{1+i}\times A_1+\frac{1}{(1+i)^2}\times A_2+\frac{1}{(1+i)^3}\times A_3+\cdots+\frac{1}{(1+i)^n}\times A_n+\frac{1}{(1+i)^n}\times P_n$$

由于股票没有偿还期限，即 n 趋近于无穷大，根据极限运算法则，$\lim\limits_{n\to\infty}\frac{1}{(1+i)^n}=0$，因此上式可以简写为：

$$P_0=\sum_{t=1}^{\infty}\frac{A_t}{(1+i)^t} \tag{6-5}$$

公式（6-5）即股利贴现模型的基本公式。下文将运用该模型计算三种最基本的普通股——零增长股票、不变增长率股票和分阶段增长率股票的内在价值。

二、运用股利贴现模型评估普通股内在价值

（一）零增长股票的价值评估

零增长股票是指每年股息固定不变的股票，用于计算零增长股票内在价值的股利贴现模型也称作零增长模型。具有这种特征的股票价值评估原理与前面讲到的永久债券的内在价值评估完全一样，只是这里的股票贴现率选择的是包含风险溢价后的风险报酬贴现率，显然它要远远高于债券评估所选择的贴现率。

【例6-5】 假设X上市公司业绩非常稳定，其普通股每年每股的收益是0.2元，并且公司每年年末都会将这些收益用于发放现金股息。试计算，在每年发放现金股息完毕的那一时点，X公司普通股股票的内在价值是多少（风险报酬贴现率为5%）？

解：由于X公司股票每年的收益是固定不变的，根据公式（6-5），X公司股票的内在价值为：

$$P_0=\sum_{t=1}^{\infty}\frac{A_t}{(1+i)^t}=A\sum_{t=1}^{\infty}\frac{1}{(1+i)^t}$$

根据极限预算法则，$\lim\limits_{n\to\infty}\sum\limits_{t=1}^{n}\frac{1}{(1+i)^t}=\frac{1}{i}$，因此X公司普通股的内在价值为：

$$P_0=A\times\frac{1}{i}=0.2\times\frac{1}{0.05}=4(\text{元})$$

即每年发放股息0.2元，没有任何增长的公司的普通股股票每股内在价值为4元。

（二）不变增长率股票的价值评估

不变增长率股票是指符合下述条件的普通股股票：（1）股票每期都会发放股利；（2）股息每期是递增的，递增的速度为常数 g；（3）股息递增的速度小于计算股票内在价值的贴现率。用于计算不变增长率股票内在价值的股利贴现模型最早由戈登提出，因此称作戈登模型。

【例 6-6】 假设上市公司 Y 公司具有非常稳定的业绩增长率，该公司第一年年末普通股股票预计发放股息是 0.2 元，此后每年会以 2.5%的速度递增。试计算，在第一年年初发放完股息的那一时点，Y 公司普通股股票的内在价值是多少（风险报酬贴现率为 5%）？

解：根据题意，令第一年年末 Y 公司股票的股息为 A，那么第 t 年 Y 公司股票的股息为 $A\times(1+g)^{t-1}$，又已知 $A=0.2$，$i=0.05$，$g=0.025$，将其代入公式（6-5）：

$$P_0=\lim_{n\to\infty}\sum_{t=1}^{n}\frac{A(1+g)^{t-1}}{(1+i)^t}$$

$$=A\frac{1}{(1+g)}\lim_{n\to\infty}\sum_{t=1}^{n}\left(\frac{1+g}{1+i}\right)^t$$

由于 $i>g$[①]，根据极限运算法则，有：

$$\lim_{n\to\infty}\sum_{t=1}^{n}\left(\frac{1+g}{1+i}\right)^t=\frac{1+g}{i-g}$$

因此有：

$$P_0=A\times\frac{1}{i-g} \qquad (6-6)$$

式中，A 为第一年年末的股利，i 为风险报酬贴现率，g 为股利的增长率，i 应大于 g，因此该股票的内在价值为：

$$P_0=0.2\times\frac{1}{0.05-0.025}=8(\text{元})$$

即 Y 公司的普通股股票每股内在价值为 8 元。显然成长型股票的内在价值远远高于零增长的股票。

（三）分阶段增长率股票的价值评估

并不是所有的普通股股票收益情况自始至终保持不变或者保持稳定的增长率，一般情况下，根据企业盈利和股利分配政策，我们能够预测某只股票近几年的股利，伴随着企业规模的增大，企业进入成熟期，其股利可能稳定在某一水平上，持续一些年后又可能进入衰退期，这时我们就要分阶段对股利进行贴现，这种股利贴现模型称作分阶段增长模型，分阶段增长模型中最常见的是三阶段增长模型。

【例 6-7】 假设上市公司 Z 公司未来三年预期发放的股息分别是 1.2 元、1.5 元和 0.8 元，从第四年起稳定在每股每年发放股息 0.5 元，到第八年年末变为每股发放股息 0.15 元，并以每年 2.5%的速度递增，试计算，当前 Z 公司普通股股票的内在价值是多少（风险报酬贴现率为 5%）？

解：将 Z 公司股票按照时点拆分为三个不同收益阶段，P_0^1表示从现在开始到第三年年

① 如果 $i<g$，也即是说，如果股利的增长率超过了投资者的风险报酬贴现率，那么该股票的理论价值是无限大的。

末的Z公司股票收益的现值，P_0^2表示第四年年初到第七年年末的Z公司股票收益在第四年年初的“现值”，P_0^3表示第八年年初以后Z公司股票收益在第八年年初的“现值”。

根据已知条件有：

$$P_0^1 = 1.2 \times \frac{1}{1+5\%} + 1.5 \times \frac{1}{(1+5\%)^2} + 0.8 \times \frac{1}{(1+5\%)^3} = 3.194\ 5(\text{元})$$

$$P_0^2 = 0.5 \times \sum_{n=1}^{4} \frac{1}{(1+5\%)^n} = 1.773\ 0(\text{元})$$

$$P_0^3 = 0.15 \times \frac{1}{5\% - 2.5\%} = 6(\text{元})$$

将上述三个不同时段的收益贴现，则有：

$$P_0 = P_0^1 + \frac{P_0^2}{(1+5\%)^3} + \frac{P_0^3}{(1+5\%)^7}$$

$$= 3.194\ 5 + \frac{1.773\ 0}{(1+5\%)^3} + \frac{6}{(1+5\%)^7} = 8.99(\text{元})$$

即Z公司普通股股票的当前的内在价值为8.99元。

三、市盈率估值法

（一）市盈率估值法的含义

市盈率估值法是指按照股票的收益及其所在行业的平均市盈率对股票内在价值进行估计的股票估值方法。在实际操作中，市盈率估值法被广泛用于普通股股票内在价值的粗略估计。市盈率的计算方法为：

市盈率＝某股票普通股每股市场价格/该股票每股盈利

如浦发银行2015年8月26日的收盘价格为13.00元，其2014年每股盈利为2.521元，则浦发银行的市盈率为13.00/2.521＝5.16，其基本的含义是企业按照这种水平盈利并且把这些盈利每年都分配给投资者，需要几年才能将投资者购买该股票的投资收回。显然投资者花费13元的价格购买浦发银行的股票，这笔投资按照现有的盈利水平，需要5.16年回本。

（二）市盈率估值法的性质

市盈率估值法是一种相对价格估值法，体现了一价定律的思想。也就是说，投资者潜在假定了某一行业的上市公司都是“类似”的，该行业中单位货币购买的资产都具有近似相同的未来预期收益。比如，如果钢铁行业的平均市盈率是15，那么投资者就认为钢铁行业的上市公司每15元资产每年“应该”获得的收益是1元。假定X钢铁公司每股每年的平均收益是0.5元，那么按照行业平均市盈率，该公司每股的内在价值大约为7.5元，如果其市场价格远远高于该价值，并且X公司并没有表现出明显的比行业其他上市企业更“优”的特征，那么投资者就会转而购买行业其他钢铁公司的股票，最终导致X公司股票的市盈率下跌至行业平均水平。

（三）市盈率估值法的步骤

市盈率估计的基本步骤分为四步，以钢铁行业X公司的股票为例：

（1）估算出钢铁行业的平均市盈率。市盈率有多种计算方法，简单计算法是把钢铁行业的普通股股票归类，剔除市盈率过高或过低的股票，然后求出其市盈率的加权平均数或者简单算术平均数，即得出钢铁行业的平均市盈率。

（2）计算X公司的预期每股收益。由于市盈率估值法是一种估算，因此往往可以根据过去的每股收益平均值来代替预期每股收益。比如，可根据X公司前三年的平均每股收益得到其未来预期每股收益。

（3）用X公司预期平均每股收益乘以钢铁行业的平均市盈率得到该股票的内在价值，即X公司普通股内在价值＝X公司普通股预期平均每股收益×行业平均市盈率。

（4）根据个人偏好进行调整。如果某个投资者对X公司有偏好，认为该公司在公司治理、研发能力、技术创新和市场营销等某一个或几个方面具有优势，而这种优势会在未来提升其盈利能力，那么该投资者评估的X公司普通股的内在价值就会提高，如果市场上的投资者普遍对X公司有偏好，那么该公司普通股的市场价格就会相应提升。

（四）股利贴现模型与市盈率估值法的比较

（1）在性质上，股利贴现模型属于绝对定价法，市盈率估值法属于相对定价法。

（2）在精确度上，由于两种方法都需要对某些变量进行估算，股利贴现模型需估算未来股利变化情况，市盈率估值法需估算未来每股收益，因此两种方法都只能粗略地估计股票的内在价值。

（3）在数据要求上，股利贴现模型需要获得普通股股票未来每一期的收益，这在现实中很难做到。而市盈率估值法相对简单，只需要根据历史数据估算出单只股票的平均预期收益和行业的平均市盈率即可得出结果。

（4）在适用范围上，股利贴现模型只能计算定期支付股息的普通股的内在价值，市盈率估值法适用范围较广，只要预期平均每股收益大于零，市盈率估值法就可以对长时期内没有支付股息的普通股进行估值。

（五）使用市盈率估值法需要特别注意的问题

需要指出的是，不同行业间的市盈率差异往往很大，市盈率估值法往往适用于同行业内类似的公司的股价比较定价，而难以表明整个行业的股价和估值高低以及是否存在泡沫，更不能简单地用市盈率的高低来判定股价被高估与低估，典型的如券商板块，由于过度依赖交易佣金收入，熊市末期盈利较差，甚至亏损，市盈率很高；而在牛市后期，盈利很好，市盈率很低。

四、重置法

重置法，顾名思义，就是按市场当前价格重新配置与评估对象一样的资产要花费的资金多少来判定某项资产内在价值的办法。常用来评估机器、设备等。在评估机器设备时，要考虑评估对象的新旧程度和贬值情况，特别是工艺等技术的先进性。类似的原理也可以用来评估股票的价值，但在评估股票的价值时，还要考虑更多的因素综合进行，如企业开办成本、企业的竞争力、品牌价值、资产质量等因素。

五、影响普通股内在价值的因素

普通股内在价值通常受到股票属性和许多外部因素的影响，具体表现为：

（一）股票属性对普通股内在价值的影响

1. 每股净资产

其他要素相同的两种普通股，单位资产的收益是相同的，因此每股净资产高的普通股带来的收益更多，内在价值也就更高。

2. 每股盈利

其他要素相同的两种普通股，每股盈利越多，其内在价值也就越高。

3. 股息支付额和支付频率

根据货币的时间价值理论，同样数额的股息，支付频率越高，投资者每股实际得到的收益率越高。因此其他要素相同的两种普通股，股息支付频率较高的普通股，其内在价值也相对较高。

股息支付额较低的公司并不意味着其股票内在价值一定不高，这要结合公司的成长性一起来作出判断才能得出正确的结论。股息支付情况稳定且逐年提高，一般意味着公司现金流充足，当公司的债务并没有因支付股息而增加时尤其如此，因此，在同类公司每股盈利相同或市盈率相同的情况下，有股息支付的公司投资价值较高。

4. 股票风险

股票的风险越低，给投资者带来的未来预期收益的不确定性也就越小，因此其他要素相同的两种普通股，风险越低的普通股，其内在价值就越高。

5. 流通性

由于投资者的偏好、对机构投资者持股的规定、对股票转让的某些限制（如过去我国的国家股、法人股规定了转让限制）导致了不同股票的流通性是有差别的，降低流通性影响到股票变现时的收益，因此其他要素相同的两种普通股，无流通性限制的股票其内在价值高，流通性差的股票其内在价值低。

（二）外部因素对普通股内在价值的影响

普通股股票的内在价值还受许多外部因素的影响，根据这些因素的不同特点，可将其分为两大类：

1. 影响股票未来预期收益的因素

很多外部因素会影响到股票的未来预期收益，如宏观经济运行状况、政治局势、税收政策、自然环境甚至市场谣言等。在其他条件不变的情况下，公司的未来预期收益与公司股票的内在价值同向变动。如果外部因素与股票未来预期收益成正相关关系，则外部因素的有利变动会提高股票的预期收益，从而会进一步增加股票的内在价值；反之亦然。

外部因素对于股票预期收益的影响进一步又分为两个层次[①]：影响行业的因素和影响

① 一般而言，外部因素不会对单个企业产生影响，如果有这样的因素，也可以将其看作股票自身属性的变化。

市场的因素。当某一国家或地区影响某一行业的因素出现变化时，该行业股票的内在价值随之出现变化；当某一国家或地区影响市场所有股票预期收益的因素出现变化时，所有股票的内在价值随之出现变化。

2. 影响股票风险报酬贴现率的因素

很多外部因素会影响到股票的风险报酬贴现率，如市场基准利率的变化、股票市场波动性的变化、其他金融资产收益水平的变化等。在其他条件不变的情况下，股票风险报酬贴现率与股票的内在价值反向变动。因此，如果外部因素的变化使得股票风险报酬贴现率下降，则公司股票内在价值上升，反之亦然。

外部因素对于风险报酬贴现率的影响也分为两个层次：影响行业的因素和影响市场的因素。当某一行业增长速度加快时，根据公式（6－6），该行业增长率 g 增加，相当于降低了该行业的风险报酬贴现率，因此该行业股票内在价值上升；反之，当某一行业进入衰退期时，该行业增长率 g 下降，该行业股票内在价值下降。而当影响市场所有股票风险报酬贴现率的因素出现变化时，如调整市场基准利率，则所有股票的内在价值随之出现反向变化。

第四节　投资组合

学会对某项证券进行价值评估有助于投资者进行价值判断，认识并规避投资风险，但投资风险是多种多样的，投资组合有助于投资者更好地规避其他风险。任何在资本市场投资的投资者都知道，在资本市场投资是有风险的，往往风险还很大。风险大就意味着投资充满了更多的不确定性，挣钱和赔钱的可能性被同时放大了。毫无疑问，所有投资者都想获得收益，规避风险。但风险是无法消除的，关键是要找到一种风险和收益的平衡或者找到一种最优的投资方式。要么在既定风险下，寻找能获得最大收益的投资策略；要么在收益一定的条件下，最大可能地降低投资风险。

要想做到风险和收益的最优匹配，首先就要知道，在证券投资领域中，什么是风险，什么是收益，以及投资者在投资过程中会面临哪些风险，等等。要想准确地实现风险和收益的最优匹配，还应该学会量化证券投资风险和收益，包括单个资产的风险和收益以及投资组合的风险和收益等一系列问题。

案例研究：到底应该把鸡蛋放在一个篮子里还是放在多个篮子里？

王奶奶祖孙两人生活在四川某一小山村，王奶奶的儿子、媳妇也就是孙子小明的爸爸、妈妈常年在深圳打工，所以只留下祖孙两人在老家生活。王奶奶体弱多病，孙子小明今年6岁，但为了生活，他俩经常需要步行到离家10里地的集市上去买日常生活所需要的水果、蔬菜、鸡蛋等农副产品。山路崎岖难走，祖孙两人每次赶集都难免磕磕碰碰，一不留神就可能摔倒。尤其是每次买鸡蛋回来，总会发现有一些鸡蛋会出现破损，如果摔倒的话，后果更是不堪设想。

那么，王奶奶祖孙两人该如何做才能有效减少鸡蛋破损数量，顺利地把鸡蛋带回家呢？

这时，店老板和周围的群众都帮着给出主意。有的说，鸡蛋可以都放在一个篮子里，祖孙两人可以轮流提着，精心看护；还有的说，可以把鸡蛋分散开来，一人提一个篮子，鸡蛋三七开放到两个篮子里，而且只能是三七开，孙子主要负责小篮子，这是最优比例。比如买 10 个鸡蛋的话，小明拿 3 个鸡蛋；要是买 20 个鸡蛋，小明就拿 6 个鸡蛋。从这个例子的实际情况看，小明由于年纪太小无法帮助王奶奶照顾好单独的整个篮子，因此，应该分成两个篮子来装买来的鸡蛋。但也有人对此并不赞同，他们认为应该把鸡蛋放在一个篮子里，然后由能力较强的王奶奶精心看护好这个篮子。

在证券投资中，也存在类似的问题。比如，是专门投资某一只或某一类股票呢，还是将资金分散于不同种类的股票中？因此，我们要回答这样一些问题：投资组合真的能够降低投资风险吗？为什么投资组合能够降低投资风险？投资组合能降低哪些风险？怎样才能选到最优的投资组合呢？

一、投资的风险和收益

（一）风险的概念

目前，学术界对风险还没有统一的定义。由于对风险的理解和认识程度不同，或对风险研究的角度不同，对风险概念有着不同的解释。具有代表性的可以归纳为以下几种：风险是指各种意外事件和不利影响发生的机会或概率；风险是指事件未来可能发生的不确定性；风险是指损失发生的不确定性；风险是指投资者投资结果的不确定性；风险是指对投资者预期收益的背离，或者说是指证券收益的不确定性；风险是指证券的预期收益变动的可能性及变动幅度；风险是指收益的分散性与变异性，也就是收益相对于预期收益的可能偏离；著名的《韦伯斯特词典》对风险的解释为，“风险是指遭受损失、伤害、灾害、损害和危险的可能性”；还有学者将风险定义为个体和群体在未来获得收益和遇到损失的可能性以及对这种可能性的判断与认识，等等。

事实上，虽然上面关于风险的表述各有不同，但它们表明了一个共同的观点，即风险就是指存在不确定性。

因为本章是介绍证券投资领域的相关问题和理论，因此，我们把风险定义为：在证券投资过程中，投资债券、股票等有价证券所获得的实际报酬低于事前预测的水平，甚至导致本金或资本遭受亏损的可能性。

（二）风险的种类

投资者在投资的过程中会面临投资风险，但这些风险产生的原因各有不同。总的来说，证券投资的风险可以分为两大类，一类是系统性风险，另一类是非系统性风险。

系统性风险是指由于某种原因，主要是政治、经济、社会等宏观的因素，致使市场上所有证券的价格都发生变动，从而给证券持有者可能造成的损失。对于这类风险，投资者不能通过分散化投资的方法来抵消，所以这类风险也称为不可分散风险。

系统性风险中包含许多具体的风险，例如：由通货膨胀引起的投资者实际收益不确定的通货膨胀风险，又称购买力风险；由于国家利率变动对证券市场产生影响，从而给投资的实际收益带来不确定性的利率风险；由于汇率变动对证券市场产生影响，从而给投资的实际收益带来不确定性的汇率风险；由于经济的周期性波动以及国际经济因素的变化给股票投资者可能带来损失的宏观经济风险；由于一国发生的政治事件或一国与其他国家的政治关系发生的变化对公司造成不利影响，从而给投资者收益带来不确定性的政治风险；由于政府政策发生重大变化或是有重要的法规出台，引起证券市场的波动，从而给投资者带来的政策风险等。

非系统性风险通常是指由某一特殊的因素引起，与整个证券市场的价格不存在系统的联系，而只会对个别或少数证券的收益产生影响的风险。引发非系统性风险的事件的发生通常是非预期的、随机的，它只会影响某个行业或个别公司的证券价格，而不会对整个市场产生太大的影响。投资者可以通过分散化投资的方法来抵消该类风险，所以也可称为可分散风险。

具体来说，非系统性风险主要包括两类，一类是行业风险，一类是公司风险。

行业风险是指由于一些不确定因素的存在，如行业的周期性变化、行业的成长性变化甚至行业萎缩、市场集中度变化、行业壁垒消失、宏观政策调整等导致对某行业的生产、经营、投资偏离预期结果而造成损失的可能性。

公司风险包括以下几种：一是财务风险，是指公司财务结构不合理、融资不当使公司可能丧失偿债能力而导致投资者预期收益下降的风险。二是经营风险，是指由于公司经营状况变动而导致盈利能力的变化，造成投资者的收益和本金减少或损失的可能性。三是产品风险，是指产品的生命周期变化而给投资者带来损失的可能性。产品的生命周期是指从产品产生到消失所经历的全部过程。四是技术风险，即技术开发方面的各种不确定因素带来的投资收益的不确定性。五是信用风险，又称违约风险，指证券发行人在证券到期时无法还本付息而使投资者遭受损失的风险。六是流动性风险，是指由于将资产变现方面的潜在困难而造成的投资者收益的不确定性。七是道德风险，是指上市公司管理者在经营管理中缺失职业道德标准而使投资者预期收益具有不确定性。八是操作风险，是指由于投资者不同的心理素质与心理状态、不同的判断标准、不同的操作技巧而造成的投资收益的差异。另外还有法律风险、退市风险等。

总的来说，上述非系统性风险有三个共同特点：一是由个别证券面临的特殊因素引起；二是只影响个别或少数证券的收益；三是可以通过投资多样化来规避。

（三）收益

收益是与风险相对应的一个概念，如果一项投资只有风险，而没有收益，所有理性投资者都不会选择这样一项投资。

那么什么是收益？

从历史上看，收益概念最早出现在经济学中。亚当·斯密在其《国富论》一书中，将收益定义为“那部分不侵蚀资本的可予消费的数额”，把收益看作是财富的增加。后来，大多数经济学家都继承并发展了这一观点。1890 年，马歇尔在其《经济学原理》中，把亚当·斯密的“财富的增加”这一收益观引入企业，提出区分实体资本和增值收益的经济学收益思想。经济学家林德赫尔将收益解释为资本在不同时期的增值，将收益视为利息。他把在特定时期的利息和预期消费之间的差额认定为储蓄，而收益则是既定时期内消费与储蓄之和。

从证券投资的角度来看，收益可以定义为：在一定时期内，投资有价证券所取得的利润、股利和债券利息、买卖证券的价差等收入减去投资损失后的净值。

（四）风险和收益的量化

要想知道一项投资中可能存在的风险和预计能够实现的收益是否匹配，就需要掌握对风险和收益的量化技术，从而计算出可能存在的风险和收益。

在证券投资过程中，收益也即预期收益，可以用数学中的期望来表示，具体地说，就是对每一收益率的估计都给出其实现的概率，再对这个收益率及其概率加权平均。风险一般定义为实际收益对预期收益的偏离，数学上可以用预期收益的方差来衡量。

这里先介绍单个资产的风险和收益的衡量。

单个资产或者证券的预期收益率可以用公式表示为：

$$E(r)=\sum_{i=1}^{n}r_i p_i \tag{6-7}$$

在公式（6-7）中，$E(r)$ 为预期收益率；r_i表示第 i 种情况该资产的预期收益率；p_i表示第 i 种情况预期收益率发生的概率。

在实际中，我们经常使用历史数据，即以实现的收益为样本并假设其收益的概率分布不变来估计预期收益率，这时收益率可用公式（6-8）表示：

$$\bar{r}=\frac{1}{n}\sum_{t=1}^{n}r_t \tag{6-8}$$

式中，n 为样本观察值的数量，r_t为第 t 个样本的现实收益值。

对于风险，在这里我们用预期收益的方差或标准差来表示风险或不确定性。事实上，这个统计量测量的是收益率围绕其平均值变化的程度，如果围绕均值变化较大，则表明收益率有很大的不确定性，即投资的风险较大；如果围绕均值变化较小，则表明投资的风险较小。

式（6-9）为度量风险水平的指标——方差的计算公式：

$$\sigma^2(r)=\sum_{i=1}^{n}[r_i-E(r)]^2 p_i \tag{6-9}$$

式中，$E(r)$ 为预期收益率；r_i表示第 i 种情况下该资产的收益率；p_i表示第 i 种情况下预期收益率发生的概率。$\sigma^2(r)$ 表示该投资的风险，其数值越大，代表投资该项资产的风险越大。其平方根称为标准差，记为 σ，也可以用来表示投资风险的大小。

二、投资组合

（一）投资组合的含义和必要性

了解了风险和收益的含义，我们再来继续讨论应该把鸡蛋放在一个篮子里还是放在不同篮子里的问题，也即在证券投资中是把资金投在一只股票上还是选择多种股票进行分散投资。客观地讲，你把你的资金放在一只股票上还是选择多种股票进行投资，本身没有优劣之分，它涉及投资者的选股能力、风险偏好等多方面的因素，两者各有利弊。比如，如果投资者有比较好的选股能力，自然愿意把资金重点投放在一只或几只特定的股票上，以便获得超过行业或市场的收益率。但这样的投资面临的风险就是一旦选股出现较大的偏差，或者该股票突然出现意想不到的情况，其损失也比较大。为规避由于单一股票给投资者带来的风险，我们就要选择更多的股票进行投资，这样做投资者必然要面临新的问题：其一，由于投资股票数量的增加，投资者没有那么多精力对股票进行精挑细选，增加了持有瑕疵股票的概率；其二，对如此多的股票进行跟踪研究管理的问题；其三，当你选择的股票集中在某一行业的时候，比如投资者选择了银行类的股票，选择了民生银行、浦发银行、兴业银行、招商银行四只股票进行投资，你虽然一定程度上规避了投资其中某一特定股票带来的个股风险，但影响某一行业股票价值变化的因素往往相同，因此股价表现为具有同涨同跌的特点，你无法避免此种风险，如果你想规避，就得选择不同行业的股票进行投资，至于所投资的证券在地域上的选择面临的风险原理也类似。

投资组合（portfolio）是指投资者或金融机构所持有的股票、债券、金融衍生品组成的集合。投资组合不能规避系统性风险，目的是规避非系统性风险，即分散单一证券带来的风险，避免收益的大起大落，实现既定风险下的收益最大化以及一定收益目标下的风险最小化，换言之，就是使风险和收益可控，更具有确定性，对冲基金投资原理就是这种思想的体现，对投资者而言，分散投资多种股票也是一件很麻烦的事，但自从有了能够基本反映某一类别股票平均情况的指数化基金和反映整个市场情况的指数化基金，投资者通过组合指数化基金就能非常方便地规避单个股票或行业的风险，当然，为了规避整个市场的系统性风险，将股指期货引入组合也是一个不错的选择。要想了解更多投资组合的有关理论，请进一步阅读《证券投资学》学习有关知识。

（二）投资组合的收益和风险的衡量

事实上，在实际的投资过程中，大多数投资者都会考虑进行组合投资。构建一个投资组合的基础性问题，就是要对组合的投资和收益做到心中有数，也就是说要找到量化投资组合风险和收益的方法。

下面我们就介绍一下两种证券组合以及两种以上证券组合风险和收益的计算方法。

1. 两种证券组合的收益

假设有 A 和 B 两种证券，某投资者将一笔资金以 x_A 的比例投资于证券 A，以 x_B 的比例投资于证券 B，且 $x_A+x_B=1$，称该投资者拥有一个证券组合 P。如果到期时，证券 A 的收益率为 $E(r_A)$，证券 B 的收益率为 $E(r_B)$，则证券组合 P 的收益率 $E(r_p)$ 为：

$$E(r_p)=x_AE(r_A)+x_BE(r_B) \tag{6-10}$$

当然在上述假设条件 $x_A+x_B=1$ 中，x_A 或 x_B 还可以为负值，如果这两种证券在投资中某一种证券的投资权数为负，则表示投资者卖空该种证券，并把卖空得来的资金用来买另一种证券。

2. 多种证券组合的收益

一个投资组合是由拥有不同权重的各种证券构成的。因此，投资组合的预期收益率是其成分证券的预期收益率的加权平均。我们用 x_i 表示第 i 种证券占投资组合的份额，用 $E(r_i)$ 表示第 i 种证券的预期收益率，用 $E(r_p)$ 表示该投资组合的预期收益率，则投资组

合的预期收益率 $E(r_p)$ 可用公式（6-11）计算得到：

$$E(r_p)=x_1E(r_1)+x_2E(r_2)+\cdots+x_nE(r_n)=\sum_{i=1}^{n}x_iE(r_i) \tag{6-11}$$

3. 两种证券组合的风险

与计算证券组合的收益不同，证券组合的方差不是组合中单个证券方差的简单加权平均，而是证券组合的收益率与其预期收益率离差的平方的期望。

其公式可以表示为：

$$\sigma_p^2=E[r_p-E(r_p)]^2 \tag{6-12}$$

考虑由 A、B 两项资产构成的资产组合，其预期收益率的方差可用下列公式计算：

$$\sigma_p^2=x_A^2\sigma_A^2+x_B^2\sigma_B^2+2x_Ax_B\mathrm{cov}(r_A,r_B)=x_A^2\sigma_A^2+x_B^2\sigma_B^2+2x_Ax_B\sigma_A\sigma_B\rho_{AB} \tag{6-13}$$

式（6-13）中涉及两个新的统计量——协方差 $\mathrm{cov}(r_A,\ r_B)$ 和相关系数 ρ_{AB}。协方差描述了两个随机变量之间的相关状态，即两者是正相关、负相关还是不相关，但是它不能说明变量之间的相关程度。相关系数能反映两个随机变量之间的相关程度。ρ 的取值在 -1 和 1 之间，当 ρ 为正值时，表示两个资产正相关；当 ρ 为负值时，表示两个资产负相关；当 $\rho=1$ 时，表示两个资产完全正相关；当 $\rho=-1$ 时，表示两个资产完全负相关；当 $\rho=0$ 时，表示两个资产不相关。

因此，我们会发现，在由两个证券构成的组合中，在不允许卖空的条件下，式（6-13）中的 ρ_{AB} 的数值越大，组合的风险 σ_p^2 也越大；ρ_{AB} 的数值越小，组合的风险 σ_p^2 也就越小。换句话说，投资组合中各证券间的相关度越高，证券组合的风险也就越大；而投资组合中各证券间的相关度越低，证券组合的风险也就越小。也就是说，如果我们在构造投资组合时能选择一些互不相关或是负相关的证券，可有效降低投资风险。

4. 多种证券组合的风险

如果我们把投资组合中的证券种类扩大到两种以上，那么多种证券组合的风险的数学计算方法如下：

$$\sigma_p^2=\sum_{i=1}^{n}x_i^2\sigma_i^2+2\sum_{i=1}^{n-1}\sum_{j=i+1}^{n}x_ix_j\sigma_i\sigma_j\rho_{ij} \tag{6-14}$$

上式可写成更一般的公式（6-15）形式：

$$\sigma_p^2=\sum_{i=1}^{n}\sum_{j=1}^{n}x_ix_j\mathrm{cov}(x_i,x_j)=\sum_{i=1}^{n}\sum_{j=1}^{n}x_ix_j\sigma_i\sigma_j\rho_{ij} \tag{6-15}$$

5. 风险的分散

为了分析的简便，假设在一个有 n 种风险资产的投资组合里，各风险资产的比重都是一样的，均为 $\frac{1}{n}$，于是组合的方差可以更简化地表达为：

$$\sigma_p^2=\sum_{i=1}^{n}\sum_{j=1}^{n}x_ix_j\sigma_{ij}=\sum_{i=1}^{n}\sum_{j=1}^{n}\frac{1}{n}\frac{1}{n}\sigma_{ij}=\frac{1}{n^2}\sum_{i=1}^{n}\sigma_i^2+\frac{1}{n^2}\sum_{i=1}^{n}\sum_{j=1,j\neq i}^{n}\sigma_{ij} \tag{6-16}$$

当n值变得很大时，式（6－16）右边的第一项$\frac{1}{n^2}\sum_{i=1}^{n}\sigma_i^2$会趋近于零，而右边的第二项不会趋近于零，而是会趋近于协方差的平均值。由此可以得到一个重要的结论：当投资组合中含有足够多种风险资产时，个别资产的方差将不起作用，组合的方差就近似等于平均的协方差。通过组合投资，可规避的是非系统性风险，而无法规避系统性风险。

本章小结

证券价值评估是指运用数学方法计算出金融市场上证券的内在价值。其基本方法是运用货币的时间价值理论将证券资产预计的未来现金流折算为现值，从而计算出其内在价值。债券主要有固定收益债券、到期支付本息债券、零息债券和永久债券四种形式。所有债券的未来收益都是确定的，因此收益贴现法是计算债券内在价值的基本方法。除去市场实际利率以外，债券的内在价值只受债券自身属性的影响。债券的基本属性是：违约风险，流通性，可赎回、可转换与可延期条款，票面利率，债券期限，付息频率，税收待遇。股利贴现模型是绝对定价法，市盈率估值法是相对定价法。股利贴现模型计算股票内在价值更准确，市盈率估值法计算股票内在价值的适用性则更好。股票的未来收益是不确定的，因此股票属性和外部因素都会影响股票的内在价值。股票属性包括每股净资产、每股盈利、股息支付额和支付频率、股票风险、流通性；外部因素则分为影响股票未来预期收益的因素和影响股票风险报酬贴现率的因素两类。

评估证券的内在价值有助于投资者更好地认识和规避风险，收益和风险是所有金融资产的两个基本属性，也是投资者选择金融资产尤其是投资有价证券的重要参考指标。对一个理性投资者而言，风险和收益的最优匹配意味着在一定风险下追求更高的收益；或是在一定收益下追求更低的风险。在现实投资过程中，通过有效的投资组合即可达到上述目标。投资组合不是用来战胜市场获得超额收益的，而是向我们展示如何在众多的资产中选择适合投资者风险偏好水平的最优投资组合。其基本思想是：投资者应该通过同时购买多种证券而不是一种证券进行分散化投资，这样可以在不降低预期收益的情况下，减小投资组合的风险。

思 考 题

1. 计算债券内在价值和股票内在价值的贴现率有什么不同？
2. 股利贴现模型与市盈率估值法有哪些区别？
3. 影响债券内在价值和影响股票内在价值的因素在性质上有何不同？
4. 投资组合的目的是什么？

推荐阅读书目

[1] 兹维·博迪，罗伯特·C. 默顿，戴维·L. 克利顿．金融学：第2版．北京：中国人民大学出版社，2010.

[2] 威廉·F. 夏普，等．投资学：第5版．北京：中国人民大学出版社，2013.

[3] 中国人民银行网站。

第七章

企业金融决策

⊙本章提要⊙

本章介绍了资本成本和资本结构的基本内容，包括资本成本的含义和构成、资本成本的衡量、资本结构的含义及其度量，分析了企业投资决策和融资决策的基本内容，包括企业投资决策的含义及其特征、决策类型、决策过程、决策的评价指标和作用以及企业融资决策的内涵与影响因素、融资成本的衡量、融资规模的确定、融资效率与效益和融资风险等。

⊙重点与难点⊙

- 资本成本与资本结构的概念、资本成本的衡量、资本结构的度量
- 企业投资决策类型、企业融资效率与效益、融资风险
- 资本结构的相关理论、企业投资决策的评价指标、企业融资策略

引导案例

爱迪生国际（Edison International，EI）是南加州爱迪生公司和5家非公用事业企业的母企业。传统上，长期债务一直是EI的资本结构中的主要部分。1999年，EI基于市场价值的资本结构如表7-1所示。

表 7-1 EI 企业资本结构状况表

项目	金额（百万美元）	百分率（%）
债务	16 906	67.2
优先股	1 659	6.6
股票的市场价值	6 600	26.2
总计	25 165	100.0

在过去的若干年里，EI 一直在一个受管制的、非竞争性的环境中缓慢发展。企业付出了大量的股利。它的多数资产是以传输、分配和发电系统的形式存在的有形资产。EI 采用高杠杆的原因是，债务是一个低成本的资金来源（债务的利息可以抵税）。EI 是一家成熟的、高度管制的企业，不习惯于保持低杠杆的现金流量。企业已确立了高股利支付率，使现金流量回流给其投资者并保持高杠杆。这种行为与目标负债率和资本结构的权衡理论是一致的。EI 的很大比例资产是有形的，而且州管制委员会减弱了管理者参与某些利己策略的可能性。结果是，对类似于 EI 的企业而言，财务困境成本低于未受管制的企业。

资料来源：斯蒂芬·A. 罗斯，伦道夫·W. 威斯特菲尔德，杰弗利·F. 杰富. 公司理财：第 9 版. 北京：机械工业出版社，2012.

案例思考： EI 高负债经营，保持较高的财务杠杆的原因是什么？EI 的资本结构状况可能存在的融资风险有哪些？通过本章内容的学习，将会帮你解决这些问题。

第一节 资本成本与资本结构

一、资本成本

（一）资本成本的含义及其构成

资本成本是指企业可以从现有资产获得的符合投资者期望的最小收益率，也被称为最低可接受的收益率、投资项目的取舍收益率。资本成本的实质是机会成本。如在确定股权资本的资本成本时，所要考虑的核心因素是股票投资者的要求收益率。决定资本成本高低的因素主要有总体经济环境、市场条件、企业内部的经营和融资状况以及融资规模。

从投资者角度看，资本成本是资本市场投资特定的项目所要求的收益比率或者机会成本。从企业角度看，资本成本是企业为实现特定的投资机会、吸引资本市场资金所必须满足的最低的投资收益率。如果企业资本收益率低于投资者要求的收益率，则难以在资本市场上吸引投资者。

资本成本主要由资本取得成本和资本占用成本构成。

资本取得成本是指企业在筹措资本的过程中所支付的各种费用。它包括发行股票、债券支付的发行手续费、律师费、资信评估费和广告费等。资本取得成本既与筹资次数相关，也与所筹资本多少有关，可视为一次性支付成本。在计算资本成本时，通常将资本取得成本作为筹资总额的一项加以扣除。

资本占用成本是指企业由于占用资本而发生的成本，如支付给股东的股利、支付给银行的贷款利息、支付给债券持有者的利息等。它具有经常性、定期性支付的特征，与筹资金额大小、所筹资本使用期限长短成正相关关系，可视为一项变动成本，资本占用成本是资本成本的主要构成内容，也是降低资本成本的努力方向。

（二）资本成本与货币时间价值的异同

货币时间价值是假设在没有风险、没有通货膨胀的条件下，货币随着时间的推移而发生的增值，货币时间价值是资本成本的基础，也是资本成本的最低限。货币时间价值越大，资本成本也就越高，反之亦然。

资本成本与货币时间价值的共同点是：两者都以资本运动的增值为前提，都是一种机会成本。两者的区别是：(1) 资本成本不仅包括时间价值，还包括风险价值、资本取得成本，而且还受资本供求状况、通货膨胀程度等因素的影响。(2) 货币时间价值除了用于确定资本成本外，也广泛应用于其他方面，如投资项目的现值分析。可以说，货币时间价值是基础性原理，而资本成本是应用性原理。(3) 货币时间价值强调资本提供者的收益，而资本成本是资本使用者的筹资代价。(4) 在计算上，货币时间价值是本金、期限和利率的函数，是一个绝对额。而资本成本通常是以相对额来表示的，因而主要影响因素是利率或股利率。

（三）资本成本的衡量：资本成本率

资本成本通常用资本成本率来表示。资本成本率反映的是资本占用成本与实际筹资额的比值，而实际筹资额等于筹资总额减去资本取得成本。企业在投融资实践中，往往要考虑以下几种资本成本。

(1) 企业长期债券的资本成本率。若企业的债券采用按期付息（如 1 年）、到期一次性还本的方式发行，并且不考虑货币的时间价值，则企业长期债券的资本成本率为债券按票面价值计算的税后年利息额与债券按发行价格计算的净筹资额①的比值。

(2) 优先股的资本成本率。优先股结合了债务资本和股权资本的特征。它既能按照发行时约定的股利率获得股息，又没有固定的还本期。另外，绝大多数优先股股利都具有累积性特征，即股利可以累积到某一个年度一次性支付，企业在未发放完累积欠下的优先股股利前，不能发放普通股股利。因此，可以将优先股股利看成企业的永续年金，而优先股的价格则是永续年金的现值，优先股的资本成本率则为折算现值时的贴现率。简单来说，优先股的资本成本率实际上就是优先股每年固定股息与优先股的净筹资额②的比值。

(3) 普通股的资本成本率。普通股与优先股相比，其股利分配具有较大的不确定性，因而普通股比优先股具有更高的风险，资本成本率也更高。计算普通股资本成本率的方法通常有贴现现金流量模式计算方法和资本资产定价模型。

---

① 债券按发行价格计算的净筹资额等于债券按发行价格计算的筹资额减去债券的资本取得成本。

② 优先股的净筹资额等于优先股的筹资总额减去优先股的发行费用。

贴现现金流量模式计算方法认为，股票市场价格的高低与其未来的预期收益率有直接关系，股票价格是预期收益资本化的现值，因而，折算现值所采用的贴现率就是普通股的资本成本率。

设企业发行普通股后，每年预期有相等的股利发放，并将发放股利的期限年数看作无限长，则普通股的资本成本率为普通股每年发放的股利与普通股的发行净额的比值。

然而，对企业每年支付等额股利的假定显然不符合现实情况，事实上，企业的股利支付额一般等于企业净收益与股利支付率的乘积。若假设企业的股利支付额按照净收益增长率的幅度逐年稳定增长，并以 d（$0\leqslant d\leqslant 1$）表示净收益用于支付股利的比率，以 E_1 表示第一年的每股净收益，则第一年分配的股利为 E_1 和 d 的乘积。由于企业留存净收益进行再投资可能获得更多的净收益，在股利支付比率固定不变的情况下，只要 $d<1$，企业每年都将有净收益和股利的增加。

若设企业留存净收益进行再投资的净收益率为 r，g 等于预期的净收益增长率 $(1-d)r$，则普通股的资本成本率为第一年分配的股利与普通股的发行净额的比值再加上普通股预期的净收益增长率 g 之和，即普通股的资本成本率等于按其市场价值计算的投资收益率加未来预期股利增长率。

资本资产定价模型认为，普通股股利是对投资者所冒风险的一种风险报酬，其高低与投资者承担的风险大小成正比，因此，可以用风险大小来衡量普通股的成本率，具体为普通股股票的成本率为市场无风险收益率加上该股票的风险系数乘以扣除无风险收益率以后的证券市场投资组合预期收益率。因此，要计算普通股资本成本，必须先知道市场无风险收益率、该股票的风险系数和将所有股票都考虑在内的投资组合的必要收益率。市场无风险收益率在我国通常可以用国库券利率来代替，有时为简化起见，也可以如上一章讲到的那样，用 1 年期定期储蓄存款利率来代替。

（4）留存收益成本率。留存收益主要包括盈余公积和未分配利润，是企业税后净利润在扣除当年股利后形成的，可用于企业积累和将来发放股利。无论是对企业还是对股东来说，留存收益的资本成本都是一种机会成本。从企业的角度看，企业如果要筹集到与留存收益数额相等的资本，需要花费与发行普通股相似的代价。从股东的角度看，将留存收益用于再投资是股东延迟消费或者放弃投资其他机会的收益，以期待至少与普通股相同的未来收益率。留存收益在计算资本成本时，与普通股唯一不同的是，留存收益不考虑资本取得成本。按照贴现现金流量模式，留存收益资本成本率为当年分配的股利除以普通股发行价格总额的商加上预期的净收益增长率。

二、资本结构

（一）资本结构的含义

资本结构是以债务、优先股和普通股权益为代表的企业长期融资方式的组合及其比例。资本结构的内涵包括资本结构的要素、各要素的比例关系、诸要素相互关系的变化和动态调整。根据其内涵，资本结构可划分为狭义和广义两种，狭义的资本结构仅指长期资本结构；广义的资本结构是指全部长期资本和短期资本的结构。

资本结构的基本特征有：(1) 资本结构是一个多因素、多变量、多层次集合而成的复合性系统，它反映了权益资本与债务资本的比例关系。(2) 资本结构是一个极富动态性、调整性、开放性和创新性的运动系统。资本结构的稳定意味着企业财务的稳定，过分频繁变动资本结构通常被当作一种财务不稳定的信号，会对企业造成不利影响。

（二）资本结构理论

1. MM 定理

这一理论是由莫迪利亚尼和米勒于 1958 年在《美国经济评论》上共同发表的《资本成本、企业财务和投资理论》论文中提出来的，他们认为，在给定的一些假设条件下，企业的价值与其资本结构（负债/权益）无关。他们在文中同时提出了 MM 定理成立的五项假设：

第一，无摩擦市场，即市场交易成本、代理成本与破产成本均为零，并且不存在企业所得税与个人所得税；第二，平等进入市场，即个人与企业可以平等地进入资本市场；第三，同质性预期，即每个市场参与者可以无成本地掌握关于企业的任何信息，使他们形成相同的预期；第四，投资组合的财富效应性，即除证券持有人的财富效应外，企业的融资决策不影响投资者的组合特征；第五，既定的投资战略，即企业的投资决策为外生给定的，投资决策与企业的融资方式无关。

MM 定理指出，由于市场存在套利机制，在不考虑税收的市场体系中，当市场处于均衡状态，不同性质的资产不可能因为其融资方式的不同而具有不同的价格，所以仅仅是资本结构不同的企业若风险相同则其总价值必然相同，基于这一分析思路，MM 定理提出了下列两个等式：

$$V_j = S_j + D_j = X_j \times \frac{1}{\rho_k}$$

无套利均衡的存在使得上式恒成立，其中，ρ_k 表示第 k 类企业预期不确定收益的资本化率，S_j 表示普通股的市场价值，D_j 表示企业债券的市场价值，V_j 表示企业市场价值，X_j 表示第 k 类企业中第 j 个企业的预期收益。

$$i_j = \rho_k + (\rho_k - r) \times \frac{D_j}{S_j}$$

即股权的预期收益率等于相应类别无负债企业的资本化率与其风险报酬之和，股权成本随负债率的上升而增加，式中的 r 表示负债利率。

2. 修正的 MM 定理

1963 年，莫迪利亚尼和米勒又发表了另一篇文章《企业所得税及资本成本：一个纠正》，对其 MM 定理做了一些修正，引入企业所得税的影响，通过推理得出了与 MM 定理相反的结论：由于负债利息免税利益的存在，企业价值会因资产负债率的增加而上升，因此，企业理想的资本结构应为 100%负债。

所得税的存在是现实经济中的一个普遍现象，要使理论更贴近现实，必须考虑所得税对资本结构的影响。不考虑税收的 MM 定理证明了给定风险类别的企业在均衡状态下其市场价值与税后预期收益应成一定比例，并得出税后预期收益：

$$\overline{X}=(X-rD_j)(1-T)+rD_j=\pi_j^T+rD_j$$

式中，π_j^T 为企业预期税后净收入，T 表示企业所得税，$\overline{X}$ 表示第 k 类企业中第 j 个企业的预期收益，用 $\overline{X}$ 代替 X 得出修正的 MM 定理模型：

$$\frac{\overline{X}}{V_j}=\rho_k^T$$

式中，ρ_k^T 表示第 k 类企业预期税后不确定收益的资本化率。

MM 定理对企业融资决策中企业经营者与投资者各自的目标和行为及其相互作用这一本质关系进行了分析，并奠定了现代企业资本结构研究的理论基石。但由于 MM 定理的假设条件过于严格，为使理论更加贴近现实，后继研究者基本上都将放松 MM 定理的假设作为进一步研究的重点。

3. 权衡理论

权衡理论的基本思想是：企业最优资本结构是在负债利息节税收益与破产成本之间进行权衡的结果。企业可以通过比较债务融资的节税收益和债务融资引发的破产成本来确定企业总融资中债务融资的最优规模。权衡理论证明了企业存在最优资本结构，即在增加负债所得到的边际税收减免价值正好被企业可能的财务危机成本现值的增加所抵销的点上（见图 7－1）。同时权衡理论指出，由于企业经营者为防止破产会尽量减少举债，这种代理成本就是企业抑制扩大债务的有力杠杆。

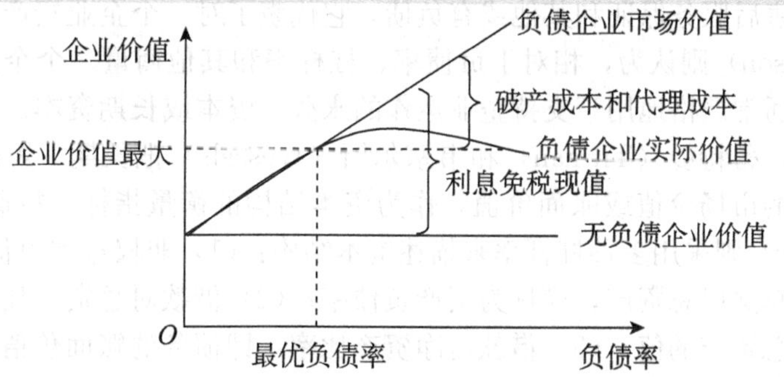

图 7－1　权衡模型中负债率与企业价值关系图

随着理论的发展，研究者对权衡理论也提出了批评，认为它忽略了两个事实：（1）在美国，对破产成本的实证分析表明，破产成本只占企业资产的 5%，不足以抵销免税优惠。（2）企业利润率从 20 世纪 20 年代的平均 10%～11%增加到 50 年代的 52%，而其间非金融机构企业负债比没有明显的变化。关于权衡理论，米勒进一步认为，企业的所有者通过债权换股权或股权换债权来增加他们财富的任何情形与市场均衡将毫不相容。他们利用这类机会的意图在累进所得税制下将导致股票收益率和债券收益率以及他们的所有权模式改变，而这些反过来又恢复了市场均衡，即使没有引发破产成本或借贷成本等也会消除企业发行更多债券的动机。

4. 优序筹资理论

该理论认为：企业在筹资时首先倾向于从内部筹集资金，因为筹集这些资金不会给市场投资者传递任何可能降低股票价格的逆向信号，即使当企业需要从外部筹资时也会优先选择发行债券，而最后考虑发行股票，这一筹资次序的产生是因为债券的发行一般不会被投资者看成是一种危机的表现。如果投资者对企业资产价值的相关信息了解较少，则企业的股东权益价值在市场上可能被错误地定价。若股东权益被低估时，经理不愿发行股票为企业筹集资金，因为股价低估可能会使新投资者获取的收益大于企业投资的净现值。所以，经理只有在股价被高估时才愿意发行股票筹资，而在这种情况下很少有投资者愿意出资购买，因而通过股权筹资通常被认为是不利的信息。在这种情况下，如果企业能够运用对信息敏感性不强的资金来代替发行股票为企业筹资则是较好的选择，如内部基金或无风险债务，这一方式同样可以避免投资不足的困境。因此，企业更倾向于进行内部筹资或无风险举债筹资或非高风险债券筹资，而不采取发行股票筹资。“优序筹资”理论认为的企业筹资顺序应该是：内部筹资＞无风险或低风险举债筹资＞发行股票筹资。

（三）资本结构的度量

由于对资本结构内涵的理解不同，反映资本结构的指标也出现了多种形式，很多学者都是根据研究目的和侧重点来选择，即采用哪一个指标度量资本结构，很大程度上取决于度量分析的目的。

马叙里斯（Masulis）认为，广义上说，资本结构涵盖了一个企业的公募证券、私募资金、银行借款、往来债务、租约、纳税义务、养老金支出、管理层和员工的递延补偿、绩效保证、产品售后服务保证和其他或有负债，它代表了对一个企业资产的主要权利。而梅吉森（Megginson）则认为，相对于负债率、杠杆率和其他衡量一个企业总负债情况的术语，资本结构通常严格地用于支持企业运作的永久性资本或长期资本。在关于资本结构的实证研究方面，蒂特曼（Titman）和韦塞尔斯（Wessels）把长期、短期和可转换债务除以所有者权益的市场价值或账面价值，作为资本结构的衡量指标。拉詹（Rajan）和津加莱斯（Zingales）则采用多种杠杆率来描述资本结构：（1）非权益类负债对总资产比率，即把所有负债加总除以总资产，简称为资产负债率；（2）借款对总资产比率，即短期和长期债务之和除以总资产的值；（3）借款对净资产比率，即债务的账面价值除以净资产，这里净资产是资产减去应付账款和其他流动负债；（4）借款对资本比率，即长期与短期借款的账面价值除以总资产和股东权益账面价值的总和；（5）利息覆盖率，即 EBIT/利息或 EBITDA/利息。EBIT 是息税前收益。EBITDA 是息、税、折旧和摊销前收益。

这里我们主要选取了以下几种比率用于资本结构的度量：

1. 总资产负债率（TD）

总资产负债率＝总负债/总资产，这个指标反映了在企业全部资产中负债所占的比率。它是评价企业财务状况、偿债能力和衡量企业在清算时债权人利益保护程度的指标。

2. 长期负债比率（LD）

长期负债比率＝长期负债总额/总资产，其中长期负债＝长期借款＋应付债券＋长期应付款项等。

3. 流动负债比率（CLR）

流动负债比率＝流动负债总额/总资产，其中流动负债总额＝短期借款＋一年内到期的长期负债+应付款项+预收款项等。

长期负债比率与流动负债比率两个指标反映了企业长、短期负债在总资产中的比重，有助于帮助我们了解企业在负债融资时对期限结构的选择，还可以观察企业长期负债的能力。

第二节 企业投资决策

一、企业投资决策的含义及其特征

从一般意义上说，决策就是决定行动的策略。经济活动中的决策则是指一种行为过程，即预先对某种经济行为模式与实施策略进行抉择，以控制未来的经济活动，达到某种特定经济目的的过程。企业投资决策是企业对投资的必要性、投资目标、投资规模、投资方向、投资结构、投资成本与收益等投资活动中的重大问题所进行的分析、判断和选择。它是一个包含了评价投资环境、选择投资目标、实现投资目标的动态过程。企业投资决策的目的是指导企业未来的资本投资活动沿着正确的途径进行，以取得预期的投资效益。其核心是采用一定的理论与技术方法，在若干个可供选择的投资方案中，选定一个较为理想且现实可行的方案。

企业投资决策具有复杂性和动态性的特征。复杂性表现在投资活动本身所具有的特点上，如内容的复杂性、过程的长期性、行为的高风险性，以及对外部协作与支持条件的强依赖性等，这些都决定了投资决策不应是一个瞬间完成的过程，而是一个严谨细致的过程，尤其是战略性的企业投资决策，更必须在经过广泛的调查研究，掌握大量的信息资料，运用多种技术手段反复进行分析、预测、计算、比较的基础上才能科学地作出。缺乏深度或随意化的决策是难以保证企业资本投资过程顺利进行和投资效益目标充分实现的。企业资本投资决策又是一个动态的过程。事物总是不断发展变化的，并且这种发展变化不可能在事先进行的决策中完全被预见到，因而既有的投资决策方案总会在实践中遇到或多或少的挑战，显示出这样那样的缺陷甚至失误。因此，企业投资决策的目标和内容也就需要随着实践过程的推进而不断地进行检验和适时地进行调整。

二、企业投资决策的类型

按照不同的划分标准，可以将企业投资决策分为不同的类型：

（一）战略性投资决策与战术性投资决策

这是按照企业投资决策目标的广度和深度进行划分的。若投资决策目标带有全局性、长期性，则称为战略性投资决策；若投资决策目标带有局部性、短期性的特征且是为总的战略目标服务的投资决策，就属于战术性投资决策。战略性投资决策和战术性投资决策的划分与作出决策的企业管理层有关。通常来说，越是高层部门的决策越具有战略性质，越是低层部门的决策越具有战术性质。

（二）常规投资决策与非常规投资决策

常规投资决策是指在行动规范中重复出现的例行决策，通常有章可循，有据可查；非常规投资决策则没有可以遵循的固定程序或章法，是对偶然发生或首次出现的问题进行的带有灵活性特殊处理的决策。在企业投资决策中，非常规投资决策往往是重要而又相对困难的决策，它要求决策者具有相对较高的业务素质和文化素养。一般来说，企业基层机构管理者通常面临的是常规投资决策；中层管理者既要面临常规投资决策，也要面临非常规投资决策；而高层管理者经常进行的是非常规投资决策。

（三）单目标投资决策与多目标投资决策

按照企业投资决策目标数量的不同，可将投资决策分为单目标投资决策和多目标投资决策。在企业这个大系统中，其发展运营过程中一般会有许多目标需要实现，如果一个决策涉及多项目标的实现，则为多目标投资决策。反之，则是单目标投资决策。多目标投资决策可以分为若干单目标投资决策来进行，但要考虑到各目标之间的交叉效应。

除上述几种投资决策外，还存在许多其他类型的企业投资决策。了解企业投资决策的类型，可以使决策者更好地理解决策问题的性质、作用和地位，并帮助决策者对决策方法和技术作出相应选择，从而提高企业投资决策水平。

三、企业投资决策过程

企业投资决策作为一个对诸多复杂因素进行逻辑判断与综合分析及在此基础上进行投资方案选择的动态过程是不能随心所欲的，它必须适应或符合企业投资决策活动内在的不以人的意志为转移的各项工作的阶段性与连续性的要求。这种存在于企业投资决策活动内部的不以人的意志为转移的各项工作的先后顺序就是企业投资决策过程。

企业投资决策过程一般包括：(1) 提出投资问题。一个成功的企业往往在于其投资决策者能审时度势，善于发现投资问题、抓住投资机会。提出投资问题应成为企业的自觉行为。(2) 确定投资目标。企业投资目标是企业投资的行动指南，如果企业确定的投资目标不恰当或不具有可行性，必将导致投资决策失误，企业投资目标的确定应在提出投资问题之后。(3) 拟订可供选择的投资方案。一个投资决策要付诸实施，可以通过多种途径，采取多种方式。为了使企业投资效益实现最大化，就必须根据已知的约束条件，制定科学的可供选择的投资方案。(4) 鉴别和选定最佳方案。为了确保投资决策的科学性、客观性，要对可选的投资方案运用科学方法进行全面的技术经济论证与评价，以对众多方案进行鉴别。在鉴别各备选投资方案后，企业投资决策者应从备选方案中选出一个最能满足预期投资目标要求的最佳方案。(5) 编制投资计划。企业投资计划是投资决策的综合体现，它既是投资决策的直接结果，又是企业投资决策执行的依据。(6) 投资决策的跟踪与检查。由于投资决策者的有限理性决定了任何投资决策在其执行过程中都可能出现偏差，因此为了投资决策执行结果与决策时的预期大体一致，就必须在投资决策执行过程中建立科学的信息反馈系统，以便对投资决策进行跟踪与检查。

四、企业投资决策的评价指标

通常对企业投资决策的经济评价，就是以投资的现金流量作为分析对象来进行，其采用的方法就是现金流贴现。根据需要，人们设置了不少经济指标来实现这种折算，由此所得到的指标值就可以反映该投资在经济上的效益情况。应该指出的是，一个投资决策方案的经济效益所包含的内容是多方面的，人们对它的认识也是受某一时刻所处的客观环境以及主观偏好影响的，故反映投资决策方案经济效益情况的评价指标有许多。事实上，人们设置的这些指标没有一个是尽善尽美的，它们都只是从某一个侧面来衡量投资决策方案。

（一）投资回收期

投资回收期是指用投资方案的净现金流入逐步回收初始投资所需要的时间长度。一般来说，投资回收期越短越好，越短则说明资金回收的速度越快，失去投资本金的风险就越小。用投资回收期作为评价企业投资决策的指标时，经常用所计算出的投资回收期与预先确定的标准投资回收期进行比较。如果某一项方案的投资回收期比标准的投资回收期要短，则这个方案是可行的方案，相反，则拒绝这一方案。

在企业投资决策实践中，投资回收期指标应用较为广泛，克里斯蒂（Christy）对美国108家大型公司进行了调查，结果表明有一半以上的公司采用这项指标或以这项指标为主，同时采用其他指标作为辅助。其原因在于投资回收期指标具有简单、直观的特点。但该指标没有考虑货币的时间价值和各方案投资回收后的收益情况，在实际应用中这是它的一个弱点。

（二）净现值

某项投资方案的净现值是指该方案寿命期内逐年净现金流量的现值代数和。净现值的最低收益率通常被称为基准收益率，它通常等于企业为了获得投资资金而付出的机会成本。

如果企业以净现值作为投资决策的评价指标，则当一个方案的净现值大于0时，说明该方案可以被接受；相反，如果一个方案的净现值小于0时，则该方案不能被接受。所以，人们一般认为，一个方案的净现值越大越好。实际上，它确实是在考虑了利率的条件下，投资方案所产生的净贡献的反映，且这种净贡献以一个绝对数量反映出来。

净现值指标是投资分析与评价中最常用的指标之一，尤其受到学术界的推崇。但净现值指标的缺点也很明显，即由于它是绝对指标，它对高投资方案更有利；而且它需要明确一个基准收益率，这个基准收益率的大小将对其值有着非常重要的影响。

（三）内部收益率

内部收益率具有净现值的部分特征，在公司投资实务中常被用来代替净现值。其基本原理是尝试着寻找一个能体现出项目内在价值的数值。内部收益率是公司投资项目的内生变量，不受市场利率的影响。下面我们用一个案例来介绍内部收益率。

假设某公司计划投资一个100万元的零风险项目，该项目将在第1期获得110万元的现金流量（见图7-2），若贴现率为r，则该项目的净现值可用下式表示：

$$NPV = -100\text{万元} + \frac{110\text{万元}}{1+r}$$

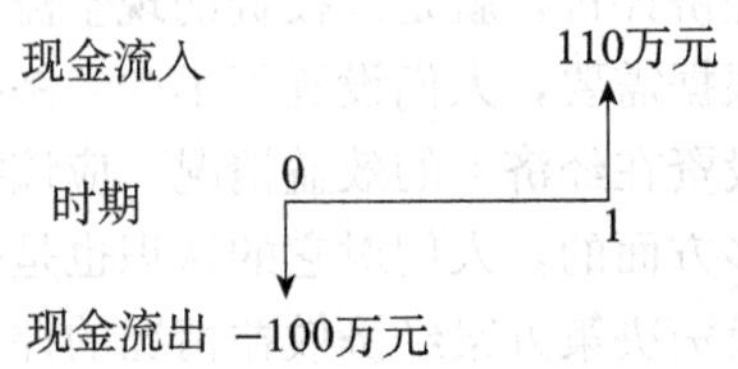

图 7-2　一个简单项目的现金流量

那么，我们的任务是寻找净现值为 0 时的贴现率。

下面我们通过试错法来寻找这个贴现率。首先，假定贴现率为 0.07，可得：

$$2.8\text{万元} = -100\text{万元} + \frac{110\text{万元}}{1+0.07}$$

由上式可知，净现值为正，因此我们再试一个稍大一点的贴现率，假设为 0.13，可得：

$$-2.65\text{万元} = -100\text{万元} + \frac{110\text{万元}}{1+0.13}$$

出现了净现值为负的情况，因此，我们再继续调整贴现率，向 0.1 逼近，假设为 0.1，可得：

$$0 = -100\text{万元} + \frac{110\text{万元}}{1+0.1}$$

至此，我们发现当贴现率为 0.1 即 10%时，该项目的净现值为 0，我们将该贴现率称为项目的内部收益率。所以，内部收益率就是当项目的净现值等于 0 时的贴现率。通过该案例可以看出，如果市场的贴现率为 10%，公司接受和放弃该项目的效果是一样的；若贴现率低于 10%，公司应该接受该项目；若贴现率高于 10%，公司应该放弃该项目。

五、企业投资决策的作用

一方面，企业投资决策与投资决策执行一起决定着企业投资目标的实现。一般而言，企业投资活动总是着眼于未来的现实行为，用于解决企业生存和发展的问题。企业投资决策往往反映了企业对于自己将来进入什么事业领域的选择，或者说，企业投资决策经常是与企业为获取竞争优势而提出的竞争战略相联系的。美国经济学家迈克尔·波特认为：“竞争是企业成败的核心所在，竞争决定了一个企业对其行为效益有所贡献的各项活动。”另一方面，企业投资决策影响着科学的投资方案的设计、比较和选择。投资方案是企业实现投资目标的策略、方法、手段和路径。企业科学地制定多种可供选择的投资方案是企业最终决策的前提，同时也要受投资决策的影响。因此，企业要制定合理的投资目标，设计、比较和选择出较好的投资方案，这些都依赖于企业投资决策。

第三节 企业融资决策

一、企业融资决策的内涵

企业融资决策是指企业用科学的方法和程序对各种筹资方式的资本成本进行比较和抉择并付诸实施的活动。只有筹措资金的产出大于所付出的成本时，筹资才有意义，否则，资本效益小于资本代价或发生融资失误就会导致企业财务危机，甚至破产。因此，企业的融资决策就是在多种渠道、多种方式融资条件下，根据企业的需要，利用不同的融资方式筹集到资本成本最低的资金。

二、影响企业融资决策的因素

企业融资决策往往首先考虑的是企业资金的流动性需求是否被满足，而不是融资成本或其他因素。由于外源性融资的不确定性，比如国家贷款政策收紧，银行对企业贷款的审批没有通过，银行审批下来的贷款额度小于企业申请额度，企业上市融资或再融资过程中遭遇聘请的中介机构违规，证券市场低迷造成上市延误或融资数量不及预期等等，多种原因都会造成企业预期的现金流入不足。为避免这种不利局面的出现，大部分企业总是愿意使企业的负债总额适当高于最优负债总额。在企业融资满足了流动性需求后，企业考虑的才是融资成本以及融资结构。因此，影响企业融资决策的因素，首先是企业对宏观经济政策走势及其稳定性的预期。换言之，宏观经济政策稳定性好，预期透明，企业储备性资金的需求就会相对稳定且下降，这样就会减少总货币需求，货币政策的有效性增强。其次是融资的便利性。最后是融资成本和融资结构。

三、企业融资成本的衡量

企业融资成本是指企业使用资金的代价，即企业为获得各种渠道资金所必须支付的价格。企业融资成本与企业资金的来源渠道有很大的关系，资金来源渠道不同，则融资成本也会大相径庭。如果仅靠内源融资，即企业的积累资金——折旧基金和留存盈利，在不考虑机会成本的情况下，则企业使用的资金无成本，因为此时资金的所有者和使用者为同一主体，不必为自有资金支付使用报酬。若资金来源于外源融资，如通过发行股票、债券或向银行借款来筹集资金，则存在资金使用权的让渡问题，资金需求者通过利用这些金融工具，得到了利用他人提供的资金获取盈利的机会，要支付一定的资金使用报酬给对方。因此，融资成本的实质是资金需求者支付给资金使用者的报酬，它的出现是在商品经济条件下，资金所有权与资金使用权分离的必然结果。资金来源渠道的不同，同样也使得资金需求者支付的报酬的形式有所区别。若以股权融资形式投入资金，则报酬是企业支付给投资者的股息、红利等；如果是以债权形式借入资金，则报酬的形式是企业支付给债权人的债券利息或借款利息。

从理论上讲，企业融资成本包括资金需求者支付给资金使用者的报酬。但从实际的计算上看，融资成本主要包括资金的筹措费用和使用费用。筹措费用是指企业在资金筹集过程中发生的各种费用，如委托金融机构代理发行股票、债券而支付的承销费、注册费，中介评估机构的评估费、评审费等。筹措费用通常是一次性费用，在自己筹措时支付，在资金的使用过程中不再发生，因此可视作融资总量的一项扣除。资金的使用费用则是指企业生产经营、投资过程中因使用筹来的资金而需要支付的费用，如向股东支付的股利、向债权人支付的利息等。如果是采用长期融资方式，则长期资金的使用费用要依使用资金数量的多少和时期的长短而变动。

企业的融资成本既可用绝对数表示，也可用相对数表示。若采用相对数的方式，则一般用融资成本率来表示，其计算公式如下：

$$企业融资成本率=\frac{使用费用}{筹资数额\times(1-筹资费用率)}$$

或

$$企业融资成本率=\frac{使用费用}{筹资数额-筹资费用}$$

现代企业应建立科学的融资成本观念，从多角度来考虑企业的融资成本，从而作出正确的融资决策。

四、企业融资规模的确定

企业融资规模是指一定时期内企业融资的总额。从企业融资来源渠道看，可分为企业外部融资和企业内部融资两个部分，并且这两种融资渠道具有不同的性质。企业融资总规模应根据企业投资的实际需要确定，企业自有资金筹措规模应由企业全面的财务核算确定，企业外部资金筹措规模则应根据企业融资总规模与企业自有资金规模之差来确定。由于企业融资问题往往是指如何筹措企业外部资金的问题，因此，企业融资规模也就特指企业外部筹措资金的规模。

企业融资规模的确定方法主要有财务报表分析法和实际估算法。

1. 财务报表分析法

该方法通过对企业财务报表的分析，判断企业的财务状况与经营管理状况，从而确定企业合理的融资规模。

财务报表分析主要是从单项分析、财务比率分析和趋势分析等三个方面进行。单项分析就是对财务报表中的各重要项目进行分析评价，考察其确定性、准确性和合理性，并根据历史经验数据，初步确定融资数额。财务比率分析是一种评价企业财务状况和经营状况的定量分析技术，常用的财务比率有变现能力比率、资产管理比率、负债比率、获利能力比率等几种，通过分析各种比率所表达的经济含义，便可初步估算出企业所需的融资规模。趋势分析法是根据企业最近连续数期的财务报表，比较各期的有关项目金额，以揭示当期财务状况和营业情况的增减变化趋向，从而估算融资规模。财务报表分析法比较复杂，需具有较强的技术分析技能，较适合于在企业融资决策中不确定性因素较多的情况下采用。

2. 实际估算法

实际估算法是在企业投资需求基本确定的前提下，根据实际投资需求估算融资规模的方法。其特点是简单、精确，但需要有详尽可靠的基础资料作为支撑。实际估算法实施的具体步骤为：(1) 确定投资的规模和组合。(2) 估算融资总额。在一定的时期，企业投资额和融资额一般并不完全相等，可能存在在本期投资但上期已经筹措到资金或将在下期投资但需本期融资的情况，因此，可通过分项汇总的方法估算融资总额。(3) 计算企业自有资金。根据企业内部资金的来源，计算本期可提供资金的金额。(4) 确定企业融资规模，即用企业融资总额减去企业自有资金。(5) 评价融资规模满足企业融资原则的程度，并作适当调整，最终确定企业融资规模。

五、企业融资效率与效益

(一) 企业融资效率

企业融资效率是指企业融资活动在实现储蓄向投资转化过程中所表现出的能力和功效。具体来讲，是某种企业融资方式或融资制度在实现储蓄向投资转化过程中所表现出的能力和功效。企业融资活动实质是储蓄向投资的转化，它是资金由供给者向需求者手中运动的过程。企业融资过程也是一种资金资源的配置过程，不同行业、不同企业获得资金的渠道、方式与规模实际上反映了社会资源配置的效率。因此，企业融资过程也是一种以资金供求形式表现出来的资源配置过程。

一般来讲，可以从微观和宏观两个层面对企业融资效率进行分析。企业融资的微观效率是从微观经济主体的角度对某种企业融资方式或融资制度的作用和影响进行分析和评价。就微观经济主体而言，它们最关心的是经济活动的收益。企业融资的微观效率主要表现为企业资金融入效率，也就是指企业的某种融资方式以最高成本-收益比率和最低风险为企业提供生产经营所需资金的能力。它主要从有融资需求的企业角度，考察企业在融入资金过程中发生的成本、收益和风险。企业融资的宏观效率是就企业融资活动对一国经济整体的作用和影响而言的，是企业融资活动的外部效率。分析企业融资的宏观效率，不能像分析微观效率那样针对具体的经济主体，而是要从总体上就某一时期某一国家或地区的企业融资活动对经济运行和经济增长的影响与贡献来进行。资金配置效率是指企业融资活动将稀缺的资金资源按效率最高原则进行配置的有效程度。企业融资的宏观效率主要表现为融资资金作用效率，具体是指企业融资活动对经济增长的贡献和影响。企业融资活动对经济增长的贡献可以分为直接作用和间接作用，前者主要指企业融资活动在促进微观经济主体发展、提高经济总量、提升经济效益方面对经济增长所作的贡献；后者是指与企业融资活动相关的中介机构和中介服务的发展对经济增长所作的贡献。

（二）企业融资效益

一般来讲，经济效益是指一项经济活动过程中投入与产出的比例关系，用公式表示为：

$$经济效益=\frac{产出}{投入}\times 100\%$$

提高经济效益的两种基本途径为：一是每单位的投入带来更多的产出；二是每单位的产出只需更少的投入。提高经济效益的具体方式为：产出不变，投入减少；投入不变，产出增加；产出增加，投入减少；投入和产出都增加，但产出比投入增加更多；投入和产出都减少，但投入减少更多。

融资效益就是企业在融资活动中所体现出来的投入产出关系。对融资效益的理解可以从狭义和广义的角度来区分。狭义的融资效益是针对某一次具体的融资活动而言的，并且不考虑融资之后的投资活动情况。广义的融资效益是针对一定期间所有的融资活动而言的，并且将投资活动视为融资的继续，从而视为广义融资活动的一个环节。可见，广义的融资效益就是指企业在整个融资、投资活动中所体现出来的经济效益，也可以说是理财效益、财务效益。它比狭义的融资效益在时间上、空间上都有所拓宽。但是，广义的融资效益仍应以融资活动分析为主，它假定投资报酬情况（包括投资报酬的数额、比率、时间分布）是可预计的，并将预计结果作为融资效益分析中的已知条件。

六、企业融资风险

融资风险是指融资活动中由于融资规划而引起收益变动的不确定性。融资风险主要受到经营风险和财务风险的制约，并且还会受到这两个方面风险的双重影响。

（一）经营风险

经营风险是指企业因经营上的原因而导致利润变动的风险。影响经营风险的因素很多，主要有：（1）产品需求。市场对企业产品的需求越稳定，经营风险越小；反之，则经营风险越大。（2）产品售价。产品售价变动不大，经营风险小；否则，经营风险较大。（3）产品成本。产品成本是收入的抵减，成本不稳定会导致利润不稳定，因此，产品成本变动大，经营风险就大；反之，经营风险就小。（4）调整价格的能力。当产品成本变动时，若企业具有较强的调整价格的能力，经营风险就小；反之，经营风险则大。（5）固定成本的比重。在企业的全部成本中，固定成本所占比重较大时，单位产品分摊的固定成本额也就较大。若产品销售量发生变动，单位产品分摊的固定成本会随之变动，最后导致利润更大幅度地变动，经营风险就大。

在某一固定成本比重下因销售量变动对利润产生的影响，被称为经营杠杆。一般认为，经营杠杆对经营风险的影响最为全面，因此人们常常用经营杠杆来衡量经营风险的大小。经营杠杆的大小一般用经营杠杆系数表示，它是企业计算利息和所得税之前的盈余，即息税前利润变动率与销售额变动率之间的比率，其表达式为：

$$经营杠杆系数=\frac{息税前利润变动额/变动前息税利润}{销售变动量/变动前销售量}$$

为了便于应用，经营杠杆系数也可通过销售额和成本来表示，通常有两种表示方法。

方法一：

$$\text{销售量为}Q\text{时的经营杠杆系数}=\frac{\text{销售量}\times(\text{产品单位销售价格}-\text{产品单位变动成本})}{\text{销售量}\times\left(\begin{matrix}\text{产品单位}\\\text{销售价格}\end{matrix}-\begin{matrix}\text{产品单位}\\\text{变动成本}\end{matrix}\right)-\text{总固定成本}}$$

方法二：

$$\text{销售量为}S\text{时的经营杠杆系数}=\frac{\text{销售量}-\text{变动成本总额}}{\text{销售量}-\text{变动成本总额}-\text{总固定成本}}$$

在实际中，方法一用于计算单一产品的经营杠杆系数；方法二除了用于单一产品外，还可用于计算多产品的经营杠杆系数。

企业一般可以通过增加销售额、降低产品单位变动成本、降低固定成本比重等措施使经营杠杆系数下降，降低经营风险，但这往往要受到多种客观因素的制约。

（二）财务风险

财务风险是指全部资本中债务资本比率的变化所带来的风险。当债务资本比率较高时，投资者将负担较多的债务成本，并经受较多的财务杠杆作用所引起的收益变动的冲击，从而加大财务风险；反之，当债务资本比率较低时，财务风险就较小。

财务杠杆作用的大小通常用财务杠杆系数表示。财务杠杆系数越大，表明财务杠杆作用越大，财务风险也就越大；财务杠杆系数越小，表明财务杠杆作用越小，财务风险也就越小。财务杠杆系数可用下式表达：

$$\text{财务杠杆系数}=\frac{\text{普通股每股盈余变动额}/\text{变动前的普通股每股盈余}}{\text{息税前利润变动额}/\text{变动前的息税利润}}$$

或

$$\text{财务杠杆系数}=\frac{\text{变动前的息税利润}}{\text{变动前的息税利润}-\text{债务利息}}$$

负债比率是可以控制的。企业可以通过合理安排资本结构，适度负债，使财务杠杆利益抵消风险增大所带来的不利影响。

（三）总杠杆作用

经营杠杆通过扩大销售影响息税前盈余，而财务杠杆通过扩大息税前盈余影响每股盈余。如果两种杠杆共同起作用，那么销售额稍有变动，就会使每股盈余产生更大的变动。通常把这两种杠杆的共同作用称为总杠杆作用。

一般用总杠杆系数表示总杠杆作用的程度，它是经营杠杆系数和财务杠杆系数的乘积，计算公式为：

$$\text{总杠杆系数}=\text{经营杠杆系数}\times\text{财务杠杆系数}$$

首先，总杠杆系数能够估计出销售额变动对每股盈余造成的影响。其次，它能使我们了解经营杠杆与财务杠杆之间的相互关系，即为了达到某一总杠杆系数，经营杠杆与财务杠杆可以有很多不同的组合。这有利于企业在考虑各有关的具体因素后再作出合理的融资决策。

随着我国市场经济体制的逐步完善和金融市场的快速发展，新的融资方式应运而生，新的融资渠道纷繁复杂。对于企业而言，如何选择融资渠道，怎样把握融资规模以及各种融资方式的利用时机、条件、成本和风险，这些问题都是企业在融资时必须进行认真分析和研究的。

本章小结

本章主要介绍了资本成本的含义及其构成，资本成本的衡量，资本结构的含义，典型的资本结构理论（MM定理、修正的MM定理、权衡理论和优序筹资理论），以及资本结构的度量，着重介绍了企业投资决策的相关内容，包括企业投资决策的含义、类型和过程，并详细介绍了企业投资决策的评价指标。本书对企业融资方面的决策也进行了详细介绍，涉及企业融资决策的内涵，企业融资的影响因素，融资成本的衡量，融资规模的确定，融资效率和效益的评价以及企业融资风险的确定。

思考题

1. 如何正确认识企业的资本成本？
2. 关于资本结构的主要理论有哪些？简要说明它们的主要含义。
3. 什么是企业投资决策？它的过程一般包括哪些步骤？
4. 企业投资决策主要分为哪几种类型？了解企业投资决策的类型有什么作用？
5. 什么是企业融资决策？
6. 如何合理确定企业的融资规模？

推荐阅读书目

[1] 干胜道．企业融资财务．北京：高等教育出版社，2000.

[2] 黄辉．中国上市企业资本结构调整速度与调整路径的实证研究．武汉：华中科技大学，2009.

[3] 马晓．企业投资决策与管理．成都：西南财经大学出版社，2000.

[4] 黄磊，刘兴云．企业资本投资决策．上海：上海财经大学出版社，1997.

第八章

金融市场及其构成

⊙本章提要⊙

金融市场是金融学的重要组成部分，本章讲授的主要内容是金融市场的内涵、金融市场的种类，以及组成金融市场的货币市场、资本市场、衍生工具市场、外汇市场和黄金市场，重点在于理解各个市场的交易对象及其运作机制。要更好地学习本章的内容，建议在学习之前重温本书第三章第二节有关信用工具的相关知识。

⊙重点与难点⊙

- 金融市场的内涵和种类
- 金融市场工具
- 股票市场和债券市场的交易对象及其运作机制
- 同业拆借市场的交易对象及其运作机制
- 回购市场的交易对象及其运作机制

引导案例

德隆过度融资事件导致公司覆灭

一、德隆的原始积累

1986 年，德隆创始人唐氏兄弟（唐万里和唐万新）从国有单位下海，开始了他们的创业生涯，通过经商，即开彩色照片冲印店、开迪厅，他们赚了3 000多万元利润。

二、德隆的惊险跳跃

20世纪90年代初，唐氏兄弟用原始积累投入新兴的中国股票市场，联合大户对“湘火炬”建仓（每股2.3元），1996年已经持有“湘火炬”70%的流通股（每股4元），1997年在新疆注册德隆投资公司，通过拆借资金收购进入“湘火炬”的决策层，1998年“湘火炬”的股价超过20元，获得10亿元以上的账面利润。1998年以后，德隆投资公司通过贷款、从已控制的公司拆借资金、联合更多投资者等方式入主了“新疆屯河”和“合金股份”，“德隆系”也正式形成，其所控制的股票市价已经超过200亿元。

三、德隆王朝的覆灭

德隆缔造了一个庞大的金融产业王朝，包括信托、租赁、证券等10家机构。2001年7月，经历了5年大牛市后，终于出现了“股灾”。“德隆系”股价太高，变现账面利润几乎不可能，还有那么多贷款和拆借资金需要及时归还。2003年，国务院、证监会意识到德隆的风险，开始限制德隆进入某些产业。2004年4月14日是德隆的黑色日子，“新疆屯河”“合金股份”“湘火炬”股票集体跌停，它被华融资产管理公司整体托管。

案例思考：企业应该如何正确利用各种金融市场进行融资？各类金融市场的运作机制是怎样的？

第一节　金融市场及其种类

一、金融市场的内涵

金融市场是指资金供应者和资金需求者双方通过金融工具进行交易而融通资金的市场。金融市场由资金供求者、金融工具和信用中介三大要素组成。金融市场的供求者主要有金融机构、政府、工商企业、经纪人、家庭或个人。金融市场的供给者是金融工具的发行者，金融市场的需求者为金融工具的购买者。金融市场的金融工具是指证明信用合同存在及有效的一种合法凭证，包括公债、国库券、股票、公司债券、借款合同、抵押契约等。金融市场的信用中介是指在资金融通过程中，在资金供求者之间起媒介作用的人和金融机构，包括商业银行、保险公司、投资公司、财务公司、证券公司等。资金的供应者与需求者之间通过中介机构作媒介而进行的融资活动称为间接融资方式；不通过中介机构作媒介的融资活动称为直接融资方式。

二、金融市场的种类

按照不同的标准，金融市场可以划分为不同的类型。

（一）按金融工具的期限划分

按金融工具的期限划分，金融市场可分为货币市场和资本市场。

货币市场是指以短期金融工具为媒介进行的、期限在一年以内（含一年）的短期资金融通市场。货币市场上融通的资金主要用于周转和短期投资，因为其偿还期短、流动性强、风险小，与货币相差不多，此类金融工具往往被当作货币的替代品。我国货币市场主要包括银行间同业拆借市场、银行间债券回购市场和票据市场。

资本市场是指以长期金融工具为媒介进行的、期限在一年以上的长期资金融通市场，主要包括债券市场、股票市场和投资基金市场。在资本市场上，发行主体所筹集的资金大多用于固定资产的投资，偿还期限长，流动性相对较小，风险相对较高，被当作固定资产的资本来运作。

（二）按具体的交易工具类型划分

按具体的交易工具类型划分，金融市场可分为债券市场、股票市场、外汇市场、票据市场、黄金市场、保险市场等。

（1）债券市场。债券市场是发行和买卖债券的场所，是金融市场的一个重要组成部分。债券市场是一国金融体系中不可或缺的部分。一个统一、成熟的债券市场可以为全社会的投资者和筹资者提供低风险的投融资工具；债券的收益率曲线是社会经济中一切金融商品收益水平的基准，因此债券市场也是传导中央银行货币政策的重要载体。

（2）股票市场。股票市场是股票发行和交易的场所。股份公司通过面向社会发行股票，迅速集中大量资金，扩大生产或资本扩张，实现生产的规模经营；而社会上分散的资金盈余者本着“利益共享、风险共担”的原则投资股份公司，分享公司红利，或在股票市场进行投机操作，谋求财富的增值。

（3）外汇市场。外汇是指以外国货币表示的，能用来清算国际收支差额的资产。外汇市场是指从事外汇买卖的交易场所，或者说是各种不同货币相互之间进行交换的场所。

（4）票据市场。票据市场是指在商品交易和资金往来过程中产生的以汇票、本票和支票的发行、担保、承兑、贴现、转贴现、再贴现来实现短期资金融通的市场。

（5）黄金市场。黄金市场是集中进行黄金买卖的交易场所。目前，黄金交易都有一个固定的交易场所，世界各地的黄金市场就是由存在于各地的黄金交易所构成。黄金交易所一般都设在各个国际金融中心，是国际金融市场的重要组成部分。在黄金市场上买卖的黄金形式多种多样，主要有各种成色和重量的金条、金币、金丝和金叶等，其中最重要的是金条。金价按纯金的重量计算，即以金条的重量乘以金条的成色。

（6）保险市场。保险市场是指保险商品交换关系的总和或是保险商品供给与需求关系的总和。它既可以指固定的交易场所，如保险交易所，也可以是所有实现保险商品让渡的交换关系的总和。保险市场的交易对象是保险人为消费者提供的保险或保障，即各类保险商品。

（三）按金融工具交易的阶段来划分

按金融工具交易的阶段来划分，金融市场可分为发行市场和流通市场。

（1）发行市场。发行市场也称初级市场或一级市场，是债券、股票等金融工具初次发行，供投资者认购金融工具进行投资的市场。

（2）流通市场。流通市场也称为二级市场，是对已上市的金融工具（如债券、股票等）进行买卖转让的市场。

（四）按成交后是否立即交割划分

按成交后是否立即交割划分，金融市场可分为现货市场和期货市场。

（1）现货市场。现货市场是当日成交，以现款买现货方式进行交易，当日、次日或隔日等几日内进行交割（即一方支付款项、另一方交付证券等金融工具）的市场。

（2）期货市场。期货市场是将款项和证券等金融工具的交割放在成交后的某一约定时间进行的市场。它是按照“公开、公平、公正”原则，在现货市场基础上发展起来的高度组织化和高度规范化的市场形式，既是现货市场的延伸，又是市场的又一个高级发展阶段。

（五）金融市场按有无固定场所划分

金融市场可分为场内市场和场外市场。

（1）场内市场。场内市场又称有形市场，是指有固定场所、有组织、有制度的金融交易市场，例如股票交易所。

（2）场外市场。场外市场又称柜台市场或无形市场，是指没有固定交易场所的市场，交易者通过经纪人或交易商的电话、网络等洽谈成交。

第二节　金融市场的构成

一、货币市场

货币市场又称短期资金市场，是一年期以内的短期金融工具交易所形成的供求关系及其运行机制的总和。货币市场的活动主要是为了保持资金的流动性，以便随时可以获得现实的货币。货币市场的交易主体和交易对象十分广泛，市场交易的活跃程度和市场参与者的多样化程度很高，市场弹性好，在产生突发事件或大额成交后价格迅速调整能力强。由于市场进入障碍小，市场容量大，信息流动迅速，交易成本低廉，吸引了众多投资者和筹资者。

（一）同业拆借市场

银行的日常业务活动会影响其在中央银行的准备金账户的余额，该余额不可能总与法定存款准备金的余额相同。由于各银行资金余缺情况不同，通过相互借贷在中央银行存款账户上的准备金余额，可以调剂准备金头寸。同业拆借是指金融机构（除中央银行外）同业之间为弥补短期资金的不足、票据清算的差额以及解决临时性的资金不足而进行的短期资金借贷。

同业拆借市场中的交易既可以通过市场中介人，也可以直接交易。市场中介人是指为资金拆入者和资金拆出者提供交易媒介以赚取手续费的经纪商。

同业拆借市场的拆借期限通常以 1～2 天为限。短至隔夜，多则 1～2 周，一般不超过 1 个月，当然也有少数同业拆借交易的期限接近或达到一年的。同业拆借的拆款按日计息，拆息额占拆借本金的比例为“拆息率”。拆息率每天不同，甚至每时每刻都有变化，其高低灵敏地反映着货币市场资金的供求状况，影响货币市场利率，是货币市场的重要交易工具。

（二）回购市场

回购协议是指在出售证券的同时，卖家向买家承诺在未来某个时间以预先约定的价格买回证券的一个协议。从性质上说，回购协议的进行相当于以证券为抵押品进行抵押贷款，一般地，其所交易的证券主要是政府债券，还可以是商业票据、大额可转让定期存单、银行承兑汇票、抵押担保证券等。这种通过回购协议进行的短期资金融通的市场就是回购市场。从表面上看，资金需求者通过出售证券获得了资金，而实际上，他是从短期金融市场上借入了一笔资金。对于资金供应者来说，他获得了一笔短期内有权支配的证券，但这笔证券到时要按约定的数量交回。所以出售证券的一方是借入资金的人，他付出证券作为借款的担保。而买入证券的人实际上是借出资金的人，他接受证券作为借款的抵押品。回购交易对交易双方都有利益，对于资金需求者来说，回购交易的好处是，他可以通过进行回购交易，利用其证券投资组合中的一部分来借入资金，而仅需支付较低的利息。而对于资金供应者而言，回购交易具有双重证券的优点，如果交易对方违约，资金供应者可以凭借抵押品获得补偿。

还有一种逆回购协议，实际上与回购协议是一个问题的两个方面。它是从资金供应者的角度出发相对于回购协议而言的。在回购协议中，卖出证券取得资金的一方同意按约定期限以约定价格购回所卖出的证券。在逆回购协议中，买入证券的一方同意按约定期限以约定价格出售其所买入的证券。从资金供应者的角度看，逆回购协议是回购协议的逆进行。

回购市场没有集中的有形场所，交易以电讯方式进行。大多数交易在资金供应者和资金需求者之间直接进行，但也有少数交易通过市场专营商进行。这些专营商大多为政府证券交易商，它们同获得资金的一方签订回购协议，并同供应资金的另一方签订逆回购协议。我国上海证券交易所和深圳证券交易所的回购市场交易规模都很大，已成为资金融通的重要渠道。我国中央银行经常在金融市场上进行逆回购，即向一级交易商买入有价证券并约定在未来特定日期将证券卖还给交易商，通过这种公开市场业务的操作，向金融市场释出资金、注入流动性。

（三）商业票据、银行承兑汇票市场

1. 商业票据

商业票据（commercial paper，CP）是大公司为筹措资金，以贴现方式出售给投资者的一种短期的无抵押担保的承诺凭证。它规定出票人自己承诺或委托付款人在指定日期或见票时必须无条件承兑。作为一种结算和金融工具，它体现着债权债务关系。商业票据市场就是大公司所发行的商业票据的交易市场。

根据发行者的性质，商业票据可以划分为金融公司票据和非金融公司票据。另外，根据销售方式可将商业票据分为直接票据和交易商票据，前者是指直接向投资者出售的商业票据，后者是指通过证券交易商出售的商业票据。最后，根据是否记名，商业票据可分为记名商业票据和不记名商业票据，其中，以不记名居多。

商业票据市场的要素有：发行者、发行方式、发行的成本、面额与期限、商业票据的评级等。

（1）发行者。

商业票据的发行者包括金融公司、非金融公司及银行控股公司。近年来，商业银行通过提供信贷额度支持、代理发行商业票据等促进了商业票据的发行，使这一市场长足发展。真正能在市场上发行大量商业票据、筹集大笔资金的公司都是实力雄厚，并且经过评级公司评级被称为主要公司的大企业。非金融公司发行的商业票据较金融公司少，所筹得的资金主要解决企业的短期资金需求，如发放应付工资、奖金及交纳税费等。

（2）发行方式。

商业票据的发行方式包括两种，既可以由发行机构直接出售，也可以通过交易商出售。究竟采用何种方式，主要取决于发行者使用这两种方式的成本高低。在早期，交易商票据占据了商业票据市场的主要份额。非银行金融机构主要通过证券交易商销售商业票据，这是因为它们的短期资金需求通常具有季节性和临时性的特点，建立自己的永久性商业票据销售公司并不合算。而现在的情况则有所变化，一些规模非常大的公司（如大型金融机构）直接发售的票据占有了大多数市场，未到期的商业票据一般在数亿美元以上。

（3）发行的成本。

商业票据的成本主要由以下几个方面构成：1）按规定利率所支付的利息。2）交易商代理费用，主要是指证券交易商代理商业票据发行的偿付费用。3）信用评估费用，主要是发行者支付给信用评估机构的评级费用。4）信用额度支持费用。商业票据发行者到期缺少资金清偿票据时，相关银行对其提供贷款支持，即信用额度支持。一般以补偿余额的方式支付，即发行者必须在银行账号中保留一定金额的无息资金，有时则按信用额度的0.375%～0.75%一次性支付。

（4）面额与期限。

在美国商业票据市场上，大多数商业票据的发行面额都在10万美元以上。二级市场上的最低交易规模为10万美元。商业票据的期限较短，大多数商业票据的原始期限在60天以下，实际期限平均为20～45天。

（5）商业票据的评级。

在商业票据发行过程中，票据的评级是十分重要的环节。所谓商业票据评级是指对商业票据的信用风险程度进行评价，并据此进行分级。对商业票据发行者来说，只有经过评级的商业票据才容易为公众所接受，并能够扩大商业票据的销路；对商业票据的投资者来说，资信评级机构对商业票据作出的信用评级结果是他们进行投资决策、降低风险的重要依据。由于商业票据投资者都追逐级别较高的商业票据，因而商业票据级别的高低决定着商业票据销路的好坏和发行者能否按预期数额筹集到足够的资金，未经评级的商业票据一般很难在公开市场发行并找到销路。因此，尽管有些国家的法律并未规定必须通过评级，但商业票据的发行者一般都主动向评级机构要求取得对商业票据的评级。

2. 银行承兑汇票市场

银行承兑汇票（banker's acceptance，BA）是商业汇票的一种，是由在承兑银行开立存款账户的存款人出票，向开户银行申请并经银行审查同意承兑的，保证在指定日期无条件支付确定的金额给收款人或持票人的票据。

承兑汇票未到期前可以拿到金融市场上出售。银行承兑汇票最常见的期限有30天、60天和90天等几种，另外也有期限为180天和270天的，交易规模一般为10万美元和50万美元。银行承兑汇票的违约风险较小，但有利率风险。

银行承兑汇票的交易市场可以分为一级市场和二级市场。

银行承兑汇票的一级市场是指银行承兑汇票的发行市场。它包括出票和承兑两个环节：1）出票。出票是指出票人签发票据并将其交付给收款人的票据行为。2）承兑。承兑是指汇票付款人承诺在汇票到期日支付汇票金额的票据行为。汇票承兑具有十分重要的意义。汇票的付款人（一般指商业银行）并不因出票人的付款委托而成为当然的汇票债务人，在汇票承兑以前，付款人只处于被提示承兑或被提示付款的地位，只有经过承兑，主债务人才对汇票的付款承担法律上的责任。付款人进行承兑后，就成为承兑人，由此成为汇票的主债务人。这一市场的主要参与者有以下四种：一是汇票的出票人；二是承兑金融机构；三是贴现机构；四是银行承兑汇票的投资者。

经过银行承兑的汇票，其信用程度显著提高，从而可作为市场交易对象进入流通。银行承兑汇票的二级市场，就是一个银行承兑汇票不断流通转让的市场。它由票据交易商、商业银行、中央银行、保险公司以及其他金融机构等一系列的参与者和贴现、转贴现与再贴现等一系列的交易行为组成。

（四）大额可转让定期存单市场

20世纪60年代美国商业银行受Q条例中存款利率上限的限制，不能支付较高的市场利率，以企业为主要客户的银行存款急剧下降。为了阻止存款外流，美国花旗银行设计了大额可转让定期存单（negotiable certificate of deposit），以这种短期的有收益票据来吸引企业的短期资金。这是一种银行定期存款凭证，由银行以大面值金额发行，存单在期满前可由持有者在二级市场上自由转让，转让价格受利率、期限和本金的影响，一般转让时的市场利率与存单原定利率相比越高，转让价格就越低。

按照发行者的不同，大额可转让定期存单可以分为四类：

1. 国内存单

国内存单是四种存单中最重要、也是历史最悠久的一种，它由美国国内银行发行。存单上注明存款的金额、到期日、利率及利息期限。向机构发行的面额为10万美元以上，一级市场最低交易单位为100万美元。国内存单的期限由银行和客户协商确定，常常根据客户的流动性要求灵活安排，期限一般为30天到12个月，也有超过12个月的。流通中未到期的国内存单的平均期限为2个月左右。

2. 欧洲美元存单

欧洲美元存单是美国境外银行发行的以美元为面值的一种可转让定期存单。欧洲美元存单由美国境外银行（外国银行和美国银行在外的分支机构）发行。欧洲美元存单市场的中心在伦敦，但欧洲美元存单的发行范围并不仅限于欧洲。

3. 扬基存单

扬基存单也叫“美国佬”存单，因为美国人历史上也被称为扬基（Yankee）人。扬基存单是外国银行在美国的分支机构发行的一种可转让的定期存单。其发行者主要是西欧和日本等地的著名的国际性银行在美国的分支机构。扬基存单期限一般较短，大多在 2 个月以内。

4. 储蓄机构存单

储蓄机构存单是一种较晚出现的存单，是由美国的非银行存款机构（储蓄贷款协会、互助储蓄银行、信用合作社）发行的一种期限较长的大额可转让定期存单。它大多以 10 万美元的面额发行，以便能使用联邦存款保险。其中，储蓄贷款协会是主要的发行者。储蓄机构存单或因法律上的规定，或因实际操作困难而不能流通转让，因此其二级市场规模很小。

二、资本市场

资本市场交易的金融工具的期限短则数年，长则数十年，是现代金融市场体系的重要组成部分。资本市场方便了企业和政府部门筹集长期资金，促进了社会闲散资金的集中和向生产资金的转化。通过资本市场竞争，使资金流向、结构、资金要素配置和使用效益更加优化。绝大部分有价证券都有票面价值，简称面值，注明有价证券代表多少货币单位。有价证券上市交易后形成有价证券的市值，即市场价值，又称市价。

为了使投资者更直观地观察到证券市场整体价格的涨跌情况，各种证券价格指数被编制出来，主要有股票价格指数和债券价格指数两类。

（一）股票市场

公司的股本按相等金额被划分成若干单位，即股份，然后股本以股票的形式为各股东所有。股票可以作为流通交易的对象进行买卖或抵押，它是金融市场上主要的长期金融工具之一。

1. 普通股和优先股

以股东享有的权利和承受的风险不同为标准，股票可分为普通股和优先股。

普通股是指在公司的经营管理、财产和盈余的分配上享有普通权利的股份，它代表着在满足所有债权偿付要求及优先股股东的收益权和求偿权要求后对企业盈利和剩余资产的索取权。普通股是构成公司资本的基础，是各种股票种类中最基本、最重要、发行量最大的一种股票。与优先股相比较，普通股具有股息率不固定、视公司税后利润及其分红派息政策而定，股息和剩余资产分配顺序劣于优先股，股东有经营参与权，股票能够公开发行、自由转让，股东有优先认购公司新股的权利等特点。

优先股是指其持有者在股份公司中享有一定优先权的股票。优先股股东的"优先权"主要表现在两个方面：一是在股份公司进行利润分配时，优先股股东先于普通股股东领取股息，且股息率一般固定；二是在公司破产、解散清算时，优先股股东先参与剩余资产的分配。但除此之外，在其他方面，优先股则受到了许多限制，如优先股不能公开发行、不能自由转让，优先股股东不能参与企业的经营决策，没有投票表决权及选举和被选举权等。

2. A 股、B 股和 H 股

以发行对象、购股币种及上市地点等为标准，可将我国的股票分为 A 股、B 股和 H 股等。

A股也叫人民币普通股，是指由我国境内公司发行，供境内机构、组织或个人（不含港澳台投资者）以人民币认购，并在境内市场上市交易的普通股。B股也叫人民币特种股票，是指由我国境内公司发行，以人民币标明面值，以外币认购和买卖，在境内证券交易所上市交易的股票。其投资者包括外国自然人、法人和其他组织，港澳台地区的自然人、法人和其他组织，定居在国外的中国公民，境内持有外币资产的投资者等。

H股是指我国内地公司到香港证券市场上发行并直接在香港证券交易所上市交易的外资股。由于香港的英文名称是“Hong Kong”，故将在香港发行并上市的外资股称为H股。

近年来，随着国内一些公司到纽约、新加坡等地发行股票并直接在当地证券市场上市交易，我国的外资股中先后出现了N股、S股等。B股、H股、N股、S股等，又被统称为外资股。

（二）债券市场

1. 债券的基本要素

债券是一种债权债务凭证，其主要包含以下几个基本要素：

（1）债券的名称。债券在票面上注明债券的名称，债券的名称一般会包含发行主体、发行用途、债券种类等信息。

（2）债券的面值。债券在票面上都会注明基本发行单位金额，称为面值。

（3）债券的偿还期限。到期还本付息是债券与股票的重要区别之一，不同债券的偿还期限相差很大，短的仅几个月，而长的达数十年。

（4）债券的利率。债券的利率就是债券利息与债券面值的比率，它主要受通货膨胀率、市场利率、偿还期限、发行者资信、资本市场上资金供求关系等因素的影响。

（5）债券的价格。债券的价格是指债券在资本市场上交易的价格。确定债券价格最主要的因素是市场利率，两者的变动方向相反。市场利率上扬，债券的价格就会下降，反之亦然。

2. 债券的种类

债券的种类繁多，按发行主体不同可分为政府债券、公司债券和金融债券三大类；按利率是否变动可分为固定利率债券、浮动利率债券；按有无担保可分为信用债券、担保债券；按筹集资金的方式可分为公募债券和私募债券。

3. 债券市场的分类

因为债券的种类繁多，故债券市场的分类也比较复杂，按照不同的标准可以划分为不同的市场。同股票市场一样，按其交易方式，债券市场也可划分为发行市场（或一级市场）和流通市场（或二级市场）；根据市场组织形式，债券流通市场又可进一步分为场内交易市场和场外交易市场；根据债券发行地点的不同，债券市场可以划分为国内债券市场和国际债券市场，等等。

（三）证券投资基金市场

证券投资基金市场是指证券投资基金的发行市场及上市交易的市场。根据不同的划分标准可将证券投资基金分为以下几种。

1. 根据组织形式不同，分为契约型基金和公司型基金

契约型基金是指依据信托契约，通过发行受益凭证而组建的基金。这类基金一般由管

理公司、托管公司和投资者三方当事人订立信托契约而组建。公司型基金是通过发行基金股份将集中起来的资金投资于各种有价证券等特定投资对象。公司型基金在组织形式上与股份有限公司类似，基金公司资产为投资者所有，由股东选举董事会，由董事会委托基金管理公司和基金托管公司。公司型基金与契约型基金的区别在于：（1）公司型基金具有法人资格，而契约型基金没有；（2）在发行的证券种类上，公司型基金为股票，而契约型基金为受益凭证；（3）在投资者的地位上，公司型基金为股东，而契约型基金为受益人；（4）在信托财产运用上，公司型基金依据公司章程，而契约型基金依据信托契约。

2. 根据交易方式不同，分为封闭式基金和开放式基金

封闭式基金是指基金资本总额及基金单位的发行份数在发行之前就已确定下来，在发行完毕后和规定的存续期内，基金的资本总额及发行份数都保持固定不变的基金。开放式基金是指基金的资本总额或基金单位的发行总数可以随时变动，即可根据市场供求情况发行新基金单位或赎回基金单位，基金规模不固定的基金。

封闭式基金与开放式基金的区别在于：（1）基金单位发行的数量限制不同。封闭式基金发行的基金单位数量是固定的；而开放式基金的发行则没有数量上的限制。（2）基金的买卖方式不同。封闭式基金在首次发行结束后，投资者不能要求将持有的基金单位转让给基金管理公司以赎回现金，只能出售给第三者，封闭式基金均有明确的经营期限；开放式基金则不同，基金管理公司保证首次发行结束后一段时间即开放内部交易柜台随时赎回基金单位。（3）基金单位买卖价格有所不同。封闭式基金在首次发行后，基金单位买卖价格主要受市场供求因素的影响；而开放式基金的单位卖出价格是单位基金的资产价值加一定的手续费。（4）基金管理难度不同。开放式基金投资灵活性大，容易满足证券市场对资金的需求，但必须有一定比例的现金资产以备投资者赎回，所以在投资效益上受到牵制，并因此对基金管理公司提出了更高的要求。封闭式基金的基金管理公司由于没有赎回的压力，故资金可充分利用，以更好地贯彻投资策略，追求较高的投资效益。

基金按照不同的标准，还有其他的分类，比如，按基金是否公开发行，可分为私募基金与公募基金；按投资对象不同，可分为证券投资基金与其他投资基金，等等。

三、衍生工具市场

自20世纪70年代开始，新一轮金融创新得到迅速扩散和广泛应用，给整个金融市场带来了深刻影响。从1972年和1993年芝加哥商品交易所和芝加哥期权交易所先后正式开展金融期货和期权交易至今，金融期货和期权表现出了发展速度快、交易量大、影响面广的特点，是其他金融工具所无法比拟的。下面，我们将讲述金融期货、金融期权和金融互换三个金融衍生工具。

（一）金融期货市场

1. 金融期货的概念与特征

（1）金融期货的概念。

金融期货（financial futures）是指买卖双方在有组织的交易所内以公开竞价的方式达

成的、在将来某一特定时间交割一定数量特定金融工具的协议。金融期货主要包括外汇期货、利率期货和股票指数期货等。

(2) 金融期货的特征。

金融期货交易的基本特征：1) 交易的标的物是金融商品。这种交易对象大多是无形的、虚拟化了的证券，它不包括实际存在的实物商品。2) 金融期货是标准化合约的交易。如货币币别、交易数量、清算日期、交易时间等都做了标准化规定，唯一不确定的是成交价格。3) 金融期货交易采取公开竞价方式决定买卖价格。它不仅可以形成高效率的交易市场，而且透明度、可信度高。

2. 金融期货市场的功能

金融期货市场的功能主要体现在：

(1) 转移价格风险的功能。

在日常金融活动中，市场主体常面临利率、汇率和证券价格波动风险（通称市场风险）。有了期货交易后，它们就可利用期货多头或空头把价格风险转移出去，从而实现避险目的。这是期货市场最主要的功能，也是期货市场产生的最根本原因。需要注意的是，市场主体通过买卖期货合约转移风险的同时，也锁定了自己的利润，换言之，进行了套期保值、转移了价格风险的市场主体也不会再因为现货市场价格的巨大变化而获得超额利润。

(2) 价格发现功能。

与现货市场不同，所有成功的期货市场都是辐射面极广的市场。在期货市场上所形成的价格有明显地区别于其他市场价格的权威性、超前性等特征。通过市场交易来为社会揭示出具有这些特征的价格，就是期货市场的价格发现功能。

(二) 金融期权市场

1. 金融期权的概念与分类

(1) 金融期权的概念。

金融期权（financial option）是指赋予其购买者在规定期限内按双方约定的价格［简称协议价格、敲定价格（striking price）或执行价格（exercise price）］购买或出售一定数量某种金融资产［称为标的金融资产（underlying financial asset）］的权利的合约。

所谓期权交易实际上就是一种权利的买卖。对于期权的买者来说，购买期权并没有得到任何商品，而只是购买到一种权利。这种权利使其可以在一定时期内以一定的价格购买或者出售一定数量的标的金融资产，条件是其必须在购买时支付一定的金额。对于期权的卖方而言，其必须承诺在期权有效期内买方行使期权时进行出售或购买，这是卖方必须履行的义务，但其可以收取一定的费用作为补偿，这种费用称为期权费（premium），或称保险费、期权价格、权利金。

(2) 金融期权的分类。

金融期权的分类见表 8-1。

表 8-1 金融期权的分类

分类标准	类型	
按期权买方的权利	看涨期权（买权），即期权的买方有权从卖方手中以协议价格买入标的金融资产	看跌期权（卖权），即期权的买方有权以协议价格出售标的金融资产给卖方
按期权买方执行期权的时限	美式期权，即在到期日之前或到期日可执行的期权	欧式期权，即只能在到期日才能执行的期权

2. 金融期权的特点

从期权的定义中可以看出，期权是一个颇具特点的衍生产品。这主要表现在以下几个方面：

(1) 权利和义务关系。期权是一种权利和义务的对应关系，期权持有者（买方）有决定是否履行权利的选择权，而卖方只有在买方要求履约时无条件履约的义务。

(2) 交易双方盈亏风险不对称。在证券的现货买卖和期货买卖中，交易双方所承担的盈亏风险是无限的。而在期权交易中，对买方来讲其亏损风险仅限于购买期权的费用，而其盈利既可能是无限的（如购买看涨期权），也可能是有限的（如购买看跌期权）。对期权卖方来讲，其盈利是有限的，其最高的收益来自出售期权的权利金收入，而亏损风险既可能是无限的（如出售看涨期权），也可能是有限的（如出售看跌期权）。期权风险和收益不对称的特点对期权购买者来讲有重要的意义，它使投资者能够回避现货市场上的非对称性风险。

(3) 保证金只约束期权的卖方。在交易所中进行交易时，由于期权的买方的亏损不会超过其已支付的期权费，所以买方无须交付或准备交易保证金，而卖方（无保护的）则要按交易所的规定交纳保证金。

(三) 金融互换

1. 金融互换的概念与特征

(1) 金融互换的概念。

金融互换（financial swaps）是指两个或两个以上的当事人按共同商定的条件，在约定的时间内交换一系列现金流的金融交易。金融互换主要有货币互换和利率互换两种。互换是大卫·李嘉图（David Ricardo）的比较优势理论在金融领域最生动的运用。根据比较优势理论，只要满足以下两种条件：1）双方对对方的资产或负债均有需求；2）双方在两种资产或负债上存在比较优势，就可进行互换。

(2) 金融互换的特征。

互换市场的特征体现在以下几点：1）互换不在交易所交易，主要是通过银行进行场外交易；2）互换市场几乎没有政府监管；3）为了达成交易，互换合约的一方必须找到愿意与之交易的另一方，如果一方对期限或现金流等有特殊要求，他常常会难以找到交易对手；4）由于互换是两个对手之间的合约，因此，如果没有双方的同意，互换合约是不能更改或终止的；5）对于期货和在场内交易的期权而言，交易所对交易双方都提供了履约保证，而互换市场则没有人提供这种保证。因此，互换双方都必须关心对方的信用。

2. 金融互换的功能与风险

金融互换的功能有：1）通过金融互换可在全球各市场之间进行套利，从而一方面降低筹资者的融资成本或提高投资者的资产收益，另一方面促进了全球金融市场的一体化；2）利用金融互换，可以管理资产负债组合中的利率风险和汇率风险；3）金融互换为表外业务，可以规避外汇管制、利率管制及税收限制。

当然，由于金融互换是两个公司之间的私下协议，因此包含信用风险，当互换对公司而言价值为正时，互换实际上是该公司的一项资产，同时是合约另一方的负债，该公司就面临合约另一方不执行合同的信用风险。信用风险是互换合约对公司而言价值为正时对方不执行合同的风险。

四、外汇市场

（一）外汇市场及其构成

1. 外汇市场的含义

外汇是指以外国货币表示的用于国际结算的支付手段。通常外汇包括外国货币、外国有价证券、外币支付凭证以及其他性质的外汇资产。

外汇市场是以外汇银行为中心，由外汇需求者、外汇供给者或买卖中介机构组成的外汇买卖的场所或交易网络，是国际金融市场的重要组成部分。随着世界经济一体化和全球化的发展，世界经济在国际经济交往中，国与国之间进行相互贸易投资及其他经济活动时就必然会涉及不同货币之间的相互兑换，这种供给和需求就会形成外汇市场。

2. 汇率及其表示方法

汇率是两种货币之间的兑换比率，或者说是以一国货币所表示的另一国货币的价格。汇率的表示方法被称为标价法，有三种标价方法：（1）直接标价法，就是以本国货币表示外国货币的价格。比如，在我国外汇市场上1美元＝6.608 8元人民币，在东京外汇市场上1美元＝77.63日元。价格越大，表明这种外国货币的单位价值越高。目前我国和绝大多数国家都采用这种标价方法，简单明了。此时汇率上升意味着本币贬值，汇率下降则相反。（2）间接标价法。与直接标价法正好相反，以外国货币表示本国货币价格的方法就是间接标价法，主要在英美两国使用。比如，在伦敦外汇市场上1英镑＝1.428 5美元，汇率上升，则表示本币升值。（3）美元标价法，即以其他各国的货币表示美元价格的方法。这种方法便于外汇交易中对各种货币汇率的变化进行比较，即美元被用来作为衡量各国货币的价值大小的基准货币。

3. 外汇市场的构成

（1）按市场不同的组织方式划分，外汇市场由交易所市场与柜台市场构成。

外汇交易所市场，也称有形市场，即有固定的交易场所和交易时间限制的市场。外汇交易所多处在国际金融中心的所在地，有固定的营业日和开盘、收盘时间，从事外汇交易的外汇经纪商在每个营业日的规定时间内集中在交易所进行交易。外汇柜台市场，也称无形市场，是一种无固定场所、无固定开盘和收盘时间的外汇市场。因为没有固定的场所或交易厅，因而也不需买卖双方都到场进行交易，而是通过从事外汇交易的银行与经纪人，通过电话、计算机及其他现代通信载体组成的信息报价及交易系统进行交易。柜台交易市场消除了外汇交易的时间及地理位置限制，不同地区大规模的外汇买卖可以 24 小时持续进行，各种票据的交换也可在当天完成。

外汇柜台市场较外汇交易所市场更具有优越性，它不仅不受场所、营业日及营业时间的限制，而且交易成本比较低，交易及交割速度也比较快，因而更能够为大多数外汇交易者所接受。

（2）按外汇市场参与者的不同来划分，外汇市场由外汇零售市场与外汇批发市场构成。

外汇零售市场是由外汇银行与公司及个人客户之间的交易构成的外汇市场。企业国际贸易及投资活动所产生的外汇交易构成银行外汇交易的主要部分。而外汇银行与个人间的每笔外汇交易数额一般较小，但由于交易笔数较多，交易频繁，所以交易总量也很大。外汇批发市场是由外汇银行同业间的买卖外汇活动构成的，银行间的外汇交易多是为了调整自身的外汇头寸，以减少和防止由汇率变动所产生的风险。当外汇头寸出现盈余时需要拆出外汇，当外汇头寸出现短缺时需要拆入外汇，这种拆出和拆入都会受市场汇率和利率的影响。从外汇市场交易份额来看，银行间的外汇批发交易占了较大比例。

（3）按政府对市场交易的干预程度不同，外汇市场可分为官方外汇市场与自由外汇市场。

官方外汇市场是指受所在国政府控制，按照中央银行或外汇管理机构规定的官方汇率进行交易的外汇市场。与不受政府直接干预的自由外汇市场相比，官方外汇市场管制市场准入、限制交易货币、控制市场汇率和限制外汇用途。在 1973 年布雷顿森林体系崩溃之前，官方外汇市场一直处于主导地位。

自由外汇市场是指不受所在国政府控制，汇率由外汇市场供求自由决定的外汇市场。在自由外汇市场条件下，参加者、交易对象、交易额度、交易价格及交易目的等都没有限制，而是最大限度地由市场或供求双方决定。目前，伦敦、纽约、苏黎世、法兰克福、东京等是世界上比较发达的自由外汇市场。

（4）按外汇买卖交割期不同，外汇市场可分为外汇现货市场与外汇期货市场。

外汇现货市场是指外汇交易协议达成后，必须在数日内交割清算的市场。现货市场的外汇交易达成的日期与正式交割清算日期并不统一，但也十分接近。由于时间差短，汇率波动性不会很大。在现货市场上进行外汇交易，其汇率风险较小。外汇期货市场是指外汇交易的双方购买或出售一种标准的外汇买卖契约，约定在未来某一规定的日期进行交割的市场，交割时按协议的汇率进行，而不是交割时的汇率。外汇期货市场提供了在浮动汇率制下规避汇率风险、进行套期保值的场所。

（二）外汇市场的功能

外汇市场的功能主要有以下几点：

1. 促进国家间购买力转移

由于各国货币不同，除了用黄金清偿国际债务关系外，不同国家的购买力不能转移。随着外汇业务的开展，国家间广泛运用代表外汇的各种金融工具，使不同国家间的货币购买力能够自由地转移。这就扩大了商品流通的范围，提高了商品流通的速度，促进了国家间的经济合作。

2. 方便国际结算

用外汇清偿国际的债权债务，缩短交付时间，加速资金周转。商业银行通过买卖不同货币、不同金额、不同支付时间汇票等外汇凭证，把企业之间的结算变成少数经营国际结算业务的银行之间的结算，这就把国际债权债务集中在银行的账户上，最大限度地进行冲销，进行非现金结算。

3. 调剂国家间资金余缺

当今世界，某些发达国家的资本过剩与发展中国家的资金短缺并存。外汇业务的发展使国际资本流动的广度和深度达到了前所未有的规模，这对于调节国家间的资金余缺、活跃资金市场起到了重要的作用。

五、黄金市场

（一）黄金市场的定义

黄金是国际经济往来的重要结算工具，也是国际投资活动的重要投资工具。作为国际贸易的最后支付手段，黄金在国际经济交往中执行世界货币的重要职能。同时，因为黄金具有易于携带、国际流动性好、较为稀缺、耐久、不会折旧及延展性好等特性，所以黄金也是财产保值、投资组合中的重要投资工具。

（二）黄金市场的主要特征

1. 黄金市场是一个多层次的交易市场

按照组织化、公开化程度的高低，世界黄金市场可分为：1）从事黄金期货/期权交易的期货交易所，如纽约商业交易所（NYMEX）、东京商品交易所（TOCOM）、芝加哥期货交易所（CBOT）等。银行和机构投资者的参与提高了市场流动性，并为黄金企业提供风险管理服务。2）从事全球性的现货-远期黄金批发业务的市场。伦敦金银市场协会（LBMA）是全球性的最大的黄金场外交易市场，它既是全球现货黄金有形的定价中心，又是联系全球黄金无形市场的最大枢纽。3）纽约、苏黎世、东京、香港等地的区域性现货市场的特点是以银行、黄金经销商、综合性财团为市场主体，受各自中央银行的监管，在本地区组织黄金买卖。4）黄金市场越来越呈现出自由化的趋势。

2. 各层次黄金市场分工明确，相互衔接

期货交易所提供的黄金期货、期权交易提高了整个世界黄金市场的流动性，黄金银行和黄金经纪可以借助这些工具管理黄金脱离国际货币体系后的价格风险。黄金的现货定价仍然集中在伦敦黄金市场，为生产商、冶炼商、黄金银行之间的大宗现货交易服务，特别是伦敦国际金融中心的地位和发达的银行业务，为黄金场外衍生交易、融资安排以及中央银行的黄金操作带来了便利。瑞士本身没有黄金供应，但瑞士中立国的传统以及瑞士独特的银行保密制度，使得瑞士成为世界上最大的黄金转运中心。东京、香港的黄金市场主要为各自辐射区域内的工业和首饰用金服务。

（三）黄金市场的主要衍生工具

世界黄金市场衍生工具可分为标准化场内交易产品和非标准化场外交易产品。

1. 标准化场内交易产品

标准化场内交易产品是指产品交易要素标准化程度较高的黄金市场衍生品，其交易的场所大多为官方认可的较为规范的市场，主要品种包括黄金期货与期权、交易所交易黄金基金（黄金 ETF）等。

（1）黄金期货与期权。

黄金期货交易与一般的商品和金融工具的期货交易一样，买卖双方先签订买卖黄金期货的合同并交付保证金，规定买卖黄金的标准量、商定价格、到期日，在约定的交割日再进行实际交割，一般不真正交货，绝大多数合同在到期前对冲平仓。

黄金期权交易是一种权利的买卖，是一种在一定时间内以一定价格购买或出售黄金的权利。黄金期权交易既可对冲风险，又可投资获利，为黄金交易商提供了更加灵活的投资避险和获利工具。美国的纽约商业交易所是全球最大的黄金期货和期权的交易场所。

（2）黄金 ETF。

黄金 ETF 是以黄金为投资对象的 ETF，属于实物黄金投资工具。其运行原理为：由大型黄金生产商向基金公司寄售实物黄金，随后由基金公司以此实物黄金为依托，在交易所内公开发行基金份额，销售给各类投资者，商业银行分别担任基金托管行和实物保管行，投资者在基金存续期间内可以自由赎回。第一只黄金 ETF 于 2003 年 4 月在澳大利亚股票交易所上市发行，之后又相继在伦敦、纽约和南非约翰内斯堡的证券交易所推出。

2. 非标准化场外交易产品

非标准化场外交易产品是标准化程度较低的交易产品，交易场所既可以是场内，也可以是场外，主要包括黄金借贷、黄金凭证、黄金投资基金、黄金远期类产品等。

（1）黄金借贷。

黄金借贷的主要目的有两个：一是为了满足金矿企业资金周转的需求；二是为了满足企业套期保值的需求。黄金借贷的借方一般是金矿公司，而中央银行由于持有大量黄金储备，成为黄金借贷的贷方。作为贷方的中央银行和作为借方的金矿公司通常不会直接交易，而是由大银行充当中介，即大银行从中央银行借出黄金，再转贷给金矿公司。

（2）黄金凭证。

黄金凭证类似我国商业银行的“纸黄金”，是由商业机构发行的黄金权益凭证，代表投资者持有的一定黄金要求权。黄金凭证可分为两种：分配账户（allocated account）和非分配账户（unallocated account）。分配账户是以实物黄金为基础的，账户上详细注明了投资者所持有的黄金数量和每一块金条的编号，投资者对账户上的黄金享有绝对的支配权，投资者对账户上黄金的所有权不受发行人资信的影响，但要支付实物黄金的保管费和保险费。非分配账户不以黄金实物为基础，而是依靠发行人的信誉作为担保，发行人可以持有少量黄金开立大量的非分配账户，只要大多数账户持有人不要求赎回黄金，发行人的流动性就不会出问题。非分配账户手续简便，成本较低，是目前黄金市场上大多数投资者所使用的账户。但非分配账户包含了一定的信用风险，能否兑现取决于发行人的实力。

（3）黄金投资基金。

黄金投资基金是专门从事黄金实物和相关权益凭证投资的基金，由于黄金的价格波动与其他市场如股票市场、债券市场波动的相关性较小，而且在通货膨胀时期黄金具有较好的保值增值功能，因此投资黄金基金可以分散投资风险，降低总资产配置的波动性，从而稳定投资价值。另外，投资黄金基金还具有门槛较低、集合理财的特点。

(4) 黄金远期类产品。

黄金远期类产品包括黄金远期、黄金掉期、远期利率协议等。黄金远期是指交易双方约定在未来的某一日期按照约定的价格买卖既定数量的黄金。商业银行和金矿公司都可以借此锁定成本，对冲风险。而掉期是由一次现货交易和一次反向的远期交易组合而成，掉期完成后，交易者的黄金长短头寸不变，所变化的只是头寸所对应的期限。黄金远期和掉期在功能上都是锁定未来的价格风险，两者不同的是，掉期的前后两笔交易（即期加远期）的主体是相同的，而一笔即期交易和一笔远期交易的主体可能是不同的。因此。掉期对市场价格影响较小，而远期对市场价格影响较大。黄金的远期利率协议是指参与双方约定在未来的某一个时间以某一约定的利率借贷黄金的协议，以此来锁定未来黄金借贷的成本。这些工具一般通过柜台交易，交易双方为大的金融机构、黄金企业和黄金投资人。这些工具为市场参与者提供了买卖和借贷黄金的价格风险管理手段。

需要指出的是，各类黄金交易业务相互交叉、相互渗透的趋势不断增强。例如，场内交易和场外交易之间的功能界限越来越模糊，两者的替代性越来越强。场内期货/期权的标准性，通过会员和黄金银行转化成更加灵活多样的场外合约交易；而场外的活跃交易又增强了场内合约的流动性。

本章小结

金融市场是指资金供应者和资金需求者双方通过金融工具进行交易而融通资金的市场。按照不同的标准，金融市场可以划分为许多不同的种类。

货币市场又称短期资金市场，是一年期以内的短期金融工具交易所形成的供求关系及其运行机制的总和。同业拆借是指金融机构（除中央银行外）同业之间为弥补短期资金的不足、票据清算的差额以及解决临时性的资金不足而进行的短期资金借贷。回购协议是指在出售证券的同时，卖家向买家承诺在未来某个时间以预先约定的价格买回证券的一个协议。商业票据市场就是大公司所发行的商业票据的交易市场。银行承兑汇票的交易市场可以分为一级市场和二级市场。大额可转让定期存单可以分为四类：国内存单、欧洲美元存单、扬基存单、储蓄机构存单。

资本市场也称长期金融市场，是进行长期资金融通的市场，资金借贷期为一年以上。资本市场是股票、债券、证券投资基金等有价证券发行与交易的场所，是现代金融市场体系的重要组成部分。股票市场就是股票的发行市场和股票的流通（交易）市场。债券市场也可划分为发行市场（或一级市场）和流通市场（或二级市场）。证券投资基金市场是指证券投资基金的发行市场及上市交易的市场。

衍生工具市场主要包括金融期货、金融期权和金融互换三个金融衍生工具市场。金融期货是指买卖双方在有组织的交易所内以公开竞价的方式达成的、在将来某一特定时间交割一定数量特定金融工具的协议。金融期权是指赋予其购买者在规定期限内按双方约定的价格或执行价格购买或出售一定数量某种金融资产的权利的合约。金融互换是指两个或两个以上的当事人按共同商定的条件，在约定的时间内交换一系列现金流的金融交易。

外汇市场是以外汇银行为中心，由外汇需求者、外汇供给者或买卖中介机构组成的外汇买卖的场所或交易网络，是国际金融市场的重要组成部分。

黄金是国际经济往来的重要结算工具，也是国际投资活动的重要投资工具。黄金市场是一个多层次的交易市场，各层次黄金市场分工明确，相互衔接。世界黄金市场衍生工具可分为标准化场内交易产品和非标准化场外交易产品。

思考题

1. 什么是金融市场？它有哪些特征？
2. 按不同的标准，金融市场可以分为哪几类？
3. 同业拆借市场有哪些主要特点？
4. 回购协议的利率主要取决于哪些因素？
5. 商业票据市场的要素主要包括哪些？
6. 金融衍生工具市场有哪些主要的衍生工具？其含义和特征如何？
7. 外汇市场中的交易方式主要有哪些？

推荐阅读书目

[1] 张亦春，郑振龙，林海．金融市场学．5 版．北京：高等教育出版社，2017.

[2] 弗雷德里克·米什金，斯坦利·埃金斯．金融市场与金融机构：全球版．北京：机械工业出版社，2013.

[3] 王千红，梁红岩．金融市场学．2 版．南京：东南大学出版社，2014.

[4] 彼得·S. 罗斯．货币与资本市场．北京：机械工业出版社，2006.

[5] 杨长江，姜波克．国际金融学：第 5 版．北京：高等教育出版社，2019.

第九章

金融运营组织：商业银行

⊙本章提要⊙

本章对商业银行的职能、组织制度、业务和管理等进行了介绍，帮助读者了解银行业的基本概况，具体介绍了商业银行的资产业务、负债业务、表外业务和现代商业银行的管理等。

⊙重点与难点⊙

- 商业银行的职能和组织制度
- 商业银行的资产业务和负债业务

引导案例

银行的权威性是毋庸置疑的，因为任何商人都需要资金，而银行凭借其雄厚的资金实力，掌管着生杀予夺的大权。

更奇妙的是，银行其实“自己”的钱很少。银行业务之所以与众不同，主要是因为银行一直贷放的都是别人的资金，是别人为了方便、安全或投资而存放在银行的资金。银行能以存款的方式吸收资金，是因为它们允许存款人在任何时候提取部分或全部存款。银行在吸收存款时出具的票据，使存款人能据此随时签发支票。正因为存款人能够随时提取存款，所以这种借贷与其他类型的借贷明显不同，对借贷双方来说都没有借贷的感觉。存款人从来就没有失去对存款资金的使用权，而银行在支付存款人签发的支票时，也并没有感觉到是在偿还一笔借款。当银行通过发放贷款给借款人而形成新的存款时，也绝不认为是在用别人的钱。银行发放贷款所形成的新的存款也能随时提取，这实际上等于增加了整个银行体系的存款总额。

当然，所谓“增加”只是一种假象，银行不是实体产业，不能直接增加社会财富，而只是将现有的社会财富进行更合理的分配，银行通过这种服务提升了社会资源的配置效率，分享了实体产业创造的价值。

案例思考：银行用以贷放的都是借入的资金，而银行借入资金的期限一般都要比贷放的期限短得多。中国工商银行提供的住房贷款最长的达到30年，但任何人今天在工行存钱，明天就可以全部取出来。那么整个银行体系的存款是稳定的吗？什么情况下会有风险呢？下面的内容将会告诉你问题的答案。

银行是经营货币和信用业务的金融中介机构。从世界范围来看，现代金融中介体系中，最具有典型意义的是商业银行。商业银行是各国银行体系中最重要的组成部分，是各国银行金融机构中的骨干力量。这不仅表现在它的机构数量众多，支配的资本总量占优势，对国民经济的影响大，还表现在它还具有特殊的派生存款能力，同时它在传导中央银行调控政策方面发挥着重要作用。

第一节　商业银行概述

一、商业银行的产生

银行业是一个古老的行业，它的前身是货币兑换和银钱业。它们的主要业务是货币兑换、保管与汇兑业。早在公元前2000年的古巴比伦以及古代的希腊和罗马，就有了货币银钱业和货币兑换商，他们主要聚集在寺庙周围，为各国的朝拜者兑换当地的货币，或替他们保管货币，并为往来于各地的客商提供异地支付服务。

随着货币保管业务和汇兑业务的发展，银钱业主手中积聚了大量的货币资金。在经营中他们发现，存款人不会同时提取他们所托管的货币，因此，可以只将所收货币的一部分留在手中，以备日常提款之需，其余的可以贷放出去，收取利息。为了获得更多的资金来发放贷款，他们开始向货币所有者支付利息，而不是向他们索要保管费，存贷款的利息差额成为银钱业主的利润来源。当他们这样做时，古代的银钱业也就慢慢开始向商业银行转变。

现代意义上的商业银行起源于文艺复兴时期的意大利。当时的意大利是欧洲各国商业贸易的中心。随着商业的发展，在威尼斯和其他几个城市出现了专门进行货币兑换的商人，他们除买卖外国货币外，还经营存款、贷款业务，并根据存款人的指令办理存款的过户。这些经营货币的商人常常坐在长板凳上进行交易，所以被称为“banco”——坐在长板凳上的人。英文“bank”一词也由此而来。

早期的商业银行，由于规模小、风险大，所以经营成本比较高，贷款利率也就比较高，不能满足工商企业发展的需要。1694 年，在政府的扶持下，英国成立了第一家股份制商业银行——英格兰银行。它规定的正式贴现率只有 4.5%～6%，大大低于早期银行业的贷款利率，这意味着高利贷在金融领域的垄断地位遭到了动摇。到 18 世纪末 19 世纪初，各主要资本主义国家纷纷建立了规模巨大的股份制商业银行，这些银行由于资金雄厚、业务全面，有很强的规模经济效益，因而可以收取较低的利率，极大地促进了工商业的发展。与此同时，商业银行在整个经济体系中的地位和作用也日益提高，成为最重要的经济部门之一。

二、商业银行的性质与职能

（一）商业银行的性质

从本质上来看，商业银行是以追求利润为目标，以经营金融资产和负债为对象的综合性多功能的金融企业。同时，商业银行又是特殊的金融企业，其特殊性主要表现在：

（1）商业银行经营的对象和内容特殊。商业银行经营的是具有社会一般等价物职能的货币。它不是一般的工商企业所提供的看得见、摸得着的具有直接使用价值的商品。商业银行经营的内容是包括货币的收付、借贷及各种与货币运动有关的，或者与之相联系的金融服务。虽然它提供的也是一种服务，但它与一般的服务行业中的服务又有本质上的区别，即所有的服务都与货币直接相关。

（2）商业银行对整个社会经济的影响和受整个社会经济的影响特殊。因为商业银行经营的是作为一般等价物的货币，它不像一般的商品和劳务经过消费就不复存在，就退出流通领域。一方面，中央银行可以以适当的方式从金融市场或商业银行手中收回这些货币；另一方面，在中央银行收回之前，一般情况下它会永远处于流通状态。因此，商业银行对整个社会经济的影响要远远大于任何一个企业，也正因为如此，商业银行受整个社会经济的影响也较任何一个具体企业更为明显、更为灵敏。社会经济繁荣的最初表现是商业银行贷款增多、利润增加；而社会经济衰退也会最先表现为商业银行贷款和存款的骤降。

（3）商业银行的责任特殊。一般的工商企业只以营利为唯一目的，只对股东负责，只对使用自己产品的客户的安全负责，其责任很明确。但商业银行不同，虽然它也以营利为唯一目标，但除对股东和客户负责以外，还必须对整个社会负责。

（4）商业银行的资产负债结构较普通的工商企业有其特殊性，因而更具有风险性。商业银行作为金融中介，其资产主要是由对存款人的负债形成的，其自有资本所占比率极低。这就使委托-代理风险表现得更加突出，即银行家更富有冒险的精神，因此，银行业又是风险性较强的行业。而银行的经营状况有很强的信息不对称性，作为债权人的社会公众很难作出正确的评价。因此，一旦一家银行发生问题，就会引起恐慌，并引发银行挤兑的金融风暴，社会成本巨大。

(5) 国家对商业银行的管理特殊。正是鉴于商业银行对整个国民经济影响的特殊性，国家对商业银行的管理要比一般工商企业严格得多，市场准入的条件要苛刻得多，除了要求依法经营、照章纳税以外，还要通过政府有关部门，对其日常经营活动进行密切的监督和调节。

(二) 商业银行的主要职能

1. 信用中介

信用中介是银行最基本、最能反映其经营活动特征的职能。信用中介是指商业银行通过负债业务，把社会上的各种闲散资金集中到银行，然后通过各种资产业务，将资金投向需要资金的各个部门，充当资金供应者和资金需求者之间的中介人，实现货币资金的融通。

2. 支付中介

支付中介是指商业银行利用活期存款账户，为客户办理各种货币结算、货币收付、货币兑换和转移存款等业务活动。这是商业银行一项传统的职能，通过这一职能，商业银行成为工商企业、政府、家庭个人的货币保管者和货币支付者，这使得商业银行成为社会经济活动的出纳中心和支付中心，并成为整个社会信用链的枢纽。

支付中介职能的发挥为商业银行带来了大量的、廉价的信贷资金来源，有利于降低商业银行的负债成本；另外，这一职能的发挥有利于节约社会流通费用，加大生产资本的投入。支付中介职能的充分发挥对增强商业银行的竞争优势——信息优势有着不可替代的作用。由于第三方支付的崛起，银行的这一职能受到了严峻的挑战。

3. 信用创造

商业银行的信用创造职能是建立在信用中介职能和支付中介职能的基础上的。商业银行的信用创造职能包括两方面的含义：第一，商业银行利用其可以吸收活期存款的有利条件，通过发放贷款、从事投资业务，派生出大量存款（派生存款），从而扩大社会货币资金供应量。第二，商业银行在办理结算和支付业务活动中能创造银行券、支票、本票和汇票等信用工具。这些信用工具的广泛使用既节约了现金的流通和使用，又规范了信用行为，同时满足了社会经济发展对流通手段和支付手段的需要。

4. 金融服务

金融服务是商业银行利用其在国民经济活动中的特殊地位及其在提供信用中介和支付中介业务过程中所获得的大量信息的优势，运用电子计算机等先进手段和工具，为客户提供其他的服务。

随着商品经济的发展，企业之间的竞争加剧，银行业之间的竞争也日趋激烈。商业银行由于是国民经济活动的枢纽，所以具有联系面广、信息灵通等特点，特别是在电子计算机在商业银行经营管理中得到广泛应用后，商业银行具备了为客户提供金融服务的有利条件。在激烈竞争的压力和客户需求不断增加的条件下，各商业银行在传统的结算等服务之外，又不断地开拓服务领域，借以巩固与客户的关系，逐渐推出了信托服务、租赁服务、信息咨询服务、各种形式的代理服务、个人银行业务、代客理财业务等。随着金融自由化的发展，商业银行还向客户提供了风险较大的担保类业务，如贷款承诺、信用证、商业票据承兑、票据发行便利等。此外，随着混业经营趋势的发展，商业银行还开办了证券包销业务以及保险业务等。商业银行通过开展上述金融业务，进一步促进了其资产负债业务的扩展，并把资产负债业务同金融服务类业务结合起来，极大地扩大了业务领域。在现代经济条件下，金融服务职能越来越成为商业银行的重要职能。

三、商业银行的组织制度

商业银行的组织制度是指商业银行在社会经济生活中的存在形式。由于各国的政治经济环境不同，商业银行的组织形式也不尽相同，归纳起来有如下几种：

（一）单一银行制

所谓单一银行制是指商业银行只设一个独立的机构从事业务经营活动，不设立分支机构的组织形式。世界范围内目前只有美国的商业银行还在部分地采取这种组织形式。长期以来，由于受美国政治体制及社会经济生活中根深蒂固的自由竞争、反对垄断思想的熏陶，美国的商业银行在组织形式上一直采用单一银行制。各州通过立法，不允许银行跨州经营和设立分支机构，甚至在一个州内设立分支机构也受一定的限制。这种银行组织形式导致了美国境内外商业银行的数量众多，这固然维护了一个有利于自由竞争的环境，但在银行业激烈竞争的条件下，实际上许多州政府对此已放宽了限制，即使限制最为严格的一些州，也随着美国出台的跨州银行法的实施，全面放松了管制，从而表明从单一银行制向其他银行组织形式转变的趋势已经形成。

（二）总分支行制

这是世界上绝大多数国家采用的银行组织形式。所谓总分支行制一般是指在大都市设立总行，然后根据业务活动的需要在国内外设立分支行的一种银行组织形式。采用这种银行组织形式的最为典型的国家是英国、德国、日本等国，如英国四家最大的商业银行均拥有 3 000 家以上的分支机构。我国的商业银行，不论是四大国有商业银行，还是其他商业银行，也都采取总分支行制的组织形式。在这种制度下，无论拥有多少家分支机构，这些分支机构均不是独立的法人，财务方面也是采取全行统一核算。

（三）持股公司制

所谓持股公司制是指由一家或几家银行设立控股公司，然后通过控股公司持股的方式将一些银行及其他非银行金融机构置于自己控制之下形成的银行集团。银行持股公司在第二次世界大战之后迅速发展，尤以美国的持股公司发展最快。其中的原因，一方面与美国长期实行单一银行制有关，因为在单一银行制下，客观上限制了银行业务的拓展，特别是向非银行金融机构业务方面的发展。而在采取持股公司制的条件下（各州的银行立法并不限制持股公司对银行业的控股），银行可轻而易举地将业务活动向其他领域渗透。另一方面，持股公司控股的银行或其他金融机构仍属独立的法人机构，实行独立自主的经营管理活动，在财务方面仍然实行独立核算，这与总分支行制的分支行自然有本质的不同，因而更乐于被美国的银行所接受。因此，目前在美国几乎所有的大银行均归属于银行控股公司，大约四分之三的商业银行存款和资产为控股公司的商业银行所拥有。

（四）连锁银行制

连锁银行是指由同一个人或一群人控制的两家以上的银行。这里的人，既指自然人，也指法人。它同持股公司的不同之处在于持股银行各子银行（公司）有一个董事会，而连锁银行则没有；银行持股公司一般规模较大，通过持股银行的形式，形成庞大的金融实力，而连锁银行经营规模和活动地域都很小，它常常以一家规模较大的银行为中心，实现资金、业务往来甚至人员交流的便利。说到底，连锁银行是因为其本身规模较小，所面临的风险较大而采用的一种应付方式。特别是对于那些法律不允许设立分支机构的独家银行，更是为了逃避法律限制而建立连锁银行。但是，既然是为逃避法律的限制，那么许多连锁银行都不是公开的，要仔细观察才能知道某一小银行（或信用社）是否属于某一连锁银行。

四、我国的商业银行体系

我国的商业银行体系主要由以下几个层次构成：(1) 6 家国有控股大型股份制商业银行，它们由原有国有银行股份制改造形成，分别是中国工商银行、中国农业银行、中国银行、中国建设银行、交通银行、中国邮政储蓄银行，在我国金融中介体系中居于主体地位。(2) 12 家全国性股份制商业银行，如中信银行、招商银行、光大银行、兴业银行等，经过快速发展，规模逐渐壮大，如招商银行的资产规模和盈利已经超越交通银行。(3) 城市商业银行（简称城商行），它们是在各城市原有的城市信用合作社基础上组建的，如北京银行、南京银行等，截至 2018 年底，共有 134 家城市商业银行。(4) 农村商业银行（简称农商行），它们由原各地农村合作银行（大多也是由原农村信用合作社改组而形成的）和农村信用社改制而来，如北京农商银行、天津农商银行等，截至 2018 年底，共有 1 427 家农村商业银行。2019 年 1 月 14 日中国银保监会发布意见，规定农村商业银行的机构在原则上不出县（区）、业务不跨县（区），专注服务本地与支农支小，这使得农村商业银行在农村地区具有了美国社区银行的特征。(5) 2014 年后审批设立的民营银行，如深圳前海微众银行、浙江网商银行、温州民商银行、天津金城银行、上海华瑞银行等。截至 2018 年底，我国共审批设立了 17 家民营银行。(6) 村镇银行，它们是为解决农村地区银行业金融机构网点覆盖率低、金融供给不足的问题，在农村地区设立的由境内外金融机构、境内非金融机构企业法人、境内自然人出资，主要为当地农民、农业和农村经济发展提供金融服务的银行业金融机构。村镇银行不得向关系人发放信用贷款，向关系人发放担保贷款的条件不得优于其他借款人同类贷款的条件。村镇银行不得发放异地贷款。截至 2019 年末，全国已组建村镇银行 1 630 家。(7) 外资法人银行，如大华银行（中国）、星展银行（中国）等。截至 2018 年底，我国共有 41 家外资法人银行。

第二节　商业银行的资产负债业务

在介绍商业银行业务之前，首先看一张具有一定代表性的 2020 年底某商业银行简化的资产负债表（表中数据为各项业务占总资产的百分比），见表 9 - 1。

表 9－1　2020 年底某商业银行简化的资产负债表（%）

资产		负债	
现金、贵金属及存放中央银行款项	6.72	客户存款	69.20
存放同业及其他金融机构款项	0.93	同业和其他金融机构存放款项	8.89
贷款和垫款	57.35	拆入资金和向中央银行借款	4.98
拆出资金、买入返售金融资产	6.35	卖出回购金融资产款	1.61
金融投资	24.86	应付款项	4.08
长期股权投资	0.73	其他负债	2.54
固定资产	0.32		
其他资产	2.74	银行资本	8.70
		股本	0.32
		其他权益工具（优先股、永续债）	1.07
		资本公积金、盈余公积金、一般风险准备等	3.18
		未分配利润	4.13
资产合计	100	负债及所有者权益合计	100

资料来源：某上市公司 2020 年公司年报。

尽管各国商业银行的组织结构、经营模式各异，但就其业务经营活动来看，具有共性的资产负债表，其业务活动最终都表现为负债业务、资产业务、表外业务三大类。

一、商业银行的负债业务

形成商业银行资金来源的业务即负债业务，其全部资金来源包括自有资本和吸收的外来资金两部分。

（一）自有资本

自有资本又称银行资本（bank capital）或资本金，是指银行为了正常的经营活动而自行投入的资金，代表对银行的所有权。《巴塞尔协议》把银行资本分为核心资本和附属资本两档。第一档为核心资本（core capital），也称一级资本，包括股本和公开准备金，具体来说有普通股、不可收回的优先股、资本盈余、留存盈余、可转换的资本债券、各种补偿准备金等。第二档为附属资本（supplementary capital），也称二级资本，包括未公开准备金、资产重估准备金、普通准备金或呆账准备金。最新的《巴塞尔协议Ⅲ》大幅度提高了对银行资本的要求，将银行核心一级资本充足率和一级资本充足率的最低要求由 2%和 4%分别提高到 4.5%和 6%（2015 年 1 月 1 日达标），同时计提 2.5%的防护缓冲资本和不高于 2.5%的逆周期准备资本，对总资本充足率要求仍维持 8%不变，因此，过渡期结束后，到 2019 年，银行核心一级资本充足率、一级资本充足率、总资本充足率最低分别达到 7%、8.5%和 10.5%。

《巴塞尔协议》向各国商业银行提出一个重要的告诫：资本是一家商业银行防止亏损的最终防线，而且银行资本在银行的经营管理中起着十分重要的作用：其一，资本是银行获取信誉、保证持续经营的最基本因素；其二，资本为银行营业创造了物质基础，资本可以用来购买银行经营管理所必需的房产、设备、车辆等固定资产；其三，资本是金融监管当局实施监管的重要手段。在银行开业前的审批注册、开业后的风险监管中，资本的绝对量标准或相对比例标准，始终是金融当局关注的重点。

2020年，我国对商业银行资本的考核要求为：核心一级资本充足率不低于7.5%，一级资本充足率不低于8.5%，总资本充足率不低于10.5%，系统性重要银行资本充足率不低于11.5%。

（二）各项存款

存款是指银行接受客户存入资金，存款人可以随时或按约定时间支取款项的一种受信业务。吸收存款是商业银行的传统业务，也是商业银行最重要的负债业务。常用的传统划分方法是将存款分为活期存款、储蓄存款与定期存款三大类。

1. 活期存款

活期存款（demand deposits），也称可开支票的存款（checkable deposits），它是指存款人随时存取和转让的存款，它没有明确的期限规定，银行也无权要求客户取款时做事先的书面通知。在银行开立活期存款账户的存款人可以用各种方式提取存款，如签发支票、本票、汇票、信用卡等，通过活期存款账户上资金的转移来完成商品交易或劳务支付行为。

活期存款具有以下特点：(1) 流动性大，存取频繁。因此活期存款成本较高，存款利息较少或不支付利息。在西方国家，有些商业银行对活期存款不仅不支付利息，有时甚至还要收取一定的手续费。(2) 具有很强的派生能力。在非现金结算的情况下，当银行吸收一笔原始存款后，除按央行规定缴纳一部分存款准备金外，余下的部分可用于发放贷款。客户在取得贷款后，若不立即提现就转入活期存款账户，这样银行一方面增加了贷款，另一方面又增加了活期存款，即创造出派生存款。(3) 尽管活期存款流动性大，但在银行的诸多储户中，总有一些余额可用于对外放款。(4) 活期存款是银行密切与客户关系的桥梁。活期存款账户上资金的频繁存取加强了商业银行与客户之间的业务往来，从而为银行争取了更多的客户，同时也扩大了银行的业务规模。

2. 储蓄存款

储蓄存款（saving deposits），也称存折储蓄（passbook savings），这种账户中的资金可以随时增加或提取，存款的存入、提取以及利息的支付，或记录在月报上，或记录在账户持有人的存折上。储蓄存款一般不能签发支票，支用时只能提取现金或先转入存户的活期存款账户。

储蓄存款一般可分为活期和定期两种。活期储蓄存款虽然可以随时支取，但取款凭证即存折不能流通转让，也不能透支。传统的定期储蓄存款的对象一般仅限于个人和非营利性组织，且若要提取，必须提前七天事先通知银行，同时存折不能流通和贴现。目前，美国也允许营利性公司开立储蓄存款账户，但存款金额不得超过15万美元。除此之外，西方国家一般只允许商业银行的储蓄部门和专门的储蓄机构经营储蓄存款业务，且管理比较严格。

储蓄存款具有以下特点：它是商业银行一项重要的、稳定的资金来源。在商业银行的负债业务中，储蓄存款的地位十分突出。从整体上看，只有居民是净储蓄者，才能成为商业银行的一个净资金提供者。

3. 定期存款

定期存款（time deposits）是指存户与银行预先约定存款期限，到期前一般不能提取的存款。定期存款期限通常为 3 个月、6 个月或 1 年不等，期限最长可达 5 年或 10 年，利率随期限的长短而不同。期限越长，利率越高；期限越短，利率越低。在美国，定期存款分为两类：小额定期存款（10 万美元以下）与大额定期存款（10 万美元以上）。小额定期存款的流动性要低于存折储蓄存款，其利率较高，因而对银行来说，它是一个成本较高的资金来源。

定期存款具有以下特点：(1) 流动性小、稳定性强，是商业银行获得稳定资金来源的重要手段；(2) 手续简单、费用较低，风险性较小，由于定期存款的存取是一次性办理的，在存款期内没有其他服务，因此除利息外没有其他费用；(3) 定期存款所要求的存款准备金率低于活期存款。

(三) 存款业务的创新

除了以上传统的存款品种外，自 20 世纪 60 年代以来，商业银行通过创新一些负债工具，一方面规避政府的管制，另一方面也增加了银行的负债来源。具有代表性的负债业务主要有：

(1) 大额可转让定期存单（CDs），它是 1969 年由美国花旗银行推出的定期存款创新，不记名；存在存款起点的限制，起点为 10 万美元；不能提前支取，但可在二级市场流通转让，因此公司、基金和其他金融机构都将 CDs 作为国库券和其他短期债券的替代资产来持有；既可采用固定利率计算，也可采用浮动利率计算。CDs 通常由公司或其他银行购买。到期前它可以像债券一样在二级市场上买卖。正因如此，自 1961 年产生以来，CDs 已成为银行资金的一个重要来源，约占 12%。

(2) 可转让支付命令账户（NOW），它是 1972 年由美国的储蓄贷款协会推出的新型存款账户。这种账户是储蓄账户，可以付息，但与一般储蓄账户不同，可以开出有支票作用但无支票名称的“可转让支付命令”。

(3) 自动转账服务账户（ATS），它是 20 世纪 70 年代的一种创新，针对联邦法律“不允许对活期存款付息”的规定，美国银行业发明了自动转账服务账户。客户在银行开立两个账户：一个活期存款账户，一个储蓄存款账户，活期存款账户的余额永远是 1 美元，当客户开出支票后，银行即自动把支票金额从储蓄账户转到活期存款账户，并进行付款。ATS 可以使客户兼得活期账户和储蓄账户的双重优点，客户既可享受支票支付便利，又可利用储蓄账户获取利息收入。

(四) 各项借款

各项借款是指各种非存款性借入款，它是商业银行通过主动负债筹集资金的一种形式，也是商业银行负债业务的重要资金来源，其借款方式主要有以下几种。

1. 向中央银行借款

当商业银行资金不足时，可以向中央银行借款。商业银行向中央银行借款通常采用再贴现的方式。再贴现是指商业银行把自己为企业已办理贴现的未到期票据再转卖给中央银行，进而取得中央银行资金援助的一种借款方式。

2. 同业拆借

同业拆借是指商业银行之间以及商业银行与其他金融机构之间相互提供的短期资金融

通。在这种拆借业务中，借入资金的银行主要是用以解决自身临时资金周转的需要，期限较短，少则 1 日，多则 7 日，利息以日息计算。同业拆借一般都通过各商业银行在中央银行存款准备金账户上的资金划转，借出行存款准备金减少，拆入行存款准备金增加。

3. 欧洲货币市场借款

欧洲货币市场自形成之日起，就对世界各国商业银行产生了很大的吸引力。其主要原因在于该市场存款不受各国存款利率最高限的限制，因而其存款利率相对较高，而贷款利率却相对较低，并且资金调度灵活，手续简便。所以该市场具有交易量大、成本低、利润高等特点，是一个完全自由、开放、富有竞争力的市场。

4. 占用资金

占用资金是指商业银行在办理中间业务及同业往来业务过程中，临时占用的他人资金。以汇兑结算为例，从客户把一笔款项交给汇出银行起，到汇入银行把该款项付给指定的收款人止，中间总会有一定的间隔时间，在这段时间内，该款项汇款人和收款人均不能支配，而为银行所占用，这部分占用资金便形成了银行的资金来源。但随着银行管理水平和服务效率的提高，特别是电子计算机运用于资金清算调拨，银行占用客户或同业资金的周期不断缩短，占用的机会以及占用资金的数额将会越来越少。

5. 发行金融债券

发行金融债券是指商业银行以债务人的身份向市场发行债券以筹集资金的一种方式。对银行来说，发行金融债券有利于筹集稳定的长期资金，提高负债的稳定性、安全性，从而提高银行资金的使用效率和效益。

二、商业银行的资产业务

资产业务（assets activities）是指商业银行将负债业务所筹集起来的资金加以运用的业务，它是商业银行取得收益的主要途径。资产业务主要包括现金资产、贷款、贴现和证券投资。

（一）现金资产

现金资产（cash asset），又称第一准备资产（primary reserve），它是满足商业银行流动性需要的第一道防线，是商业银行资产中最具流动性的部分，也是非营利性资产。现金资产具体包括库存现金、中央银行的存款、存放同业资金和托收中的资金。

（二）贷款

贷款（loan），即商业银行将其所吸收的资金按照一定的利率贷放给客户并约定日期归还的授信业务。贷款是商业银行最重要的资金运用业务，其在总资产中比重最高。贷款在资产组合中对银行风险结构和收益结构影响很大，提高贷款比重会增加银行预期盈利，但同时也增加了银行风险。贷款业务以不同的标准划分，主要有以下几种。

1. 按贷款对象分：工商业贷款、农业贷款、不动产贷款和消费贷款

这种分类方法有利于考察商业银行信贷资金的流向和在国民经济各行业、各部门间的分布状况，有利于分析商业银行信贷资金结构与国民经济结构的协调情况。这也是西方国家商业银行比较通行的划分方法。

2. 按贷款期限分：短期贷款、中期贷款和长期贷款

这种分类方法有利于商业银行掌握资产的流动性，控制贷款的期限结构，保持资产流动性和盈利性的协调。短期贷款是指商业银行发放的贷款期限在 1 年以下的贷款，如季节性贷款、临时性贷款等。中期贷款是指商业银行发放的贷款期限在 1 年以上 10 年以下的贷款。长期贷款是指商业银行发放的贷款期限在 10 年以上的贷款，主要是各种固定资金贷款、开发性贷款等。

3. 按贷款保障程度分：信用贷款、抵押贷款、担保贷款

这种分类方法有利于商业银行加强贷款安全性和风险性的管理。通过控制商业银行资产的信用结构，达到商业银行业务经营风险最小、收益最大的目的。

(1) 信用贷款。它是指银行完全依据客户的信誉而无须客户提供任何抵押品而发放的贷款。其特点是：第一，手续简便，在办理借款手续时，只需借贷双方签订借款合同，而不需进行抵押品的估价、保管等手续；第二，利率较高，与同期其他形式的贷款相比，利率相对要高些；第三，审查严格，在进行信用贷款时，要对借款人的经营、财务状况进行综合分析考察，以求尽可能减少风险；第四，风险较大，没有抵押担保，借款人违约风险较抵押贷款风险高。

(2) 抵押贷款。它是指借款人以一定有价值的商品物质或有价证券作为抵押品而向银行申请的贷款。抵押有两种基本形式：一是质押。这是将抵押品的所有权留归债务人，而将抵押品交给债权人占有的一种抵押方式。比如一个批发公司进了一批商品，它将这批商品作质押向银行申请贷款，那么，批发公司必须将商品交到银行手上，也就是说，质押品的占有权到了银行，同时，其所有权依然在批发公司。批发公司或者将商品卖出，预收货款归还银行贷款，由买主将商品提走；或者从其他地方筹款归还银行贷款，将商品提走。从中可以看出，其质押的对象主要是动产。

另一种是一般意义上的抵押。在这种方式下，抵押品的所有权和占有权仍保留在债务人手里，债务人向银行开立一张抵押单，说明被抵押的物品及其他有关事项。在国际上的大商业银行业务中，许多商品都可以作为抵押品，比如土地、建筑、机器设备、有价证券，等等。但是，对抵押品价值的评估、抵押品的处理以及防止利用抵押犯罪方面，都是很复杂的。这类贷款如果借款人违约，银行有权处理抵押品。

(3) 担保贷款。它是指以借贷双方以外的有相应经济实力的第三方为担保人而发放的贷款。这种贷款无须提供抵押品，银行凭借客户与担保人的双重信誉而发放贷款。如果借款人不能按期偿还贷款，担保人承担连带偿还责任。

4. 按贷款风险程度分：正常、关注、次级、可疑、损失

针对贷款风险不同的规定，将贷款分为正常、关注、次级、可疑和损失五类，其中后三类合称为“不良贷款”。

(1) 正常贷款。它是指借款人能够履行合同，没有足够理由怀疑贷款本息不能按时足额偿还的贷款。

(2) 关注贷款。它是指尽管借款人目前有能力偿还贷款本息，但存在一些可能对偿还产生不利影响的因素的贷款。

(3) 次级贷款。它是指借款人的还款能力出现明显问题，完全依靠其正常营业收入无

法足额偿还贷款本息，即使执行担保，也可能会造成一定损失的贷款。

(4) 可疑贷款。它是指借款人无法足额偿还贷款本息，即使执行担保，也肯定要造成较大损失的贷款。

(5) 损失贷款。它是指在采取所有可能的措施或一切必要的法律程序之后，本息仍然无法收回，或只能收回极少部分的贷款。

(三) 贴现

贴现（discount）是指商业银行买进客户未到期票据的行为，是商业银行的一项特殊的放款业务。其具体做法是：银行应客户的要求，买进客户未到期的票据，按贴现日计算票据的贴现利息，从票面金额中扣除贴现利息后，将票面余额付给持票人，银行在票据到期时，持票向票据的债务人索取票面金额的款项。实付贴现额的计算公式如下：

$$实付贴现额=票面金额\times(1-贴现天数\times年贴现率/365)$$

贴现业务是商业银行的一项特殊的放款，与普通放款相比，它有显著的不同：(1) 期限不同。普通放款期限较长，票据贴现时间较短，一般为3个月左右，最长不超过1年。(2) 利率不同。同期放款利率略高于贴现利率。因为贴现业务发生时，银行要按票据面额预扣利息，将余额付给客户，银行的实际付款额要低于票面额，所以贴现利率要低于放款利率。(3) 收取利息的时间不同。放款是到期以后收取利息，而贴现是在贴现业务发生时从票据面额中预扣利息。(4) 贷款偿还对象不同。放款的申请人就是贷款的还款人，而贴现的申请人并非贷款的债务人，票据的出票人、承兑人和背书人都可能是贷款的债务人。

(四) 证券投资

证券投资（securities investment）是指商业银行以其资金在金融市场上对收益证券进行买卖，是商业银行重要的资产业务，也是商业银行获取利润的主要来源之一。

商业银行进行证券投资的目的在于：一是为了增加银行的收益。证券资产与其他资产相比较，虽然风险较高，但收益较大。目前，商业银行投资的证券主要有国库券、中长期国债、地方政府债券、政府机构债券和公司债券等。二是为了增加商业银行资产的流动性，即充当第二准备。第二准备是满足商业银行流动性需要的第二道防线。当第一准备资产不能满足流动性需要时，商业银行可随时抛售其持有的短期政府债券。短期政府债券期限短、信誉高、容易出手，这样做既能满足商业银行流动性的需要，又不至于影响商业银行的盈利水平。

第三节　商业银行的表外业务

一、表外业务的含义

表外业务（off-balance-sheet business）通常是指狭义的表外业务，这些业务未列入银行的资产负债表，但同表内资产业务和负债业务关系密切，并在一定条件下会转化为表内业务，因此狭义的表外业务是指对银行的资产负债表没有直接影响，但能够为银行带来额外收益，同时也使银行承受额外风险的业务。这些业务通常涉及承诺和或有债权的活动，即银行对客户作出某种承诺，或者使客户获得对银行的或有债权，当约定的或有事件发生时，银行承担提供贷款或支付款项的法律责任。

广义的表外业务泛指所有能给银行带来收入而又不在资产负债表中反映的业务，如图 9-1 所示。根据这一定义，传统的中间业务也归为表外业务。

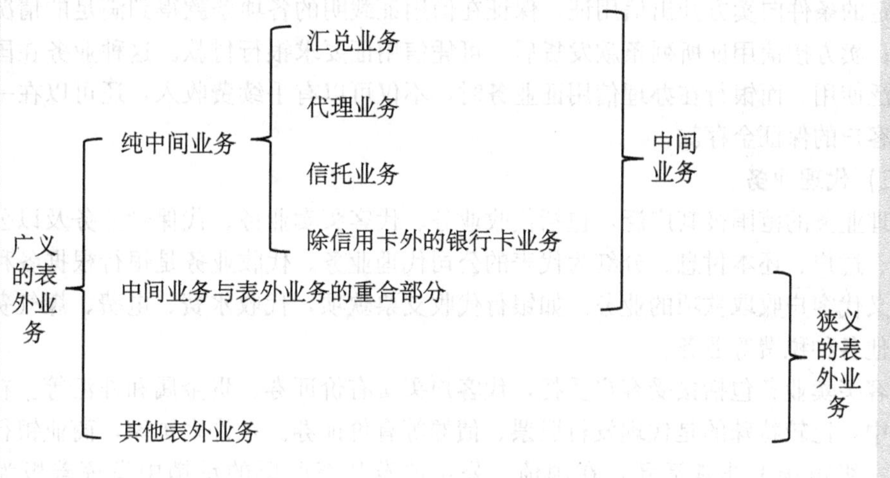

图 9-1 商业银行的表外业务

由图 9-1 可以看出，中间业务和表外业务的共同之处表现为：(1) 它们都属于收取手续费的业务，并且都不直接在资产负债表上反映出来。(2) 二者存在着一部分的重合。比如，商业信用证业务属于中间业务，但是，就其内涵而言，它又具有担保业务的性质，因此也属于表外业务。但是，二者还是有很大区别的，主要表现为银行对它们所承担的风险是不同的。在中间业务中，银行一般处在中间人或服务人的地位，不承担任何资产负债方面的风险。而表外业务是一种潜在的资产或负债，在一定条件下，表外业务可以转化为表内业务，因此银行要承担一定的风险。例如，当银行对商业汇票进行承兑后，即成为最终债务人，要承担不可撤销的第一手到期付款责任，即使汇票的付款人无力付款，银行也必须向汇票的受益人付款，因此，在不收取全额保证金的情况下所作的承兑是银行的一种或有负债。表外业务是 20 世纪 80 年代以来西方国家银行业发展的重点。从发展规模看，不少西方国家大银行的表外业务量已大大超过其表内业务量。

二、中间业务的主要种类

(一) 汇兑业务

汇兑，也称汇款 (remittance)，是客户以现款交付银行，由银行把款项支付给异地收款人的一种业务。使用的汇兑凭证有银行支票、银行汇票、邮信或电报的付款委托书。这些凭证都是汇出行向另一家银行或其分支机构发出的命令，命令后者向指定收款人支付一定数额的款项。与汇出行将付款命令通知汇入行的方式不同，汇兑可分为电汇、信汇和票汇三种方式。在当今银行业务广泛使用电子技术的情况下，除少数款项仍使用电汇、信汇和票汇等形式外，大部分汇兑业务都是通过电子资金调拨系统处理。

（二）商业信用证业务

商业信用证业务是一种由银行保证付款的业务。通常是由银行应客户（买方）要求，按其指定的条件向卖方开出信用证，保证在信用证载明的各项条款得到满足的情况下向卖方付款；卖方按信用证所列条款发货后，可凭信用证要求银行付款。这种业务在国际贸易中被广泛使用。而银行在办理信用证业务时，不仅可以有手续费收入，还可以在一定时间内占用客户的保证金存款。

（三）代理业务

代理业务的范围极其广泛，包括代收业务、代客买卖业务、代保管业务及以公司证券的托管、过户、还本付息、分红为代表的公司代理业务。代收业务是银行根据各种凭证以客户名义代客户收取款项的业务。如银行代收支票款项，代收水费、电费、煤气费、电话费及其他各种税费等业务。

代客买卖业务包括接受客户委托，代客户买卖有价证券、贵金属和外汇等。在代客买卖业务中，比较特殊的是代理发行股票、债券等有价证券。在许多国家，商业银行在有价证券的一级市场上非常活跃，在国债、公司债券甚至股票的承销中发挥着极为重要的作用。

（四）承兑业务

承兑（acceptance）是指银行为客户开出汇票或其他票据签章承诺，保证到期一定付款的业务。当票据到期前或到期时，客户应将款项送交银行或由其自己办理兑付。如若到期客户无力付款，则该承兑银行必须承担付款责任。由于票据的兑付一般无须银行投入自己的资金而是用客户的资金办理，所以银行经办承兑业务，实际上是以自身的信用来加固客户的信用，为此银行要向客户收取一定的手续费。承兑业务在现代银行业务中占有相当重要的地位。

（五）信托业务

信托（trust）是指银行接受他人委托，代为管理、经营和处理所托管的资金或财产，并为受益人谋利的活动。和信贷业务不同，银行经营信托业务一般只收取手续费，运营中所得收入则归受益人所有。同时，信托业务也不同于一般的代理业务，在代理关系中，代理人只是以委托人的名义，按委托人指定的权限范围办事。在法律上，委托人对委托财产的所有权没有改变；而在信托关系中，信托财产的所有权则从委托人转移到了受托人（商业银行信托部或信托公司）手中，受托人以自己的名义管理和处理信托财产。银行经营信托业务不仅可以获得手续费收入，而且还可以把一部分可以经常占用的信托资金用于贷款和投资，扩大银行资产业务的规模。目前，各国经营信托业务的银行大都须经政府批准并在有关管理规定范围内活动。一般要求经营信托业务的银行必须将其信托部门与银行其他部门从人事、财务等方面完全分开。

（六）银行卡业务

银行卡是由银行发行的、供客户办理存取款和转账结算的一种现代支付工具的总称。它包括信用卡、支票卡、记账卡等。银行卡的出现极大地提高了支付结算的效率，也极大地改变了流通中货币的构成。

三、表外业务的主要种类

表外业务形式多样，但大体可划分为四类：（1）贸易融通业务，包括银行承兑业务、商业信用证业务。这类业务是中间业务与表外业务重合的部分，它们在某种情况下会给银行带来风险，不同于其他中间业务，如代收业务，银行可以稳定地收取手续费收入。（2）金融担保业务，它是指银行应交易中一方的申请，允诺当申请人不能履约时由银行承担对另一方的全部义务。它不占用银行资金，属于“或有负债”，如备用信用证。（3）各类承诺，既包括给予老客户的小额和短期的可以撤销的贷款承诺，也包括不可撤销的大额和长期的循环贷款承诺。（4）各类金融衍生业务，如互换、期货、期权、远期合约等。

商业银行经营中几种典型的表外业务有：

（一）备用信用证

备用信用证是银行为客户开立的保证书，由银行担保客户履行支付义务，若得到银行担保的客户在债务到期时无法偿付，则由银行负责偿付。备用信用证一般发生在商业票据的发行和国际贸易中。比如，在商业票据市场上，若发行者没有足够的信用，可以向一流的银行申请备用信用证，银行保证在商业票据发行者到期无法履约时承担偿还之责。而如果到期时商业票据发行者如约偿还了债务，则银行没有任何支付义务，只有向得到担保的客户收取担保费的权利。需要特别强调的是，作为表外业务的备用信用证与一般商业信用证不同。在商业信用证安排下，银行在收到合格的票据后承担第一手的支付义务。而在备用信用证安排下，银行只在被担保人无法履行合约时才承担连带责任。

（二）贷款承诺

贷款承诺是指银行向客户作出承诺，保证在未来一定时期内，根据一定条件，随时应客户的要求提供贷款。银行根据贷款承诺金额，按一定比例向客户收取承诺费，即使在规定的期限内，客户并没有申请贷款，仍需缴纳承诺费。

贷款承诺的一种形式是循环贷款承诺，它是银行与客户之间的正式协议，根据该协议，银行有义务根据约定的条件（最高贷款额、利率、期限等）向客户提供贷款。这种协议的期限一般较长，在协议期间内，客户可以随借随还，还了再借。

（三）票据发行便利

票据发行便利（note issuance facilities，NIFs）是商业银行与客户之间签订的中期循环融资支持协议。银行保证在协议期限内（一般是3～7年），银行对客户承诺一个信用额度，在此额度内向客户保证：若客户未能通过发售短期（一般是3～6个月）票据取得资金，则由银行提供资金支持，或者购买其未售完的票据，或者提供相应贷款，以保证客户可以得到所需资金。银行为这一承诺收取手续费。在这一安排下，企业可以借发行短期票据而实现中期信用，也即可以在较长的“中期”内得到银行的支持。

第四节　现代商业银行的管理

一、银行管理的基本原则

商业银行作为经营货币信用业务的特殊企业，要生存发展，就要追求利润，保证自身安全，保持资产负债必要的流动性。它有三个特殊要求：一是商业银行必须保证本金的安全；二是商业银行必须保持货币资本在运用过程中所形成的资产有充足的流动性；三是商业银行必须保证货币资本在运作中实现增值，并追求利润的最大化。因此，商业银行在从事经营管理活动过程中，必须以满足上述要求为基本原则，即讲求安全性、流动性和盈利性，并实现三者的统一。

（一）安全性原则

1. 安全性原则的含义

安全性原则是指商业银行的资产、收入、信誉以及所有经营和生存发展条件免遭损失的可靠性程度。商业银行之所以必须坚持安全性原则，是因为商业银行的经营与一般工商企业的经营不同，其自有资金比重较低，主要依靠吸收客户存款或对外借款进行贷款和投资。而在资金运用过程中，存在着信用风险、利率风险等诸多风险，如果本金利息不能按时足额收回，必然会削弱乃至丧失银行的清偿力，危及银行本身的安全。严重者可能会导致商业银行的破产倒闭，甚至会破坏整个国民经济的正常运转。

2. 影响商业银行安全性的主要因素

影响商业银行安全性的主要因素是商业银行的风险，它来自商业银行自身和外部经济环境的变化，主要包括以下几种：

（1）资本风险。它是指商业银行资本量过小，不能抵补亏损，从而影响到商业银行正常经营的风险。由于商业银行经营活动的资金绝大部分来自负债，如不能保持适度的资本量，必然导致缺乏承担风险损失的能力，对存款和负债的最后清偿能力就差，商业银行经营就有不确定性的倾向，一旦遇到市场风险或违约风险，就会危及商业银行经营的安全。

（2）信用风险。银行对客户资信状况调查分析不够、预测不准，盲目发放贷款，或者借款人存心欺诈、骗取贷款，或者借款人经营不善、缺乏还款资金来源等，都会危及商业银行信贷资金的正常周转或回收，影响银行收益，甚至造成银行倒闭。

（3）流动性风险。它是指银行缺乏足够的现金保证应付客户提款要求而给银行带来损失的可能性。一家银行若不能履行对存款人的承诺，在客户需要提取存款时不能及时满足，就会丧失信誉，容易引发挤兑现象，使商业银行陷入困境，最终威胁商业银行的生存。

（4）市场风险。它是指由于市场条件变化、市场利率的变动使银行资产和负债的利息变动不一致而给银行带来损失的可能性。例如，当市场利率上升时，一方面会造成商业银行存款利率的上升，增加商业银行的经营成本；另一方面，由于市场利率的上升，贷款利率也随之上升，从而限制了贷款的需求，使银行的经营收入并没有相应增加，最终会影响商业银行的经营效益。同时，在开放的条件下，国际金融市场的风险也会波及国内商业银行，给商业银行的经营活动带来不利的影响。

(5) 管理风险。商业银行的管理风险是多方面的。其主要表现在：一是由于商业银行在业务经营过程中未能有效地控制成本，或者对资产负债的规模、结构和期限未能进行有效的匹配而使银行面临亏损的风险；二是由于商业银行内部管理制度不健全而造成资产损失、收益减少的风险。

3. 坚持安全性原则的途径

商业银行经营要保证绝对安全是不可能的，但是可以通过采取下列必要的措施，将风险发生的可能性降低到最低限度。

(1) 提高资本充足率。保持自有资本在全部资产中的一定比例，并使之随着资产规模的扩大而不断补充，增强防范风险损失的能力，保持经营的稳定。

(2) 实行资产分散化。将商业银行的资产按照一定的原则进行合理配置、适度分散，以达到控制和分散风险的目的。

(3) 实现资产负债的有效匹配。合理安排中长期贷款和投资的规模与期限结构，尽可能与负债相匹配，同时，要保持一定比例的流动性资产，增强商业银行对流动性风险的抵抗能力，从而保持银行具有足够的清偿力。

(4) 提高防范风险的能力。要加强对客户的资信调查分析和经营预测，加强内部管理，牢固树立风险意识，努力避免信用风险，减少坏账损失。

(5) 遵纪守法，合规经营。商业银行在开展业务活动过程中，必须自觉遵守有关的金融法律法规，依法自主合规经营，树立商业银行在社会公众中的良好形象；同时，也可以取得国家法律的保护和中央银行的支持，一旦发生风险，可以及时得到中央银行的援助而免遭更大的风险与损失。

(二) 流动性原则

1. 流动性原则的含义

所谓流动性，简单地说就是指商业银行能够随时应付客户提取存款、满足必要贷款需求的能力。具体地讲，商业银行的流动性包含两层含义：一是资产的流动性，就是商业银行的全部资产能够随时得到偿付或者在不发生损失的前提下迅速变现的能力；二是负债的流动性，即商业银行能够根据需要以较低的成本随时获得资金的能力。商业银行经营初期的流动性，主要是指资产的流动性，即保持一定的流动性资产，以便随时满足客户提取存款和对贷款的需求。随着商业银行业务的发展和负债管理理论的产生，负债的流动性对商业银行业务经营越来越重要，商业银行也开始重视负债流动性的管理。

2. 保持流动性的途径

从商业银行经营的角度出发，流动性越强，安全性就越高。但是，过高的流动性又会影响到商业银行的经营效益。而商业银行资产中相当大部分是贷款和投资，它们都属于重要的盈利性资产，其流动性是有限的，或者不能迅速变现，或者变现要遭受较大的损失。因此，为了保持流动性，可以从资产和负债两个方面采取相应的措施。

(1) 资产管理措施。方法是建立分层次的准备金制度。商业银行资产流动性从强到弱依次为：库存现金、同业存款、在中央银行存款、短期有价证券、长期债券、抵押贷款和长期信用贷款等。商业银行在安排资产结构时，既要考虑资产的流动性，同时也要关注资产的盈利性。因此，库存现金、同业存款和在中央银行存款等资产尽管具有充分的流动性，可以作为应付流动性需要的第一准备或一级准备，但由于其属于非盈利性资产，在数量安排上只能以必要为限；短期有价证券以短期政府债券为主，由于能给商业银行带来一定的利息收入且变现能力较强，因此，商业银行可以将其作为第二准备或二级准备，在数量安排上根据商业银行经营的特点和资产规模，确定其数量；在充分考虑了上述准备后，商业银行可以将剩余资产投入到盈利水平较高的长期资产中，以期获得更多的收益。

(2) 负债管理措施。商业银行注重通过主动型负债方法来保持其经营的流动性，具体包括向中央银行借款或再贴现、发行大额可转让存单、向其他银行借款、发行商业银行票据及出售贷款等形式。这些资金来源的成本相对较低，且主动权掌握在商业银行手中，这样，既为商业银行找到了保持流动性的新方法，也为商业银行增加盈利性资产、扩大资产规模创造了条件。

(3) 保持商业银行流动性需求和流动性供给的平衡。商业银行要将测定的流动性需求与商业银行所持有的流动性头寸联系起来进行合理安排，及时调剂以解决面临的流动性问题。

(三) 盈利性原则

1. 盈利性原则的意义

追求利润最大化是商业银行的经营目标。是否盈利及盈利水平的高低是评价和衡量商业银行经营效益的基本标准。盈利能力越强，获利水平越高，越能增强商业银行的实力，提高商业银行的信誉，增强商业银行抗风险的能力。

商业银行坚持盈利性原则，是由其性质和经营特点所决定的。从其性质来看，商业银行作为经营货币信用业务的经济实体，其风险比一般经济实体要大得多，更应该具有承担经营风险的能力。因此，只有坚持盈利性原则，不断提高盈利水平，才能保持其业务活动的正常开展，才能提高抵御风险的能力，才能推动企业和社会经济效益的提高。从其经营特点来看，商业银行是典型的负债经营机构，其负债业务的规模决定了资产业务的规模，也决定了商业银行的盈利水平。而负债业务更多的是被动型负债，因此，商业银行的信誉是影响客户存款的重要因素。为此，商业银行必须坚持盈利性原则，保持较高的盈利水平，这样才能不断提高商业银行在社会上的地位和信誉，为不断扩大业务经营规模提供良好的经济基础。

2. 提高商业银行盈利水平的主要途径

(1) 合理确定资产规模和资产结构。商业银行的盈利大多来源于从事资产业务的收入，没有一定规模的贷款和投资，银行是不可能获得收益的，而要获得较大的收益，必须不断地扩大资产业务规模，为增加盈利创造前提条件。同时在安排资产结构时，应在充分考虑安全性和流动性的基础上，尽量减少非盈利性资产，提高盈利性资产尤其是长期资产的比重，为银行创造更多的利润来源。

(2) 加强存贷款利差的管理。商业银行的收益主要来自存款和贷款的利息差额。银行风险则表现为利差的敏感性和波动性。因此，利差的大小和稳定状况如何决定着银行总的风险-收益状况，成为衡量银行业务经营水平的重要标志。

利差管理的基本要求是要有利差。为此，要求所有盈利性资产的收益必须大于有息资金的成本，这是贷款定价必须考虑的基本要求，也是获取最低收益的基本保证。商业银行在经营管理过程中，利差的大小主要取决于银行资产负债的总量、负债的结构以及利率杠杆的运用。

(3) 扩大资本金。按照现代商业银行管理和《巴塞尔协议》的要求，银行资本金的大小将决定商业银行资产规模的大小。因此，只有不断扩大资本金的数量，才能不断地扩大银行资产的规模，以增加盈利。

(4) 增加其他业务收入。在综合性的大银行中，其他业务收入已经占到营业收入的50%左右。随着市场经济的不断发展，客户对银行的要求也不断地提高，不仅仅是传统的存贷款业务，更多的是对银行的服务提出了更高的要求。为此，商业银行必须根据市场的需求，不断增加服务项目，提高服务水平和质量，在满足客户需求的同时，实现银行自身盈利的增加。

(5) 控制费用开支。在商业银行的资金成本中，除了直接用于利息支出的费用外，还有各项管理费用开支。在利差一定的情况下，资产利润率主要取决于管理费用。管理费用高，资产利润率就低；反之，资产利润率就高。因此，加强内部管理，提高工作效率，控制管理费用支出，减少不必要的开支，是增加银行盈利的重要途径。

(四)“三性”原则的关系及其协调

安全性、流动性和盈利性是商业银行经营管理过程中必须严格遵守的三个重要原则。从根本上讲，“三性”原则是统一的，只有同时坚持“三性”原则才能保证商业银行各项业务活动的正常开展，然而在实践中“三性”原则之间又是相互矛盾的。因此，正确处理和协调“三性”原则之间的关系是现代商业银行经营管理的核心问题。

(1)“三性”原则之间的统一性。首先，安全性与流动性之间具有统一性。流动性越强的资产，其安全性越高；反之，流动性越弱的资产，风险越大，其安全性越差。其次，安全性与盈利性之间也有统一性。商业银行要增加盈利，必须以安全经营为前提，如果出现资金的大量损失，必然会影响到银行的盈利水平，甚至会威胁到银行的生存；同时，银行盈利水平的提高，使银行的经营实力增强，抗风险的能力也必然增强，这就为银行的安全性创造了物质条件。

(2)“三性”原则之间的矛盾性。首先，安全性与盈利性之间的矛盾。一般来说，高收益往往伴随着高风险。因此，安全性要求商业银行扩大现金资产，减少高风险、高盈利资产，而盈利性则要求商业银行尽量减少现金资产，扩大盈利性资产。其次，流动性与盈利性之间的矛盾。流动性强的资产如现金资产在中央银行的存款比重越大，银行的支付能力就越强，但盈利能力就越低；反之，流动性弱的资产，盈利水平则较高。这种矛盾关系要求商业银行管理者必须对“三性”原则进行协调。

(3) 协调“三性”原则之间的关系。安全性、流动性、盈利性原则相互之间存在着密切的关系。其中，安全性是前提，只有保证银行资金安全无损，才能保证流动性和盈利性的实现；流动性是条件，只有保证银行资金的正常周转和流动，才能在流动中实现盈利，银行的各项业务活动才能顺利进行；而盈利性是目的，这是商业银行经营活动的最本质的要求，只有实现一定的盈利，商业银行才能不断增强自身的实力，为商业银行经营规模的不断扩大创造条件。

二、资产负债综合管理理论及方法

（一）资产负债综合管理理论

资产负债综合管理是指要求商业银行对资产和负债进行全面管理，而不能只偏重于资产或负债某一方面的一种新的管理理论。在20世纪70年代末80年代初，许多西方发达国家相继放松或逐步取消了利率管制，金融市场利率大幅上升，银行吸收资金成本提高，从而使资产和负债配置状态对银行利润和经营状况的影响加大，要求商业银行必须合理安排资产负债结构，以增强资金流动性，实现最大限度的盈利。

资产负债综合管理理论认为：商业银行单靠资产管理或单靠负债管理，在保持安全性、流动性和盈利性的均衡方面都带有一定的片面性。只有根据经济情况的变化，通过资产、负债两个方面对资产结构和负债结构同时调整，统一协调管理，才能实现经营的目标。在该理论下，商业银行在经营管理中都必须遵循以下基本原则：（1）规模对称原则，使资产规模、负债规模实现在经济增长的基础上相互对称、统一的动态平衡。（2）结构对称原则，使资产和负债的偿还期对称、利率结构对称。（3）分散性原则，使资金运用尽量做到数量、种类分散，避免放款或投资过于集中加大银行风险。

（二）资产负债综合管理方法

为了实现收益最大化、风险最小化的目标，资产负债综合管理中使用较多的管理方法是：

（1）缺口管理法，即运用利率敏感性缺口管理法和持续期缺口管理法，根据利率的变化和到期日差额，积极调整银行的资产负债结构。

（2）利差管理法，即运用金融市场上的可转移利率风险工具，如金融期货、金融期权、利率互换等衍生工具，来控制不可预测的利率、汇率的波动对银行产生的影响。

资产负债综合管理理论是将资产和负债两个方面加以对照，从它们之间相互联系、相互制约的整体出发来研究的管理方法，因而被认为是现代商业银行最为科学、合理的经营管理理论。

本章小结

各国商业银行产生的社会条件和发展环境不尽相同，但归纳起来主要通过以下两种途径产生：（1）从高利贷性质的银行逐渐转变而来。（2）按照资本主义经济的要求组建股份制商业银行。商业银行是以追求利润为目标，以经营金融资产和负债为对象的综合性多功能的金融企业。商业银行的主要职能包括信用中介、支付中介、信用创造和金融服务。商业银行的组织制度是指商业银行在社会经济生活中的存在形式，归纳起来有如下几种：单一银行制、总分支行制、持股公司制、连锁银行制。形成商业银行资金来源的业务即负债业务。其全部资金来源包括自有资本和吸收的外来资金两部分。资产业务是指商业银行将负债业务所筹集起来的资金加以运用的业务，主要包括现金资产、贷款、贴现和证券投资。狭义的表外业务是指对银行的资产负债表没有直接影响，但能够为银行带来额外收益，同时也使银行承受额外风险的业务。表外业务形式多样，但大体可划分为四类：贸易融通业务，金融担保业务，各类承诺，各类金融衍生业务。商业银行在从事经营管理活动过程中，必须满足安全性、流动性和盈利性三个基本原则，并实现三者的统一。本章还介绍了商业银行资产负债综合管理理论及方法。

思考题

1. 商业银行的职能有哪些？
2. 商业银行资本是怎样构成的？
3. 商业银行资本具有哪些功能？
4. 如何才能使商业银行在稳健经营的同时增加收益？
5. 商业银行的资产负债业务有哪些？
6. 商业银行表外业务发展的原因是什么？
7. 商业银行业务有哪些特殊性？
8. 商业银行有哪些中间业务和表外业务？
9. 资本充足率与核心资本充足率、一级核心资本充足率有什么不同？

推荐阅读书目

[1] 戴国强．商业银行经营学．5版．北京：高等教育出版社，2016.
[2] 鲍静海，尹成远．商业银行业务经营与管理．北京：人民邮电出版社，2008.
[3] 虞群娥，龚伯勇．现代商业银行经营管理．杭州：浙江大学出版社，2001.

第十章

金融运营组织：非商业银行金融机构

⊙本章提要⊙

通过对本章的学习，了解在金融机构体系中，除了商业银行以外还存在大量的非商业银行金融机构，比如政策性金融机构、保险公司、金融租赁公司、期货公司、信托公司和投资银行等金融机构，掌握这些金融机构的基本功能和主要业务。

⊙重点与难点⊙

- 政策性金融机构的特点
- 保险公司的业务流程
- 投资银行与商业银行的区别

引导案例

若干年前，有几个年轻大学生立志建设现代化农业，目标是成立农作物基因库公司。其自筹资金远不能满足设备和厂房的建设，于是他们就联系当地乡镇政府，乡镇政府很支持他们的创举，把他们的项目引荐给了中国农业银行。尽管乡镇政府表示将投入部分资金，但中国农业银行认为贷款风险大，还是婉言谢绝了他们。于是他们和乡镇政府为了发展这个农业的好项目一起到上级市政府寻求帮助，市政府科技部门对项目进行了认证，市政府介绍了政策性金融机构给予他们贷款支持。在贷款过程中，不仅需要办理抵押和保险，而且并非所有设备都能使用贷款资金，不少金融问题困扰着他们。在这个时候，有投资经纪人主动联系他们，帮助办理相关手续，条件是在适当的时候对他们的公司进行权益投资。

于是，这几个年轻人很乐意地签订了相关的协议，还增加了对金融的认识："在经济建设过程中，不是所有资金问题都由商业银行来解决，他们所面临的问题实质上是一系列的专门金融机构服务问题。也就是说，这是在投融资的问题上如何通过不同的金融机构来实现效率最优的问题。"

案例思考：他们需要借助哪些金融机构呢？这些金融机构有什么特点呢？下面的内容将会告诉我们答案。

第一节 政策性金融机构

政策性金融机构是指那些由政府或政府机构发起、出资创立、参股或保证的，在特定的业务领域内从事政策性投融资活动，以贯彻和配合政府的社会经济政策或意图的金融机构。

一、政策性银行

政策性银行是指专门从事政策性金融活动，支持政府发展经济，促进社会全面进步，配合宏观经济调控的金融机构。其经营目标是实现政府的政策目标，资金主要来自国家预算拨款，在国内发行金融债券和发行国外债券等，资金运用以中长期贷款为主，贷款重点是政府产业政策、社会经济发展计划中重点扶植的项目。

（一）国家开发银行

国家开发银行于1994年3月17日被批准成立，同年7月1日正式开业。初始注册资本为500亿元人民币，由财政部拨付，直属国务院领导，是中国三家政策性银行中资产规模最大的一家。

国家开发银行重点向国家基础设施、基础产业和支柱产业（"两基一支"）的大中型基本建设和技术改造等政策性项目及配套工程的建设发放政策性贷款，具体包括制约经济发展的"瓶颈"项目、直接关系增强综合国力的支柱产业中的重大项目、重大高新技术在经济领域中运用的项目、跨地区的重大政策项目等。

自1998年以来，国家开发银行主动推行市场化改革，以市场化方式办政策性银行。2008年12月16日，国家开发银行股份有限公司在北京成立，注册资本为3 000亿元，财政部和中央汇金投资有限责任公司分别出资1 539.08亿元和1 460.92亿元，分别持有国家开发银行股份有限公司51.3%和48.7%的股权。它是第一家由政策性银行转型而来的商业银行，标志着中国政策性银行改革取得重大进展。

截至2019年末，国家开发银行资产总额为16.5万亿元，发放贷款及垫款净额为11.7万亿元，不良贷款率为0.95%，负债总额为15.1万亿元，全年实现净利润1 185亿元，资本充足率为 11.71%。发债是国家开发银行最主要的融资来源，其已发行债务证券余额为 9.7 万亿元，占总负债的 64.43%，国家开发银行是全球最大的开发性金融机构，中国最大的中长期信贷银行和债券银行。旗下拥有国开金融、国开证券、国银租赁、中非基金和国开发展基金等子公司。

（二）中国进出口银行

中国进出口银行于 1994 年 4 月 26 日被批准成立，同年 7 月 1 日正式开业，是直属国务院领导的、政府全资拥有的国家政策性银行，初始注册资本金为 50 亿元。

中国进出口银行的主要职责是贯彻执行国家产业政策、外经贸政策、金融政策和外交政策，为扩大我国机电产品、成套设备和高新技术产品出口，推动有比较优势的企业开展对外承包工程和境外投资，促进对外关系发展和国际经贸合作，提供政策性金融支持。

2014 年，中国进出口银行在香港成功发行 70 亿元人民币债券，成为内地首家使用“香港金管局央行统筹配售窗口”向外国央行、主权基金和地区货币管理当局定向配售人民币债券的金融机构，并首次实现中国进出口银行债券在香港联交所上市交易。

截至 2020 年末，资产总额为 5 万亿元，同比增长 10.36%；负债总额为 4.7 万亿元，同比增长 11.02%；净利润为 56.38 亿元，同比增长 3.32%。全年发放对外贸易贷款 13 895 亿元，跨境投资贷款 2 266 亿元，对外合作贷款 9 463 亿元，开放型经济建设领域贷款17 007 亿元。

（三）中国农业发展银行

中国农业发展银行于 1994 年 4 月 19 日被批准成立，同年 11 月 18 日正式开业，初始注册资本金为 200 亿元。

中国农业发展银行主要通过向中国人民银行借款和向境内金融机构发债等方式筹措农业政策性信贷资金，承担国家规定的农业政策性金融业务，代理财政性支农资金的拨付，为农业和农村经济发展服务，确保收购资金封闭运行。

中国农业发展银行的主要业务通常包括：办理肉类、食糖、烟叶、羊毛、化肥等专项储备贷款；办理农、林、牧、副、渔业产业化龙头企业和粮、棉、油加工企业贷款；办理粮食、棉花、油料种子贷款；办理粮食仓储设施及棉花企业技术设备改造贷款；办理农业小企业贷款和农业科技贷款；办理农村基础设施建设贷款。同时，支持农村各种网络、能源、环境、技术服务、流通体系建设以及相关的外汇、债券、代理财政、代理保险和其他批准的银行业务。

2019 年末，中国农业发展银行资产总额为 7.01 万亿元，贷款余额为 5.58 万亿元，不良贷款率为 0.61%，全年累计发放各类贷款 1.19 万亿元，新增投放贷款低于全国金融机构平均水平 110 个基点，政策性银行职能作用进一步彰显。

二、金融资产管理公司

金融资产管理公司是经国务院决定设立的收购国有独资商业银行不良贷款，管理和处置因收购国有独资商业银行不良贷款形成的资产的国有独资非银行金融机构。金融资产管理公司以最大限度保全资产、减少损失为主要经营目标，依法独立承担民事责任。

我国有四家金融资产管理公司，即中国华融资产管理公司、中国长城资产管理公司、中国东方资产管理公司、中国信达资产管理公司，分别接收了从中国工商银行、中国农业银行、中国银行、中国建设银行剥离出来的不良资产。

20 世纪 90 年代末，中国经济正处于转轨时期，商业银行大量不良资产的积累原因非常复杂，且银行业资产集中在四家国有商业银行，分散处置难以达到预期效果，严重影响了国有商业银行和国有企业建立适应社会主义市场经济的运行机制。因此成立金融资产管理公司对不良资产进行集中处置成为一种现实选择。1999 年 4 月 20 日，中国信达资产管理公司正式成立，随后中国东方资产管理公司、中国长城资产管理公司和中国华融资产管理公司也陆续于当年 10 月 15 日、18 日和 19 日挂牌营业。各公司注册资金均由财政部全额拨入，四家公司接受中国银保监会的业务监管和财政部的财务监管；证券业务接受中国证监会的监管。四家金融资产管理公司处置不良资产的方式主要包括：依法清收、以物抵债、债务重组、债权转股权、打包出售、资产证券化、信托处置和破产清算等。

四家资产管理公司圆满完成了国家赋予的“化解金融风险，支持国有银行和国企改革，最大限度保全资产、减少损失”的历史使命。近年来，四家资产管理公司加快向商业化转型发展。

中国长城资产管理股份有限公司成立于 2016 年 12 月，注册资本为 512.3 亿元，由中华人民共和国财政部、全国社会保障基金理事会和中国人寿保险（集团）公司共同发起设立。该公司前身是中国长城资产管理公司。目前，中国长城资产服务网络遍及全国 30 个省、自治区、直辖市和香港特别行政区，设有 31 家分公司和 1 家业务部；旗下拥有长城华西银行、长城国瑞证券、长生人寿保险、长城新盛信托、长城金融租赁、长城投资基金、长城国际控股、长城融资担保、长城金桥咨询、长城国融投资、长城国富置业等多家控股公司，致力于为客户提供包括不良资产经营、资产管理、银行、证券、保险、信托、租赁、投资等在内的“一站式、全方位”综合金融服务。

中国东方资产管理股份有限公司成立于 2016 年 9 月，是由中华人民共和国财政部、全国社保基金理事会共同发起设立的中央金融企业。该公司前身为中国东方资产管理公司，截至 2020 年末，中国东方集团合并总资产超过 1.14 万亿元，在全国共设 26 家分公司，业务涵盖不良资产经营、保险、银行、证券、基金、信托、信用评级和海外业务等。下辖中华联合保险集团股份有限公司、大连银行股份有限公司、东兴证券股份有限公司、中国东方资产管理（国际）控股有限公司、邦信资产管理有限公司、上海东兴投资控股发展有限公司、东方前海资产管理有限公司、东方邦信融通控股股份有限公司、东方金诚国际信用评估有限公司、大业信托有限责任公司、东方邦信创业投资有限公司和浙江融达企业管理有限公司等 12 家一类子公司，员工总数近 6 万人。通过 20 多年的发展，中国东方已经形成了综合金融服务格局。

中国华融资产管理股份有限公司前身为中国华融资产管理公司，2012 年 9 月 28 日，经国务院批准，整体改制为股份有限公司。2015 年 10 月 30 日，中国华融在香港联交所主板上市。截至 2020 年 6 月末，中国华融总资产达人民币 17 315 亿元，净资产达 1 680 亿元，2020 年上半年实现收入总额达人民币 457 亿元。中国华融设有 33 家分公司，服务网络遍及全国 30 个省、自治区、直辖市和香港、澳门特别行政区，旗下拥有华融证券、华融金融租赁、华融湘江银行、华融信托、华融期货、华融融德、华融实业、华融国际、华融消费金融等多家营运子公司。中国华融对外提供不良资产经营、资产经营管理、银行、证券、信托、金融租赁、投资、期货、消费金融等金融服务。

中国信达资产管理股份有限公司前身为中国信达资产管理公司，2010 年 6 月，整体改制为股份有限公司。2013 年 12 月 12 日，中国信达在香港联合交易所主板上市，成为首家登陆国际资本市场的中国金融资产管理公司。中国信达设有 33 家分公司（包括合肥后援基地管理中心），旗下拥有从事不良资产经营和金融服务业务的平台子公司南洋商业银行、信达证券、金谷信托、信达金融租赁、信达香港、信达投资、中润发展等。集团员工有 1.3 万余名。截至 2020 年末，中国信达总资产达人民币 15 181 亿元，归属公司股东权益达人民币 1 721 亿元，持续经营活动收入总额达人民币 1 001 亿元，全年实现归属本公司股东净利润人民币 132 亿元。

三、国家投资机构

（一）中国建银投资有限责任公司

2004 年 9 月 17 日，中国建银投资有限责任公司成立，初始注册资本为 206.922 5 亿元，是经国务院批准的投资性的和处置金融资产的公司。

中国建银投资有限责任公司以建立国内领先的大型金融投资集团为发展目标，在完成国家赋予的金融企业重组和资产处置等任务的基础上，规范经营，不断创新，通过股权投资和资本运作，扩大公司规模，打造全方位的金融服务品牌，培育核心竞争力，使其逐步发展成为一家现代金融投资集团公司。目前中国建投是一家以股权投资、产业经营为核心业务的综合性投资集团，主要业务涵盖投资、金融、不动产、科技咨询等领域，旗下拥有建投投资、建投资本、建投信托、申万宏源证券、国泰基金、建投租赁、建投控股、建投嘉昱、投资咨询、建投科技、建投传媒等成员企业。

（二）中国投资有限责任公司

经国务院批准，中国投资有限责任公司（简称中投公司）于 2007 年 9 月 29 日在北京成立。中投公司是依据《中华人民共和国公司法》设立的国有独资公司，注册资本金为 2 000亿美元，来源于中国财政部通过发行特别国债的方式筹集的 15 500 亿元人民币，是全球最大的主权财富基金之一。作为国家主权财富基金，其宗旨是实现国家外汇资金多元化投资，在可接受风险范围内实现股东权益最大化，以服务于国家宏观经济发展和深化金融体制改革的需要。

中投国际有限责任公司（简称中投国际公司）和中央汇金投资有限责任公司（简称中央汇金公司）是中投公司下设的两个完全独立的子公司。中投国际公司专门负责开展境外投资和管理业务。中央汇金公司的主要业务是根据国家金融体制改革的需要，依法对国有重点金融机构进行股权投资，并按照公司治理原则开展股权管理。

（三）中央汇金投资有限责任公司

中央汇金投资有限责任公司系国有独资公司。该公司于 2003 年 12 月 16 日成立，注册资本全部来源于国家外汇储备，共计 450 亿美元，折合为人民币 3 724.65 亿元。

公司的主要职责是国务院授权的股权投资，代表国家行使对所出资的重点金融企业的出资人权利和义务，确保国有股权的保值和增值，以及国务院规定的其他职责。中央汇金公司不开展其他任何商业性经营活动，不干预其控股的国有重点金融企业的日常经营活动。中央汇金公司控股参股的金融机构包括国家开发银行、中国工商银行股份有限公司、中国银行股份有限公司、中国建设银行股份有限公司、中国光大银行股份有限公司、中国再保险（集团）股份有限公司、中国建银投资有限责任公司、中国银河金融控股有限责任公司、申银万国证券股份有限公司、国泰君安证券股份有限公司等。

第二节 保险公司

一、保险公司的含义及分类

（一）保险公司的含义

保险公司作为采用公司组织形式的保险人，经营保险业务。保险公司是以风险为经营对象，通过向投保人收取保费建立保险基金，当发生保险合同约定的保险事故时承担赔偿或者给付保险金责任的金融中介机构。

我国保险公司依照《中华人民共和国保险法》和《中华人民共和国公司法》设立并经营商业保险业务，是专门经营商业保险业务的企业。我国保险公司的组织形式为股份有限公司和国有独资公司两种。

（二）保险公司的分类

保险公司的主要分类：

（1）人寿保险公司，包括人寿保险、健康保险、意外伤害保险及年金保险。

（2）财产保险公司，包括火灾保险、海上保险、陆空保险、责任保险、保证保险及经主管机关核准的其他保险。按照《中华人民共和国保险法》的规定，人寿保险和财产保险必须分开经营。所以有的保险公司成立了集团公司，下设独立核算的人寿保险公司和财产保险公司。

（3）再保险公司是保险公司的保险公司，对保险公司承担的风险进行分散和转嫁。欧美国家涉及保险业务的还包括国家保险局、相互保险所、保险合作社及个人保险组织等。

截至 2019 年末，我国有 14 家保险集团公司，160 家中资保险公司，61 家中外合资保险公司。

二、保险公司的业务范围

保险公司的业务范围主要包括两大类：

第一，财产保险业务。财产保险业务包括财产损失保险、责任保险、信用保险等保险业务。

第二，人身保险业务。人身保险业务包括人寿保险、健康保险、意外伤害保险等保险业务。同一保险人不得同时兼营财产保险业务和人身保险业务；但是，经营财产保险业务的保险公司经保险监督管理机构核定，可以经营短期健康保险业务和意外伤害保险业务。保险公司的业务范围由保险监督管理机构依法核定，保险公司只能在被核定的业务范围内从事保险经营活动，保险公司不得兼营保险法及其他法律、行政法规规定以外的业务。

三、保险公司的业务流程

保险公司的业务流程包括：

（一）保险展业

保险展业也称保险推销，是保险公司引导具有同类风险的人购买保险的行为。保险公司通过其专业人员直接招揽业务称作“直接展业”，保险公司通过保险代理人、保险经纪人展业称为“间接展业”。

（二）业务承保

业务承保是保险人通过对风险进行分析，确定是否承保，确定保险费率和承保条件，最终签发保险合同的决策过程。

（三）保险理赔

保险理赔是保险公司在承保的保险事故发生、保单受益人提出索赔申请后，根据保险合同的规定，对事故的原因和损失情况进行调查，并且予以赔偿的行为。

四、我国主要的保险公司

（一）中国出口信用保险公司

2001年10月19日，中国出口信用保险公司（简称“中国信保”）正式成立，注册资本为40亿元人民币。中国信保是我国首家专业出口信用保险机构，它按照国家有关政策，积极配合国家外交、外贸、产业、财政和金融等政策，通过政策性出口信用保险手段，支持货物、技术和服务等出口，特别是高科技、附加值大的机电产品等资本性货物的出口，支持中国企业向海外投资、为企业开拓海外市场提供收汇风险保障，并在出口融资、信息咨询、应收账款管理等方面为外经贸企业提供快捷、完善的服务。

截至2020年末，中国信保累计支持的国内外贸易和投资规模超过5.3万亿美元，为超过21万家企业提供了信用保险及相关服务，累计向企业支付赔款159.7亿美元，累计带动近300家银行为出口企业提供保单融资支持超过3.9万亿元人民币。

（二）中国人民保险集团股份有限公司

1949年10月20日，中国人民保险公司成立。2003年7月19日，经国务院批准，中国人民保险公司重组后更名为中国人保控股公司，并同时发起设立了中国内地最大的非寿险公司——中国人民财产保险股份有限公司和首家保险资产管理公司——中国人保资产管理有限公司。同年11月，人保财险成功实现海外上市，成为国内金融企业海外上市第一股。2007年6月，中国人保控股公司复名为中国人民保险集团公司。2009年9月，中国人民保险集团公司成功改制为中国人民保险集团股份有限公司，实现了从传统国有企业向现代国有控股金融保险集团的重大转变。2012 年 12 月 7 日，中国人民保险集团股份有限公司在香港联合交易所完成了 H 股上市，成为国内第一家整体上市的大型国有保险金融集团。

目前，中国人民保险集团旗下拥有中国人民财产保险股份有限公司、中国人民保险资产管理股份有限公司、中国人民健康保险股份有限公司、中国人民人寿保险股份有限公司、人保投资控股有限公司、人保资本投资管理有限公司、中国人民保险（香港）有限公司、中国人保香港资产管理有限公司、北京西长安街八十八号发展有限公司、中盛国际保险经纪有限公司、北京人保物业管理有限公司等多家专业子公司，业务领域涵盖财产保险、人寿保险、健康保险、资产管理、保险经纪以及信托、基金等领域，形成了保险金融产业集群和综合经营集团架构，为社会公众和机构团体提供完善的保险金融服务。

（三）中国人寿保险（集团）公司

中国人寿保险（集团）公司的前身是成立于 1949 年的中国人民保险公司和 1996 年分设的中保人寿保险有限公司以及 1999 年成立的中国人寿保险公司。2003 年 6 月，中国人寿保险公司重组为中国人寿保险（集团）公司。中国人寿保险（集团）公司及其子公司构成了我国最大的商业保险集团。中国人寿保险（集团）公司的子公司和直属机构包括：中国人寿保险股份有限公司、中国人寿资产管理有限公司、中国人寿财产保险股份有限公司、中国人寿养老保险股份有限公司、中国人寿保险（海外）股份有限公司、国寿投资控股有限公司、保险职业学院。中国人寿保险股份有限公司 2003 年 12 月在纽约、香港两地同步上市，2007 年 1 月在境内 A 股上市，成为全球第一家在纽约、香港和上海三地上市的保险公司。

截至 2019 年 12 月 31 日，中国人寿保险股份有限公司总资产达人民币 37 267.34 亿元，位居国内寿险业首位。2019 年公司实现保费收入 5 670.86 亿元。

（四）中国再保险（集团）股份有限公司

中国再保险（集团）股份有限公司（简称“中再集团”）源于 1949 年 10 月成立的中国人民保险公司，2003 年 12 月 22 日，经过重组改制，中国再保险（集团）公司成立。2007 年 10 月 10 日，经国务院批复同意，中国保监会批准，中国再保险（集团）股份有限公司由财政部和中央汇金投资有限责任公司共同发起设立，注册资本金 361.49 亿元人民币。

中再集团的经营范围包括：经营管理法定分保存续期间的法定分保业务及未了责任，经营管理商业分保业务及未了责任；依法投资设立保险和再保险企业；经营管理国家法律、法规允许的资金运用业务；经营经中国保险监督管理委员会批准的政策性业务及国家有关部门批准的其他业务。

中再集团直接控股 5 家境内子公司，包括中国财产再保险有限责任公司（简称“中再产险”）、中国人寿再保险有限责任公司（简称“中再寿险”）、中国大地财产保险股份有限公司（简称“中国大地保险”）、中再资产管理股份有限公司（简称“中再资产”）、华泰保险经纪有限公司（简称“华泰经纪”）；直接控股的境外子公司主要包括中再 UK 公司、中再承保代理有限公司等；间接控股的境外子公司主要包括中再资产管理（香港）有限公司、桥社英国控股公司、中国再保险（香港）股份有限公司等；设有 4 家境外分支机构，包括新加坡分公司、伦敦代表处、香港代表处和纽约代表处。2015 年 10 月 26 日，中再集团在香港联合交易所有限公司主板挂牌交易，成为上市公司。

（五）中国太平洋保险（集团）股份有限公司

1991 年，中国人民银行要求保险业与银行业分业经营、分业管理，批准交通银行在其保险部的基础上组建中国太平洋保险公司，成为继中国人民保险公司之后成立的第二家全国性综合性保险公司。2001 年，中国太平洋保险公司实施体制改革，中国太平洋保险（集团）股份有限公司（简称“中国太保”）成立，并控股设立中国太平洋财产保险股份有限公司和中国太平洋人寿保险股份有限公司。2007 年中国太平洋保险 A 股上市，2009 年中国太平洋保险 H 股上市，2020 年 6 月，中国太保在伦敦证券交易所沪伦通板块正式挂牌上市。

2020 年，公司营业收入为 4 222 亿元，同比增长 9.5%；集团营运利润为 311 亿元，同比增长 11.7%；集团管理资产为 24 360.80 亿元，同比增长 19.2%。中国太保作为综合性保险集团，通过覆盖全国的营销网络和多元化服务平台，为全国约 1.47 亿客户提供全方位风险保障解决方案、投资理财和资产管理服务。

（六）中国平安保险（集团）股份有限公司

中国平安保险（集团）股份有限公司的前身是成立于 1988 年 3 月 21 日的深圳平安保险公司。2003 年 2 月，经国务院批准，公司完成分业重组，更名为中国平安保险（集团）股份有限公司，旗下子公司包括平安寿险、平安产险、平安养老险、平安健康险、平安银行、平安证券、平安信托、平安大华基金等，涵盖金融业务各个领域，已发展成为中国少数能为客户同时提供保险、银行及投资等全方位金融产品和服务的金融企业之一。

2020 年，平安聚焦“大金融资产”与“大医疗健康”，运用科技助力金融业务提升服务效率、获客能力和风控水平，致力于成为国际领先的科技型个人金融生活服务集团，为 2.18 亿个人客户和 5.98 亿互联网用户提供金融产品及服务，实现归属于母公司股东的营运利润 1 395 亿元。

（七）中国太平保险集团有限责任公司

中国太平保险集团有限责任公司，简称“中国太平”，是管理总部设在香港的中管金融保险集团。中国太平于 1929 年创立于上海。1956 年太平保险与其他民族保险企业一起成为原中国人民保险公司的成员公司，根据国家统一部署，专营境外业务。1999 年受命全面控股原中国人民保险公司所有境外经营性机构，并逐步发展成为中国保险业唯一的跨境综合经营的保险集团。2001 年重新进军国内市场。2009 年，完成下属各公司品牌整合。2013 年，中国太平同步完成集团改制和整体上市。

经营区域涉及中国内地、中国香港、中国澳门、欧洲、大洋洲、东亚及东南亚等，业务范围涵盖寿险、财险、养老保险、再保险、再保险经纪及保险代理、互联网保险、资产管理、证券经纪、金融租赁、不动产投资、养老医疗健康产业等领域，业务种类齐全，为客户提供一站式综合金融保险服务。

第三节　金融租赁公司、期货公司与信托公司

一、金融租赁公司

融资租赁公司可分为金融租赁公司和普通的融资租赁公司。金融租赁公司是指经中国

银行保险监督管理委员会批准，以经营融资租赁业务为主的非银行金融机构。2014 年 3 月，新的《金融租赁公司管理办法》正式施行，金融租赁公司的主要业务包括：(1) 融资租赁业务以及转让和受让融资租赁资产；(2) 固定收益类证券投资业务；(3) 接受承租人的租赁保证金；(4) 吸收非银行股东 3 个月（含以上）定期存款；(5) 同业拆借和向金融机构借款等。

我国的金融租赁业起始于 20 世纪 80 年代初，经过 40 多年的发展，具有了一定的规模。截至 2018 年底，我国共有金融租赁公司 39 家，其中银行系金融租赁公司有 26 家，规模较大，工银租赁的注册资本为 110 亿元人民币，国银租赁和建信租赁的注册资本同为 80 亿元人民币。

二、期货公司

期货公司是指为满足期货交易者套期保值或投机盈利的需求，依法设立的、接受客户委托、按照客户的指令、以自己的名义为客户进行期货交易并收取交易手续费的中介组织。期货公司是交易者与期货交易所之间的桥梁，交易结果由客户承担。截至 2020 年末，我国共有 149 家期货公司，比较著名的有中国国际期货、永安期货、中信期货、银河期货等。

三、信托公司

信托制度作为一种独特的财产管理制度，已经被许多国家采用，在社会经济活动中尤其对财产制度的完善方面发挥着重要作用。信托的金融职能以其受托的财产管理职能为前提，具有不同于其他金融业务的独特经济职能，比如财产管理、投融资、解决信息不对称、协调经济关系和社会公益事业服务职能等。信托业和银行业、证券业、保险业一起被看作现代金融体系的四大支柱。

20 世纪初，现代信托业由外国私营银行传入中国，1921 年国内开始出现独立的信托公司，50 年代中期信托业停办。1979 年，中国银行总行率先成立了信托咨询部。同年，中国国际信托投资公司在北京成立，标志着信托业得以恢复。到 1988 年，国内信托公司多达 745 家，虽对当时中国吸引外资、搞活地方经济起到了一定的积极作用，但信托公司没有真正成为“受人之托，代人理财”的机构，实际成了吸收存款、发放贷款的银行，带来了很大的金融风险。为此，从 1982 年起，国家对信托公司进行了 5 次大的清理整顿，撤并了大量机构，化解和处置了金融风险。2007 年 3 月 1 日起正式实施的《信托公司管理办法》和《信托公司集合资金信托计划管理办法》要求信托公司清理固有投资，并申请换发新的金融牌照。中国信托业协会资料显示，截至 2018 年底，获得中国银监会批准，通过重新登记获发新的金融牌照的信托公司已有 68 家，规模较大的有中信信托、平安信托、中融信托等。

信托公司的业务范围包括：受托经营资金信托业务，即委托人将自己合法拥有的资金委托信托投资公司按照约定的条件和目的进行管理、运用和处分；受托经营动产、不动产及其他财产的信托业务，即委托人将自己的动产、不动产以及知识产权等财产、财产权，委托信托投资公司按照约定的条件和目的，进行管理、运用和处分；受托经营法律、行政法规允许从事的投资基金业务，作为投资基金或者基金管理公司的发起人从事投资基金业务；经营企业资产的重组、并购及项目融资、公司理财、财务顾问等中介业务；受托经营国务院有关部门批准的国债、政策性银行债券、企业债券等债券的承销业务；代理财产的管理、运用和处分；代保管业务；信用见证、资信调查及经济咨询业务；以固有财产为他人提供担保；受托经营公益信托；中国人民银行批准的其他业务。

第四节　其他金融机构

一、投资银行和券商

投资银行是最典型的投资性金融中介，在我国并没有直接以投资银行命名的投资银行。一般认为，投资银行是在资本市场上为企业发行债券、股票，筹集长期资金提供中介服务的金融机构，主要从事证券承销、公司并购与资产重组、公司理财、基金管理等业务，其基本特征是综合经营资本市场业务。

广义的投资银行是指任何经营投资金融业务的金融机构，业务包括证券、国际海上保险以及不动产投资等几乎全部金融活动。狭义的投资银行仅限于从事一级市场证券承销和资本筹措、二级市场证券交易和经纪业务的金融机构。

尽管在名称上都冠有“银行”字样，但实质上投资银行与商业银行之间存在着明显的差异，见表 10－1。从市场定位上看，商业银行是货币市场的核心，投资银行是资本市场的核心；从服务功能上看，商业银行服务于间接融资，投资银行服务于直接融资；从业务内容上看，商业银行的业务重心是吸收存款和发放贷款，投资银行既不吸收各种存款，也不向企业发放贷款，其业务重心是证券承销、公司并购与资产重组；从收益来源上看，商业银行的收益主要来源于存贷款利差，而投资银行的收益主要来源于证券承销、公司并购与资产重组业务中的手续费或佣金。

表 10－1　投资银行与商业银行的比较

项目	投资银行	商业银行
本源业务	证券承销、公司并购与资产重组	存贷款
服务功能	直接融资，并侧重长期融资	间接融资，并侧重短期融资
收益来源	手续费或佣金	存贷款利差
经营方针	控制风险前提下更注重开拓	追求盈利性、安全性、流动性三者结合，坚持稳健原则
监管部门	主要是证券管理机构	中央银行
风险特征	一般情况下，投资人面临的风险较大，投资银行风险较小	一般情况下，存款人面临的风险较小，商业银行风险较大

投资银行在各国的称谓不尽相同。在美国称投资银行，在英国称商人银行，在日本称证券公司，在法国称实业银行，在我国更多地以证券公司的形式出现。

投资银行的业务从广义上说，是指所有的资本市场业务，包括在一级市场上为融资者服务和在二级市场上充当证券买卖的经纪人和交易商。从狭义上说，仅指传统的投资银行业务，即在一级市场上为融资者服务的业务。这里所指的投资银行业务主要是从广义上说的，包括：对工商企业的股票和债券进行直接投资；提供中长期贷款；为工商企业代办发行或销售股票与债券；参与企业的创建、重组和并购业务；销售国内外的政府债券；提供投资和财务咨询服务等。

投资银行的营利业务主要有两方面。获利性业务，包括证券承销业务；自营和经纪业务；自有资金操作交易；公司重组；财务工程；如咨询、投资管理、商人银行、风险基金、顾问业务等的其他业务。支援性业务包括市场研究、清算服务、信息资讯服务等。

二、基金管理公司

基金管理公司，又称基金管理人，是指凭借专门的知识与经验，按照科学的投资组合原理进行投资决策，谋求所管理的基金资产不断增值，并使基金持有人获取尽可能多的收益的金融机构。

从广义上说，基金是机构投资者的统称，包括信托投资基金、单位信托基金、公积金、保险基金、退休基金、各种基金会的基金。现有证券市场上的基金包括封闭式基金和开放式基金，具有收益性功能和增值潜能。

基金包含资金和组织两个方面。从资金上讲，基金是用于特定目的并独立核算的资金。其中，既包括各国共有的养老保险基金、退休基金、救济基金、教育奖励基金等，也包括中国特有的财政专项基金、职工集体福利基金、能源交通重点建设基金、预算调节基金等。从组织上讲，基金是为特定目标而专门管理和运作资金的机构或组织。这种基金组织形式包括：非法人机构、事业性法人机构和公司性法人机构。

我们经常说的金融机构基金一般是指证券投资基金和养老保险基金。

(一) 证券投资基金

证券投资基金是一种间接的证券投资方式。基金管理公司通过发行基金单位，集中投资者的资金，由基金托管人（即具有资格的银行）托管，由基金管理人管理和运用资金，从事股票、债券等金融工具投资，然后共担投资风险、分享收益。

符合这一概念的金融投资方式在不同地区称谓不同，如美国称为共同基金，英国和中国香港称为单位信托基金，日本和中国台湾则称为证券投资信托基金等。

投资基金的参与主体包括基金发起人、基金托管人、基金管理人和基金份额持有人。

证券投资基金的分类，从基金的组织形态来考察分为公司型基金和契约型基金；从交易方式来考察分为封闭式基金和开放式基金；按投资对象划分为股票基金、债券基金、期货基金、货币市场基金、对冲基金（hedge fund）、基金中的基金（FOF）、指数基金以及混合基金；按募集方式划分为公募基金和私募基金。

根据天天基金网数据，截至 2021 年 6 月，我国共有 168 家基金管理公司，管理基金产品总数达 12 631 只，基金总规模超 22 万亿元。管理基金资产净值排名前五的公司分别是：易方达基金、天弘基金、广发基金、汇添富基金、南方基金。

（二）养老保险基金

养老保险基金，又称养老基金，是我国社会保障制度的一个非常重要的组成部分。就我国养老保险制度现状来看，它是在劳动者年老体弱丧失劳动能力时，为其提供基本生活保障的一种社会体系。

一般西方发达国家的养老基金（pension fund）由国家、企业和劳动者共同负担，由社会保险事业中心筹集并管理，是社会保障基金的一部分。养老基金通过发行基金股份或受益凭证，募集社会上的养老保险资金，委托专业基金管理机构用于产业投资、证券投资或其他项目的投资，以实现保值增值的目的。

从金融角度看，养老基金是以定期收取退休或养老储蓄的方式，向退休者提供退休收入或年金的金融机构。与保险公司一样，同属于契约性的储蓄机构。第二次世界大战后迅速发展起来的养老基金的资金运作主要是购买国债和银行储蓄。在 20 世纪 70 年代后期人口老龄化促使养老基金的运营面向股票和证券基金领域，依靠独立的投资经理人来管理和监督资金的运营。

1993—2014 年，由于养老金投资渠道狭窄，年均收益仅为 2%左右。为了提高基本养老保险基金收益水平，实现基金保值增值，促进养老保险制度健康持续发展，我国于 2015 年 8 月 23 日出台了《基本养老保险基金投资管理办法》，为养老金提供了超过 20 种投资途径，除了传统的存银行、买国债，还可以拿出不超过资金总量的三成来购买股票、基金类产品，可以参与股指期货、国债期货交易，只能以套期保值为目的。养老基金实行中央集中运营、市场化投资运作，由省级政府将各地可投资的养老基金归集到省级社会保障专户，统一委托给国务院授权的养老基金管理机构进行投资运营，收益率有了明显增加。截至 2020 年末，基本养老保险基金累计结存 5.8 万亿元。

三、财务公司

财务公司是为企业技术改造、新产品开发及产品销售提供金融服务，以中长期金融业务为主的非银行机构。各国的名称不同，业务内容也有差异，但多数是商业银行的附属机构，主要吸收存款。中国的财务公司不是商业银行的附属机构，而是隶属于大型集团的非银行金融机构。

我国的财务公司是大型产业集团内部的投融资机构，由企业集团内部各成员单位入股，为本企业集团内部各企业筹资和融通资金，为促进其技术改造、新产品开发和产品销售提供中长期金融服务。财务公司的基本职能包括：金融服务职能、资源配置职能和资本控制职能。

财务公司的业务范围包括：(1) 吸收成员单位 3 个月以上的定期存款；(2) 发行财务公司债券；(3) 同业拆借；(4) 对成员单位办理贷款及融资租赁；(5) 办理集团成员单位产品的消费信贷、买方信贷及融资租赁；(6) 办理成员单位商业汇票的承兑及贴现；(7) 办理成员单位的委托贷款及委托投资；(8) 有价证券、金融机构股权及成员单位股权投资；(9) 承销成员单位的企业债券；(10) 对成员单位办理财务顾问、信用见证及其他咨询代理业务；(11) 对成员单位提供担保；(12) 境外外汇借款；(13) 经中国人民银行批准的其他业务。

在服务对象上，由于我国财务公司都是企业附属财务公司，因此一般都是以母公司、股东单位为服务重点，但同时也为其他企业和个人提供金融服务。

四、社区银行

社区银行的概念来自西方金融发达国家，其中的“社区”并不是一个严格界定的地理概念，既可以指一个省、一个市或一个县，也可以指城市或乡村居民的聚居区域。凡是资产规模较小、主要为经营区域内中小企业和居民家庭服务的地方性小型商业银行都可称为社区银行。

美国的社区银行（community bank）是由地方自主设立和运营、资产规模在 10 亿美元以下的独立的小商业银行及其他储蓄机构。与传统的大银行不同，社区银行是从当地住户和企业吸收存款，并向当地住户、企业（特别是中小型企业）、农场主提供金融服务。

社区银行的优势和发展意义是：(1) 社区银行的目标客户群是中小型企业（特别是小企业）和社区居民；(2) 社区银行的员工通常十分熟悉本地市场，具有信息优势；(3) 社区银行主要将一个地区吸收的存款继续投入该地区，从而推动当地经济的发展，因此比大银行更能获得当地政府和居民的支持。

发展我国的社区银行具有促进经济、金融和社区协调发展的重要意义：(1) 发展社区银行是完善银行体系的必要措施；(2) 发展社区银行是缓解小微企业信贷难的治本措施；(3) 发展社区银行也是完善金融宏观调控的需要，有助于引导、规范民间借贷，促进其向正规金融转化；(4) 发展社区银行还是建设社会主义和谐社会的需要，能扩大就业、扶助弱势群体。

2013 年我国多家商业银行积极筹建社区银行，社区银行在各大城市相继出现。为了规范社区银行的发展，2013 年 12 月银监会发布了《中国银监会办公厅关于中小商业银行设立社区支行、小微支行有关事项的通知》，要求社区支行、小微支行必须持牌经营，进一步确认社区支行、小微支行的业务模式、风险管理、牌照范围等内容。自 2014 年以来，我国社区银行的发展驶入快车道，民生银行、兴业银行、平安银行、中信银行等全国性股份制商业银行以及部分城商行纷纷布局社区银行。据中国银行业协会统计，截至 2014 年底，全国社区银行网点数量已经达到 8 435 个，其中小微网点 937 个，银行网点有效形成了覆盖城乡、服务多元、方便快捷的网点布局体系。但近些年，随着网上银行的发展，社区银行网点数有所下降。

五、小额贷款公司

小额贷款公司是指由自然人、企业法人与其他社会组织投资设立，不吸收公众存款，经营小额贷款业务的有限责任公司或股份有限公司。小额贷款公司是企业法人，有独立的法人财产，享有法人财产权，以全部财产对其债务承担民事责任。小额贷款公司股东依法享有获得资产收益、参与重大决策和选择管理者等权利，以其认缴的出资额或认购的股份为限对公司承担责任。小额贷款公司应执行国家金融方针和政策，在法律、法规规定的范围内开展业务，自主经营、自负盈亏、自我约束、自担风险，其合法的经营活动受法律保护，不受任何单位和个人干涉。截至 2019 年 12 月末，全国共有小额贷款公司 7 551 家。贷款余额 9 109 亿元。

六、消费金融公司

消费金融公司是指经银保监会批准，在中华人民共和国境内设立的，不吸收公众存款，以小额、分散为原则，为中国境内居民个人提供以消费为目的的贷款的非银行金融机构，目前有 25 家。全国首家消费金融公司为北银消费金融有限公司，注册资金为 8.5 亿元人民币，为北京银行全资子公司。

七、汽车金融公司

汽车金融公司是指从事汽车消费信贷业务并提供相关汽车金融服务的专业机构，在国外已经有近百年的历史。通常汽车金融公司隶属于大的汽车工业集团。在我国汽车金融公司属于非银行金融机构，目前有 25 家，其业务范围参见《汽车金融公司管理办法》。

八、典当行

典当业是向抵押私人物品（不动产除外）的人提供资金周转的行业。一般按抵押品的实际价值打折扣借钱，并约期赎回。典当行，也称当铺，是专门发放质押贷款的非正规边缘性金融机构，是以货币借贷为主和商品销售为辅的市场中介组织。其日常经营活动不受政府的直接干预，不在中央银行监管序列之内，不由国家银行法律体系进行调整，但典当机构及典当行业必须服从相关法律约束，如通常是各国或地区的典当专项法规。

典当是一种融资方式，但典当行不从事存款、信用贷款、一般担保贷款和结算业务，其中介性表现在：(1) 发挥资金融通功能，充当资金供求双方的中介；(2) 发挥商业销售功能，处理物品受偿，充当商品供求双方的中介。纵观世界各地的典当历史，典当业均以货币经营为其主要内容，属于金融业范畴，是服务业的一个分支领域。

为规范典当行为，加强监督管理，促进典当业规范发展，我国于 2005 年出台了《典当管理办法》，规定典当行注册资本最低限额为 300 万元；从事房地产抵押典当业务的，注册资本最低限额为 500 万元；从事财产权利质押典当业务的，注册资本最低限额为1 000万元。2012 年 12 月，商务部制定了《典当行业监管规定》，以进一步完善典当业监管制度，提升典当业监管水平，切实保证典当业规范经营，防范行业风险，促进典当业健康有序发展。全国典当行业监督管理信息系统显示，截至 2019 年末，全国共有典当企业 8 397 家，注册资本 1 723 亿元，资产总额 1 603 亿元，典当余额 993 亿元。

九、在华外资金融机构

在我国境内设立的外资金融机构有如下两类：

（1）外资金融机构在华代表处。设立该机构是外资银行进入我国必须走的一个工作步骤。其工作主要是：进行工作洽谈、联络、咨询、服务等非营业性活动，不得开展任何直接盈利的业务。

（2）外资金融机构在华设立的营业性分支机构和法人机构，包括外国独资银行、外国银行分行、合资银行、独资财务公司、合资财务公司等，其经营活动受中国有关外资金融机构的管理办法规范。

2006 年 11 月，国务院颁布《中华人民共和国外资银行管理条例》，取消对外资银行经营人民币业务的地域和客户限制，取消外资银行在华经营的非审慎性限制。在允许外资银行自主选择商业存在形式的前提下，鼓励机构网点多、存款业务规模较大并准备发展人民币零售业务的外资银行分行转制为在我国注册的法人银行。转制后有关监管要求与中资银行相同。2014 年 11 月修订颁布的《中华人民共和国外资银行管理条例》进一步放宽了外资银行的设立运营条件。2015 年 6 月，《中国银监会外资银行行政许可事项实施办法》对外资银行的设立、改制和关闭条件、业务范围等做了更加详细的规定，同时，证券业、保险业的对外开放的步伐也进一步加快。截至 2019 年 4 月，共有来自 54 个国家和地区的 215 家外资银行在华设立 41 家法人机构、115 家分行和 153 家代表处。

此外，合作金融机构在世界各国的金融体系中仍然占有重要地位，主要有农村信用合作社、城市信用合作社、农村资金互助社、劳动金库、邮政储蓄机构、储蓄信贷协会等，它们和证券交易所、期货交易所、货币经纪公司等金融中介共同构筑了金融体系。

本章小结

我国的政策性银行是不以营利为目的的金融机构，并且根据具体分工不同服务于特定的领域。金融资产管理公司承担原国有企业和原国有银行债权债务双重任务，剥离和接收国有银行不良资产，改善资产负债比例结构，同时要为国有企业转换企业经营机制创造条件，建立规范的银企关系。中国投资有限责任公司是全球最大的主权财富基金之一。作为中投公司的子公司，中央汇金公司做股权投资，承担推动银行等金融机构改革的任务，代表国家作为出资人长期持有这些金融机构的股权，中投国际公司则以境外金融组合产品投资为主，并在可接受的风险范围内，争取长期投资收益最大化。

保险合同是投保人和保险人为实现经济保障目的，约定相互之间保险权利义务关系的协议。保险是根据双方约定，投保人一方支付保费，保险人一方则在保险标的遭受约定事故或者约定的事件发生时，承担经济补偿或履行保险金给付义务的一种法律行为。保险公司主要包括人寿保险公司、财产保险公司和再保险公司。保险公司的业务流程主要包括保险展业、业务承保和保险理赔。

金融租赁公司是指经中国银行保险监督管理委员会批准，以经营融资租赁业务为主的非银行金融机构。期货公司是指为满足期货交易者套期保值或投机盈利的需求，依法设立的、接受客户委托、按照客户的指令、以自己的名义为客户进行期货交易并收取交易手续费的中介组织。信托公司根据信托业的特点，结合我国的实际，把信托业务的重点逐渐放在金融信托上，金融信托又以资本市场融资为主，包括产业投资基金业务、资产信托业务、企业财务顾问业务、住房抵押贷款债权信托、养老基金信托、民事信托和公益信托。

投资银行是在资本市场上为企业发行债券、股票，筹集长期资金提供中介服务的金融机构，主要从事证券承销、公司并购与资产重组、公司理财、基金管理等业务。基金管理公司是指凭借专门的知识与经验，按照科学的投资组合原理进行投资决策，谋求所管理的基金资产不断增值，并使基金持有人获取尽可能多的收益的金融机构。我国的财务公司是大型产业集团内部的投融资机构，由企业集团内部各成员单位入股，为本企业集团内部各企业筹资和融通资金，为促进其技术改造、新产品开发和产品销售提供中长期金融服务。美国的社区银行是资产规模较小、主要为经营区域内中小企业和居民家庭服务的地方性小型商业银行。我国的村镇银行具有类似的特征。我国的社区银行是商业银行深入居民社区的经营网点。小额贷款公司是指由自然人、企业法人与其他社会组织投资设立，不吸收公众存款，经营小额贷款业务的有限责任公司或股份有限公司。消费金融公司是指经银保监会批准，在中华人民共和国境内设立的，不吸收公众存款，以小额、分散为原则，为中国境内居民个人提供以消费为目的的贷款的非银行金融机构。汽车金融公司是指从事汽车消费信贷业务并提供相关汽车金融服务的专业机构。典当行是专门发放质押贷款的非正规边缘性金融机构，是以货币借贷为主和商品销售为辅的市场中介组织，以货币经营为其主要内容，属于金融业范畴。在华外资金融机构主要包括外资金融机构在华代表处和外资金融机构在华设立的营业性分支机构和法人机构。

思考题

1. 我国的政策性银行有哪些？它们的职能分别是什么？
2. 中国投资有限责任公司的业务主要包括哪些内容？
3. 保险公司的业务范围是什么？其主要业务流程有哪些？
4. 金融租赁公司的租赁方式主要有哪几种？
5. 信托投资公司依照我国的什么法律设立？接受什么机构监督管理？
6. 投资银行和商业银行相比，有哪七个方面的区别？其中投资银行营利业务主要包括哪些？
7. 证券投资基金的概念是什么？一般的参与主体包括哪些？
8. 我国养老金的主要来源有哪些？
9. 存在哪些区域性的金融机构？在区域经济发展中起到什么作用？

推荐阅读书目

[1] 弗雷德里克·米什金，斯坦利·埃金斯．金融市场与金融机构：全球版．北京：机械工业出版社，2013.

[2] 魏巧琴．保险公司经营管理．5版．上海：上海财经大学出版社，2016.

[3] 王淑敏，齐佩金．金融信托与租赁．5版．北京：中国金融出版社，2020.

[4] 韩复龄．投资银行学．2版．北京：对外经济贸易大学出版社，2014.

第十一章

货币创造机制

⊙本章提要⊙

在实行部分准备金制度和非现金结算制度的条件下，存款在银行体系内运行会使存款总量增加，可以创造出数倍于原始存款的派生存款。但是存款仅是货币的一个组成部分，就整个货币数量而言，在中央银行提供一定基础货币的基础上，同样可以创造出数倍于基础货币的货币数量。不管是派生存款还是货币数量，都不可能无限制地创造，都会受到多种因素的制约。

⊙重点与难点⊙

- 存款货币的多倍创造过程和货币乘数
- 影响存款货币创造的因素
- 中央银行是否能够完全控制基础货币

引导案例

在 1929 年 8 月至 1933 年 5 月间，美国货币供给减少了 28%。一些经济学家认为，这种货币供给的大幅度减少是大萧条的主要原因。决定货币供给的是基础货币和货币乘数。从表 11-1 可以看出，1929—1933 年货币供给的减少并不能归咎于基础货币的减少。实际上，在这一时期，基础货币增加了18%；相反，货币供给减少是由于货币乘数下降了38%。货币乘数下降是因为通货-存款比率和准备金-存款比率都大幅度上升了。

表 11-1　1929—1933 年美国货币供给及其决定因素　单位：10亿美元

项目	1929年8月	1933年5月
货币供给	26.5	19.0
通货	3.9	5.5
活期存款	22.6	13.5
基础货币	7.1	8.4
通货	3.9	5.5
准备金	3.2	2.9
准备金-存款比率	0.14	0.21
通货-存款比率	0.17	0.41

大多数经济学家把货币乘数的下降归咎于20世纪30年代初的银行大量倒闭。1930—1933年，9 000多家银行停止营业，拖欠了存款人的存款。银行倒闭改变了存款人和银行家的行为，从而引起货币供给减少。银行倒闭降低了公众对银行的信心而提高了通货-存款比率。人们担心银行倒闭会持续下去，他们开始把通货而不是活期存款作为更合意的货币形式。当他们提取自己的存款时，就用尽了银行的准备金。当银行对准备金减少的反应是减少自己未被偿还的贷款余额时，货币创造过程就反过来变成了货币收缩的过程。此外，银行倒闭使银行家更为谨慎而提高了准备金-存款比率。在看清许多银行的经营之后，银行家对用少量准备金经营感到担忧。因此，他们把银行准备金的持有量提高到法定最低限之上。正如家庭对银行危机的反应是相对于存款持有更多通货一样，银行的反应是相对于贷款持有更多准备金。

尽管解释货币供给减少的原因是容易的，但要决定是否应该归罪于美联储是较为困难的。有人认为，基础货币并没有减少，因此不应该归罪于美联储。有人对美联储这个时期政策的批评提出了两种观点：第一，批评者认为美联储应该起到最后贷款人的作用，而且在防止银行倒闭中起更积极的作用，这将有助于维持对银行体系的信心；第二，他们指出美联储可以增加基础货币。这两种行为都可以阻止货币供给的这种大幅度减少，降低大萧条的严重程度。

案例思考：什么是基础货币和货币乘数？中央银行能否完全控制基础货币？影响货币乘数的因素有哪些？

第一节 存款货币创造机制

一、几个重要概念

(一) 存款准备金与存款准备金比率

存款准备金是商业银行在吸收存款后，以库存现金或在中央银行的存款的形式保留的、用于应付客户提现和资金清算的那部分流动资产储备。

存款准备金比率就是存款准备金占银行吸收存款总额的比例。

存款准备金包括法定存款准备金与超额存款准备金。

法定存款准备金=法定存款准备金率×存款总额

超额存款准备金=存款准备金-法定存款准备金

(二) 原始存款和派生存款

所谓原始存款 (primary deposit)，包括商业银行吸收的现金存款或中央银行对商业银行提供再贷款、再贴现而形成的存款，是指不仅可以使单个商业银行超额存款准备金增加，而且能够增加整个商业银行体系超额存款准备金的存款。

所谓派生存款 (derivative deposit)，是相对于原始存款而言的，是指由商业银行以原始存款为基础发放贷款而引申出的超过原始存款的那部分存款。派生存款的增加可以使单个商业银行的超额存款准备金增加，但是减少了整个商业银行体系的超额存款准备金。

原始存款与派生存款的区别与联系：

(1) 原始存款与派生存款来源不同。任何一家商业银行获得的中央银行负债都具有原始存款的属性，前文提到的商业银行吸收的现金存款就是中央银行的负债。派生存款则是商业银行在发放贷款等业务活动中引申而来的存款。

(2) 原始存款与派生存款对整个银行体系超额存款准备金影响不同。站在单个商业银行角度来看，不论是原始存款还是派生存款，都会使自身的超额存款准备金增加。但是站在整个商业银行体系来看，原始存款能够增加整个商业银行体系的超额存款准备金，但派生存款减少了整个商业银行体系的超额存款准备金，存款派生的过程也是整个商业银行体系超额存款准备金不断下降的过程。假设 A 银行吸收到客户甲存入的 10 000 元现金，当法定存款准备金率为 20%时，这 10 000 元现金存款不仅使自身超额存款准备金增加了 8 000 元，也使得整个商业银行体系超额存款准备金增加了 8 000 元。如果 A 银行将 8 000 元全部贷给乙客户，乙客户将这笔资金转存 B 银行，B 银行吸收了 8 000 元存款，虽然自身的超额存款准备金增加了 6 400 元，但是 A 银行和 B 银行的超额存款准备金总和从 8 000 元降到了 6 400 元，这主要是由于存在法定存款准备金。

(3) 派生存款必须以一定量的原始存款为基础，在一定时期内，如果存款派生倍数不变，原始存款数量越大，银行创造派生存款的能力就越大；反之，创造派生存款的能力就越小。

二、存款货币创造的条件

原始存款要引起数倍的存款创造需要具备两个基本条件，即实行部分准备金制度和非现金结算制度。

（一）实行部分准备金制度

如果法律规定商业银行对存款保持全额准备金，则商业银行就没有多余的资金贷出，也就不可能再形成派生存款。因此，只有实行部分准备金制度，商业银行才有多倍创造存款货币的可能。

（二）实行非现金结算制度

在发达的信用制度下，由于非现金结算的普遍开展和票据的广泛使用，银行发放贷款一般不需要以现金形式支付给借款企业，而是把贷款转入借款企业的存款账户，而后由企业签发票据支付款项，收款单位将其收入存入银行，银行又以这笔存款发放新的贷款，这样无限循环下去，银行的存款总量就可以增加。但是，如果银行以现金放款，或者借款者将获得的贷款全部以现金取出，银行的存款总量就不可能增加。

三、存款货币的多倍创造过程

我们用简化的资产负债表——T形账户来详细说明银行存款货币的扩张过程，并作如下假设：(1) 银行体系由中央银行和至少两家以上的商业银行构成；(2) 法定存款准备金率为20%；(3) 存款准备金由商业银行的库存现金及其存于中央银行的存款组成；(4) 银行客户将其获得的贷款存入商业银行，不提取现金；(5) 商业银行不保留超额存款准备金。

设A银行吸收到客户甲存入的10 000元现金，A银行按照规定保存20%的法定存款准备金2 000元后，把剩下的8 000元超额存款准备金用于贷款。A银行的资产负债状况如下：

资产		负债	（单位：元）
现金准备	2 000	存款	10 000
放　款	8 000		

假设A银行将8 000元贷给客户乙，客户乙将此款项存入自己往来的B银行，B银行按照规定保留20%的法定存款准备金1 600元后，将剩下的6 400元超额存款准备金贷给丙客户，这时，B银行的资产负债状况如下：

资产		负债	（单位：元）
现金准备	1 600	存款	8 000
放　款	6 400		

B银行贷出的6 400元又流入C银行，C银行除保留的20%的法定存款准备金以外，同样又将剩下的5 120元超额存款准备金贷放出去……如此辗转存贷，直到超额存款准备

金下降到零，再不能增加贷款和存款。这一过程可以用表 11-2 表示。

表 11-2 存款货币的多倍创造过程 单位：元

银行	存款	法定存款准备金	放款
A	10 000	2 000	8 000
B	8 000	1 600	6 400
C	6 400	1 280	5 120
D	5 120	1 024	4 096
E	4 096	819.2	3 276.8
…	…	…	…
合计	50 000	10 000	40 000

表 11-2 表明，最初由客户存入 A 银行的 10 000 元，经过银行体系的反复使用，扩张至 50 000 元，计算过程如下：

$$\begin{aligned}&10\,000+8\,000+6\,400+5\,120+\cdots\\=&10\,000\times[1+(1-20\%)+(1-20\%)^2+(1-20\%)^3+\cdots]\\=&10\,000\times\{1/[1-(1-20\%)]\}\\=&10\,000\times(1/20\%)\\=&50\,000(\text{元})\end{aligned}$$

如果用 D 表示经过派生后的存款总额，A 表示原始存款数量，r 表示法定存款准备金率，派生后的存款总额可以这样计算：

$$\begin{aligned}D&=A+A(1-r)+A(1-r)^2+A(1-r)^3+\cdots\\&=A\,[1+(1-r)+(1-r)^2+(1-r)^3+\cdots]\\&=A\{1/[1-(1-r)]\}\\&=A(1/r)\end{aligned}$$

式中，$1/r$ 为存款创造倍数，即存款乘数，我们以 K 表示，即 $K=1/r$。在部分准备金制度下，一笔原始存款可产生大于原始存款若干倍的存款货币。扩张的数额多少主要取决于两大因素：一是原始存款数量；二是法定存款准备金率的高低。存款创造与原始存款数量成正比，与法定存款准备金率成反比。

四、影响存款货币创造的因素

在上述存款创造的例子中，简化了制约存款货币创造的若干因素，在法定存款准备金率 r 既定的情况下，$K=1/r$ 是存款货币创造可以达到的最大存款乘数，如果考虑其他因素的影响，如现金漏损率、超额存款准备金率等，它们的增加会降低存款乘数。

（一）现金漏损率

所谓现金漏损，即银行在扩张信用及创造派生存款的过程中，难免有部分现金会流出银行体系，保留在人们的手中而不再流回。上文假设公众将所有货币收入都存入银行而不提取现金是不现实的，尤其对于银行制度不发达的国家来说，人们总会将部分收入以现金的形式保留在手中。由于现金外流，银行可用于放款的资金就会减少，因而削弱了银行体系创造存款货币的能力。我们以现金漏损率表示提取的现金与活期存款之间的比率关系，即通货-存款比率。在上文的例子中，A银行吸收到10 000元现金，按照规定保存20%的法定存款准备金，如果现金漏损率为10%，则B银行只能得到7 000元的存款而不是之前的8 000元，B银行按照规定保留20%的法定存款准备金1 400元后，假设现金漏损率仍为10%，则会有700元现金漏出，C银行只能得到4 900元的存款，此时，存款货币创造的能力下降了，提取现金对于银行扩张信用的限制与法定存款准备金率具有同等的影响。当把现金漏损问题考虑进去后，假设每次现金漏损率均为10%，法定存款准备金率为20%，最初由客户存入A银行的10 000元，经过银行体系的反复使用，派生后的存款总额由原来不考虑现金漏损时的50 000元降至33 333元，计算过程如下：

$$
\begin{aligned}
&10\,000+7\,000+4\,900+3\,430+\cdots\\
&=10\,000\times[1+(1-20\%-10\%)+(1-20\%-10\%)^2+(1-20\%-10\%)^3+\cdots]\\
&=10\,000\times\{1/[1-(1-20\%-10\%)]\}\\
&=10\,000\times(1/30\%)\\
&=33\,333\ (\text{元})
\end{aligned}
$$

如果仍用D表示经过派生后的存款总额，A表示原始存款数量，r表示法定存款准备金率，c表示现金漏损率，派生后的存款总额可以这样计算：

$$
\begin{aligned}
D&=A+A(1-r-c)+A(1-r-c)^2+A(1-r-c)^3+\cdots\\
&=A\,[1+(1-r-c)+(1-r-c)^2+(1-r-c)^3+\cdots]\\
&=A\{1/[1-(1-r-c)]\}\\
&=A[1/(r+c)]
\end{aligned}
$$

此时，银行体系创造存款的扩张乘数公式应修正为：

$$K=\frac{1}{r+c}$$

（二）超额存款准备金率

前面假设商业银行不得保有超额存款准备金，而在实际经营中为了保持流动性，银行实际持有的准备金总是多于法定存款准备金，这种差额就是超额存款准备金。超额存款准备金率表示银行的超额存款准备金同活期存款的比率。同法定存款准备金率、现金漏损率一样，超额存款准备金率的变化在存款货币创造中起着同样的作用，超额存款准备金率越大，则银行信用扩张的能力就越小；超额存款准备金率越低，则银行信用扩张的能力就越大。与前文推导过程类似，令e表示超额存款准备金率，若综合考虑法定存款准备金率、现金漏损率、超额存款准备金率对存款货币派生的影响，银行体系创造存款的扩张乘数公式可以修正为：

$$K=\frac{1}{r+c+e}$$

(三)定期存款法定准备金率

由于经济行为主体既会持有活期存款，也会持有定期存款，当活期存款被转入定期存款时，由于定期存款法定准备金率通常要低于活期存款法定准备金率，因此，相比活期存款，定期存款比例越高，商业银行用于发放贷款的资金就越多，创造的派生存款就越多。但是，如果单独来看定期存款法定准备金对存款货币派生的影响，定期存款法定准备金同现金漏损、超额存款准备金是一样的，定期存款法定准备金越多，银行信用扩张能力越小。如果以 r_t表示定期存款法定准备金率，D_t表示定期存款，则定期存款法定准备金的计算公式为 $D_t \times r_t$。如果以 t 表示定期存款同活期存款之间的比率，D_d表示活期存款，则定期存款法定准备金还可以表示为 $D_d \times t \times r_t$，即定期存款法定准备金与活期存款的比率为 $t \times r_t$。综合考虑活期存款法定准备金、现金漏损、超额准备金、定期存款法定准备金对存款乘数的影响，与前文推导过程类似，存款乘数公式可进一步扩展为：

$$K=\frac{1}{r+c+e+r_t \times t}$$

根据以上分析，影响存款乘数 K 的因素是多方面的，包括 r、c、e、r_t、t 等因素的影响。其中 r 和 r_t的决定权在中央银行，c 和 t 的决定权在于社会公众，e 的大小取决于商业银行，因此中央银行并不能完整掌控存款货币创造的过程，很多因素取决于商业银行和社会公众，这增加了中央银行货币调控的难度。

第二节 中央银行体制下的货币创造过程

现代经济生活中的货币都是由银行体系创造和提供的。本章第一节讨论了商业银行创造存款货币的过程，但它仅仅研究了货币供给中的银行存款部分，本节将从中央银行角度分析整个经济生活中货币供给的机制和过程。

一、货币供给层次

货币供给是指某一国或货币区的银行系统向经济体中投入、创造、扩张（或收缩）货币的金融过程。货币供给量其实就是货币供应量（也称货币存量），指的是一个经济体在某一时点流通中的货币总量。它主要包括机关团体、企事业单位和城乡居民所拥有的现金和金融机构的存款等各种金融资产。

西方学者在长期研究中一直主张把流动性原则作为划分货币层次的主要依据。所谓流动性是指某种金融资产转化为现金或现实购买力的能力。具有流动性的金融资产，价格稳定，还原性强，可随时在金融市场上转让、出售。

各个国家信用化程度不同，金融资产的种类也不尽相同。因而，各个国家把货币划分成几个层次，每个层次的货币内容如何都不完全一样。下面介绍几种不同的划分：

(一)国际货币基金组织的划分

国际货币基金组织为了提高成员国货币金融统计对风险的敏感性，增强不同国家之间主要金融指标的可比性，曾于1996年制定并颁布了《货币与金融统计手册》（以下简称《统计手册》），随后分别于1997年、2000年进行了修订。1997年版的《统计手册》提出并推荐的货币供给量统计口径为：

现金：M0＝本币流通中的现金

狭义货币：M1＝M0＋可转让本币存款和在国内可直接支付的外币存款

狭义货币和准货币：M2＝M1＋一定期限内的（3个月到1年之间）单位定期存款和储蓄存款＋外汇存款＋大额可转让定期存单

广义货币：M3＝M2＋外汇定期存款＋商业票据＋互助金存款＋旅行支票

2000版《统计手册》取消了对货币和货币分层的定义，转而采用更为原则和笼统的方法规范货币供给量统计。但各国货币统计基本上是依据流动性强弱把货币依次划分为M0、M1、M2和M3等，但又不严格遵守0～3的排序，有些中央银行只统计M1、M2和M3（如欧洲中央银行），还有一些中央银行的货币分层采用跳跃式，由M0、M1直接跳到M3等（如英格兰银行）。

（二）我国的划分

我国于1994年10月正式向社会公布货币供给量统计。货币供给量分为以下三个层次：

现金：M0＝流通中的现金

狭义货币：M1＝M0＋单位活期存款

广义货币：M2＝M1＋储蓄存款和企业定期存款

2001年6月第一次修订货币供给量，将证券公司客户保证金计入M2。

2002年初，第二次修订货币供给量，将在中国的外资、合资金融机构的人民币存款业务分别计入不同层次的货币供给量。

2011年10月，中国人民银行对货币供给量统计口径进行了第三次正式调整，将非存款类金融机构在存款类金融机构的存款和住房公积金存款计入广义货币供给量M2。

2018年1月，中国人民银行第四次修订，完善货币供给量中货币市场基金部分的统计方法，用非存款机构部门持有的货币市场基金取代货币市场基金存款（含存单）。

二、由存款派生引出的货币供给模型

在说明存款货币创造机制时，我们常使用原始存款和派生存款这对概念。就一笔存款的派生过程而言，只要有一笔原始存款，在银行体系内就可以创造出数倍的派生存款，这个倍数我们称之为存款创造倍数或存款乘数。但是存款仅是货币的一个组成部分，就整个货币数量而言，在一定基础货币的基础上，同样可以创造出数倍于基础货币的货币数量，这个倍数我们称为货币乘数。货币乘数与存款乘数虽然有相似之处，但两者也存在明显的区别：货币乘数说明增加一单位基础货币的供给可相应引起多少倍货币总量增加；而存款乘数通常指原始存款增加可相应增加多少倍存款总量。

在基础货币一定的条件下，货币乘数决定了货币供给的总量。货币乘数越大，则货币供给量越多；反之，货币乘数越小，则货币供给量也就越少，所以货币乘数是决定货币供给量的又一个重要的甚至是更为关键的因素。

设 M_s 为货币供给量，m 表示货币乘数，B 是基础货币，那么，整个货币供给量模型为：

$$M_s = m \times B$$

三、基础货币

（一）基础货币的“质”和“量”

基础货币也称“高能货币”“强力货币”“货币基数”。基础货币被通俗地定义为金融体系能够以其为基础创造出更多货币的货币。

从“质”的角度看，基础货币具有如下显著特点：(1) 它是中央银行的负债；(2) 有很强的流动性，即持有者能够自主运用，是所有货币中最活跃的部分；(3) 派生性，即它能够产生出数倍于它本身量的货币，具有多倍的伸缩功能；(4) 较高的相关度，即它的变化对于货币供给变化起着主要决定作用；(5) 可控性，即中央银行能够控制它，并且通过对它的控制来控制整个货币供给量。

从“量”上来看，基础货币是指商业银行体系持有的存款准备金与流通于银行体系之外被社会公众持有的现金的总和。前者包括商业银行在中央银行的法定存款准备金和超额存款准备金，用 R 表示，C 表示流通于银行体系之外的现金，则基础货币“量”的组成通常用以下公式表示：

$$B = R + C$$

（二）基础货币与中央银行控制

基础货币实际上是中央银行对社会大众的负债总额，由于它的高能和强力作用，能向社会提供多倍于它的货币量，所以有必要研究中央银行是否能完全控制基础货币。

1. 中央银行控制基础货币的主要方法

(1) 法定存款准备金率。基础货币由商业银行在中央银行的法定存款准备金、超额存款准备金以及流通于银行体系之外的现金组成。在流通于银行体系之外的现金一定的情况下，如果中央银行提高法定存款准备金率，商业银行需要上缴的法定存款准备金增多，如果商业银行持有的超额存款准备金少于商业银行新增上缴的法定存款准备金，商业银行需要额外补充法定存款准备金，这时基础货币量会增加；如果商业银行持有的超额存款准备金多于商业银行新增上缴的法定存款准备金，这时提高法定存款准备金率对基础货币的影响是法定存款准备金增加、超额存款准备金减少，基础货币量不变。如果中央银行降低法定存款准备金率，商业银行需要上缴的法定存款准备金减少，超额存款准备金增加，短期内基础货币量不变。但如果商业银行由于可用资金增加而减少超额存款准备金，这时基础货币量会减少。

(2) 公开市场操作。中央银行通过“公开市场业务”买进有价证券，能使商业银行的准备金增加，例如中央银行从一家商业银行购买 10 000 元政府债券，支付 10 000 元支票，这家银行或者把支票存入它在中央银行的准备金账户中，或者把支票兑现，计入库存现金。两种情况都会使这家银行增加 10 000 元的准备金资产，减少 10 000 元的证券资产。反之，如果卖出有价证券，商业银行的准备金减少。

(3) 再贷款或再贴现。中央银行作为“最后贷款人”，如果它扩大或放松对商业银行的贷款和贴现，商业银行在中央银行的准备金也能够增加，如当中央银行向商业银行发放10 000元贴现贷款时，商业银行的准备金资产会增加10 000元。反之，如果它收缩对商业银行的贷款和贴现，会使商业银行的准备金资产减少。

2. 中央银行能完全控制基础货币吗？

控制基础货币是中央银行的一项基本任务，但在具体运用中也有其困难之处。具体来说，有以下几点困难：

(1) 调整法定存款准备金率对经济震动太大。由于整个银行存款规模巨大，法定存款准备金率的微小变动将会带来法定存款准备金的巨大变动，货币乘数的放大作用将对货币供给的总量产生巨大的影响，甚至可能产生经济的强烈震荡。西方国家将调整存款准备金率比喻为“猛药”，必须慎行。

(2) 中央银行虽对基础货币的决定有重要作用，但是影响基础货币的诸多因素并不都是同向推进的关系，而是在错综复杂的联系中呈现相互消长的趋势。调整法定存款准备金率会直接影响到商业银行的成本和收益，如果提高法定存款准备金率，会使某些商业银行立即陷入流动性困境，为了减少这些冲击，中央银行将被迫通过公开市场业务或贴现窗口向急需流动性的银行提供流动性支持，这实际上已经部分抵消了法定存款准备金率的作用。

(3) 在影响基础货币的诸多因素中，并不是所有因素都是中央银行可以控制的，有些因素如社会公众手持的现金、商业银行保留的超额存款准备金等并不是中央银行可以左右的。

四、货币乘数

由前文可知，用 M_s 代表货币供给量，B 为基础货币，m 为货币乘数，则货币供给公式为：

$$M_s = B \times m$$

货币乘数公式为：

$$m=\frac{M_s}{B}$$

根据定义有：

狭义的货币供给量：$M1=C+D_d$

基础货币：$B=C+R=C+R_r+R_t+R_e$

式中，C 表示流通中的现金，D_d 表示活期存款；R 包括商业银行在中央银行的法定存款准备金以及超额存款准备金，它由活期存款法定准备金 R_r、定期存款法定准备金 R_t 和超额存款准备金 R_e 三部分组成。

狭义的货币乘数为：

$$m_1=\frac{M}{B}=\frac{C+D_d}{C+R}=\frac{C+D_d}{C+R_r+R_t+R_e}$$

C 可以表示为现金漏损率 c 与活期存款 D_d 之积，即

$$C=c\times D_d$$

R_r 等于活期存款法定准备金率 r 与活期存款 D_d 之积，即

$$R_r=r\times D_d$$

R_t 等于定期存款法定准备金率 r_t 与定期存款 D_t 之积，即

$$R_t=r_t\times D_t$$

定期存款 D_t 等于定期存款与活期存款的比率 t 与活期存款 D_d 之积，即

$$D_t=t\times D_d$$

则有：

$$R_t=r_t\times t\times D_d$$

R_e 等于超额存款准备金率 e 与活期存款 D_d 之积，即

$$R_e=e\times D_d$$

所以有：

$$m_1=\frac{M}{B}=\frac{C+D_d}{C+R}=\frac{C+D_d}{C+R_r+R_t+R_e}=\frac{c\times D_d+D_d}{c\times D_d+r\times D_d+r_t\times t\times D_d+e\times D_d}=\frac{1+c}{c+r+r_t\times t+e}$$

以上我们推导出了狭义的货币供给量 M1 的货币乘数 m_1，使用同样的方法，我们还可以推导出 M2 的货币乘数。

从理论上说，中央银行对基础货币与货币乘数都有相当的控制力。但是，从货币供给量的形成过程来讲，它是由中央银行、商业银行和非银行经济部门等经济主体的行为共同决定的，它们的行为在不同的经济条件下又受到各种不同的因素制约。因此，货币供给量不能被中央银行绝对加以控制。

从影响货币乘数的诸因素分析，中央银行可以决定活期存款法定准备金率 r 和定期存款法定准备金率 r_t，二者的高低受货币政策的松紧影响较大；而超额存款准备金率 e 则主要由商业银行决定，商业银行保留多少超额存款准备金，取决于商业银行保留超额存款准备金的机会成本、借入资金的成本以及融通资金的便捷程度等；现金漏损率 c 和定期存款与活期存款的比率 t 则主要受社会公众的影响。一般来说，影响货币乘数的因素相当复杂，但在短期内比较稳定。如果我们假定货币乘数不变，那么货币供给量就由基础货币量决定。

本章小结

原始存款包括商业银行吸收的现金存款或中央银行对商业银行提供再贷款、再贴现而形成的存款。派生存款是相对于原始存款而言的，是指由商业银行以原始存款为基础发放贷款而引申出的超过原始存款的那部分存款。

货币乘数是指货币供给量与基础货币的比值。货币乘数与存款乘数虽然有相似之处，

但二者存在明显的区别。

基础货币也称“高能货币”“强力货币”“货币基数”。控制基础货币是中央银行的一项基本任务，中央银行对基础货币加以控制主要运用法定存款准备金率、公开市场操作以及对商业银行的再贷款、再贴现业务。但是，并不是所有因素都是中央银行可以控制的，有些因素如社会公众手持的现金、商业银行保留的超额存款准备金等并不能由中央银行完全左右。

狭义的货币供给量M1所对应的基础货币B的乘数$m_1=\frac{1+c}{c+r+r_t\times t+e}$。

思考题

1. 存款货币创造的前提条件有哪些？
2. 为了简便，分析存款货币创造的过程一般要做哪些假设？
3. 影响存款货币创造的因素有哪些？
4. 什么是原始存款和派生存款？二者有什么联系？
5. 什么是基础货币？中央银行能否完全控制基础货币？为什么？
6. 什么是货币乘数？货币乘数与存款乘数有什么区别？
7. 假设某商业银行吸收到100万元的原始存款，经过一段时间的派生后，整个银行体系最终形成500万元的存款总额，假设活期存款法定准备金率为10%，在不考虑超额存款准备金以及活期存款向定期存款转化的情况下，求现金漏损率。
8. 假设活期存款法定准备金率为10%，现金漏损率为5%，超额存款准备金率为5%，在不考虑活期存款向定期存款转化的情况下，试计算货币乘数。

推荐阅读书目

[1] 汪洋．中央银行的逻辑．北京：机械工业出版社，2015.
[2] 蒋先玲．货币金融学．2版．北京：机械工业出版社，2017.

第十二章 货币政策

⊙本章提要⊙

货币政策作为宏观经济间接调控的重要手段，在整个国民经济宏观调控体系中居于十分重要的地位。本章主要向学生介绍货币政策目标、货币政策工具、货币政策的传导机制与中介目标、货币政策效果等方面的基本理论知识，结合我国实际探讨货币政策的实践。

⊙重点与难点⊙

- 货币政策工具
- 货币政策的传导机制
- 货币政策效果

引导案例

2008 年美国爆发了金融危机，低利率的传统宽松货币政策已经无法扭转经济颓势，美联储采取了量化宽松货币政策。量化宽松（quantitative easing，QE）主要是指中央银行在实行零利率或近似零利率的政策后，通过购买国债等中长期债券，增加基础货币供给，向市场注入大量流动性资金的干预方式。该政策通常是货币当局在常规货币政策对经济刺激无效的情况下采用的非常规货币政策。2008 年 11 月，美联储首次公布将购买机构债和抵押贷款支持证券（MBS），标志着首轮量化宽松政策（QE1）的开始。美联储持续推出货币市场共同基金流动性工具、货币市场投资者融资便利等创新工具，直接向市场释放流动性；2010年11月，美联储宣布实施QE2，继续再投资策略，将第一轮量化宽松时期购买的机构债和抵押贷款支持证券的到期资金转投资于长期国债，从2010年11月到2011年6月底前的8个月时间里，增加6 000亿美元的长期国债购买量，每月大约购买750亿美元；在国际经济形势严峻、经济不确定性增强的背景下，2012年9月美联储宣布实施QE3，QE3的实施使美国就业市场前景有所改善，2014年9月美国失业率降至2008年7月以来的最低水平。2014年10月，美国宣布结束量化宽松（QE）的资产购买计划，量化宽松终于退场，美国的货币政策逐步向正常化迈进。

案例思考：为什么量化宽松的货币政策是非常规货币政策？常规货币政策有哪些？在什么时候可以使用常规货币政策，什么时候又必须使用非常规货币政策？

第一节　货币政策目标

一、货币政策的含义及其构成

（一）货币政策的含义

货币政策有广义和狭义之分，广义的货币政策是指政府、中央银行和其他有关部门有关货币方面的规定和所采取的影响货币供给量的一切措施。狭义的货币政策是指货币管理当局或中央银行为实现给定的经济目标，运用各种工具调节货币供给量和利率所采取的方针和措施的总和。

（二）货币政策的构成要素

货币政策有四大构成要素，即货币政策目标、货币政策工具、货币政策传导机制和货币政策效果。

1. 货币政策目标

把稳定币值、经济增长、充分就业、平衡国际收支作为最终目标的选择对象已经成为各国货币管理当局或中央银行的共识。从国际上看，有的国家实行单一目标制，有的国家实行多重目标制。随着经济发展时期的不同，各国货币政策目标也在发生变化。如美国在20世纪50—60年代主要以充分就业为目标，20世纪70—80年代主要以稳定币值为目标，20世纪90年代和21世纪主要以稳定币值、经济增长为目标。正确选择和确定货币政策目标是货币管理当局或中央银行的首要任务。

2. 货币政策工具

货币政策目标的实现必须借助于各种不同的货币政策工具的实施。货币政策工具从大类上可以包括三个方面：一般性货币政策工具、选择性货币政策工具和补充性货币政策工具。一般性货币政策工具是货币管理当局或中央银行调节货币供给量或信用总量时经常使用的工具，如法定存款准备金政策、再贴现政策和公开市场业务等；选择性货币政策工具是货币管理当局或中央银行有选择地对某些特殊领域的信用加以调节和影响的工具，如不动产信用控制、消费信用控制、证券市场信用控制等；补充性货币政策工具是货币管理当局或中央银行在某些特殊情况下所采用的直接信用控制和间接信用控制工具，如利率限制、信用分配、比例规定、直接干预、道义劝告、窗口指导、金融检查等。

3. 货币政策传导机制

货币政策传导机制是指货币管理当局或中央银行运用货币政策工具影响中介指标进而实现最终目标的途径和过程的机制。货币政策传导机制一般由三个基本环节构成：一是中央银行通过各种货币政策工具调节各金融机构的超额存款准备金，改变金融市场融资环境，以控制各金融机构的贷款能力和金融市场的资金融通。二是中央银行通过运用各种货币政策工具，如提高或降低利率，紧缩或扩张货币供给量，使各金融机构对货币资金供给进行调节，企业、个人调整自己的投资和消费，从而使社会的投资和消费发生变化。三是企业、个人投资和消费行为的变化必然引起产量、物价和就业的变动，最终影响稳定币值、经济增长、充分就业、平衡国际收支等的实现。

4. 货币政策效果

货币政策效果是指货币管理当局或中央银行运用货币政策工具影响中介指标进而实现最终目标的效果，主要是针对最终目标而言的。考察货币政策效果可以使用一些具体的指标来分析和判断，如反映总体经济状况的指标（国内生产总值、失业率、国际收支状况等）、反映通货膨胀程度的指标（消费物价指数、批发物价指数、国内生产总值平减指数等）、反映货币供给数量及结构变化的指标（货币供给量增长率等）。

二、货币政策的最终目标

（一）货币政策目标的内涵

1. 稳定币值

稳定币值是指稳定货币的价值，可以用物价指数的变化来衡量，通常用消费物价指数、批发物价指数和国内生产总值平减指数等来反映。

2. 经济增长

经济增长是指发展速度加快、结构优化与效率提高三者之间的统一，保持经济增长是各国政府追求的目标。经济增长通常用国民生产总值（GNP）和国内生产总值（GDP）表示，尤其是要看人均国民生产总值和人均国内生产总值的增长情况。但是，这种增长绝不是过度的增长，而是保持国民经济长期持续稳定的增长。

3. 充分就业

充分就业主要是指劳动力的充分就业，即有劳动能力并愿意参加工作的人都可以找到一个有报酬的工作。充分就业可以用失业率或就业率指标来反映，但不是指失业率为 0 或就业率为 100%。因为在现实生活中，由于季节性、技术性、经济结构等原因造成的摩擦性失业以及劳动者不愿意接受工资水平或工作条件而引起的自愿失业经常会存在。一般认为，充分就业就是要把失业率降低到自然失业水平。国际上认为失业率低于 5%或就业率高于95%可以视为充分就业。

4. 平衡国际收支

保持国际收支平衡是保障国民经济持续稳定增长和国家安全稳定的重要条件。巨额的国际收支逆差可能会引起外汇市场波动，资本大量外流，外汇储备急剧下降，本币大幅贬值，并导致严重的货币金融危机。而长期巨额的国际收支顺差往往使大量外汇储备闲置，不得不购买大量外汇而增发货币，可能导致或加剧国内通货膨胀。所以，国际收支平衡就是要求一国国际收支要保持平衡，但绝对的平衡是没有的，只要保持国际收支略有顺差或逆差的状态即可。

（二）货币政策目标类型

货币政策最终目标的类型基本上分为下列三种：

1. 单一目标型

单一目标型主要是指一国的货币管理当局或中央银行在某一经济发展时期，在货币政策目标选择上明确突出一个目标。有的时期突出稳定币值，认为稳定币值是经济正常运行和发展的基本前提，把稳定币值作为货币政策的唯一目标。如美国在20世纪70—80年代货币政策的唯一目标是稳定币值，英国在20世纪70—90年代货币政策的唯一目标也是稳定币值。20世纪90年代以来，一些国家如新西兰、瑞典、芬兰等先后以通货膨胀目标制作为货币政策的唯一目标。有的时期以充分就业为目标，如美国20世纪50—60年代货币政策的唯一目标是充分就业。有些发展中国家在货币政策目标选择上明确突出经济增长。目前，实行单一目标型的国家较少。

2. 双重目标型

双重目标型主要是指一国的货币管理当局或中央银行在某一经济发展时期，在货币政策目标选择上明确突出两个目标。有的国家把稳定币值和经济增长作为货币政策目标，如我国长期把稳定币值和经济增长作为货币政策目标。美国自20世纪90年代以来把稳定币值和经济增长作为货币政策目标。有的国家把充分就业和经济增长作为货币政策目标，有的国家把稳定币值和平衡国际收支作为货币政策目标，有的国家把充分就业和平衡国际收支作为货币政策目标。

3. 多重目标型

多重目标型主要是指一国的货币管理当局或中央银行将货币政策目标确定为三个或四个目标，如意大利从20世纪90年代以来，把稳定币值、经济增长和充分就业作为货币政策目标。在同一经济发展时期同时把稳定币值、经济增长、充分就业、平衡国际收支作为货币政策目标的国家比较少。

（三）货币政策目标相互之间的矛盾与统一

1. 稳定币值与充分就业的矛盾与统一

从统一性看，稳定币值为充分就业提供了良好的货币环境，充分就业又为稳定币值提供了物质基础。但是，稳定币值与充分就业存在着矛盾，货币币值稳定了，物价上涨率就比较低，产业部门的货币收入可能会减少，失业率往往较高；反之，要降低失业率，就要增加岗位，增加货币工资，这可能会以物价上涨为代价，这样就会牺牲币值稳定。菲利普斯曲线是用来表示失业率与物价上涨率之间替代取舍关系的曲线，由威廉·菲利普斯于

1958 年在《1861—1957 年英国失业和货币工资变动率之间的关系》一文中最先提出，后由萨缪尔森和索洛发展成为用来表示失业率与物价上涨率之间交替关系的曲线。这条曲线表明：失业率与物价上涨率二者呈反向的对应变动关系。在一轮短期的、典型的经济周期波动中，在经济波动的上升期，失业率下降，物价上涨率上升；在经济波动的回落期，失业率上升，物价上涨率下降。

2. 稳定币值与经济增长的矛盾与统一

稳定币值可以为经济增长提供良好的金融环境和货币衡量工具，经济增长又为稳定币值奠定了物质基础。但是，经济增长需要货币投放和拉动，尤其是当经济增长过快时，总是伴随着物价大幅上涨，甚至出现严重的通货膨胀。如果过度强调稳定币值，经济增长就会受到抑制，甚至出现衰退。所以，为了处理二者的关系，许多国家采取在稳定币值的基础上求经济增长，在经济增长的过程中求币值稳定，使二者相辅相成、相互促进。

3. 稳定币值与平衡国际收支的矛盾与统一

稳定币值主要是稳定货币的内在价值，平衡国际收支则是稳定货币的对外价值。如果国内物价不稳，国际收支很难平衡。因为当国内商品价格高于国外价格时，必然会引起出口下降、进口增加，出现贸易逆差。但是当国内物价稳定时，国际收支也不一定平衡，因为国际收支平衡还要受到经济发展形势、外贸政策、关税政策等许多因素的影响。

4. 充分就业与经济增长的矛盾与统一

通常在劳动密集型条件下，就业人数越多，经济增长速度就越快，为劳动者提供的就业机会也就越多。但是，在技术密集型和知识密集型条件下，经济增长就不完全是由就业人数增加所带来的。

5. 充分就业与平衡国际收支的矛盾与统一

如果充分就业推动了经济增长，可以扩大出口、减少进口，有利于国际收支平衡；但是，为了过度追求充分就业，需要更多的资金和生产资料，当国内满足不了需求时，就需要引进外资、进口设备与原材料等，不利于国际收支平衡。

6. 经济增长与平衡国际收支的矛盾与统一

当经济增长较快时，经济实力会相应增长，出口可能会增加，进口可能会减少，有利于国际收支平衡；但是，当经济增长过快，需要更多生产要素时，就会增加进口，出现国际收支逆差，如果国家限制进口，压缩国内投资，就会妨碍国内经济增长。

第二节　货币政策工具

货币政策工具是中央银行为实现货币政策目标而使用的各种方法手段。它可以分为一般性货币政策工具、选择性货币政策工具和补充性货币政策工具三大类。

一、一般性货币政策工具

所谓一般性货币政策工具是指对货币供给总量或信用总量进行调节，且经常使用，具有传统性质的货币政策工具。一般性货币政策工具主要有以下三个：

（一）法定存款准备金政策

1. 法定存款准备金政策的含义

法定存款准备金政策是指由中央银行强制要求商业银行等存款货币机构按规定的比率上缴存款准备金，中央银行通过提高或降低法定存款准备金率来达到收缩或扩张信用目标的工具。

2. 法定存款准备金政策的作用机制

中央银行法定存款准备金政策的一般操作原理体现在它对商业银行的信用扩张能力和存款乘数的调节上。商业银行的存款扩张总量就是原始存款与存款乘数的乘积。存款乘数的大小主要受中央银行法定存款准备金率、超额存款准备金率、现金漏损率等因素的影响。所以，一般来说，当中央银行提高法定存款准备金率时，商业银行的超额存款准备金会减少，银行信贷量会减少，存款乘数会减少，派生存款量会减少，社会货币供给量会减少，市场利率会提高，投资和消费会减少，社会经济随之收缩（见图 12-1）；反之，社会经济会扩张。

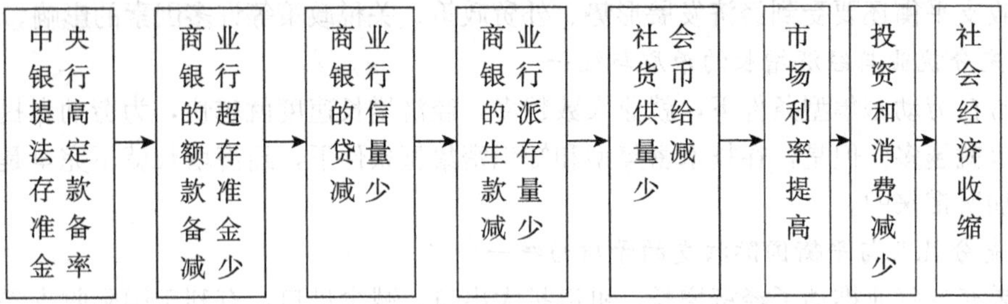

图 12-1 中央银行提高法定存款准备金率的作用机制

3. 法定存款准备金政策的优缺点

（1）法定存款准备金政策的优点。对所有存款银行的影响是平等的，对货币供给量具有极强的影响力，通常称它是一帖力度大、反应快的“猛药”。

（2）法定存款准备金政策的缺点。对经济的震动太大，不宜作为中央银行日常调控的工具；对不同种类存款的影响大小不一致。

4. 我国中央银行法定存款准备金政策的实践

（1）1984 年我国建立了以集中资金为目标的结构性存款准备金政策。1984 年中国人民银行为了集中资金，首次规定了各专业银行缴存存款准备金的办法，当时实行的就是结构性存款准备金率：企业存款为 20%，储蓄存款为 40%，农村存款为 25%。

（2）1985 年我国形成了以信贷总量为目标的总量性存款准备金政策。根据经济运行情况和金融宏观调控的需要，我国对存款准备金率进行过多次调整：1985 年，改结构性存款准备金率为总量性存款准备金率，按存款总额的 10%收缴；1987 年，为了适当集中资金，将存款准备金率由 10%上调至 12%；1988 年 9 月 1 日，面对当时严重的通货膨胀又将存款准备金率提高到 13%。

(3) 从1998年开始，我国实行以调控货币供给量为目标的总量性存款准备金政策。1998年3月，为了化解东南亚金融危机的负面影响，启动内需以拉动经济增长，中国人民银行决定，从1998年3月21日起，对存款准备金制度进行改革，主要内容有：将原各金融机构在中国人民银行的“准备金存款”和“备付金存款”两个账户合并，称为“准备金存款”账户；法定存款准备金率从13%下调到8%；对各金融机构的法定存款准备金按法人统一考核，按旬考核等。1999年11月9日，中国人民银行再次宣布将法定存款准备金率下调为6%。

(4) 自2004年以来，我国实行以调控货币供给量为目标的差别存款准备金政策。2003年9月21日，将存款准备金率上调至7%；2004年4月25日，将存款准备金率由7%提高到7.5%。与此同时，实行差别存款准备金率，对经济运行进行结构性调控。国有独资商业银行、股份制商业银行、城市商业银行、农村商业银行、农村合作银行、中国农业发展银行、信托投资公司、财务公司、金融租赁公司和有关外资金融机构，执行7.5%的存款准备金率；资本充足率低于一定水平的金融机构，执行8%的存款准备金率；农村信用社和城市信用社执行6%的存款准备金率。

(5) 2006—2020年，我国连续地、频繁地调整法定存款准备金率，对大型金融机构和中小金融机构实行差别存款准备金政策（见表12-1）。2006年经济运行中存在固定资产投资增长过快、货币信贷增长偏快、对外贸易顺差扩大等突出问题，为了抑制货币信贷总量的过快增长，2006年我国3次上调法定存款准备金率，达到9%；2007年由于国际收支持续顺差，银行体系过剩流动性又有新的增加，贷款扩张压力较大，2007年我国10次上调法定存款准备金率，达到14.5%。

2008年我国6次上调法定存款准备金率之后，面对国际金融危机给我国带来的不利影响，又3次下调法定存款准备金率；2009年为克服国际金融危机的影响，我国实施了积极的财政政策和适度宽松的货币政策，全年流动性猛增，出现了过剩和偏多的情况，为了进行适当的调整和收缩，我国2010年连续6次上调法定存款准备金率，2011年连续6次上调法定存款准备金率。

在实施了两年适度从紧的货币政策之后，国内通胀压力趋弱、经济增速放缓，我国货币市场资金出现偏紧的状况，为了缓解这种状况，2011年12月5日我国开始下调法定存款准备金率，2012年又连续两次下调法定存款准备金率。

为了支持经济结构调整，鼓励和引导金融机构更多地将新增或者盘活的信贷资源配置到“三农”等领域，2014年4月25日，我国下调县域农村商业银行法定存款准备金率2个百分点，下调县域农村合作银行法定存款准备金率0.5个百分点。2014年6月16日，我国对符合审慎经营要求且“三农”和小微企业贷款达到一定比例的商业银行下调法定存款准备金率0.5个百分点。

面对经济下行的压力，2015—2020年，我国12次降低法定存款准备金率，2015年4次，2016年1次，2018年3次，2019年3次，2020年1次，调整后大型金融机构法定存款准备金率为12.5%，中小金融机构为10.5%。

表 12-1　2006 年以来我国法定存款准备金率的历次调整情况（%）

生效日期	大型金融机构			中小金融机构		
	调整前	调整后	调整幅度	调整前	调整后	调整幅度
2020 年 01 月 06 日	13.00	12.50	−0.50	11.00	10.50	−0.50
2019 年 09 月 16 日	13.50	13.00	−0.50	11.50	11.00	−0.50
2019 年 01 月 25 日	14.00	13.50	−0.50	12.00	11.50	−0.50
2019 年 01 月 15 日	14.50	14.00	−0.50	12.50	12.00	−0.50
2018 年 10 月 15 日	15.50	14.50	−1.00	13.50	12.50	−1.00
2018 年 07 月 05 日	16.00	15.50	−0.50	14.00	13.50	−0.50
2018 年 04 月 25 日	17.00	16.00	−1.00	15.00	14.00	−1.00
2016 年 03 月 01 日	17.50	17.00	−0.50	15.50	15.00	−0.50
2015 年 10 月 24 日	18.00	17.50	−0.50	16.00	15.50	−0.50
2015 年 09 月 06 日	18.50	18.00	−0.50	16.50	16.00	−0.50
2015 年 04 月 20 日	19.50	18.50	−1.00	17.50	16.50	−1.00
2015 年 02 月 05 日	20.00	19.50	−0.50	18.00	17.50	−0.50
2012 年 05 月 18 日	20.50	20.00	−0.50	18.50	18.00	−0.50
2012 年 02 月 24 日	21.00	20.50	−0.50	19.00	18.50	−0.50
2011 年 12 月 05 日	21.50	21.00	−0.50	19.50	19.00	−0.50
2011 年 06 月 20 日	21.00	21.50	0.50	19.00	19.50	0.50
2011 年 05 月 18 日	20.50	21.00	0.50	18.50	19.00	0.50
2011 年 04 月 21 日	20.00	20.50	0.50	18.00	18.50	0.50
2011 年 03 月 25 日	19.50	20.00	0.50	17.00	18.00	1.00
2011 年 02 月 24 日	19.00	19.50	0.50	16.50	17.00	0.50
2011 年 01 月 20 日	18.50	19.00	0.50	16.50	16.50	0.00
2010 年 12 月 20 日	18.00	18.50	0.50	16.00	16.50	0.50
2010 年 11 月 29 日	17.50	18.00	0.50	15.50	16.00	0.50
2010 年 11 月 16 日	17.00	17.50	0.50	15.00	15.50	0.50
2010 年 05 月 10 日	16.50	17.00	0.50	14.50	15.00	0.50
2010 年 02 月 25 日	16.00	16.50	0.50	14.00	14.50	0.50
2010 年 01 月 18 日	15.50	16.00	0.50	13.50	14.00	0.50
2008 年 12 月 25 日	16.00	15.50	−0.50	14.00	13.50	−0.50
2008 年 12 月 05 日	17.00	16.00	−1.00	16.00	14.00	−2.00
2008 年 10 月 15 日	17.50	17.00	−0.50	16.50	16.00	−0.50
2008 年 09 月 25 日	17.50	17.50	0.00	17.50	16.50	−1.00
2008 年 06 月 25 日	17.00	17.50	0.50	17.00	17.50	0.50
2008 年 06 月 15 日	16.50	17.00	0.50	16.50	17.00	0.50
2008 年 05 月 20 日	16.00	16.50	0.50	16.00	16.50	0.50
2008 年 04 月 25 日	15.50	16.00	0.50	15.50	16.00	0.50
2008 年 03 月 25 日	15.00	15.50	0.50	15.00	15.50	0.50
2008 年 01 月 25 日	14.50	15.00	0.50	14.50	15.00	0.50
2007 年 12 月 25 日	13.50	14.50	1.00	13.50	14.50	1.00
2007 年 11 月 26 日	13.00	13.50	0.50	13.00	13.50	0.50
2007 年 10 月 25 日	12.50	13.00	0.50	12.50	13.00	0.50

续表

生效日期	大型金融机构			中小金融机构		
	调整前	调整后	调整幅度	调整前	调整后	调整幅度
2007 年 09 月 25 日	12.00	12.50	0.50	12.00	12.50	0.50
2007 年 08 月 15 日	11.50	12.00	0.50	11.50	12.00	0.50
2007 年 06 月 05 日	11.00	11.50	0.50	11.00	11.50	0.50
2007 年 05 月 15 日	10.50	11.00	0.50	10.50	11.00	0.50
2007 年 04 月 16 日	10.00	10.50	0.50	10.00	10.50	0.50
2007 年 02 月 25 日	9.50	10.00	0.50	9.50	10.00	0.50
2007 年 01 月 15 日	9.00	9.50	0.50	9.00	9.50	0.50
2006 年 11 月 15 日	8.5	9	0.5	8.5	9	0.5
2006 年 08 月 15 日	8	8.5	0.5	8	8.5	0.5
2006 年 07 月 05 日	7.5	8	0.5	7.5	8	0.5

资料来源：东方财富网。

（二）再贴现政策

1. 再贴现政策的含义

再贴现政策是指中央银行通过正确制定和调整再贴现率来影响市场利率和投资成本，从而调节货币供给量的一种货币政策工具。它一般包括两个方面的内容：一是再贴现率的规定和调整，即中央银行根据市场的资金状况，调高或调低再贴现率，影响商业银行贴现融资成本，从而调节货币供给量；二是规定再贴现的资格，即对再贴现票据的种类和申请贴现机构加以区别规定，起到鼓励或抑制作用，改变资金流向。

2. 再贴现政策的作用机制

再贴现政策既能起到引导信贷注入特定领域以增加流动性总量的作用，又能对社会信用结构、利率水平、商业银行资产质量等方面发挥调节作用。

（1）借款成本效果。当中央银行调高再贴现率时，商业银行融资成本会相应增加，商业银行会减小向中央银行的票据贴现规模，从而减小商业银行的信贷规模，社会货币供给量会相应减少，经济会相应紧缩（见图 12－2）；反之，社会经济会相应扩张。

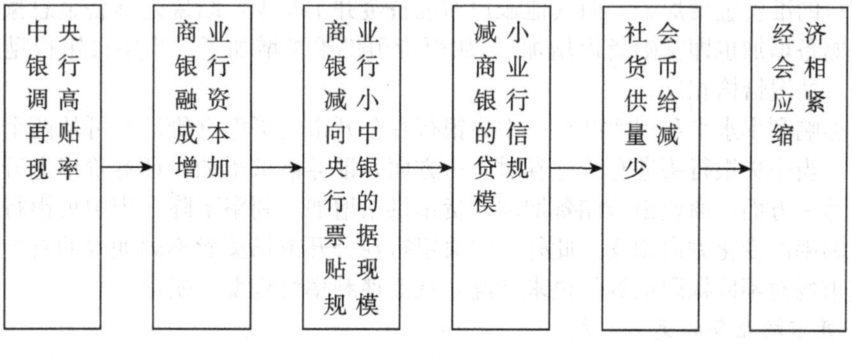

图 12－2　再贴现率政策的作用机制

（2）宣示效果。因为再贴现率是中央银行的基准利率，所以它会对短期市场利率起导向作用。当中央银行调高再贴现率时，意味着向社会宣示政策紧缩意向。反之，当中央银行调低再贴现率时，意味着向社会宣示政策扩张意向。

（3）结构调节效果。再贴现政策通过对再贴现票据种类和申请贴现机构加以区别规定，以及实行差别利率，可以改变资金流向，从而达到支持短线部门和限制长线部门，实现国民经济结构调整的目的。

3. 再贴现政策的优缺点

（1）再贴现政策的优点。中央银行可利用它来履行最后贷款人的职责，通过再贴现率的变动影响货币供给量、短期利率以及商业银行的资金成本和超额存款准备金，达到中央银行既调节货币总量又调节信贷结构的政策意向。

（2）再贴现政策的缺点。不能使中央银行有足够的主动性，贴现与否、贴现多少取决于商业银行，难以真正反映中央银行的货币政策意向，甚至市场变化的走向可能违背政策意图；经济快速增长时，利率无论多高，都难以遏制商业银行向中央银行再贴现；经济衰退时，利率无论多低，都难以鼓励商业银行向中央银行再贴现；可能导致再贴现规模甚至货币供给量发生非政策意图的波动。

（三）公开市场业务

1. 公开市场业务的含义

所谓公开市场业务，就是指中央银行利用公开市场与证券持有人进行证券买卖，吞吐基础货币，收缩金融机构的超额存款准备金，调节信用规模、货币供给量以实行其金融控制和调节，进而实现货币政策目标的政策工具。公开市场业务作为中央银行市场化的货币政策调控工具，已在美国、德国、法国、英国等市场经济发达的国家得到了广泛应用，成为各国中央银行最经常使用、最灵活有效的调节市场货币供给量的重要工具。而我国中央银行将公开市场业务作为货币政策工具则始于 20 世纪 90 年代中后期，历经十几年的发展，仍然处于不断探索和完善中。

2. 公开市场业务的作用机制

（1）调控商业银行等金融机构的准备金和货币供给量。当中央银行从任何有价证券持有者手中购进有价证券的时候，中央银行签发支票支付价款，证券出卖人将支票拿到自己的开户银行，开户银行收到这张支票后将它送交中央银行请求支付，中央银行承兑这张支票，并在证券出卖人开户银行在中央银行的准备金账户上增记支票金额。这时，证券出卖人开户银行的准备金增加了，而其他账户的准备金并不减少，结果是准备金总额增加（表现为超额储备增加也即基础货币增加），从而货币供给量增加了。当中央银行抛售有价证券的时候，情况恰恰相反。

（2）影响利率水平和利率结构。中央银行在公开市场买卖有价证券可从两个渠道影响利率水平：当中央银行买进有价证券时，一方面，证券需求增加，证券价格上升，市场利率下降；另一方面，商业银行储备增加，货币供给增加，利率下降。当中央银行卖出有价证券时，利率的变化方向相反。此外，中央银行在公开市场买卖不同期限的有价证券，可直接改变市场对不同期限证券的供求状况，从而使利率结构发生变化。

3. 公开市场业务的交易方式

中央银行公开市场业务主要包括回购交易、现券交易和发行中央银行票据。其中回购交易分为正回购和逆回购两种。正回购为中央银行向一级交易商卖出有价证券，并约定在未来特定日期买回有价证券的交易行为。正回购为中央银行从市场收回流动性的操作，正回购到期则为中央银行向市场投放流动性的操作。逆回购为中央银行向一级交易商购买有价证券，并约定在未来特定日期将有价证券卖给一级交易商的交易行为。逆回购为中央银行向市场上投放流动性的操作，逆回购到期则为中央银行从市场收回流动性的操作。现券交易分为现券买断和现券卖断两种，前者为中央银行直接从二级市场买入债券，一次性地投放基础货币；后者为中央银行直接卖出持有债券，一次性地回笼基础货币。中央银行票据即中央银行发行的短期债券，中央银行通过发行中央银行票据可以回笼基础货币，中央银行票据到期则体现为投放基础货币。

4. 公开市场业务的特点

（1）公开性。中央银行在公开市场上买卖各种有价证券，是根据市场原则，通过众多交易对手竞价交易进行的。

（2）灵活性。中央银行在公开市场上可灵活地选择买卖的时间和数量，并根据经济形势、利率走向、资金状况和政策需要随时操作。

（3）主动性。中央银行在公开市场上始终处于主动地位，可根据一定时期货币政策的需要和银根松紧情况，主动招标和买卖有价证券。

（4）直接性。中央银行在公开市场上买卖有价证券可直接影响商业银行的准备金状况，从而直接影响市场货币供给量。

5. 公开市场业务的优缺点

公开市场业务的优点有：（1）主动权在中央银行，可以经常性、连续性地操作，并具有较强的弹性；（2）操作可灵活安排，可以用较小规模进行微调，不至于对经济产生过于猛烈的冲击；（3）促使货币政策和财政政策有效结合和配合使用。

公开市场业务的缺点有：（1）需要以发达的金融市场作背景；（2）必须有其他政策工具的配合。

二、选择性货币政策工具

选择性货币政策工具是指中央银行针对某些特殊的经济领域或特殊用途的信贷而采用的信用调节工具，主要有消费者信用控制、证券市场信用控制、不动产信用控制、优惠利率、预缴进口保证金等。

（一）消费者信用控制

消费者信用控制是指中央银行对不动产以外的各种耐用消费品的销售融资予以控制。其主要内容包括：（1）规定用分期付款购买耐用消费品时第一次付款的最低金额。（2）规定用消费信贷购买商品的最长期限。（3）规定可用消费信贷购买的耐用消费品种类，对不同消费品规定不同的信贷条件等。在通货膨胀时，中央银行采取消费者信用控制，能起到抑制消费需求和物价上涨的作用。

（二）证券市场信用控制

证券市场信用控制是指中央银行对有关有价证券交易的各种贷款进行限制，目的在于限制用借款购买有价证券的比重，抑制过度投机，如规定一定比例的证券保证金率，并随时根据证券市场的状况加以调整。

（三）不动产信用控制

不动产信用控制是指中央银行对商业银行等金融机构在房地产方面放款的限制。其主要目的是抑制房地产投机，如对金融机构的房地产贷款规定最高限额、最长期限以及首次付款和分摊还款的最低金额等。

（四）优惠利率

优惠利率是指中央银行对按国家产业政策要求重点发展的经济部门或产业，如基础产业、高新技术产业、出口创汇工业、农业等，规定较低贴现利率或放款利率的一种管理措施。

（五）预缴进口保证金

预缴进口保证金是指中央银行要求进口商预缴相当于进口商品总值一定比例的存款，以抑制进口的过快增长。预缴进口保证金多为国际收支经常出现赤字的国家所采用。

三、补充性货币政策工具

补充性货币政策工具主要包括直接信用控制和间接信用控制两大类。

（一）直接信用控制

直接信用控制是指中央银行以行政命令或其他方式，直接对金融机构尤其是商业银行的信用活动所进行的控制。其手段包括：利率最高限额规定、信用配额或信用分配、流动性比率规定、直接干预等。（1）利率最高限额规定是中央银行最经常使用的直接信用管制工具，如规定存款、贷款的最高或最低限额，防止商业银行等金融机构抬高存款利率拉存款客户和压低贷款利率拉贷款客户，出现恶性竞争。（2）信用配额或信用分配是中央银行对各个商业银行的信用规模加以分配，限制其最高数量。我国在 1998 年前一直采用这一办法控制商业银行的信用规模，这在一定程度上限制了银行的发展。（3）流动性比率规定是中央银行对商业银行的流动资产占存款的比重加以规定，限制银行的信用扩张，商业银行为了保持中央银行规定的流动性比率，必然缩减长期贷款和投资，增加短期贷款和易变现资产，银行的收益率会降低。（4）直接干预是中央银行对商业银行的信贷业务、放款范围等加以直接干预。

（二）间接信用控制

间接信用控制是指中央银行采用道义劝告、窗口指导、金融检查等办法间接地影响商业银行等金融机构的行为，引导其开展经营活动。（1）道义劝告是指中央银行利用其声望和地位，对商业银行等金融机构经常发出通告、指示，与金融机构负责人面谈，劝告其遵守政策并自觉采取贯彻政策的措施。（2）窗口指导是指中央银行根据产业行情、物价趋势和金融市场动向，规定商业银行的贷款重点投向和贷款变动数量等，并要求其执行。（3）金融检查是指中央银行对商业银行等金融机构的业务活动进行合法性、合规性的检查，并对检查情况采取必要的措施。

四、我国新创设的货币政策工具

2013 年以来，为实现经济新常态下保增长、调结构、防风险的宏观调控总目标，中国人民银行新创设了多种货币政策工具，包括公开市场短期流动性调节工具（short-term liquidity operation，SLO）、常设借贷便利（standing lending facility，SLF）、中期借贷便利（medium-term lending facility，MLF）和抵押补充贷款（pledged supplementary lending，PSL）等。

（一）公开市场短期流动性调节工具

公开市场短期流动性调节工具是中国人民银行于2013年初创设的，作为公开市场常规操作的必要补充，在银行体系流动性出现临时性波动时相机使用。该工具原则上在公开市场常规操作的间歇期使用，操作对象为公开市场业务一级交易商中具有系统重要性、资产状况良好、政策传导能力强的部分金融机构，操作结果滞后一个月通过《公开市场业务交易公告》对外披露。

（二）常设借贷便利

常设借贷便利是中国人民银行在2013年创设的流动性调节工具，主要功能是满足金融机构期限较长的大额流动性需求。对象主要为政策性银行和全国性商业银行。期限为1～3个月。利率水平根据货币政策调控、引导市场利率的需要等综合确定。常设借贷便利以抵押方式发放，合格的抵押品包括高信用评级的债券类资产及优质信贷资产等。

（三）中期借贷便利

2014年9月，中国人民银行创设了中期借贷便利，是中央银行提供中期基础货币的货币政策工具，对象为符合宏观审慎管理要求的商业银行、政策性银行，采取质押方式发放，并需提供国债、央行票据、政策性金融债、高等级信用债等优质债券作为合格质押品。在我国外汇占款渠道投放基础货币出现放缓的情况下，中期借贷便利起到了补充流动性缺口的作用。

（四）抵押补充贷款

抵押补充贷款是中国人民银行对政策性金融机构发放的抵押贷款，需要金融机构提供合格抵押品，如高等级债券资产或优质信贷资产。抵押补充贷款属于中长期贷款，目的是为“棚户区改造”项目、重大水利工程建设项目等提供长期稳定低成本的资金，保证项目的顺利实施。

从操作实践来看，我国新创设的货币政策工具使用越来越常态化，公开市场短期流动性调节工具和常设借贷便利多在短期货币市场利率波动较大时开展，通过及时向市场投放流动性，熨平货币市场利率的大幅波动；中期借贷便利主要集中在外汇占款等月度金融数据披露后的中下旬，可以较好对冲外汇占款的下降，维持市场流动性的适度宽裕，引导市场利率的平稳运行；抵押补充贷款作为常设借贷便利和中期借贷便利的补充，专门支持政策性金融机构实现中央政府对社会发展重点领域和国民经济薄弱环节的发展目标。可以借抵押补充贷款的利率水平来引导中期政策利率，实现中央银行在短期利率控制之外，对中长期利率水平的引导和掌控。

第三节 货币政策的传导机制与中介指标

一、货币政策的传导机制

货币政策的传导机制是指货币管理当局确定货币政策之后，从选用一定的货币政策工具进行现实操作开始，到实现最终目标之间，所经过的各种中间环节相互之间的有机联系及因果关系的总和。

不同学派不同学者的货币政策传导机制不完全相同，但是在不同的理论中，基本公认的有：(1) 货币数量增加后，对金融市场的利率会产生影响，同时对股票价格或债券价格也会产生影响；(2) 利率或股票价格、债券价格的变化会影响企业家的投资热情和个人的消费欲望及现实支出；(3) 当投资和消费发生变化后国民生产总值自然会发生相应的变化。因此，货币政策传导机制的一般模式为：货币供给量→利率、金融资产价格→投资、消费→国民生产总值。

二、货币政策的中介指标

从货币政策工具的运用到货币政策目标的实现需要一个相当长的传导过程，货币管理当局或中央银行不能直接控制和实现货币政策的最终目标，必须通过对自己能够直接控制的中介指标的调节和影响才能达到最终目标。

(一) 中介指标的含义及选择标准

所谓货币政策的中介指标是指中央银行为实现特定的货币政策目标而选取的操作对象。因此，中介指标就成为货币政策作用过程中一个十分重要的中间环节。对它们的选择是否正确以及选定后能否达到预期调节效果，关系到货币政策最终目标能否实现。货币政策的中介指标的选择应该符合如下标准：

(1) 可控性。货币管理当局或中央银行能够有效地进行控制，并不会遇到太多的麻烦和障碍。

(2) 可测性。货币管理当局或中央银行能够迅速和准确地获得有关数据资料，便于观察、分析和监测。

(3) 相关性。货币管理当局或中央银行选择的中介指标与最终目标之间有密切的、稳定的和统计数量上的联系。

(4) 抗干扰性。货币管理当局或中央银行选择的中介指标在实施过程中受到外来因素或非政策因素的干扰程度较低，以保证政策效果。

(5) 适应性。货币管理当局或中央银行选择的中介指标要与经济体制和金融体制有较好的适应性。

(二) 常用的货币政策中介指标

1. 利率

作为中介指标基本符合上述标准，其优点表现在：首先，可控性强。中央银行可直接控制对金融机构融资的利率。而通过公开市场业务或再贴现政策，也能调节市场利率的走向。其次，可测性强。中央银行在任何时候都能观察到市场利率的水平及结构。最后，中央银行能够通过利率影响投资和消费支出，从而调节总供求。但是，利率作为内生变量和外生变量往往很难区分，如通货紧缩时，作为外生变量，中央银行会降低利率、扩张需求，而作为内生变量，经济衰退会推低利率，因此难以区分政策性效果和非政策性效果。

2. 货币供给量

作为中介指标基本符合上述标准，其优点表现在：(1) 中央银行对货币供给量的控制力较强，即经济繁荣时，中央银行为防止通货膨胀而压缩货币供给量；经济萧条时，中央银行会扩大货币供给以复兴经济。(2) 货币供给量的变动能直接影响经济活动，即货币供给量与经济的运动方向是一致的，即经济繁荣时会增加，经济萧条时会自动收缩。(3) 与货币政策意图联系紧密，货币供给量增加，表示货币政策扩张；货币供给量减少，表示货币政策紧缩。(4) 可以明确地区分政策性效果和非政策性效果。但是，货币供给量也存在不足：(1) 中央银行对货币供给量的控制能力不是绝对的，公众和商业银行的行为也会影响货币供给量。(2) 中央银行通过运用货币政策工具实行对货币供给量的控制存在一定的时滞。

3. 超额存款准备金

超额存款准备金对商业银行的资产业务规模有直接决定作用。法定存款准备金率、公开市场业务和再贴现率等货币政策工具，都是通过影响超额存款准备金的水平而发挥作用的。但是，作为中介指标，超额存款准备金往往因其取决于商业银行的意愿和财务状况而不易为中央银行测度和控制。

4. 基础货币

基础货币是流通中的现金和商业银行的存款准备金的总和，它构成了货币乘数伸缩的基础。它满足可测性和可控性的要求，是一个较理想的近期指标。

货币政策通过中介指标的操作见图 12-3。

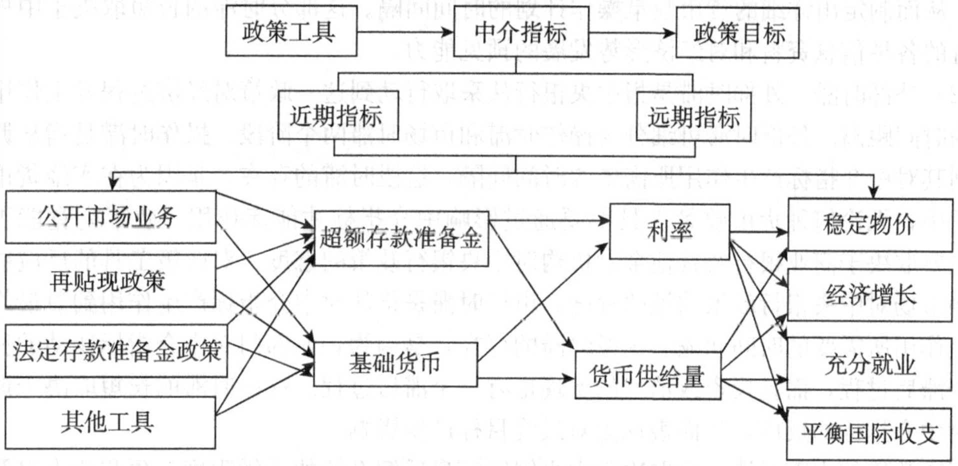

图 12-3 货币政策通过中介指标的操作

第四节 货币政策效果

一、货币政策效果的含义及其衡量

(一) 货币政策效果的含义

货币政策效果是指中央银行操作货币政策工具后，达到其最终目标的程度。如果中央银行执行货币政策后，能够较快接近货币政策确定的最终目标的目标值，则货币政策的效果就较好。但是，如果要等很长时间才能接近货币政策确定的最终目标的目标值，则货币政策的效果就较差。

（二）货币政策效果的衡量

衡量货币政策的效果，一是看效果发挥的快慢；二是看发挥效力的大小。

1. 效果发挥的快慢

货币政策效果发挥的快慢可以通过货币政策时滞来衡量。所谓货币政策时滞，也称货币政策的作用时滞，或称货币政策时差，它是指从经济形势变化到需要中央银行操作货币政策乃至货币政策发挥效用的时间，即货币政策从研究、制定到实施后发挥实际效果的全部时间过程。货币政策的时滞按发生源和性质分类，可以分为内部时滞和外部时滞两大类。

（1）内部时滞。内部时滞是指中央银行从制定政策到采取行动所需要的时间。内部时滞又可以细分为认识时滞和决策时滞两个阶段。认识时滞是指从经济形势变化需要采取行动到中央银行认识到有必要采取相应的货币政策来调节经济状况之间的时间间隔。这段时滞的存在，主要是因为收集各种信息资料需要耗费一定的时间，对各种复杂的经济现象进行综合分析，作出客观、符合实际的判断需要耗费一定的时间。决策时滞是指中央银行需要采取什么样的货币政策还需要就货币政策的方向、操作力度、操作方案等问题进行反复讨论，从而制定出详细的货币政策操作计划的时间间隔。这部分时滞的长短取决于中央银行占有的各种信息资料和对经济形势发展的预见能力。

（2）外部时滞。外部时滞是指中央银行从采取行动到这一政策对经济过程发生作用所需要的时间距离。外部时滞可细分为操作时滞和市场时滞两个阶段。操作时滞是指从调整政策到其对中介指标产生作用所需要的时间间隔。这段时滞的存在，是因为在实施货币政策过程中，无论何种货币政策工具都要通过影响中介指标才能起作用。政策究竟能否生效，主要取决于商业银行及其他金融机构对中央银行政策的态度、对政策工具的反应能力和金融市场对中央银行政策的敏感程度。市场时滞是指从对中介指标产生作用到对最终目标产生作用所需要的时间间隔。这段时滞的存在，是因为企业部门对中介指标变动的反应有一个滞后过程，而且投资或消费的实现也有一个滞后过程。这一时滞的长短取决于调控对象对中介指标的反应，从而表现为对最终目标产生影响。

货币政策的内部时滞主要取决于中央银行信息反馈系统的灵敏程度、预测能力以及货币当局根据自己的预测采取行动的意向，内部时滞可由中央银行掌握。而外部时滞并非中央银行能直接加以控制，其时滞的长短主要取决于政策的操作力度和金融部门、企业部门对政策工具的反应大小，它是一个由多种因素综合决定的复杂变量，具体包括投资者和消费者对市场变化及信息的反应、经济管理体制、经济发展水平、货币政策力度、社会公众的预期等因素。货币政策各种时滞之间的相关关系如图 12－4 所示。

货币政策时滞究竟有多长，这在很大程度上是一个实证经济学问题，西方有不少经济学家对此进行过探讨，但结论差异颇大。有的认为，内部时滞较短，外部时滞较长。通常，内部时滞为 1.5～2 个月甚至 6 个月，外部时滞为 8.5～18 个月甚至 30 个月。

2. 发挥效力的大小

对货币政策发挥效力大小的判断，一般着眼于实施的货币政策所取得的效果与预期所

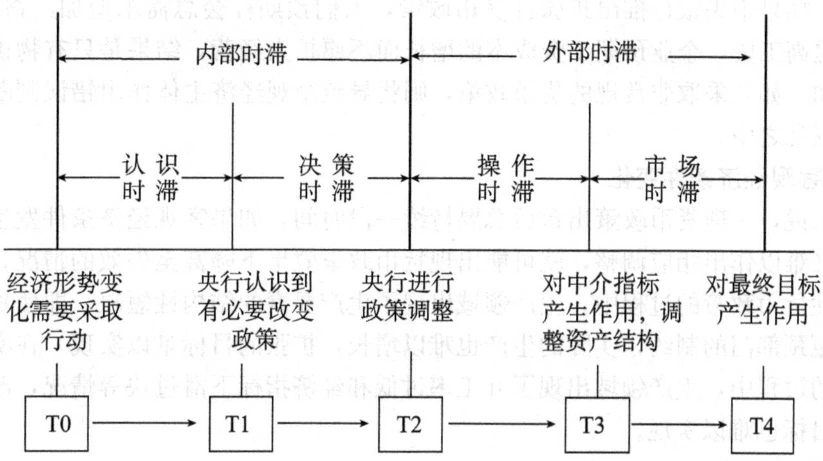

图12－4 货币政策各种时滞之间相关关系分解图

要达到的目标之间的差距。如果货币政策目标确定为稳定货币和经济增长，货币政策效果主要是指货币政策在稳定货币和促进经济增长这两方面的作用大小和有效程度。具体从两个方面考察其效果，一是它在多大程度上引起了通货膨胀；二是它对经济增长的促进或推动作用究竟有多大，即货币政策的实施在多大程度上以尽可能低的通货膨胀来获取尽可能高的经济增长，主要看货币能否系统地影响产出，货币与产出之间是否存在稳定联系，货币当局能否有效地控制货币量的多少等方面。

二、货币政策效果的影响因素

（一）货币政策时滞

货币政策时滞是影响货币政策效果的重要因素。如果货币政策可能产生的大部分效果较快地表现出来，那么中央银行就可根据期初的预测值，考察政策生效的状况，并对政策的取向和力度作必要的调整，从而使政策能够更好地实现预期的目标。如果货币政策可能产生的大部分效果要较长的时间才能表现出来，如两年以后，那么经济形势变化很大，很难证明货币政策的预期效果是否实现。

（二）货币流通速度

货币流通速度一个相当小的变动，都可能使货币政策效果受到严重影响，甚至有可能使本来正确的政策走向反面。假设在预测的年度，GNP 将增长 10%，只要包括货币流通速度在内的其他条件不变，货币供给等比增长即可满足 GNP 增长对货币的追加需求。如果货币流通速度在预测的期间加快了，但没有被预测到，那么增加 10%的货币供给有可能成为助长经济过热的因素。

（三）微观经济主体的预期

当一项货币政策提出时，微观经济主体会立即根据可能获得的各种信息预测政策的后果，从而很快采取对策。货币政策可能会因微观经济主体采取的对消其作用的对策而无效。例如，如果中央银行推出扩张性货币政策，人们预期社会总需求增加，物价会上涨，工会要求提高工资，企业预期工资成本的增长而不愿扩大经营，结果是只有物价上涨而没有产出增加。如果采取非常规的货币政策，则将导致微观经济主体作出错误判断，并会使经济陷入混乱之中。

（四）客观经济条件变化

一般来说，一项货币政策出台后总要持续一段时间，如果客观经济条件发生变化，而货币政策又难以作出相应调整，就可能出现货币政策效果下降甚至失效的情况，例如，在实施扩张性货币政策的过程中，生产领域出现了生产要素的结构性短缺。即使货币资金充裕，由于瓶颈部门的制约，实际的生产也难以增长，扩张的目标难以实现。在实施紧缩性货币政策的过程中，生产领域出现了开工率过低和经济指标下滑过快等情况，改善市场供求状况的目标也难以实现。

（五）政治因素

政治因素也是影响货币政策效果的重要因素。因为任何一项货币政策的实施，都可能给不同阶层、集团、部门或地方的利益带来一定的影响。这些主体如果在利益受损时作出强烈的反应，就会形成一定的政治压力。当这些压力足够有力时，则会迫使货币政策进行调整。

本章小结

货币政策是指货币管理当局或中央银行为实现给定的经济目标，运用各种工具调节货币供给量和利率所采取的方针和措施的总和，由四大构成要素，即货币政策目标、货币政策工具、货币政策传导机制和货币政策效果构成。货币政策目标是货币管理当局或中央银行通过货币政策的操作而达到的最终经济目标，它包括稳定币值、经济增长、充分就业、平衡国际收支等，诸目标既统一又矛盾，不可能同时兼顾。货币政策工具是货币管理当局或中央银行为实现货币政策目标而使用的各种手段，可以分为一般性货币政策工具、选择性货币政策工具和补充性货币政策工具三大类。货币政策传导机制的一般模式为：货币供给量→利率、金融资产价格→投资、消费→国民生产总值。常用的货币政策中介指标有利率、货币供给量、基础货币和超额存款准备金。货币政策效果是指货币管理当局或中央银行运用货币政策工具影响中介指标进而实现最终目标的效果。衡量货币政策的效果，一是看效果发挥的快慢；二是看发挥效力的大小。货币政策效果的影响因素主要有货币政策时滞、货币流通速度、微观经济主体的预期、客观经济条件变化和政治因素等。

思考题

1. 货币政策由哪些基本要素构成？
2. 如何协调货币政策诸目标相互之间的矛盾？
3. 货币政策工具包括哪些主要内容？
4. 法定存款准备金政策是如何进行操作的？其优缺点有哪些？

5. 再贴现政策是如何进行操作的？其优缺点有哪些？
6. 公开市场业务是如何进行操作的？其优缺点有哪些？
7. 什么是货币政策传导机制？
8. 货币政策中介指标的选择标准有哪些？
9. 如何衡量货币政策的实施效果？结合实际分析我国近年来的货币政策效果。

推荐阅读书目

[1] 黄达，张杰．金融学．5 版．北京：中国人民大学出版社，2020.

[2] 弗雷德里克·S. 米什金．货币金融学：美国商学院版·原书第 5 版．北京：机械工业出版社，2020.

第十三章

货币供求及均衡

⊙本章提要⊙

以货币需求和货币供给为中心内容，认识和了解货币需求与货币供给的基本理论，认识货币供给与需求的均衡状态，了解货币供求不均衡所产生的异常货币行为，即通货膨胀与通货紧缩。

⊙重点与难点⊙

- 货币需求、货币供给、货币均衡的内涵
- 货币供给的途径、机制和模式
- 通货膨胀与通货紧缩的成因及类型
- 通货膨胀与通货紧缩的治理

引导案例

津巴布韦是非洲东南部内陆国家，2000 年，政府大力推行新的土改运动，强行没收白人农场土地，造成津巴布韦大量白人农民出走，经济由此陷入长期的混乱和衰败，造成政府大规模财政赤字。为填补财政赤字，津巴布韦疯狂印钞，2008 年 1 月，推出面额 1 000 万津元、500 万津元和 100 万津元的钞票；4 月 4 日，推出面额 2 500 万津元和 5 000 万津元的钞票；12 月 4 日，推出面额 1 亿津元的钞票；12 月 12 日，推出面额 5 亿津元的钞票；12 月 19 日，推出面额 100 亿津元的钞票。2009 年 1 月，津巴布韦发行了一套世界上最大面额的新钞，这套面额在万亿津元以上的新钞包括 10 万亿津元、20 万亿津元、50 万亿津元和 100 万亿津元四种类型。津巴布韦也许是世界上亿万富翁最多的国家，但它的富翁并不富裕。疯狂印钞导致严重的货币贬值，官方 2008 年公布的最高年通胀率是2 200 000%。2000 年 1 400 万津元可以购置一栋豪宅，2008 年初，同样的金额是一听可乐的价格。到了 2008 年 4 月 14 日这天，同样一听可乐已经涨价到 5 600 万津元。

2009 年 4 月，津巴布韦政府宣布，津元退出法定货币体系，以美元、南非兰特、博茨瓦纳普拉、英镑和欧元作为法定货币。在以后的几年中，澳大利亚元、人民币、日元、印度卢比又加入了津巴布韦法定货币体系。于是在津巴布韦出现了九种货币共同存在的奇怪局面，津巴布韦央行也成了一个不发行本国货币的“伪央行”。

2015 年 6 月，津巴布韦央行宣布采取“换币”行动，从 6 月 15 日起至 9 月 30 日内，175 千万亿津巴布韦元可换 5 美元，每个津元账户最少可得 5 美元。此外，对于 2009 年以前发行的津元，250 万亿津元可兑换 1 美元。此举使津元在 2015 年彻底退出历史舞台，尽管津元自从 2009 年不再作为津巴布韦法定货币后已经“死亡”。

由于经济低迷和贸易收支恶化，外币在津巴布韦长期面临供应短缺。津巴布韦央行于 2016 年 11 月开始发行与美元等值的债券货币，以保持市场流动性。津巴布韦政府 2019 年 6 月 24 日签署法令，所有外国货币从当天起不再是合法流通货币，津巴布韦法定货币为新津元，在新津元正式发行前，债券货币是唯一的流通货币，且与新津元等值。

但是新货币并未解决津巴布韦国内的通货膨胀问题，2018 年下半年，美元和债券货币的官方汇率与黑市汇率出现较大差距，导致物价大幅上涨。津巴布韦通胀率在 2018 年急剧上升，恶性通胀再现，2019 年 5 月为 98%，6 月时已达 175%，不断攀升的物价不得不让我们再度回忆起津巴布韦十年前的经济崩溃。2019 年 9 月 13 日，津巴布韦央行将关键利率从 50%提高至 70%，试图稳定大跌的本币和蹿升的通胀率。

津巴布韦央行于 2019 年 11 月 11 日开始正式发行新的本国货币新津巴布韦元，从而结束了 10 年没有本币的局面。新津元全面进入流通领域后，将逐步取代债券货币成为津巴布韦唯一的流通货币。新津元运行效果如何？是否可以抑制津巴布韦的通货膨胀？大家可以持续关注。

案例思考：什么是恶性通货膨胀？产生的原因是什么？如何治理？

第一节 货币供求

一、货币需求

（一）货币需求的含义

货币需求是指在一定时期内，社会主体（个人、家庭、企业、政府）愿意以货币形式持有财富的需要，或社会主体对执行流通手段、支付手段和贮藏手段的货币的需求。货币需求的根本原因在于货币的基本职能，在现代经济活动中，货币需求除了有作为一般等价物的交易需求外，还有作为社会财富的贮藏需求及投机需求，前两者是货币存在的基本价值，受货币政策的影响相对较小，但投机需求建立在融资成本的基础之上，在国家实行紧缩性货币政策时，社会中的流动货币减少，随着银行利率的提升，融资者会面对较大的机会成本，从而压缩投资规模。

对于人们为什么会对货币产生需求以及需求量的多少，从早期的、传统的货币数量论现金交易说、现金余额说到马克思的货币需求理论、凯恩斯的流动性偏好理论以及现代货币数量论，对这一问题的理解和解释呈现出一种差异性和递进性。对货币需求进行研究历来是宏观经济分析中的重要组成部分，货币需求不仅涉及众多微观个体的行为与决策，也影响着一国宏观经济的稳定性，货币需求不仅是制定货币政策的重要依据，也是理解货币政策有效性、货币政策传导机制的关键。

不同的货币需求理论将导致对货币经济的不同理解以及不同的货币政策，货币需求理论的差异是区分各个货币流派的重要标志。当中央银行以货币供给量作为货币政策中介目标时，对货币需求的变动情况进行考察是中央银行制定货币政策、调节货币供给的基本依据。中央银行在其所预测的货币需求总量的基础上对货币供给量目标进行调整，从而实现相应的稳定币值目标和经济增长目标。

（二）货币需求理论

1. 现金交易说

美国经济学家欧文·费雪（Irving Fisher）在他 1911 年出版的《货币的购买力》一书中，对古典的货币数量论进行了很好的概括。在该书中，他提出了著名的“交易方程式”，也称“费雪方程式”，即：

$$MV_T = PT$$

式中，M 代表在一定时期内经济中所流通的货币的平均量；V_T代表货币的平均流通速度，也就是在一定时期内货币被从交易的一方支付给另一方的次数；P 代表所有交易商品和劳务的平均价格水平；T 是该时期内商品和劳务的交易总量，因此，PT 代表的是该时期内按市场价格计算的商品和劳务交易的总市场价值。

这里在计算 PT 的过程中应包括所有中间产品和最终产品的交易，而中间产品的交易量难以计算，由于中间产品的交易量与最终产品的交易量一般保持一个相对稳定的比例，所以有时可以以最终产品的交易量来代替中间产品和最终产品的交易量总和，也即用名义国民收入来代替原来的 PT，所以交易方程式通常被写成下面的形式：

$$MV = PY$$

式中，Y 代表以不变价格表示的一年中生产的最终产品和劳务的总价值，也就是实际国民收入；P 代表一般物价水平（用价格指数表示），因此 PY 即为名义国民收入；V 为货币的收入流通速度，它代表一年中每一元钱用来购买最终产品或劳务的平均次数。

为了说明交易方程式 $MV=PY$ 的理论意义和实际应用价值，费雪分析了决定方程式中 M、V、P、Y 的各种因素以及方程式中各变量的变化情况：（1）M（流通中的货币数量）是由法定存款准备金率、银行的超额存款准备金数量、货币政策和借贷情况等条件决定的，特别是中央银行对其有较大的控制权，因此具有很强的外生性，可以看作自变量。（2）V（货币流通速度）是由社会环境（如支付制度）、个人习惯、技术发展状况（如交通运输和通信技术）以及人口密度等因素所决定的。由于这些因素在短期内是稳定的，在长期内变化也极慢，因此，V 在短期内是稳定的，故可视为不变的常数。（3）在充分就业条件下，实际国民收入 Y 变动极小，故也可视为常数。这样，由于 V、Y 是常数，而 M 是自变量，因此可得出结论：货币数量 M 的变动导致物价 P 的同比例变动。货币数量的变动是因，物价水平的变动是果。由于存在这种因果关系的推论，恒等式 $MV=PY$ 便为物价水平的控制提供了理论上的依据。

根据交易方程式 $MV=PY$ 不难得出货币需求的表达式。只要将等式两边同除以 V，就可得：

$$M=\frac{1}{V}\cdot PY$$

在货币市场均衡的情况下，货币存量 M 就等于人们所愿意持有的货币量，即货币需求 M_d。因此，可以得出：

$$M_d=\frac{1}{V}\cdot PY$$

这就是由传统货币数量论导出的货币需求函数。从中可以看出，货币需求取决于货币流通速度和名义国民收入。而根据货币数量论的观点，货币流通速度是一个相对稳定的量，所以货币需求就取决于名义国民收入，也就是为了满足交易需要而必须持有的货币量，故该交易方程式也被称为“现金交易说”。

但费雪的交易方程式也受到了不少批评。因为它缺乏经验证明。实证结果表明，实际的价格水平变动与货币存量的变动方向有可能不一致，也不一定存在同比例的变化关系。而且，其假定货币流通速度不变也不现实，在现实生活中，货币流通速度的稳定性较差，货币供给的变化为货币流通速度及实际产出的变化所抵消，并不会完全为价格变动所吸收。

2. 现金余额说

现金余额说是由以马歇尔和庇古为首的英国剑桥大学经济学家创立的。庇古根据马歇尔的观点，于 1917 年写了《货币的价值》一文，马歇尔则于 1923 年写了《货币、信用与商业》一书。他们都从另一角度研究货币数量和物价水平之间的关系。

剑桥经济学家认为，人们之所以持有货币，是由于货币具有以下两个属性：（1）交易的媒介。货币作为交易的媒介，人们用它来完成交易。剑桥的经济学家同意费雪的观点，即货币需求与交易水平相关（但并非完全相关），由交易引起的货币需求与名义收入成比例。（2）财富贮藏。货币的财富贮藏功能使得人们的财富水平也能够影响人们的货币需求。财富增加，则个人需通过持有更多数量的财产来贮藏，而货币也是财产的一种。因而财富增加，则对货币财产的需求也增加。由于剑桥经济学家认为名义财富与名义收入成比例，所以他们还认为货币需求中由财富引起的对货币的需求也与名义收入成比例。他们进一步认为，经济主体愿意持有的平均货币数量或现金余额，也即人们对货币的需求 M_d 在名义国民收入 Y_n 中存在着一个稳定的比例 K，因此货币需求可以用公式表示为：

$$M_d = KY_n$$

由于名义国民收入是实际产量或实际收入 Y 与物价 P 的乘积，即 $Y_n = PY$，因此上式又可以写成：

$$M_d = KPY$$

这就是剑桥学派建立的货币需求方程式，该方程式表示人们意愿持有的货币存量 M_d 与名义国民收入保持一个固定的或稳定的比例。式中 K 表示国民收入中以货币形式持有的比例，与现金交易方程相比，它是货币流通速度 V 的倒数。剑桥学派采用 K，而不采用 V，是与剑桥方程式强调货币需求有关的。因为研究 K，就要研究人们持有货币的动机，即研究决定人们货币需求的因素，因此，K 的引入开创了对货币需求理论的研究。

如果 K、Y 都为常数，则物价水平与货币存量成同比例且同方向变化。这就从另一方面得出了与费雪相同的结论。

3. 马克思的货币需求理论

马克思以完全的金币流通为假设条件。以这个假设条件为背景，他的论证过程是：(1) 商品价格取决于商品的价值和黄金的价值，而价值取决于生产过程，所以商品是带着价格进入流通的；(2) 商品价格有多大，就需要有多少金币来实现它，比如值 5 克金的商品就需要 5 克金来购买；(3) 商品与货币交换后，商品退出流通，黄金却留在流通之中可以使另外的商品得以出售，一定数量的金流通几次，就可使相应倍数价格的商品出售。因此，有：

$$执行流通手段职能的货币量 = \frac{商品价格总额}{货币的流通次数}$$

公式表明：货币量取决于价格水平、进入流通的商品数量和货币的流通速度这三个因素。

第一，在商品价格不变时，由于流通商品量增加或货币流通速度下降，或者这两种情况同时发生，流通货币量就会增加，在相反情况发生时则会减少。

第二，在商品价格普遍提高时，如果流通商品量的减少同商品价格的上涨保持相同的比例，或流通商品量不变而货币流通速度的加快同商品价格的上涨一样迅速，流通货币量不变。如果商品量的减少或货币流通速度的加快比价格的上涨更迅速，流通货币量还会减少。

第三，在商品价格普遍下降时，如果流通商品量的增加同商品价格的跌落保持相同的比例，或货币流通速度的降低同价格的跌落保持相同的比例，流通货币量就会依然不变。如果流通商品量的增加或货币流通速度的降低比商品价格的跌落更迅速，流通货币量就会增加。

然而，当金属货币的流通为纸币及不兑现信用货币流通取代时，货币供给就会对货币需求产生反作用。马克思分析了纸币流通条件下货币量与价格之间的关系，用公式表示为：

$$单位纸币代表的金属货币量=\frac{流通中所需要的金属货币量}{流通中的纸币总额}$$

纸币流通规律与金币流通规律不同，在金币流通条件下，流通所需要的货币数量是由商品价格总额决定的；而在纸币作为唯一流通手段的条件下，商品价格水平会随纸币数量的增减而涨跌。

4. 凯恩斯的货币需求理论

凯恩斯认为，货币具有完全的流动性，而人们在心理上具有对流动性的偏好，即人们总是偏好将一定量的货币保持在手中，以应付日常的、临时的和投机的需求。因此，人们的货币需求就取决于人们心理上的“流动性偏好”。这种心理上的“流动性偏好”或人们的货币需求是由三个动机所决定的：第一是交易动机，即由于收入与支出的时间不一致，人们必须持有一部分货币在手中，以满足日常交易活动的需要；第二是预防动机，即人们为应付意外的、临时的或紧急需要的支出而持有的货币；第三是投机动机，即由于未来利率的不确定性，人们便根据对利率变动的预期，为了在有利的时机购买证券进行投机而持有的货币。三种动机对应的货币需求分别为交易需求、预防需求和投机需求。

影响交易需求和预防需求的最主要的因素就是国民收入水平。写成公式就是：

$$L_1 = K(Y)$$

投机货币需求与利率的变化方向相反：利率高时，人们较少持有货币；利率低时，人们较多持有货币。投机需求函数可以用公式表示为：

$$L_2 = h(r)$$

总的货币需求等于交易需求（它包括了预防需求）加上投机需求，即

$$L(Y,r) = L_1 + L_2 = K(Y) + h(r)$$

式中，L 表示总的货币需求。

总需求 L 的曲线如图 13-1（c）所示。图 13-1（c）是由图 13-1（a）中的交易需求曲线和图 13-1（b）中的投机需求曲线相加而来的。在图 13-1（a）中，交易需求表示为利率的函数，但由于它与利率无关，故交易需求曲线为垂直线。在这里，无论利率如何变化，交易需求总是不变。当收入水平提高时，则垂直线右移。在图 13-1（b）中，投机货币需求与利率的变化方向相反，投机需求曲线是一条向右下方倾斜的线。但当利率降低到一定水平后，无论货币供给如何增加，利率再也不会下降了，债券价格是如此之高，购买债券注定会吃亏，此时持有货币最安全。人们把货币都尽量留在手中，凯恩斯称这种状况为“流动性陷阱”，它也被称为“凯恩斯陷阱”。在这种情况下，投机需求可以任意大，因此投机需求曲线就成为一条水平线。假定收入为 Y_0，交易需求为 L_{10}，于是交易需求曲线在图 13-1（a）中的 L_{10}点上垂直。给定一利率如 r_0，根据图 13-1（a）有交易需求 L_{10}。根据图 13-1（b）有投机需求 L_{20}，故总的货币需求为 $L_0=L_{10}+L_{20}$，对于每一利率水平，均可照此法求出货币总需求。实际上，由于交易需求曲线为垂直线，将图 13-1（b）的投

机需求曲线向右移动 L_{10} 个单位即得图 13－1（c）的总货币需求曲线，但这只是对应于收入为 Y_0 时的货币需求曲线。

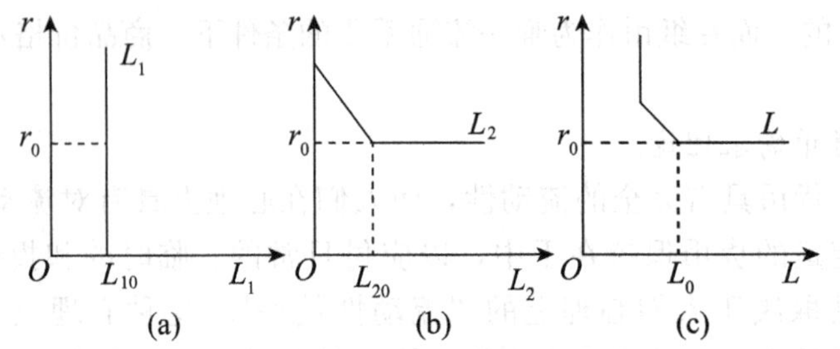

图 13－1　货币总需求

5. 弗里德曼的货币需求函数

1956 年，弗里德曼发表了题为《货币数量论——一种重新表述》的论文，这标志着货币数量论的复活。弗里德曼认为，现代货币数量论并不像传统货币数量论那样，假定充分就业条件下的产量不变，并把货币流通速度也作为固定的常数，然后研究货币数量与物价的关系。他认为，物价水平或名义收入是货币需求同货币供给共同作用的结果，决定货币供给的是货币制度，即法律和货币当局的政策，而货币需求的决定则是货币数量论所要研究的问题。这样，弗里德曼便认为，货币数量论并不是关于产量、货币收入或物价水平的理论，而是货币需求的理论，即货币需求是由何种因素决定的理论。因此，弗里德曼对货币数量论的重新表述是从货币需求入手的。

弗里德曼得出了下面的货币需求函数：

$$M_d/P = f(Y, W, r_m, r_b, r_e, \frac{1}{P}\cdot\frac{\mathrm{d}P}{\mathrm{d}t}, u)$$

式中，M_d/P 表示实际货币需求；Y 表示实际持久性收入，用来代表财富总额；W 表示非人力财富占总财富的比率；r_m 表示货币的预期名义收益率；r_b 表示债券的预期名义收益率，包括债券的资本利得；r_e 表示股票的预期名义收益率，包括股票的资本利得；$\frac{1}{P}\cdot\frac{\mathrm{d}P}{\mathrm{d}t}$ 表示商品价格的预期变化率，也就是实物资产的预期名义收益率；u 表示其他影响货币需求的因素。

在上述影响货币需求的因素中，Y、r_m 与货币需求呈正向变动关系，W、r_b、r_e、$\frac{1}{P}\cdot\frac{\mathrm{d}P}{\mathrm{d}t}$ 与货币需求呈反向变动关系。

弗里德曼的货币需求函数最主要的特点是强调持久性收入对货币需求的主导作用。他认为，一个人的消费支出不是取决于他现在的收入水平，而是取决于他一生中间或较长时间的平均收入水平，由此提出了反映长期因素影响的持久性收入概念。货币需求也同消费需求一样，主要由持久性收入决定。由于持久性收入具有高度的稳定性，所以受持久性收人支配的货币需求也是稳定的，货币流通速度的变化也是不大的。既然如此，就必须以稳定的货币需求函数为基础，从货币供给的变动来研究对产量和物价的影响。可见，持久性收入概念的引入是弗里德曼货币需求函数的关键。

纵观货币需求理论的发展过程，现金交易说和现金余额说作为传统货币数量论的重要代表，两者从不同的货币职能角度来研究货币需求，但两者对货币需求的研究都是从经验和社会总量需求的角度出发，缺乏对家庭和企业等微观基础的分析。马克思立足于资本主义生产关系，从商品出发，以劳动价值论作为价值基础，对货币需求的研究主体既包括家庭个人、企业的货币需求，也包括宏观总量上的货币需求，对货币需求的论述侧重对一般性规律的探讨，揭示了内生于资本主义生产方式的货币需求运行规律。凯恩斯从人们持有货币的动机入手，分析了交易动机、预防动机、投机动机三种动机对应的货币需求分别为交易需求、预防需求、投机需求，得出货币需求是利率和绝对收入的函数，但凯恩斯的货币需求理论依旧缺乏微观基础，容易得出货币需求外生决定的结论。弗里德曼发展出了更为全面完善的现代货币数量论，把货币视为交易媒介，把货币看成一种可以替代的资产，对货币需求的研究深入到了微观领域，和效用、家庭的资产配置联系在一起，认为持久性收入、各种预期报酬和个人偏好是决定人们货币需求量的三个主要因素，强调持久性收入对货币需求的主导作用，据此得到货币需求函数是一个稳定的函数，人们的货币需求是稳定的，商品价格的变化和通货膨胀的产生在长期应主要归因于货币供给，而非货币需求。

二、货币供给

（一）货币供给渠道

银行是货币供给的总渠道，流通中的货币都是由中央银行首先投放出去的。由中央银行投放的原始货币，通过商业银行信用的创造和乘数作用，能创造出多倍的货币。银行的原始存款主要来自现金和中央银行对商业银行的再贷款（再贴现）。商业银行吸收了现金存款和取得中央银行的再贷款（再贴现）后，以此为基础对工商企业、农业企业、个体经营者和其他对象发放贷款，同时，又可以扩大自身的存款，创造更多的货币。

银行体系是当代货币的总的供给者，银行在货币供给上承担着两方面的任务：一是保证经济周转对货币量的需求以实现经济平衡和正常运行。二是保证对生产和流通的扩大提供追加的货币量。货币供给不足会出现通货紧缩现象，降低经济的正常发展速度；供给过量会造成经济发展过热和通货膨胀，对经济发展也极为不利，会产生种种弊端，如物价上涨、囤积居奇、投机倒把、国民收入再分配不正常等，最后导致经济关系极度混乱，引起经济发展的停滞甚至倒退。

为了使货币供给总量基本上适应经济发展和流通扩大对于货币的需求，必须对货币供给总量及其基本结构进行有效控制。中央银行对商业银行和其他银行提供的再贷款即提供的基础货币量必须适量；必须尽量控制基础货币的派生能力即货币乘数；必须合理分布货币的基本结构，对各类银行再贷款的数量要尽可能合理。中央银行利用各类货币政策工具对货币供给量进行调节，使货币量伸缩有度。例如，法定存款准备金率的变动、公开市场操作、外汇储备的变化、对财政的借贷等，都直接或间接地影响货币供给。

货币供给既是内生变量，又是外生变量，银行可以通过原始存款多倍地派生存款，同时，各微观经济主体也可在银行之外通过自身的活动“倒逼”银行，有力地影响它的货币供给量。因而，货币供给量的决定因素具有多重性。

（二）货币供给的决定

1. 货币需求对货币供给的决定

货币供给与货币需求密切相关。从两者的相关程度考察，货币需求决定货币供给，货币供给满足货币需求，从而实现货币供求均衡。但在现实生活中，货币供求均衡是偶然的，货币供求失衡是经常的，其中货币供求不相适应是产生这种现象的原因之一，主要表现在以下三个方面：一是在纸币流通条件下，货币需求本身有两种情况，一种是经济总量和适度经济增长对货币的客观需求，另一种是经济过热、通货膨胀对货币的虚假需求。如果按过热的经济发展对货币的不合理需求供给货币，货币供给必然过多，必然造成社会总需求与总供给失衡。二是货币供给与需求的主体不同。货币需求的主体有企业、居民和政府部门，而在数量上，货币供需往往不可能完全一致。三是由于货币供需本身是非常复杂的经济运行过程，生产、交换、分配、消费活动，各种微观经济主体的活动都会影响货币供需的变化。

2. 财政对货币供给的决定

财政影响货币供给主要是通过财政赤字和国债来实现的。财政赤字会加大货币供给，尤其是政府直接向中央银行贷款弥补财政赤字时，会直接造成中央银行增加货币发行，从而直接增加市场货币供给。相应地，国债发行的增加也会加大货币供给，尤其是中央银行购买的国债在国债发行总额中占很大比重时，也会在一定程度上导致中央银行货币发行量的增加。

3. 企业行为对货币供给的决定

企业行为对货币供给的影响主要有：第一，企业生产经营规模扩大影响货币供给。增加固定资产投资和补充流动资金，表现为扩大货币需求与供给，包括扩大自有资金积累和增加借款等。第二，企业经营效益影响货币供给。企业经营效益高，投入少、产出多，资金周转快，货币需求相对减少，从而减小货币供给的压力。反之，经营效益差，投入多、产出少，资金周转缓慢，甚至亏损经营，会因现金流量减少而引起资金缺乏，甚至产生追加银行贷款的需求，从而给银行货币供给增加压力。第三，企业经营机制影响货币供给。在企业经营机制尚未转化、资金实行供给制的条件下，企业会用种种办法挪用挤占流动资金。

4. 居民行为对货币供给的决定

从居民行为角度分析其对货币供给的影响，可以从现金漏损率，即居民和企业提取的现金与活期存款的比率对货币供给的影响来理解。现金漏损率是决定货币乘数的主要因素之一，这一比率的高低反映了居民和企业的持币行为。现金漏损率越高，表明居民持有的现金越多，货币乘数越小，货币供给也就越少。

第二节 货币均衡与失衡

一、货币均衡的含义

货币均衡是指社会的货币供给量与客观经济对货币的需求量基本相适应，即货币需求等于货币供给。

货币均衡有如下特征：

(1) 货币均衡是一种状态，是货币供给与货币需求的基本适应，而不是货币供给与货币需求数量上的相等。

(2) 货币均衡是一个动态过程。它并不要求在某一个时点上货币的供给与货币的需求完全相适应，它承认短期内货币供求的不一致状态，但长期内货币供求之间应大体上是相互适应的。

(3) 货币均衡在一定程度上反映了国民经济的平衡状况。在现代商品经济条件下，货币不仅是商品交换的媒介，而且是国民经济发展的内在要素。货币的运动制约或反映了社会生产的全过程，货币收支把整个经济过程有机地联系在一起，一定时期内的国民经济状况必然要通过货币的均衡状况反映出来。

二、货币均衡与社会总供求

在研究货币供求关系问题上，货币需求的数量在现实中并不能直接地表现出来，也就是说，客观上需要多少货币，这是很难界定的。这是因为，其一，社会经济本身是一个不断发展变化的过程，客观经济过程对货币的需求受多种因素的制约，且这种需求也是随客观经济形势变化而不断变化的。其二，在纸币流通条件下，再多的货币都会被流通所吸收，因此，不管社会的货币需求状况如何，货币供给量与货币需求量始终都是相等的。也就是说，在货币供给量一定的条件下，不管社会的货币需求状况如何，全社会所持有的货币的名义数量既不可能超过现在的货币供给量，也不可能少于这个量，二者名义上始终是相等的。但是，这种名义上的货币供求均衡关系并不一定就是实际的货币供求均衡的实现。因为从社会的角度看，名义货币总量并不一定就代表了社会经济过程中所要求的货币需求量。名义货币量与实际货币需求量存在三种动态趋势，即：(1) $M_s=M_d$，物价稳定；(2) $M_s<M_d$，物价下跌；(3) $M_s>M_d$，物价上涨。因此，分析货币供求均衡与否，仅从名义的货币供求状况是难以作出判定的，必须深入分析实际的经济过程，才能弄清问题的实质。

假如把总供求均衡放在市场的角度研究，它包括了商品市场的均衡和货币市场的均衡，也就是说，社会总供求均衡是商品市场和货币市场的统一均衡。商品供求与货币供求之间的关系可用图 13-2 来简要描述。

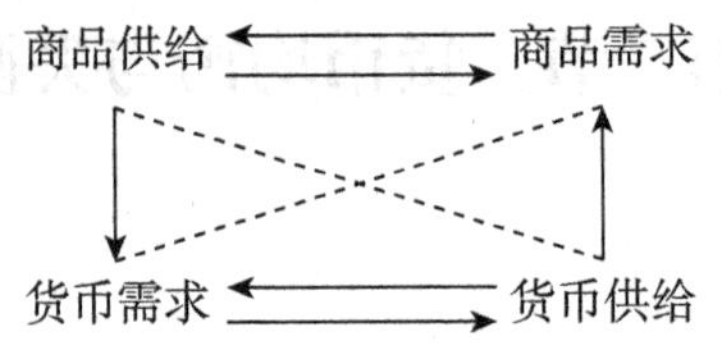

图 13-2　货币供求与社会总供求的关系

图 13-2 包括了几层含义：一是商品的供给决定了一定时期的货币需求。因为在商品货币经济条件下，任何商品都需要货币来表现或衡量其价值量的大小，并通过与货币的交换实现其价值。因此，有多少商品供给，必然就需要相应的货币量与之对应。二是货币的需求决定了货币的供给。就货币的供求关系而言，客观经济过程的货币需求是基本的前提条件，货币的供给必须以货币的需求为基础，中央银行控制货币供给量的目的，就是要使货币供给与货币需求相适应，以维持货币的均衡。三是货币的供给形成对商品的需求，因为任何需求都是有货币支付能力的需求，只有通过货币的支付，需求才得以实现，因此在货币周转速度不变的情况下，一定时期的货币供给水平实际上就决定了当期的社会需求水平。四是商品的需求必须与商品的供给保持平衡，这是宏观经济平衡的出发点和复归点。

三、货币失衡

货币失衡是同货币均衡相对应的概念，又称货币供求的非均衡，是指在货币流通过程中，货币供给偏离货币需求，从而使二者之间不相适应的货币流通状态，可以表示为：在货币流通过程中，$M_d \neq M_s$。货币失衡往往是经济不稳定的重要因素，尤其是在经济过热或过冷条件下，中央银行货币供给面临两种不同方向的货币信贷压力。

货币失衡大致可划分为两种类型：一是货币供求的总量性失衡，此时货币供给量可能大于或小于货币需求量。货币供给小于货币需求的原因主要是生产规模扩大后货币供给没跟上；在货币供给正常的状态下，央行收紧银根；在经济危机时，信用失常，货币需求急剧膨胀，而央行货币供给没有跟上。货币供给大于货币需求的原因主要有政府财政赤字面向中央银行透支；经济发展中银行信贷规模不适当扩张；扩张性货币政策过度；经济落后、结构刚性的发展中国家货币的条件相对恶化和国际收支失衡，在出口换汇无法满足时，由于汇市崩溃、本币大幅贬值造成货币供给量急剧增长。二是货币供求的结构性失衡，即货币供给与货币需求在总量上大体保持均衡状态，却由于货币的供给结构同与之相对应的货币需求结构不相适应，造成货币市场上货币短缺与局部货币供给过剩并存，商品市场上部分商品和生产要素供过于求，另一部分商品和生产要素则求过于供，它主要发生在发展中国家。

第三节 通货膨胀与通货紧缩

一、通货膨胀

（一）通货膨胀的内涵及度量

通货膨胀（inflation）是指在一定时期内，由于货币供给量过多，超过流通领域对货币的客观需求而引起的货币贬值、物价总水平持续上涨的现象。

通货膨胀的必然结果是物价总水平上涨，因此通过计量物价水平的变动幅度，就可以大致测定通货膨胀的程度，通常都用物价指数来反映通货膨胀率，一般使用的物价指数主要有零售物价指数、批发物价指数、消费物价指数和国内生产总值平减指数。

（1）零售物价指数（retail price index，RPI）。零售物价指数是根据全部商品零售价格综合编制或按各类商品零售价格分别编制的物价指数。零售物价指数只计算商品价格的变动，不包括劳务项目，并且是按零售商业企业经营的全部商品的消费总额计算，能够反映零售价格水平变动的趋势和程度，根据它可以研究居民生产水平变动的情况以及消费市场动态。

（2）批发物价指数（whole-sale price index，WPI）。批发物价指数又称生产价格指数（producer price index，PPI），是根据大宗商品，包括最终商品、中间产品及进口商品的加权平均批发价格编制的物价指数。它能够反映商品流通的物价变化情况，但不能反映劳务价格情况，对生产资料价格的变动有较为敏感的反映，可用它反映物资部门生产成本的变化。

（3）消费物价指数（consumer price indcx，CPI）。它反映不同时期消费者购买的日常生活必需品的价格变动情况。该指数是由各国政府根据国内若干种主要食品、衣服和其他日常消费品的零售价格以及水、电、气、住房、交通、医疗、娱乐等服务费用而编制出来的。因为消费物价指数与人们生活直接相关，并且消费物价的变动最容易引起人们的注意，所以在度量通货膨胀程度的时候，多倾向于使用消费物价指数。

（4）国内生产总值平减指数（GDP deflator)。国内生产总值平减指数是按当年价格计算的国内生产总值与按固定价格或不变价格计算的国内生产总值的比率。世界银行在每年编制的年度报告中所公布的各国通货膨胀率，就是按国内生产总值平减指数计算出来的。

（二）通货膨胀的类型

从不同的角度，用不同的分类标准，可以把通货膨胀分成若干类。

（1）按通货膨胀的程度，分为温和的通货膨胀、急剧的通货膨胀和恶性的通货膨胀。

温和的通货膨胀，又称爬行式通货膨胀，它的特点是发展缓慢，短期内不易察觉，但持续时间很长，年通货膨胀率通常在3%左右的状态。

急剧的通货膨胀，其程度介于温和和恶性之间，一般年通货膨胀率达到两位数字，有的经济学家认为年通货膨胀率在10％～100％之间，也有的把它确定在20％～100％之间。

恶性的通货膨胀，它的特点是价格飞速上涨，物价无法控制，货币贬值严重，正常的经济活动紊乱，最后导致整个货币制度的崩溃。第一次世界大战后的德国、20世纪80年代的巴西以及2008—2009年的津巴布韦都曾出现过类似情况。

（2）按通货膨胀的表现形式，分为隐蔽型通货膨胀和公开型通货膨胀。

隐蔽型通货膨胀，又称抑制型通货膨胀，其主要特征是，表面上看物价变动不大，国家或政府管理当局对物价进行管制或冻结，对某些商品进行补贴，保持物价平稳，或者采取定量供应的办法限制消费。但实际上，商品供不应求，消费紧张，黑市活跃，通货膨胀潜伏存在着，政府一旦放松管制，商品价格将大幅度上涨，通货膨胀必然公开化。

公开型通货膨胀是指商品和劳务价格完全放开时出现的通货膨胀。

（3）按通货膨胀的成因，分为需求拉上型通货膨胀、成本推进型通货膨胀、供求混合推动型通货膨胀、结构型通货膨胀、财政型通货膨胀、输入型通货膨胀和体制转换型通货膨胀等。

（三）通货膨胀的成因

通货膨胀是物价总水平持续上涨的现象。引起物价总水平持续上涨的原因是多方面的，通常也是相互交错、共同作用的，最终导致通货膨胀。这里主要介绍几个主要方面的原因。

1. 需求拉上

这种理论认为，通货膨胀的原因在于总需求大于总供给，即物价水平上涨是由过多的总需求拉上来的。由于政府采取措施扩大需求、降低利率和实行某些产业投资优惠等刺激投资，使投资需求增加，因而商品和劳务的总需求不断增长。如果投资的增加引起总供给同等规模的增加，物价水平可保持不变；如果总供给不能以同等规模增加，则物价水平上升较缓慢；在劳动力充分就业，可用资源被充分利用的情况下，投资的增加不能再引起总供给的增加，需求的拉动将完全作用在物价上，这就必然引起物价持续上涨，出现通货膨胀。

2. 成本推进

成本推进型通货膨胀理论认为，通货膨胀的根源在于总供给，而不是总需求。在商品和劳务的需求不变的情况下，因生产成本的不断提高，最终推动物价上涨，从而导致通货膨胀。生产成本的提高主要有以下三方面因素：

（1）工资与物价螺旋上升。工资的增长引起成本的增加，商品价格上涨；物价上涨后，消费增大，要求工资再一次增长，生产成本继续提高，物价继续上涨，如此工资与物价呈刚性上涨，最终导致通货膨胀。

（2）垄断商品的价格垄断。当垄断企业操纵某些垄断商品及其价格后，往往造成以该商品为原材料的企业生产成本的增加，在通货膨胀预期的情况下，带动了其他商品价格的上涨，引起物价总水平上涨。

（3）追求高额利润。在存在垄断的条件下，卖主就有可能操纵市场，使价格上涨速度超过成本支出的增加速度，以赚取高额利润，如果这种行为的作用达到一定程度，就会形成利润推进型通货膨胀。

3. 供求混合推动

这种理论认为，虽然从理论上可区分为需求拉上型和成本推进型通货膨胀，但在实际经济生活中，需求拉上的作用与成本推进的作用是混合在一起的，任何单方面的作用只会暂时引起物价上涨，并不能带来物价总水平的持续上涨，只有总需求的拉动和商品生产成本的推动共同作用，才会带来较长时间持续的物价水平上涨，即所谓“拉中有推、推中有拉”。例如，通货膨胀可能从过度需求开始，但由需求过度所引起的物价上涨会促进工资的增长（因为工会等的强烈要求），因而转化为成本推进的因素。另外，通货膨胀也可能从成本方面开始，例如，迫于各方面的压力而提高工资等。

4. 结构型调整

这种理论认为，即使总需求不过多，但只要需求在各部门之间发生移动，也会引起通货膨胀。当需求移动时，一些部门需求增加，而另一些部门需求减少，产业结构发生变化；需求增加的部门，工资和物价因需求的增加而上涨，需求减少的部门应该降低工资和物价，需求才会平衡；然而由于工资和物价是刚性的，只能涨不能降，结果整个社会的物价总水平就会上升。

5. 财政赤字

政府一般有两种弥补财政赤字的途径：

(1) 直接向中央银行贷款。这将直接造成中央银行增加货币发行，从而直接增加市场货币供给量，最终导致货币供给量超过流通中的货币需求量，引起物价上涨，出现通货膨胀。

(2) 发行公债。发行公债也有两种结果：①向中央银行和公众推销，中央银行购买的公债在公债发行总额中占的比重往往很大，也会在一定程度上导致中央银行货币发行量的增加；②以公债为抵押向中央银行贷款，中央银行对政府发放贷款，易形成各级政府与职能部门的财政收入或支出，变相增加在商业银行的存款，商业银行以这些存款为基础，向公众和工商企业发放贷款，产生派生存款，货币数倍增加，最终导致货币供给总量增加。

再者，政府财政性支出绝大部分都是为了非生产性开支，在增加货币供给量的同时，不能相应增加生产，商品流通与货币流通不一致，必然导致通货膨胀。

6. 信用膨胀

当一个国家或地区出现经济危机，或者一味地促进经济的增长，往往采取降低法定存款准备金率、降低利率、扩大贷款规模和增加消费信贷等办法，以扩大有效需求。

同时，工商企业在激烈的竞争中，也经常自发地使用信用方式推销自己的产品，扩大经营和服务范围，以增加利润来源。各种信用方式和信用工具的广泛使用，减少了社会对货币的需求，由信用直接充当了交换媒介，这样一方面减少了流通中所必要的货币量，另一方面又增加了货币供给。当各种信用规模的扩大超过了流通的需要而达到膨胀，使货币供给量超过必要量时，通货膨胀就必然出现。

7. 经济发展速度与结构不均衡

当各个经济部门发展不均衡，一些部门发展过快或过慢时，就会造成经济部门之间的比例失调，从而引起部分生产资料供不应求或过剩，部分生活用品过多或过少，部分商品价格经常性地上涨。在通货膨胀预期的作用下，另一部分商品价格也会随之上涨，导致物价总水平持续上涨，出现通货膨胀。

同样的，投资与储蓄的失衡也会造成商品或多或少，供求不平衡，导致货币流通与商品流通的不平衡，结果是货币过多，物价上涨，出现通货膨胀。

8. 国际传导

一个国家的物价上涨在一定程度上会受到国际上一些因素的影响，通货膨胀的国际传导的主要途径如下：

(1) 价格途径。由于国家和地区价格存在差异，价格较低的国家尽量出口商品，向价格较高的国家出售。价格较低的国家因出口量增长，导致国内市场供给减少，价格上升；而价格较高的国家因进口商品增多，又导致国内该种产品价格下降。

(2) 需求途径。出口商品的国家由于出口增加，需求增加，刺激国内生产，当生产量不能再增加时，同样会出现总需求大于总供给的情况，物价上涨。

(3) 国际收支途径。当一个国家国际收支出现顺差时，外汇增多，为了收兑外汇，向市场投放大量本国货币，造成国内货币供给量增加，物价上涨。

(四) 通货膨胀的经济社会效应

通货膨胀产生的原因很多，影响的范围也很广泛，对宏观经济与微观经济活动以及整个社会都产生了影响。

1. 收入分配效应

通货膨胀会造成社会各阶层收入的重新分配。一般情况下，在通货膨胀期间，固定收入者因其名义收入增速滞后于通货膨胀，往往实际收入下降；而非固定收入者可以及时调整其名义收入所得，当名义收入的上涨快于物价上涨的时候，其实际收入不但没有下降，反而得到提高，从通货膨胀中获益。事实上，在通货膨胀中，除固定收入阶层比较明显地受到通货膨胀的侵害外，其他阶层是否会受到通货膨胀的影响，主要取决于其名义收入是否得到及时调整，调整幅度与物价上涨速度是否一致。

2. 财富分配效应

当通货膨胀出现后，对各阶层所拥有的财富也会有一定的影响。一个家庭的财富或资产由实物资产和金融资产构成，同时多数还有负债，其财产净值是它的资产价值与债务价值之差。一般情况下，实物资产随通货膨胀率的变动而相应升降，而金融资产则比较复杂，在通货膨胀期间，价格固定的资产或者固定面值的金融证券，比如存款、债券等，其名义价格不变，其实际价值则会随着物价上涨、货币贬值而下跌。存单与债券的持有者是债权人，因此在通货膨胀中往往是受害者。而各种非固定价格的资产或者可变动金融证券等，其名义价格随着物价上涨而上升，从而实际价值不一定下跌。实际价值是否下降，主要取决于名义价格与物价上涨的速度及幅度是否一致。

3. 资源分配效应

通货膨胀扰乱了社会对资源的分配与调节秩序，使有限的资源不能高效率、合理地利用。例如，在通货膨胀到来之前，或者在通货膨胀初期，社会公众会认为房地产是比较理想的保值投资对象，其价格上涨率也很高，因此对房地产业的投入大量增加。但随着通货膨胀的发展，人们就会发现大量的房地产开发超过了市场需求，或许还会出现大量闲置的土地、房屋等，这就是通货膨胀造成价格扭曲，导致资源不合理分配与流动的结果。

又如，在通货膨胀期间，由于实际利率下降，公众储蓄意愿降低，对银行正常的储蓄减少，银行信贷资金来源减少，金融市场正常融资渠道受阻，民间高利贷应运而生；与此同时，由于货币贬值，企业积累的资金不能满足扩大再生产的需要，需要借助银行与金融市场融资，资金需求增加。这时利率机制不起作用，资金资源供求不一致，资金不能合理、有效流动，降低了资金的使用效率和社会效益。

4. 经济增长效应

关于通货膨胀是否促进经济的增长，西方经济学家展开了激烈的争论，形成了三种观点：(1) 促进论，认为通货膨胀具有正的产出效应，通过强制储蓄扩大投资，实现增加就业和促进经济增长。(2) 促退论，认为持续通货膨胀会经由降低效率的效应阻碍经济增长，并且带来严重的危害，如物价上涨、社会政治动荡和人心不安等，最严重的后果是对市场机制的破坏。(3) 中性论，认为通货膨胀对产出及经济增长既无正效应也无负效应。因为公众预期在一段时间内会对物价上涨作出合理的行为调整，所以通货膨胀各种效应的作用就会相互抵消。

现在大多数经济学家都认为，通货膨胀对经济增长有害。主要原因在于，通货膨胀使已经正常分配的社会收入和财富重新分配，影响了经济秩序、生活秩序及社会秩序，扰乱了价格机制与各种市场的功能与作用，给社会带来的影响是很消极的。

(五) 通货膨胀的应对

虽然产生通货膨胀的原因很多，但归根到底是总需求与总供给的不均衡，通常表现为货币供给量大于流通中的必要量。因此，治理通货膨胀的目标就是适当控制货币供给量，适度调节流通中的货币需求。

1. 紧缩性货币政策

(1) 提高法定存款准备金率，降低商业银行可运用的信贷资金总额，缩小派生存款，减少投资额，达到控制货币供给量的目的。

(2) 提高再贴现率，促使商业银行对企业提高贴现利率，导致企业利息负担加重，利润减少，从而抑制企业对信贷资金的需求，以此减少投资，减少货币供给量。

(3) 加强公开市场业务。中央银行在金融市场中，向商业银行、企业及其他社会公众出售手中的有价证券，主要是政府公债、国库券、中央银行金融证券等，吸引社会各界资金回笼至中央银行，减少商业银行及其他社会公众手中的现金或存款，从而实现减少市场货币供给量的目的。

2. 紧缩性财政政策

(1) 削减财政支出，包括减少军费开支和政府采购，限制公共事业投资等。

(2) 提高税率，使可支配收入减少，以抑制私人企业投资和个人消费支出，降低需求。

3. 需求管理政策

需求管理政策就是指利用货币政策与财政政策的统筹运作，调节和控制社会总需求，改变全社会的总收入与总支出，控制全社会货币供给量，实现控制通货膨胀的目的。

4. 增加商品有效供给

调节、控制社会总需求可以起到立竿见影的效果，增加有效供给则是稳定货币的根本措施。因此，要想方设法扶持国民经济薄弱部门的生产和市场紧俏商品的生产。但一提到扩大生产，往往涉及增加投资。在资金已经紧张和货币供给已经偏多的情况下，其出路主要是提高资金使用效率，发掘生产潜力，“降本挖潜”。从银行的角度来说，就是调整信贷结构，积极支持国民经济薄弱部门和市场紧俏商品生产；同时从严控制对市场滞销商品的生产支持，促进商品结构调整。

5. 所得管理政策

许多国家政府及越来越多的经济学家都认为，依靠紧缩需求政策抑制通货膨胀代价过高，紧缩财政与紧缩货币的结果虽然在一定程度上控制了通货膨胀，但往往伴随经济衰退和大量失业，政策的负面效应太大。所得管理政策是指从成本推进型通货膨胀视角，通过降低成本来降低通货膨胀的政策，主要内容是：工资管理、物价管理、利润管理等。

6. 指数联动政策

指数联动政策，又称收入指数化政策，是指对与货币有关的契约与协议附加物价指数条款，使与货币有关的收入和支出能够与物价指数连锁变动的政策，即使工资、利息、各种债券收益以及其他收入随物价的变动而变动的政策与措施。指数联动政策适用于广泛的经济活动，例如，银行存款利息的支付（保值储蓄）、工资的调整、贸易进出口、国债利息的确定等。

7. 货币制度改革

通常这是在经历了严重的通货膨胀后而采取的措施，其做法是废除旧币，发行新币，并制定一些保证新币稳定的措施。其目的是消除原来货币流通混乱的局面，在新的货币制度基础上实现稳定的货币流通。货币制度改革也有的是通过新旧币兑换，附带调节个人之间的收入分配。但必须指出的是，币制改革本身不能保证消除通货膨胀，关键在于能否实施币制改革中的各项稳定措施，为消除通货膨胀提供条件。

二、通货紧缩

（一）通货紧缩的定义

通货紧缩（deflation）与通货膨胀是一组对称的概念，人们往往从对照通货膨胀的内涵中提出通货紧缩的定义。一般的定义表述为：通货紧缩是指商品和劳务价格总水平持续下降或物价疲软，同时货币不断升值的过程，主要表现为商品有效需求不足，生产下降，经济衰退，投资风险加大，失业增加。

（二）通货紧缩的度量

通货紧缩也反映在物价上，表现为物价水平持续疲软或负增长，前面分析的消费物价指数、批发物价指数和国内生产总值平减指数的变动，都可以说明通货紧缩的状况。但其中消费物价指数更具有代表性，其下降幅度更能灵敏地反映居民需求和市场疲软的状况。

衡量通货紧缩的另一个重要指标是货币供给总量增长率。货币供给总量增长率下降乃至出现负增长，或者货币流通速度明显减慢，从而两者的乘积缩小，表明社会总需求正在萎缩。

有的学者也把经济增长减缓或负增长即经济增长率变小或为负视为衡量指标之一，因为物价和货币供给持续下降必然影响实物经济增长，不过这必须以物价和货币供给持续下降的存在为条件。

（三）通货紧缩的类型

通货紧缩也是因多种原因产生的，可以从不同的角度进行分类。

1. 按通货紧缩的程度分：温和的通货紧缩和恶性的通货紧缩

温和的通货紧缩表现为物价水平下降的趋势不是很明显，但已经出现下降的趋势，尤其是较长时间出现物价“疲软”的现象，其实就是这种通货紧缩的表现。

恶性的通货紧缩表现为物价持续下降，幅度大、延续时间长，甚至出现严重的经济负增长。

2. 按通货紧缩的形成机理分：供给抑制型通货紧缩、成本推进型通货紧缩、结构型通货紧缩

供给抑制型通货紧缩是指在总需求增长时，流通所需货币量不能及时供给（货币供给的数量不足或货币供给增长速度与需求增长速度不一致）而形成的价格疲软或下跌。

成本推进型通货紧缩是因社会劳动生产率提高，商品成本大幅下降而引起的物价下跌。

结构型通货紧缩是指由于产业结构的不合理而形成某些商品市场需求严重不足、价格下跌，使得一些企业减产或者倒闭，导致企业投资和居民消费减退，反过来又加剧市场需求不足、物价下跌。

（四）通货紧缩产生的机理

通货紧缩集中表现为社会总需求、物价水平疲软或下跌，究其产生的机理，可能由直接的货币因素构成，也可能由其他因素引起，如经济结构失调、国际市场变化等因素。

1. 货币因素

这主要是指因货币供给偏紧或不足而直接引发通货紧缩。在以下情况下，就有可能出现紧缩问题。

在实行反通货膨胀政策时，通常要采取控制贷款和财政支出、限制工资增长等一系列措施，以压缩社会需求。这有利于控制物价上涨幅度，从而促进经济稳定；但是由于大力压缩投资和控制消费，又有可能形成社会需求过分萎缩，使市场出现疲软。结果通货膨胀的势头已得到抑制，而实施的从紧的财政政策和货币政策还有一定的惯性，或是主管部门未能适时调整政策，由此而形成政策的负面影响。

另一种情况是，经济增长速度已经逐步放慢，而财政政策、货币政策未能及时调整。

一般在经济高速增长时，都会实行偏紧的财政政策和货币政策，以防经济过热。如果经济增长已经趋缓，依然奉行原来的从紧政策就可能产生紧缩的消极影响。

2. 经济结构失调

当经济结构失调状况积累到一定程度，就必然进行较大的调整。这种调整表现在两个方面：(1) 要开发新产业和新产品，实行技术升级；(2) 某些传统产业和产品相对过剩，需要压产或是进行产品换代。在这种情况下，相当部分的产品面临市场需求不足、价格进一步下跌的压力，有些企业可能被迫减产和减员。这就必然会导致企业投资和居民消费减退，反过来又加剧了市场需求不足、物价下跌的压力。

此外，还有消费结构变化的问题。在经济发展的基础上，居民消费经历着由低向高的发展过程，消费结构不断调整。在消费升级中往往出现这种情况：某些原来式样的消费品消费相对饱和，销售不旺；同时，居民增加储蓄，以备进入下一阶段的高档消费。这种情况自然会使一段时间中消费增长放慢，市场需求和物价疲软不振。

上述结构性变化当然不是由货币供给状况所引起的，但是会影响货币供给在数量和结构上的变化。这种变化表现在两个方面：(1) 在投资需求不振的情况下，银行增加货币供给总量的努力要受到抑制，使货币供给增长速度放慢；(2) 投资和消费需求减少，储蓄相应增加，又会引起货币流通速度减缓。两者同时减缓，就是市场需求不振在货币供给上的反映。

3. 有效需求不足

一方面，生产能力过剩，需求的增长跟不上生产能力的扩大；另一方面，由于存在消费预期和未来不可测因素，居民消费保守，现实消费需求不足。我国在1999年就出现了有效需求不足的问题，国家只好通过发行国债拉动内需。

4. 国际市场的冲击

一个对外开放的国家往往会受到国际市场情况变化的冲击。当国际商品市场和金融市场发生动荡时，受到的影响将是：(1) 外部需求不足，出口下降，导致对国内商品的需求减少；(2) 国际市场商品价格下跌、促使进口商品价格下降，给国内物价带来下降的压力。一个国家开放程度越高，则承受的冲击越大。

(五) 通货紧缩的社会经济效应

谈到物价飞涨，人们心存余悸，但对物价下跌可能感觉不错。那么物价是否越低越好呢？其实，如果物价持续下降，也会产生很大的消极作用：

(1) 企业经营状况恶化。一方面，由于商品价格下跌，企业利润率会下降，甚至出现亏损，这必然会削弱企业投资的积极性；另一方面，持续的物价下跌还会迫使企业缩减生产，裁减员工，乃至破产倒闭。

(2) 由于企业经营状况恶化，居民收入减少，居民相应紧缩消费支出，财政收入和支出出现紧张，银行信贷萎缩，反过来又加剧了社会需求不足和通货紧缩的局面，使经济陷入了恶性循环的旋涡之中。

(六) 治理通货紧缩的措施

通货紧缩既然集中表现为社会需求不足，作为对社会需求有重要影响的财政和金融部门自然应实行扩张性财政政策和货币政策。

就刺激社会需求而言，财政扩张政策的效应比较直接、明显，货币金融政策的效应则比较迟缓。即使金融主管部门奉行扩张货币供给的政策，其效果还要看企业和居民有无需求。在通货紧缩的情况下，企业不愿投资，借款不积极，对信贷需求不足；居民不愿扩大消费。这就制约了货币金融扩张政策的实施。财政扩大支出，或是直接投资于基础设施等公共项目，或是增大社会福利支出，有立竿见影之效果。

启动需求，关键在调动企业投资的积极性和居民消费愿望。因此，财政政策与货币金融政策应密切配合，以最大限度发挥“合力”效果。另外，还应同时运用其他政策和措施，协调配合，综合治理。这些政策包括：实施扶植新经济增长点的产业政策，以刺激企业投资；调整收入分配政策，适当增加居民收入，引导消费等。

本章小结

货币需求是指在一定时期内，社会主体愿意以货币形式持有财富的需求，或社会主体对执行流通手段、支付手段和贮藏手段的货币的需求。货币需求理论主要有：传统货币数量论中的现金交易说、现金余额说；马克思的货币需求理论；凯恩斯的流动性偏好理论；弗里德曼的货币需求函数。

银行是货币供给的总渠道，流通中的货币都是由中央银行首先投放出去的。由中央银行投放的原始货币，通过商业银行信用的创造和乘数作用，能创造出多倍的货币。

货币均衡是指社会的货币供给量与客观经济对货币的需求量基本相适应。货币失衡是同货币均衡相对应的概念，是指在货币流通过程中，货币供给偏离货币需求，从而使二者之间不相适应的货币流通状态。货币供求不均衡会产生异常的货币行为，即通货膨胀与通货紧缩。

通货膨胀是指在一定时期内，由于货币供给量过多，超过流通领域对货币的客观需求而引起的货币贬值、物价总水平持续上涨的现象。通货膨胀的成因主要包括需求拉上、成本推进、供求混合推动、结构型调整、财政赤字、信用膨胀、经济发展速度与结构不均衡、国际传导等。治理通胀的政策主要包括：紧缩性货币政策与财政政策、需求管理政策、增加商品有效供给、所得管理政策、指数联动政策及货币制度改革等。

通货紧缩是指商品和劳务价格总水平持续下降或物价疲软，同时货币不断升值的过程。究其产生的机理，可由直接的货币因素构成，也可由其他因素引起，如经济结构失调、有效需求不足、国际市场的冲击等因素。治理通货紧缩，扩张性财政政策与货币政策应密切配合，另外，还可以实施扶植新经济增长点的产业政策、引导居民消费的收入分配政策等。

思考题

1. 各种货币需求理论的侧重点在哪里？
2. 货币供给的运行机制是怎样的？
3. 如何正确理解和认识货币供求均衡状态？
4. 如何判定通货膨胀的存在？通货膨胀现象有何显著的特征？

5. 通货膨胀对生产、流通、分配、消费等将产生什么影响？

6. 下列活动中持有货币的主要动机是什么？

（1）借款 5 000 元从证券商处购买高收益债券。

（2）为出国度假，从支票存款账户上转了 5 000 元购买旅行支票。

（3）本地商场在某日将手头的现金持有量增加 4 倍。

（4）你去医院看病前从储蓄账户中划转 2 500 元到支票存款账户。

（5）在支票存款账户中存入 200 元支付水电费。

（6）兑现 20 000 元定期存单用于购买一幅名画。

推荐阅读书目

［1］黄达，张杰．金融学．5 版．北京：中国人民大学出版社，2020.

［2］弗雷德里克·S. 米什金．货币金融学：美国商学院版·原书第 5 版．北京：机械工业出版社，2020.

第十四章

金融监管

⊙本章提要⊙

随着经济全球化、经济金融化、金融自由化的不断发展，金融动荡乃至危机频频发生，给世界各国的经济发展带来了很大的冲击。因此，建立完善的金融监管体系，通过严格的监管，降低金融风险，化解金融危机，保证金融业的稳健运行越来越成为经济与社会健康发展的关键。本章主要介绍金融监管的内容和方法，金融监管体制，分业监管模式下金融监管机构体系中中央银行、银保监会和证监会的监管对象、目标及职能，金融监管的国际协调等。

⊙重点与难点⊙

- 金融监管的内容
- 金融监管体制
- 中央银行的性质、职能和制度
- 金融监管的国际协调

引导案例

在金融市场全球化进程中，原有的市场风险随着市场的扩大而增加，特别是由于存在信息不对称和道德风险，金融市场上的风险随着市场的全球化扩展而提高。更为重要的是，金融交易与实际经济脱节的程度随着金融市场全球化而日益突出。据统计，全世界金融交易量大约是商品和服务交易总量的2.5倍，在巨额的国际资本流动中，只有10%与实体经济交易和投资有关。全球性外汇市场和金融衍生工具市场的迅猛发展，不仅使利率风险、汇率风险、货币风险和市场风险急剧增加，成为引发金融危机的导火线，而且滋生过度投机、金融寻租和经济泡沫，剥离了金融市场与实体经济的血肉联系，使实体交易量、金融原生品交易量和金融衍生品交易量形成一个“倒金字塔”，其脆弱性和危险性不言而喻。

2008年3月17日，美国投行贝尔斯登股价跌幅达84%，并被摩根大通以超低价收购；雷曼兄弟股价两周跌幅也超过50%。虽然欧美政府不断出台救市措施，但次贷危机的影响不断扩大。美国本土爆发的次级抵押贷款危机，在率先冲击了美国市场后，继续沿着全球资本流动途径扩张。欧洲、日本、澳大利亚等很多发达国家和地区的资本市场陆续受到冲击，而新兴市场在这场危机中也难逃一劫。次级抵押贷款危机本来是一个局部的债务危机或信用危机，但最终演变成了全球金融市场的大震荡。

对于次贷危机的成因，有学者认为，深层原因一是宽松的贷款标准和创新的贷款品种；深层原因二是风行的证券化和偏高的信用评级。那么，金融创新的问题出在哪里呢？实际上，最近10～15年的金融创新完全是衍生产品的创新。因为西方监管很宽松，一个简单的按揭品会变成复杂有毒的担保债务凭证（collateralized debt obligation，CDO）和信用违约掉期（credit default swap，CDS），这里监管的责任是不可推卸的。

案例思考：有哪些金融风险？金融风险的成因是什么？什么是金融创新？它和金融监管的关系如何？下面的内容将会告诉你问题的答案。

第一节　金融监管的内容和方法

金融监管的基本出发点是维护社会公众利益，社会公众利益高度分散决定了只能由国家授权的机构来履行这一职责。金融业需要监管的主要理由源于金融脆弱性（更详细的内容请参看第十五章）。例如银行业、保险业企业与一般企业不同的资产负债结构决定了其风险不仅由其股东承担，风险达到一定程度后就要由整个社会经济体系来承担。一旦发生支付危机，具有较大的连锁效应。保险业收到保费后，赔付可能在若干年后才发生，尤其是寿险，支付发生在十几年甚至几十年后，作为投保人，由于受能力、信息、成本等多种因素的影响，不可能对投保机构的运营形成有效监督，所以国家需要加强监管。

一、金融监管的内容

（一）市场准入监管

所有国家对银行及金融机构的监管都是从市场准入开始的。各个国家的金融监管当局一般都参与金融机构的审批过程。所谓市场准入监管，是指金融监管当局对具备资格的机构进入金融市场、经营金融产品、提供金融服务的审查批准过程。市场准入监管是金融监管的首要环节，把好市场准入关是保障金融机构稳健运行和金融体系安全的重要基础。批准高质量的金融机构和金融高级管理人员进入市场，并根据金融机构的功能定位和审慎性标准，审批金融机构的业务范围，将有利于降低金融机构的经营风险，提高金融管理水平和服务水准，促进金融机构的稳健发展和金融体系的稳定。

金融机构的市场准入包括三个方面，即机构准入、业务准入和高级管理人员准入。机构准入是指依据法定标准，批准金融机构法人或其分支机构的设立；业务准入是指按照审慎性标准，批准金融机构的业务范围和开办新的业务品种；高级管理人员准入是指对金融机构高级管理人员任职资格的核准或认可。

（二）业务运营监管

实践表明，金融风险大多发生在金融机构的经营活动中。金融机构业务运营活动面临着各种各样的风险，并且贯穿于日常业务运营过程的每个环节。因此，金融机构经批准开业后，金融监管当局还要对金融机构的运作过程进行有效监管，促使金融机构始终保持稳健经营的良好状态。业务运营监管的内容一般体现在保证金融机构经营安全性、流动性和盈利性三个方面。近年来，随着金融创新的发展，监管的要求越来越高，监管的内容也越来越复杂，目前，业务运营监管一般从以下几个方面进行：业务经营的合规性、资本充足率、资产质量、流动性、业务范围、盈利能力和内部控制的健全性。

（三）市场退出监管

市场退出监管是指监管当局对金融机构退出金融业、破产倒闭或合（兼）并、变更等的管理。金融机构退出市场表明该金融机构已经停止经营金融业务，应依法处理其债权债务，分配剩余财产，注销工商登记，其最终结果是取消该金融机构的法人资格。

金融机构市场退出，一般是金融机构由于不能偿还到期债务，或者发生了法律法规和公司章程规定的必须退出事由，从而不能继续经营，必须进行拯救或破产清算的过程。

金融机构市场退出按原因和方式可以分为两类：主动退出与被动退出。主动退出是指金融机构因分立、合并或者出现公司章程规定的事由需要解散，因此退出市场，其主要特点是主动地自行要求解散。被动退出则是指金融机构由于法定的理由，如由法院宣布破产或因严重违规、资不抵债等原因而遭关闭，监管当局将金融机构依法关闭，取消其经营金融业务的资格，金融机构因此退出市场。金融机构市场退出监管主要考核支付存款本金和利息的债务清偿额（比例）指标等，包括六个方面，即接管、收购、分立或合作、解散、吊销经营许可证、破产。

二、金融监管的方法

金融监管的方法不外乎两种：直接监管和间接监管。

（一）直接监管

直接监管可分为现场监管和非现场监管。

1. 现场监管

现场监管即由监管人员通过亲临现场对被监管金融机构的会计凭证、账簿、报表、现金、物资财产和文字资料进行检查、分析、鉴别，直接对有关人和事进行查访，掌握第一手真实资料。这种方式的优点是能够对具体的监管对象进行比较深入细致的了解，及时发现某些隐蔽性问题，特别是对一些欺诈行为尤为有效。不足之处是，现场监管要花费大量的人力、物力、财力，而且受到时间和空间的限制。一时一地进行监管缺乏全面性，在具体操作上还带有片面性和滞后性，监管弹性比较大。

现场监管的内容一般主要集中于资本充足状况、资产质量、管理质量、收入和利润状况、清偿能力、法规的遵守程度。

2. 非现场监管

非现场监管是指不需要亲自到被监管的金融机构去，而是通过传送报表、资料、建立信息网络等方法进行监管。非现场监管不仅及时、全面、成本低，而且不受时间和空间的制约。通过分析、评价，可以对面临较大风险的单位发出预警信号，帮助其及时纠正违规行为；也可以对有效地确定现场检查的范围提供帮助，增加现场监管的针对性。

非现场监管、监督的内容，在我国主要是指被监管单位的资产负债比例结构、资产流动性、资本充足性、资产质量、风险情况、财务状况、损益、负责人变动等。

（二）间接监管

间接监管是指通过委托其他部门如金融机构内部的审计机构或外部审计机构及信用评估机构等，从加强内部控制的角度出发实施间接的监管。

1. 内部审计

内部审计是由金融机构自行组织实施的，主要涉及金融机构内部的各项管理工作实施情况，包括核查自身会计控制、营运控制、行政管理控制等的完整与准确，并参与检查和修改业务政策和业务程序。主要目的是保证资产的安全性和遵守法规，提供高效准确的业务记录，评价管理控制的程序和有效性，并为制定政策提供参考。内部审计具有很强的连续性，是保证金融机构实施良好内部控制的基础，也是保证金融机构稳健经营，建立金融业风险安全防线的关键。因此，内部审计是金融监管体系的一个重要组成部分。

2. 外部审计

外部审计通常是由社会上注册的会计师事务所来承担的，会计师事务所是专门提供社会公证和技术服务且收取费用的法人组织，当受中央银行或国家监管当局委托时参与金融监管。外部审计在金融监管中的作用为：一是可以提高金融监管的客观性和公正性，有效地避免舞弊、作假现象，防止内部审计的主观性和中央银行稽核的疏漏；二是减轻中央银行或金融监管当局的工作量，使之可能集中力量进行针对性的监管。

3. 金融机构评级

对金融机构的评级也是金融监管的一个重要组成部分。评级制度是通过综合考察金融机构的资本充足性、资产质量、管理能力、盈利能力及流动性能力等因素，按评级结果将金融机构划分为几个等级，金融监管当局就可根据评级结果决定采取相应的措施和政策，如在检查时根据其级别来确定检查的方式和深入的程度等。

除了金融监管部门对金融机构的评级外，还可利用社会上的资信评估机构。这种评估机构作为中介性组织，通过对金融企业进行资信评估，将优等金融机构通过新闻媒体向社会公布，以便等级高的金融机构有更多的发展机会。对有问题的金融机构进行评级，以便金融监管当局能有重点地监督级别低的金融机构，提高监管的频次和效率。

4. 同业公会自律

对金融业的管理，还应有同业公会自律。这是金融业自我管理、自我规范、自我约束的一种民间管理方式。它可以通过行业内部的管理，有效地避免各主体之间的不正当竞争，规范其行为，促进彼此的协作，与官方监管机构一起来维护金融体系的稳定与安全。

由于金融业的特殊性，金融业的行业自律组织与别的行业相比，要求更严格，更有特点。它由从事金融研究的学者、金融从业人员以及政府金融管理者等组成，以“行业自律、协调和自我管理”的方式行使职权，以业务性指导和交流为主，表现出广泛性、行业性和自律性的特点。通过监管，可以促进行业管理的规范化，保证交易的公正性和竞争的充分性，维护正常的金融秩序。

第二节　金融监管体制

金融监管体制是指金融监管体系和基本制度的总称。金融监管体制实质上就是由谁来监管、由什么机构来监管和按照什么样的组织结构进行监管，相应地由谁来对监管效果负责和如何负责的问题，金融监管体制问题首先就是要选择和建立一个能够实现最佳监管的模式的问题。

一、金融监管体制的类型

（一）单一全能型监管体制

单一全能型监管体制即由一家监管机构对所有金融机构的全部金融业务进行监管。单一全能型监管体制下的监管机关通常是各国的中央银行，也有另设监管机关的。实行这种监管体制的国家既有发达国家，也有发展中国家，并有数量增加的趋势。实行单一全能型监管体制的发达市场经济国家有英国、澳大利亚、比利时、卢森堡、新西兰、奥地利、意大利、瑞典等。也有很多发展中国家，如巴西、埃及、泰国、印度等实行这一监管体制。

这种模式的优势如下：

(1) 若考虑监管机构内部的规模经济，特别是技术条件，机构数目越少，成本就越小；在监管机构负责的各个不同的监管领域也可获得经济规模和增效作用。对被监管者来说，若只与一个监管机构打交道，可在一定程度上减少成本，比如，使用标准程序和统一的数据库。

(2) 尽管有多种办法可解决多样化经营机构的全面审慎监管，但是一个单一的、综合的监管机构可以更加有效地监督这些机构的所有经营，而且可以更好地察觉不同业务部分潜在的支付危机。

(3) 单一全能型监管机构可以避免重复机构体制容易引发的不公平竞争性、政策的不一致性、监管的重复交叉与遗漏。在单一全能型监管机构里，监管者的职责更加固定、明确，能够防止不同机构之间互相推卸责任。

（4）在处置金融风险的过程中，单一全能型监管机构更具有政策的一致性、协调的权威性、反应的及时性，能更加有效地利用监管资源。在日常监管中，单一全能型监管机构可以用更加一致的监管原则、标准来加强监管，同时又能有效地考虑各业务品种的区别。

（二）多头分业型监管体制

多头分业型监管体制即由两个或两个以上的管理机构分别对金融机构按业务类型进行监管。根据监管权限在中央和地方的不同划分，又可将其区分为分权多头式监管体制和集权多头式监管体制两种。

实行分权多头式监管体制的国家一般为联邦制国家，其主要特征表现为：不仅不同的金融机构和金融业务由不同的监管机构来实施监管，而且联邦和州都有权对相应的金融机构实施监管。美国和加拿大是实施这一监管体制的代表。

实行集权多头式监管体制的国家对不同的金融机构或金融业务的监管由不同的监管机构来实施，但监管权限集中于中央政府，如日本、法国等。世界上绝大多数的国家实行这种监管体制。这是因为：

（1）现在并在可预见的将来，银行业、证券业和保险业仍会保持重要的区别。三者风险的性质不同，审慎监管就需要不同的方法。

（2）单一全能型监管机构不可能有明确集中的目标和合理的监管，而且也不能在不同类型的机构和业务之间制定必要的区别。

（3）单一全能型监管机构负责所有方面（系统的、审慎的和业务经营的）和所有类型的金融机构，还会出现文化差异冲突。

（4）单一全能型监管机构权力巨大且过于集中，缺乏权力的竞争和监督；更危险的是在执行监管时可能出现极端的官僚主义，对已经出现的问题反应迟缓，降低监管效率。

二、中央银行

中央银行是国家赋予其制定和执行货币政策，对国民经济进行宏观调控，对金融机构乃至金融业进行监督管理的特殊的金融机构；中央银行负责控制国家货币供给、信贷，监管金融体系，特别是商业银行和其他储蓄机构；中央银行可以为政府筹集资金，代表政府参加国际金融组织和各种国际金融活动。中央银行所从事的业务与其他金融机构所从事的业务的根本区别在于：中央银行所从事的业务不是为了营利，而是为实现国家宏观经济目标服务，这是由中央银行所处的地位和性质决定的。

（一）中央银行的性质

中央银行的性质可表述为：国家赋予其制定和执行货币政策，对国民经济进行宏观调控和管理监督的特殊金融机构。具体来说，包括其地位的特殊性、业务的特殊性和管理的特殊性。

（1）地位的特殊性。中央银行是一个国家金融体系的中心环节，是管理全国货币金融的最高权力机构，也是全国信用制度的枢纽和金融管理的最高机构。因为它是国家货币政策的体现者，是国家干预经济生活的重要工具，是政府在金融领域内的代表，也是在国家控制下的职能机构。

（2）业务的特殊性。中央银行的金融业务与一般商业银行的金融业务相比，在经营目标、经营对象、经营内容上均有不同。它在原则上不经营具体的货币信用业务，不以营利为经营目标，而以实现货币政策目标为宗旨；业务经营的直接对象是商业银行、政府机构和其他金融机构，通过和这些部门的业务往来，贯彻执行国家的货币政策和履行其管理职能；享有发行货币的特权，这是商业银行和一般行政管理部门所不具有的权利。

（3）管理的特殊性。虽然商业银行也是“银行”，但它行使管理职能时，是作为货币流通和信用管理者的身份出现的，它不单凭行政权力，而且还要通过经济的和法律的手段，例如，计划、信贷、利率、汇率、存款准备金、法律等，对商业银行和其他金融机构的业务进行引导和管理，以达到对整个国民经济的宏观调节和控制。

（二）中央银行的职能

中央银行的性质具体体现在其职能上，中央银行的职能主要表现为：发行的银行、银行的银行、政府的银行。

（1）发行的银行。国家赋予中央银行集中与垄断货币发行的特权，成为国家唯一的货币发行机构（有些国家硬辅币的铸造与发行由财政部负责）。

（2）银行的银行。这一职能最能体现中央银行的特殊性。办理“存、放、汇”仍是中央银行的主要业务内容，但业务对象不是一般企业和个人，而是商业银行与其他金融机构。作为金融管理的机构，这一职能具体表现在集中存款准备、对银行融通资金、组织全国的清算以及各外汇银行的外汇头寸抛补四个方面。

（3）政府的银行。中央银行代理国库，代理国家债券的发行，对政府融通资金，保管外汇和黄金储备。此外，中央银行还代表政府参加国际金融组织，从事国际金融活动以及代表政府签订国际金融协定；在国内外经济金融活动中，充当政府的顾问，提供经济、金融情报和决策建议。

（三）中央银行的制度

中央银行的制度主要有：单一式中央银行制度、复合式中央银行制度、准中央银行制度和跨国中央银行制度四种类型。

（1）单一式中央银行制度。由国家建立单独的中央银行机构，并由其全面行使中央银行职能的中央银行制度。该制度又分为一元式和二元式两类。前者为大多数国家（包括我国）采用的模式，一般为总分行制，实行垂直领导，总部多设在首都；后者多为联邦制国家（如美国、德国）采取的模式，体现了集权与分权的矛盾统一。

（2）复合式中央银行制度。国家不单独设立专司中央银行职能的中央银行机构，而是由一家集中央银行与商业银行职能于一身的国家大银行兼行中央银行职能的中央银行制度。该制度一般与央行发展的初级阶段和计划经济体制相对应。如苏联、东欧剧变前的大多数东欧国家和1983年以前的我国（也称为“大一统”银行体制）。

（3）准中央银行制度。国家或地区不设完整意义上的中央银行，而由类似中央银行的金融管理机构与若干商业银行共同执行中央银行职能。实行这种制度的地方有新加坡、马尔代夫、斐济、沙特阿拉伯、阿拉伯联合酋长国、塞舌尔以及我国香港地区。

中国香港在很长时间内并无一个统一的金融管理机构。在货币制度方面，港币发行由渣打银行和汇丰银行负责，长期实行英镑汇兑本位制，1972 年改成港币和美元挂钩，1983 年 10 月开始实行与美元挂钩的联系汇率制度。1993 年 4 月中国香港成立了金融管理局，集中行使货币政策、金融监管和支付体系的管理职能，但货币发行仍由渣打银行、汇丰银行负责，自 1994 年 5 月起，中国银行香港分行成为香港的第三家发钞银行。票据结算仍然由汇丰银行负责。1997 年香港回归后，香港仍然实行独立的货币与金融制度，其货币发行与金融管理自成体系。

（4）跨国中央银行制度。由若干国家联合组建一家中央银行，由这家中央银行在其成员国范围内行使全部或部分中央银行职能的中央银行制度。该制度一般与区域性多国经济的相对一致性和货币联盟体制相对应，如西非货币联盟、中非货币联盟、东加勒比货币联盟和欧洲货币联盟。

第三节　我国金融监管组织

我国当前的金融监管体制属于集权多头式监管体制。经过多年的探索调整，形成了当前“一委一行两会”的监管格局。“一委一行两会”分别是：国务院金融稳定发展委员会（简称金融委）、中国人民银行、中国银行保险监督管理委员会（简称银保监会）、中国证券监督管理委员会（简称证监会）。

一、国务院金融稳定发展委员会

2017 年 7 月 14—15 日，在北京召开的全国金融工作会议宣布设立国务院金融稳定发展委员会，旨在加强金融监管协调、补齐监管短板。2017 年 11 月，经党中央、国务院批准，国务院金融稳定发展委员会成立。设立国务院金融稳定发展委员会，是为了强化中国人民银行宏观审慎管理和系统性风险防范职责，强化金融监管部门监管职责，确保金融安全与稳定发展。具体而言，主要推动实现以下目标：

（1）回归本源，服从服务于经济社会发展。金融要把为实体经济服务作为出发点和落脚点，全面提升服务效率和水平，把更多金融资源配置到经济社会发展的重点领域和薄弱环节，更好满足人民群众和实体经济多样化的金融需求。

（2）优化结构，完善金融市场、金融机构、金融产品体系。要坚持质量优先，引导金融业发展同经济社会发展相协调，促进融资便利化，降低实体经济成本，提高资源配置效率，保障风险可控。

（3）强化监管，提高防范化解金融风险能力。要以强化金融监管为重点，以防范系统性金融风险为底线，加快相关法律法规建设，完善金融机构法人治理结构，加强宏观审慎管理制度建设，加强功能监管，更加重视行为监管。

（4）市场导向，发挥市场在金融资源配置中的决定性作用。坚持社会主义市场经济改革方向，处理好政府和市场关系，完善市场约束机制，提高金融资源配置效率。加强和改善政府宏观调控，健全市场规则，强化纪律性。

二、中央银行

我国是实行单一式中央银行制度的国家，中国人民银行是我国的中央银行。2003 年 12 月 27 日，第十届全国人民代表大会常务委员会第六次会议审议通过了对《中华人民共和国中国人民银行法》的修正，该法规定中国人民银行的主要职责有：

（1）发布与履行其职责有关的命令和规章。

（2）依法制定和执行货币政策。

（3）发行人民币，管理人民币流通。

（4）监督管理银行间同业拆借市场和银行间债券市场。

（5）实施外汇管理，监督管理银行间外汇市场。

（6）监督管理黄金市场。

（7）持有、管理、经营国家外汇储备、黄金储备。

（8）经理国库。

（9）维护支付、清算系统的正常运行。

（10）指导、部署金融业反洗钱工作，负责反洗钱的资金监测。

（11）负责金融业的统计、调查、分析和预测。

（12）作为国家的中央银行，从事有关的国际金融活动。

（13）国务院规定的其他职责。

三、银保监会

2018 年 3 月，根据国务院发布的机构改革方案，银监会和保监会合并，组建中国银行保险监督管理委员会，作为国务院直属事业单位。中国银保监会综合了原由中国人民银行对银行、保险公司、资产管理公司、信托投资公司及其他存款类金融机构的监管职能和原中央金融工委的相关职能，具体而言，其主要职责是：

（1）依法依规对全国银行业和保险业实行统一监督管理，维护银行业和保险业合法、稳健运行，对派出机构实行垂直领导。

（2）对银行业和保险业改革开放和监管有效性开展系统性研究。参与拟订金融业改革发展战略规划，参与起草银行业和保险业重要法律法规草案以及审慎监管和金融消费者保护基本制度。起草银行业和保险业其他法律法规草案，提出制定和修改建议。

（3）依据审慎监管和金融消费者保护基本制度，制定银行业和保险业审慎监管与行为监管规则。制定小额贷款公司、融资性担保公司、典当行、融资租赁公司、商业保理公司、地方资产管理公司等其他类型机构的经营规则和监管规则。制定网络借贷信息中介机构业务活动的监管制度。

（4）依法依规对银行业和保险业机构及其业务范围实行准入管理，审查高级管理人员任职资格。制定银行业和保险业从业人员行为管理规范。

（5）对银行业和保险业机构的公司治理、风险管理、内部控制、资本充足状况、偿付能力、经营行为和信息披露等实施监管。

（6）对银行业和保险业机构实行现场检查与非现场监管，开展风险与合规评估，保护金融消费者合法权益，依法查处违法违规行为。

四、证监会

中国证监会全称中国证券监督管理委员会，依照法律、法规和国务院授权，统一监督管理全国证券期货市场，维护证券期货市场秩序，保障其合法运行。

改革开放以来，随着中国证券市场的发展，建立集中统一的市场监管体制势在必行。1992年10月，国务院证券委员会（简称国务院证券委）和中国证券监督管理委员会（简称中国证监会）宣告成立，标志着中国证券市场统一监管体制形成。国务院证券委是国家对证券市场进行统一宏观管理的主管机构。经国务院授权，中国证监会是国务院证券委的监管执行机构，依照法律法规对全国证券期货市场进行集中统一监管。

根据《中华人民共和国证券法》第二十二条的规定，中国证监会还设有发行审核委员会，委员由中国证监会专业人员和所聘请的会外有关专家担任。中国证监会在省、自治区、直辖市和计划单列市设立了36个证券监管局，以及上海、深圳证券监管专员办事处。

（一）证监会的监管目标

对证券期货业进行监管，目的在于降低证券市场的风险，保护社会公众利益并维护社会安定。为实现这一目标，证监会应当履行以下职责：一方面组织拟定有关证券期货业监管的法律、法规，研究制定有关证券期货业监管方针政策和发展规划；另一方面对证券市场和期货市场的相关活动进行指导、规划和协调。通过这些工作，强化对监管对象的监管，提高信息披露质量，防范和化解证券期货市场的金融风险。

（二）证监会的职能

依据有关法律法规，中国证监会对证券市场实施监督管理，履行下列职能：

（1）建立统一的证券期货监管体系，按规定对证券期货监管机构实行垂直管理。

（2）加强对证券期货业的监管，强化对证券期货交易所、上市公司、证券期货经营机构、证券投资基金管理公司、证券期货投资咨询机构和从事证券期货中介业务的其他机构的监管，提高信息披露质量。

（3）加强对证券期货市场金融风险的防范和化解工作。

（4）负责组织拟订有关证券市场的法律、法规草案，研究制定有关证券市场的方针、政策和规章；制定证券市场发展规划和年度计划；指导、协调、监督和检查各地区、各有关部门与证券市场有关的事项；对期货市场试点工作进行指导、规划和协调。

第四节 金融监管的国际协调

一、金融监管的国际化

为适应金融国际化的形势，金融监管的相应变革已是金融业的必然选择，国际金融业对监管环境提出了更高的要求。金融市场化和国际化进程的加快以及伴随而来的方方面面的变革和冲击，打破了金融业原有的格局，使原来的金融监管失去了其存在的基础。在金融监管方面若不作出相应的调整，采取相应的对策，或者其变革滞后于金融国际化进程，那么金融业的健康发展必将受到严重的损害，整个金融业也将会为此付出惨重的代价，进而也将使世界经济的发展受到不同程度的阻碍。

金融监管的国际化主要包括以下两个方面的内容。

(1) 采取综合性的国际监管策略。

金融监管的国际化要求金融监管机构改变单一的内向管理策略，采取综合性的国际监管策略，金融监管的手段、政策要与全球发展方向相一致，达到国际先进水平。首先，监管目标的战略取向要从国际金融业的整体考虑，监管的覆盖面要包括国内金融业及其国外分支机构和国内的外国金融机构。其次，监管内容要适应金融业跨国经营带来的新问题。最后，监管手段、监管法规和各项会计、审计制度应该比照国际标准，与国际接轨。

(2) 加强国际监管的协调与合作。

不同的历史和人文背景、不同的监管策略和监管取向、不同的金融发展水平使各国形成了不同的监管体制。随着金融业在国际化进程中的日趋无边界经营，这种基于各个国家的监管框架已经越来越不适应金融的发展需要，并构成了金融业的不稳定因素。但是，由于各国不同的社会经济和金融现实，要让其中的某一个国家独立地承担这种监管和协调职能是相当困难的，这就需要国际金融机构发挥其应有的作用。世界上主要的国际金融机构有国际货币基金组织、世界银行和国际清算银行，金融监管的国际化要求这些国际金融机构紧密合作，共同完善现有的国际金融制度，并向成员国提供双边金融监督与技术支持。各国政府和各地区、经济集团也将成为共同监管的主体力量。

二、金融监管国际协调与合作的主要机构

(一) 国际清算银行

1930 年 5 月，英、法等国在瑞士的巴塞尔成立了国际清算银行（Bank for International Settlement，BIS)，处理第一次世界大战后德国赔款问题，这是建立国际金融机构的重要开端。第二次世界大战后，它成为经济合作与发展组织成员之间的结算机构，该行的宗旨也逐渐转变为促进各国中央银行之间的合作，为国际金融业务提供便利，并接受委

托或作为代理人办理国际清算业务等。国际清算银行不是政府间的金融决策机构，亦非发展援助机构，实际上是西方中央银行的银行。

（二）国际货币基金组织

第二次世界大战之后，在生产国际化和资本国际化的基础上，国际经济关系得到了空前发展。美、英等国为了避免再出现 20 世纪二三十年代世界范围内的经济和金融混乱状态，决定建立一种新的国际金融秩序。于是，1945 年成立了国际货币基金组织（International Monetary Fund，IMF）和世界银行，其目的是重建一个开放的世界经济和一个稳定的汇率制度，并为各国经济发展提供资金。

（三）世界银行

世界银行（World Bank，WB）也是联合国的一个专门机构，是在 1944 年 7 月布雷顿森林会议之后，与 IMF 同时产生的两个国际金融机构之一。世界银行主要负责经济的复兴和发展，向各成员提供发展经济的中长期贷款。

（四）巴塞尔银行监管委员会

1975 年，在国际清算银行的发起和主持下，巴塞尔银行监管委员会（Basel Committee on Banking Supervision）成立，其成立的一个重要原因是 1974 年发生的国际银行业危机。成立该委员会的一个主要目的是建立银行监督的基本原则，促进管理者之间的沟通，以管理银行资本和风险。这是一个正式的常设机构，是中央银行监督国际银行活动的一个联席代表机构和协调机构，由国际清算银行提供秘书及人员。巴塞尔银行监管委员会没有强制执行权力，其决策以达成共识的方式形成，其建议和标准的实施依赖于成员的合作。巴塞尔银行监管委员会自成立后展开了一系列的工作，其中最重要的工作就是先后达成若干重要协议。巴塞尔银行监管委员会的这些协议或报告体现了它一贯倡导的对国际银行业进行监督管理的指导原则。其工作重点体现在三方面：一是为国际银行活动提供了一些非正式的协调指导原则和标准；二是确立了在联合和综合的基础上监督国际银行业务的技术；三是促进各国国内监督活动的强化与完善。

巴塞尔银行监管委员会作为稳定国际金融体系和秩序的机构，其在国际协调和对银行监管方面的效应是积极的，它的存在和发展有利于促进世界经济的正常运行和发展。但应该指出的是，它也有不足之处，需要国际社会对其进行不断改进和完善。

（五）世界贸易组织

1995 年 1 月 1 日管理多边贸易体制的常设性机构——世界贸易组织（World Trade Organization，WTO）正式启动，正式取代 1948 年以来作为临时性机构的"关税与贸易总协定"（GATT），从此多边贸易体制进入了一个崭新的时代。世界贸易组织是按照经成员当局和立法机构批准的国际条约创建的常设经济组织，它集 GATT 近半个世纪的贸易自由化成果于一身，以一套更为完备、适用范围更广的多边游戏规则和一个更有效率、更加健全的经济体系，为世界贸易的发展提供保障性、可预见性和强大推动力。

（六）国际证监会组织

国际证监会组织（International Organization of Securities Commissions，IOSCO）成

立于1983年，其前身是创立于1974年的旨在帮助拉美证券市场发展的美洲证监会协会。在美洲证监会协会1983年的年会上，与会成员批准了一项新章程，决定将该组织转化为10个更具国际性的实体，这就是国际证监会组织。

（七）国际保险监督官协会

国际保险监督官协会（International Association of Insurance Supervisors，IAIS）是一个推动各国保险监管国际协调的组织，该协会成立于1992年，现成员数目已逾70个。国际保险监督官协会的秘书处原本设在位于华盛顿的全美保险监督官协会，后来根据该协会1996年的决议，新成立的秘书处已于1998年迁往国际清算银行，从而在更大程度上便利了各监管组织之间广泛而及时的合作。国际保险监督官协会致力于保护投保者的利益和保险市场的稳定与效率，推动国际保险业更广泛的监管合作。

（八）国际会计准则委员会

国际会计准则委员会（International Accounting Standards Committee，IASC）是在会计准则的国际规范化方面作出努力的组织。该机构1973年由澳大利亚、加拿大、法国、墨西哥、荷兰、联邦德国、日本、美国和英国等国的职业会计师团体通过协议而成立。国际会计准则委员会成立后不断壮大，至今已吸纳了80多个国家和地区的100多个职业会计师团体。

（九）二十国集团

二十国集团（G20）由八国集团（美国、日本、德国、法国、英国、意大利、加拿大、俄罗斯）和十一个重要新兴工业国家（中国、阿根廷、澳大利亚、巴西、印度、印度尼西亚、墨西哥、沙特阿拉伯、南非、韩国和土耳其）以及欧盟组成。G20的建立最初是由美国等七个工业化国家的财政部长于1999年6月在德国科隆提出的，目的是防止类似亚洲金融风暴的重演，让有关国家就国际经济、货币政策举行非正式对话，以利于国际金融和货币体系的稳定。G20会议当时只是由各国财长或各国中央银行行长参加，自2008年由美国引发的全球金融危机使得金融体系成为全球的焦点之后，开始举行二十国集团首脑会议，扩大各个国家的发言权，取代之前的八国首脑会议或二十国集团财长会议。G20国家同意建立金融稳定理事会（Financial Stability Board，FSB）取代G7国家于1999年设立的金融稳定论坛（Financial Stability Forum，FSF），主张FSB加强和IMF的合作以提供对宏观经济和金融风险的早期预警，并提出应对危机的解决措施；它们也同意进行更加具有一致性和系统性的跨国合作，创立全球金融体系所需的、通过国际社会一致认可的高标准监管框架。

（十）金融稳定理事会

金融稳定理事会又称“二十国集团金融稳定委员会”，是二十国集团伦敦金融峰会后设立的一个专门性的国际组织。愈演愈烈的金融危机使国际社会意识到加强金融监管的重要性。为了保障全球金融体系的长期稳定，二十国集团决定成立金融稳定理事会，并赋予其新权力，取代金融稳定论坛，与IMF一道协力识别并报告宏观经济和金融风险以及应对这些风险所需的措施。

金融稳定理事会的核心职能是加强系统性风险监管，具体职能包括：(1) 评估全球金融系统脆弱性，监督各国改进行动。(2) 促进各国监管机构合作和信息交换，对各国监管政策和监管标准提供建议。(3) 协调国际标准制定机构的工作，为跨国界风险管理制定应急预案等。

为履行好这些职能，金融稳定理事会设立全体会议和指导委员会，同时成立三个常设委员会——脆弱性评估委员会、监管和管理合作委员会以及标准执行委员会。

本章小结

金融监管的内容包括市场准入监管、业务运营监管和市场退出监管。金融监管的方法包括直接监管和间接监管，直接监管包括现场监管和非现场监管，间接监管包括内部审计、外部审计、金融机构评级和同业公会自律。

金融监管体制的类型包括单一全能型监管体制和多头分业型监管体制。

中央银行是国家赋予其制定和执行货币政策，对国民经济进行宏观调控，对金融机构乃至金融业进行监督管理的特殊的金融机构。中国银保监会全称中国银行保险监督管理委员会，综合了原由中国人民银行对银行、保险公司、资产管理公司、信托投资公司及其他存款类金融机构的监管职能和原中央金融工委的相关职能。中国证监会全称中国证券监督管理委员会，依照法律、法规和国务院授权，统一监督管理全国证券期货市场，维护证券期货市场秩序，保障其合法运行。

金融监管国际协调与合作的主要机构有：(1) 国际清算银行；(2) 国际货币基金组织；(3) 世界银行；(4) 巴塞尔银行监管委员会；(5) 世界贸易组织；(6) 国际证监会组织；(7) 国际保险监督官协会；(8) 国际会计准则委员会；(9) 二十国集团；(10) 金融稳定理事会。

思考题

1. 简述金融监管的内容。
2. 简述金融监管体制的类型。
3. 中央银行具有哪些职能？
4. 银保监会的监管目标和职能是什么？
5. 证监会的监管目标和职能是什么？
6. 金融监管国际协调与合作的主要机构有哪些？

案例分析

2008年以来的金融危机起源于金融衍生产品及随之构建的多层次金融机构。金融机构之间的连锁反应致使次级贷款危机演变为全球金融危机，众多金融机构接连破产或陷入危机，金融体系濒临崩溃，严重影响整体经济的稳定运行。金融危机证明市场不能靠自身实现风险的化解和利益的平衡，而金融市场若要在危机到来时保持稳定和免于崩盘，必须依赖于国家和政府的经济干预。下面就是此次金融危机中几种政府对金融机构进行救助的主要措施。

(1)

美国	2008 年 3 月 14 日，贝尔斯登出现流动性危机，美联储通过摩根大通银行贷款给贝尔斯登期限为 28 天的贷款，贝尔斯登以流动性最差的 300 亿美元资产作为抵押。
美国	2008 年 9 月 7 日，美国财政部宣布计划向美国两大住房抵押贷款公司房利美和房地美提供约 2 000 亿美元的资金。
美国	2008 年 9 月 16 日，美联储向美国国际集团（AIG）提供 850 亿美元短期紧急、高息抵押贷款，条件是政府获得 79.9%的股权，并持有其向其他股东分红的否决权。2008 年 10 月 8 日，美联储又向 AIG 增加 378 亿美元的贷款额度。
美国	美国联邦政府用 2 500 亿美元购买金融机构的优先股。2008 年 10 月 26 日，美国财政部与花旗集团等九家主要银行签订协议，陆续注资 1 250 亿美元，并通过购买优先股的方式向第一资本金融公司等 19 家地区性金融机构注资 350 亿美元。
英国	2008 年 10 月 8 日，英国首相宣布将提供 500 亿英镑直接用于购买包括阿比国民银行、巴克莱银行、渣打银行、苏格兰皇家银行等在内的 8 家银行的优先股。

(2)

俄罗斯	对外经济银行收购通信银行 98%的股权；两家国有大企业——俄罗斯铁路公司和阿尔罗萨金刚石开采公司则收购“KIT 金融”投行 90%的股权。
美国	美联储向摩根大通银行提供 290 亿美元贷款，收购华尔街第五大投行贝尔斯登。
美国	富国银行收购美联银行。
英国	英国劳埃德银行收购英国最大的住房抵押贷款银行英格兰哈里法克斯银行。
美国	美国银行以近 500 亿美元的价格收购美国第三大投行美林证券。

(3)

美国	2008 年 3 月摩根大通银行收购并接管贝尔斯登。
美国	2008 年 7 月 11 日，美国联邦政府接管 IndyMac 银行。
美国	2008 年 9 月 7 日，联邦住房金融局宣布接管房利美和房地美两家公司。
美国	2008 年 9 月 25 日，美联储关闭华盛顿互助银行，指定美国联邦储蓄保险公司将其接管。

(4)

美国	2008 年 9 月 14 日，雷曼兄弟申请破产保护。
冰岛	2008 年 12 月 9 日，冰岛三大银行之一的冰岛国民银行在美国申请破产保护。
美国	2009 年 11 月 1 日，美国中小企业商业贷款巨头 CIT 集团正式申请破产保护，成为美国第一家接受政府救助后仍走上破产法庭的企业。

(5)

英国	2008年2月，英国政府决定暂时把诺森罗克银行收归国有。“银行国有化”的序幕由此拉开。
英国	2008年9月28日，英国政府证实，把出现财政问题的B&B银行国有化，同时会将B&B银行的存款业务出售给西班牙桑坦德银行。
英国	2008年10月，英国政府宣布对本国最大的三家银行——苏格兰皇家银行、苏格兰哈里法克斯银行和劳埃德银行，注入总额370亿英镑的资本金。此项注资行动可能令英国政府最终获得苏格兰皇家银行和苏格兰哈里法克斯银行的控股权。

请问上述五类对金融危机中金融机构的拯救措施，属于金融监管的哪项内容？采取的是什么救助方式？

第十五章
其他相关金融理论问题

⊙本章提要⊙

近年来，金融领域出现了许多无法用传统金融理论解释的金融现象，因此，为更好地对这些现象进行解释，金融创新不断涌现，金融理论与实践也日益丰富和深化。本章分别介绍了比较有代表性的几个理论，即行为金融、金融抑制与金融自由化、金融脆弱性与金融危机，互联网金融、供应链金融和金融服务外包。

⊙重点与难点⊙

- 行为金融的起源与应用
- 金融自由化与金融脆弱性、金融危机之间的关系
- 互联网金融的逻辑与结构
- 供应链金融与中小企业融资难问题之间的关系

第一节　行为金融

一、理解行为金融

众所周知，金融学是现代经济学的重要分支，相应地，行为金融学也是从行为经济学

衍生而来的。

传统经济学的一个关键作用是解释人的行为决策，并通常采用最优化的方法实现。一般来说，我们都会认可这样的判断：但凡有更好的选择，你一定不会选择较差的那个。换言之，决策行为的关键在于——如何找出最优的。在决策过程中，我们要受到各种约束条件的限制，因此，经济学研究人的决策行为的本质也就是在既定约束条件下如何找到最优选择。

当今主流经济学关注的焦点是“人自身之外的局限”，试图通过对诸如市场环境、制度环境甚至自然环境等外部因素的考察，解释人们在不同约束下的选择问题，以及当这些约束条件发生变化时，人们如何调整自己的决策行为。

然而，影响人们最终选择的因素除了“人自身之外的局限”，还有各种“人的内在局限”①。主流经济学并不关心这些存在于人自身的局限对人们最终决策行为的影响，而是把一个个活生生的人简化为理性经济人。因此，主流经济学理论在解释现实世界中人们的决策行为时越来越感到力不从心。同时，在大量的实证研究中，经济学家也发现了越来越多的与主流经济学理论相矛盾的行为和现象。

有鉴于此，大约从 20 世纪 70 年代开始，一批经济学家开始把研究的目光转向了“人的内在局限”，尝试把人的心理、认知、情绪等方面的因素纳入对人的决策行为分析中，从而使经济理论能够更好地解释真实世界，这就是行为经济学产生的动因。主流经济学和行为经济学的研究角度不同，见图 15－1。行为金融便是行为经济学在金融学领域应用的一种尝试。

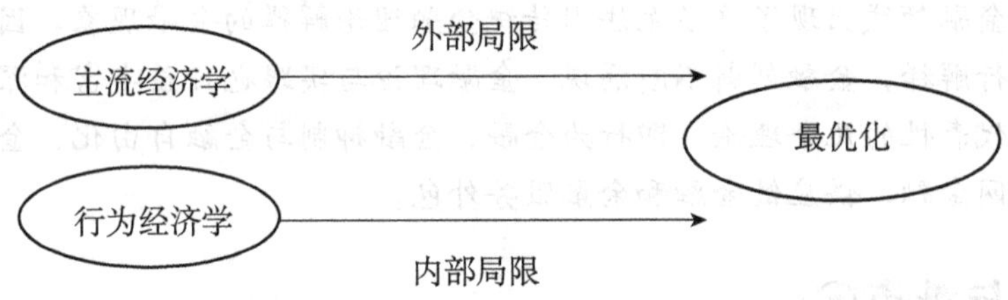

图 15－1　主流经济学和行为经济学

二、“人的内在局限”（非理性）为何如此重要？

事实上，在金融学领域，对于忽视“人的内在局限”的质疑由来已久。有经济学家曾指出，市场上总是存在不那么理性的交易者（非理性交易者），他们的行为会导致资产价格显著地偏离其内在价值。然而，在很长一段时间，这些质疑被来自主流经济学的一个非常聪明的辩解②所掩盖，亦即无套利假设。主流经济学认为，非理性交易者的存在是无关

① “人的内在局限”代表了能够对决策行为产生影响的人的各种心理因素。

② 这种辩解始于弗里德曼（Friedman，1953）。

紧要的，只要市场上存在理性交易者，由非理性交易者行为所导致的行为偏差将最终被理性交易者的套利行为所纠正。从而，无须关注“人的内在局限”，即非理性交易行为。

下面我们剖析典型的套利交易过程：假设福特汽车公司的内在价值为每股 45 美元，而由于部分非理性交易者对公司前景的预测过于悲观，他们大量抛售福特汽车公司的股票，致使其股价下降至每股 15 美元。无套利论者认为，理性交易者将立即察觉到这一套利机会，随即以低价买入福特汽车公司股票，同时卖空替代性证券（比如通用汽车公司股票）进行对冲，最终福特汽车公司股价将回归其内在价值，而理性交易者将获得此次套利交易的无风险收益。然而，该套利交易依赖于两个严格的条件：（1）套利操作无风险；（2）套利操作无成本。显然，现实世界中的套利往往既要承担风险，又要支付成本，也就是说现实中的套利交易会受到限制，从而现实中由非理性交易者造成的错误定价将持续存在。下列是经研究得到证实的限制套利交易的风险因素。

（一）基本面风险

如果套利者以 15 美元的价格买入福特汽车公司的股票，他面临的第一个风险便是基本面风险，即如果此时出现新的关于福特汽车公司基本面的负面消息，福特汽车公司的股价将进一步下降，从而导致套利交易损失。套利者可能已充分了解这一风险，采用卖空替代性证券——通用汽车公司股票来对冲，然而，问题的关键在于，现实中，不同公司的股票很少能完美替代，以至于基本面风险不能被完全对冲。卖空通用汽车公司股票能在某种程度上对冲关于整个汽车行业的风险，但是，福特汽车公司的特定消息（例如福特汽车的安全性出现问题）仍然可能导致套利交易损失。

（二）噪声交易者风险

噪声交易者风险[①]是指由于定价错误在短期内可能进一步扩大，从而给套利交易者带来损失的风险。上例中的噪声交易者风险为最初使福特汽车公司的股票被低估的悲观投资者可能变得更加悲观，从而导致福特汽车公司的股价进一步下跌的风险。

在实际交易中，由于噪声交易者风险往往迫使套利者过早地清仓，最终导致损失，因此，噪声交易者风险是套利交易中的一个重要风险。一个比较极端的现象是：套利者为了消除基本面风险，常常卖空替代性证券。如果证券借出人出于某种原因要求归还证券，那么，套利者就要面临被迫提前清仓并且蒙受套利损失的被动境地。并且，正是由于错误定价有进一步扩大的可能，套利者在最开始决定是否要参与套利的时候就会更加谨慎，而这反过来又强化了交易者非理性交易行为对资产价格的影响。

（三）实施成本

一般地，套利交易中的实施成本包括交易佣金、买卖价差以及价格冲击等。由于套利过程中常常需要卖空替代性证券来对冲，因此，卖空限制也被当作一项实施成本。比如，卖空操作需要预先借入股票，而借入股票需要支付一定的费用。在某些情况下，套利者可能根本无法借到股票。除了借入股票的费用，有些时候由于受到法律限制，卖空甚至不被允许。

① 噪声交易者风险这个概念最先由 De Long et al.（1990a）引入，Shleifer and Vishny（1997）做了进一步的研究。非理性交易者常常被称为噪声交易者，而理性交易者则被称为套利者。

如果将上述风险因素考虑进来，在现实世界中，套利操作既不是无风险的，也不是零成本的。因此，现实中理性的套利交易者往往不足以纠正由非理性的噪声交易者导致的价格偏差。也就是说，在现实中，非理性交易者的存在是重要的，他们能够对金融市场产生系统性影响。对于非理性行为结果的确认，是行为金融学发展的重要基石。

三、探索“人的内在局限”——行为金融的心理学基础

前文对于套利限制的讨论证明，现实中交易者的“人的内在局限”即非理性交易行为能够对金融市场产生系统性影响。在对“人的内在局限”的研究过程中，经济学家借鉴了许多心理学的理论。可以说，行为决策研究是经济学家借鉴心理学理论最多的一个分支。

行为决策研究一般把决策行为分为两个方面：判断和选择。判断是研究人们如何估算决策中涉及的相关概率；选择则是在判断的基础上研究人们如何具体地作出行动。如果与经济学语言对应，则心理学家讲的“判断”对应行为经济学家讲的“信念”，而心理学家讲的“选择”就对应于经济学中的“偏好”。

我们接下来一起讨论已被心理学家用广泛的实验证据所证实的“人的内在局限”，以及由此带来的人们在形成信念和偏好时可能产生的系统性偏差，以期借此帮助人们了解现实世界中“人的内在局限”的各种具体形式和表现，以及它们对于行为决策的影响。这些内容也是构成行为金融学的主要心理学基础。

（一）信念

金融学的研究对象是在不确定条件下人们的跨期选择行为。因此，对概率的判断在金融决策中尤其重要。心理学家通过大量的观察和实验，总结出现实世界中人们如何作出判断，即人们在决策中如何形成信念。

1. 启发式机制

主流经济学假设人们在决策过程中这样作出判断：一个理性经济人能够准确估计各项概率并且在贝叶斯准则下根据新信息来更新概率估计。然而，这一假设事实上要求我们的大脑内存不受限制，不论在何种情景下总能获得并正确理解与决策相关的所有信息，并且最终迅速完成最优化。然而，现实中的人总是达不到经济学家的要求。

真实的情况是：一方面，人们在各种不同的外部局限之下，总是必须快速作出判断；而另一方面，人们的记忆力、搜集信息以及处理信息的能力是有限的。于是，人们在决策过程中总是依赖于各种捷径①，这就是心理学中的启发式机制。心理学家通过对现实世界的观察和大量实验证据，总结出三种关键的启发式机制：可得性启发、代表性启发以及锚定。

可得性启发（availability heuristic）是指，在判断未来事件的概率时，人们总是先在自己的记忆中搜寻与之相关的信息，并以此作出判断。虽然这个过程看上去非常合理，但由于并不是所有的记忆都能被公平地回忆或使用，而在判断中被经常使用的捷径却往往会导致人们对概率估计的偏误。例如近期发生的事件或者记忆中特别深刻的事件往往在决策

① 捷径，行为经济学中的常用语，也就是通俗意义上的“窍门”。

中占更大的权重，从而最终扭曲估计结果。假设被要求估计在某一城市遭遇抢劫的可能性，如果恰好自己的朋友或者亲戚不久前被抢劫，那么，人们会倾向于严重高估在这个城市遭遇抢劫的可能性。后见之明式偏误（hindsight bias）也是可得性启发机制导致的一种偏误形式。由于实际已经发生的事件比那些尚未发生的事件更容易被想起，人们在事先估计未来发生的事件时，往往给出概率过大的估计。这就是常见的“事后诸葛亮”以及“放马后炮”现象。另一种常见的估计偏误是知识诅咒（curse of knowledge），即知之甚多的人很难真正了解他人知之甚少的境地。这也就是为什么我们常常拿着描述详细的软件操作手册却不知所措，它也可以解释为什么教授往往觉得向本科生解释那些显而易见的基础概念时总是困难重重。

第二类启发式机制是代表性启发（representativeness heuristic）。很多情况下代表性启发是一种有益的直观判断，但这种方法也会产生一些严重的估计偏差。联合谬误（conjunction fallacy）倾向是代表性启发常常引起的一种估计偏误。“对于随机事件 A 和 B，概率估计依赖于 A 能在多大程度上代表 B，即 A 与 B 的相关程度。如果 A 对 B 有很高的代表性，B 发生导致 A 同时发生的概率往往被高估。而如果 A 与 B 不相关，B 发生导致 A 同时发生的概率则往往被低估。”[①] 举个例子：两个随机事件，A 表示“彩票中奖”，B 表示“十分高兴”。人们往往自然地认为他们彩票中奖并且十分高兴的概率要高于单纯中奖的概率。代表性启发的另一种表现是基率忽视（base rate neglect）。Kahneman and Tversky（1974）用实验检验了基率忽视偏差：

假设一个名叫琳达的女孩，30 岁，单身，性格直爽且非常聪明。她主修心理学。作为学生，她非常关心不平等和歧视等社会问题，还曾经参加过反对核扩散的游行活动。

现在考虑两个陈述：陈述 A——琳达是一位银行出纳；陈述 B——琳达是一位银行出纳并且积极参加女权运动。在实验中，当被问到以上两种陈述哪个出现的可能性更大时，被试者大多选择了 B。依据贝叶斯法则，这种选择显然不对。代表性启发则从人们主观概率判断的角度给出了简单的解释：对琳达的描述听起来更像是对一名女权主义者的描述（即拥有女权主义者的代表性特点），人们正是根据这样的直观判断最终选择了 B。

代表性启发也可能导致另一种偏差——小数定律，即人们常常混淆小样本和大样本，小样本的特性往往被用来代表产生该样本的总体特性，从而仅仅依据少数几个数据而过早地作出判断。例如：如果一位棒球运动员在垒上的击球命中率是 30%，而本场比赛中到目前为止是 4 击 0 中，这时，人们往往倾向于认为他的下一次击球该中了，估计偏差便由此产生。

最后一种启发式机制是锚定。Kahneman and Tversky（1974）指出，在形成估计时，人们通常会先设置一个初始值，并在随后的选择过程中不断调整它。但是，实验证据表明，这种调整往往是不充分的。换句话说，人们在判断过程中被过分地“锚定”在了初始值之上。

在一个实验中，被试者被要求估计非洲国家在所有联合国成员中所占的比例。特别地，在给出答案之前，被试者还被要求把他们给出的估计值与 0～100 之间的一个随机数

① 露西·F. 阿科特，理查德·迪弗斯. 行为金融：心理、决策和市场. 北京：机械工业出版社，2012.

相比较。最终，实验结果显示，被试者的估计受到了这个随机数的显著影响：被要求将自己的估计值与10这个随机数相比较的被试者最终给出的估计值平均为25%，而被要求与60这个随机数相比较的被试者最终给出的估计值平均为45%。

2. 过度自信

过度自信是指人们倾向于高估自己的知识水平、能力和对信息预测的精确度，或者说人们往往存在对未来和控制未来的能力过于乐观的倾向。大量证据表明，大多数人在多数情况下都存在过度自信的表现。

过度自信通常有两种表现形式：第一，人们对估计变量的置信区间估计过窄①；第二，人们估计的概率很不准确②。

很多人对自己的能力和前景表现出不切实际的乐观估计（Weinstein，1980）。一个著名的例子是，超过90%的被调查者认为自己在诸如驾驶技术、人际交往能力和幽默感等方面的能力要高于平均水平。另外，人们还表现出一种系统性的计划偏差，即在实际完成工作之前，人们往往会低估一项工作的困难程度（Buehler，Griffin，and Ross，1994）。

（二）偏好

经济学中的偏好是指人们在决策中表现出的一系列行为模式和规则。心理学家通过对现实中大量选择行为进行实证研究，考察各种可能存在的偏好形式。

1. 参照依赖与损失厌恶

主流经济学理论假设，人们的偏好不受个人禀赋的影响。事实上，人们的偏好依赖于参照点（个人禀赋）。具体而言，人们对已有消费承受损失的厌恶要远远胜于从新增的等量消费中所获得的快感，这在无差异曲线上表现为位于初始禀赋点上的拐点（Kahneman and Tversky，1991）。

Kahneman et al.（1990）通过对同一商品买卖价格之差的研究，对禀赋效应做了初步解释。他们设计了这样的实验：一半的被试者每人先得到一个咖啡杯，然后给出他们愿意接受的出售这个杯子的最低价格；同时，没有得到咖啡杯的另一半被试者则给出他们愿意以多少钱来购买同样一个杯子。实验结果显示，卖价的中值是5.79美元，而买价的中值仅有2.25美元。这中间的买卖价差即被解释为禀赋效应（也即损失厌恶）。

2. 决策框架（framing）

决策框架是指决策者对问题和可能结果的看法。大量实验证据表明，若同一个问题以不同形式展现在人们面前时，人们的最终选择往往不一样。一个经典的例子是关于“亚洲疾病”的实验（Kahneman and Tversky，1981）。在实验中，被试者被告知有一种疾病正威胁着600个居民的生命，现在需要在两种不尽完美的方案中选择一种：

“正面框架”描述中的两种选择是：

（A）一定能救200人；

（B）有1/3的可能救出600人，而2/3的可能一个人也救不了。

---

① Alpert and Raiffa（1982）的研究表明，人们估计的包含98%真实值的置信区间实际上只包含60%。

② Fischoff，Slovic，and Lichtenstein（1977）的研究显示，人们认为一定会发生的事情，实际上只有80%的可能发生；而他们认为绝不可能发生的事情，事实上却有20%的可能发生。

“负面框架”描述中的两种选择是：

(C) 有 400 人一定会死亡；

(D) 有 2/3 的可能死亡 600 人，而 1/3 的可能一个人也不会死亡。

在实验中人们大多选择 A 而不选择 B，选择 D 而不选择 C。然而，事实上，从生存/死亡期望的角度看，A 和 C 是等价的，B 和 D 是等价的。

3. 跨期选择

金融学的一个中心问题是人们如何权衡不同时点上的成本与收益，这就是跨期选择理论。主流经济学的标准假设是，人们在决策中用一个不变的贴现率对未来所有时点的效用进行贴现。[①] 然而，大量实验证据表明，贴现率并非固定不变，而是随着时间的推移逐渐降低。[②] 同时，如果给定跨期时间，贴现率将随不同的跨期选择行为而发生变化：收益的贴现率大于损失的贴现率；小额收益的贴现率大于大额收益的贴现率；当把一系列情况综合在一起考虑时，与单独逐一考虑时的贴现率也是不同的。

4. 心理账户

心理账户是指人们往往倾向于在潜意识里把不同收入来源和支出方向的资金分开计算，就像是在自己心里给不同类型的资金分别开立了各自的账户，分别核算一样。常见的心理账户分类有：日常交易账户、长期投资账户、赌博账户等。心理学家通过如下实验发现和验证人们在实际决策中确实存在心理账户效应。考虑以下两个问题：

问题一：

假设你决定去看电影，票价为 10 美元。当你走进影院时，发现丢了一张 10 美元的纸币。那么，你还会继续花 10 美元买电影票吗？

问题二：

假设你决定去看电影，并且已经买了价格为 10 美元的电影票。当你走进影院时，却发现电影票丢了。那么，你还会花 10 美元再买一张电影票吗？

上述两个问题，从财富水平的角度看是等价的。即在你丢失了一笔钱（10 美元）的情况下，是否仍愿意花 10 美元看电影。而 10 美元是以现金还是电影票的形式丢失，从财富水平的角度看，事实上是无关紧要的。然而，心理学实验结果发现，在问题一中有 88%的受访者称会购买电影票，而在问题二中有 54%的受访者称不会重新购票。这就是说，在实际的决策过程中，不同形式的财富并不能够相互替代，而是被人们分别放进了不同的心理账户之中分别进行核算。这说明标准金融理论中资金可以相互替代的假设与人们的实际行为倾向相矛盾。

心理学家通过大量的实验证据向我们展示了“人的内在局限”的具体形式和表现，人们在实际决策过程中存在怎样的信念和偏好，而这些信念和偏好又如何最终导致行为偏差。这些心理学研究成果与套利限制共同构成了行为金融学的两块基石。[③]

---

① 这就是常见的指数型贴现函数的形式。

② 这就是双曲线贴现函数的形式。

③ 认为行为金融建立在套利限制和心理因素这两大支柱之上的观点，最初由 Shleifer and Summers (1990) 提出，而现已被行为金融学家所广泛接受。

四、用行为金融理解真实世界：前景理论（prospect theory）

由于“人的内在局限”（非理性）能够对金融市场产生系统性影响，任何希望理解人的决策行为的尝试，都不能忽视这种内在局限的影响；心理学家已经帮我们识别出多种影响人们决策行为的“人的内在局限”的具体形式。基于此，行为经济学家发展出了各种有别于主流经济学新古典范式的理论模型，以期更好地解释真实世界。两位诺贝尔经济学奖得主——心理学家卡内曼（Kahneman）和特沃斯基（Tversky）开创的前景理论是最为重要的研究之一。

相较于主流经济学建立在期望效用理论基础之上的模型，前景理论能够更准确地解释现实世界。其原因在于，主流经济学只关注人类行为的“外部局限”，而前景理论将“人的内在局限”也作为影响人们决策行为的重要因素纳入分析框架，从而更加全面地描述和解释实际行为。它的具体做法如下：前景理论由概率加权函数和价值函数两部分组成。一方面，它强调人们决策过程中对于事件概率的判断，并用概率加权函数来描述人们的这种主观估计；另一方面，它强调对人们行为偏好的反应，并且用价值函数来刻画现实中人们所展现出来的真实偏好。

（一）概率估计与概率加权函数

心理学家研究发现，在决策过程中，人们常常并不根据事件发生的真实概率作出选择，而真正影响选择行为的是人们主观上赋予事件的决策权重。后来，心理学家进一步发现，人们往往会给现实的小概率事件赋予一个较大的主观决策权重；并且，概率越小，其权重被高估的程度就越大。同时，人们还会对确定性赋予一个更大的主观决策权重。

基于上述原因，前景理论中用一种非线性形式的概率加权函数刻画人们在决策中对于事件概率的主观估计。

（二）决策行为特征与价值函数

心理学家通过对人们实际决策行为的观察，总结出决策行为的三个具体特征：

（1）相对于财富水平，人们更倾向于根据财富相对于参照点的变化来作出选择，而参照点通常是当前的财富水平。

（2）人们的风险偏好是会变化的，在收益域人们倾向于规避风险，而在损失域人们则倾向于寻求风险。

（3）人们之所以规避损失，是因为损失对人造成的心理影响要大于收益的影响，即人们是损失厌恶的。

为了反映现实中人们决策行为所显示的上述特征，前景理论用价值函数替代了标准理论中的期望效用函数。于是，价值函数相应地具有如下特征：

（1）价值函数中的效用是用收益和损失定义，而不是标准理论中的财富水平，实际影响人们决策行为的是财富水平的变化，而不是其绝对值。

（2）价值函数在收益域内是凹函数，而在损失域内是凸函数，这反映了人们在收益域内规避风险，而在损失域内寻求风险。

（3）价值函数在损失域内的斜率大于收益域内的斜率，体现出人们普遍是损失厌恶的。

（三）借助行为金融理解真实世界

由于行为金融在其分析之中加入了对于“人的内在局限”的考察，因此，行为金融模型常常能够解释在主流金融学理论中被称为“市场异象”的一系列难题。“股权溢价之谜”便是困扰金融学家多年的一种市场异象。股权溢价之谜是指股票的长期平均收益率显著高于债券收益率。Mehra and Prescott（1985）最早在实证研究中指出，股票与债券之间如此大的收益差异无法用投资者的风险厌恶特征来解释。换句话说，在经典理论框架中，只有要求投资者的风险厌恶程度高到一个非常不合理的水平，才能够和历史数据中存在的股权溢价水平相吻合。然而，应用前景理论和心理账户效应，我们能够从行为金融理论的视角对“股权溢价之谜”给出一个合理的解释，即只要将人们是损失厌恶的（而非标准理论中的风险厌恶）和人们总是倾向于频繁地评估其资产组合的表现并进行心理账户核算等决策行为的真实心理特征纳入分析，便可以合理解释股票相对于债券出现显著溢价的原因。

五、结语

如今，行为经济学和行为金融学领域已经取得了一系列的研究成果，也越来越受到来自学术界和业界的关注。然而，仍有学者批评指出，行为经济学和行为金融学还远没有形成一套完整的理论体系，而只是若干方法和思想的汇编。这种看法不无道理，我们可以用电钻和钻头的比喻来解释。一名工人也许只使用一种工具比如电钻，但他必须使用不同的钻头才能完成各种工作。正如 Arrow（1986）曾经指出的那样，经济学模型的解释力和预测力并非全部来自效用最大化这个单一“工具”。事实上，预测的精确化取决于经济学家为了分析不同的局限而使用的各种不同的“钻头”。如此，聚焦于外部局限的主流经济学是一类“钻头”的集合，而建立在心理学基础之上的行为经济学和行为金融学则可以看作是另一类“钻头”的集合。而最终将所有“钻头”联系在一起的，始终是经济学那个不变的“工具”——最优化。

第二节　金融抑制与金融自由化

一、金融自由化理论的提出及现实背景

自 20 世纪 70 年代布雷顿森林体系解体以来，世界经济金融格局发生了巨大变化，利率、汇率的波动日益频繁，国际金融资本的流动规模不断扩大、速度不断加快，其对一国经济和金融的冲击力明显加剧。20 世纪 70 年代发达国家经济滞胀现象的出现使得以凯恩斯主义为代表的国家干预主义受到普遍质疑。以放松金融管制为主要特征的金融自由化改革在西方主要发达国家得以迅速扩大，发展中国家则先后展开了以金融自由化为特点的金融深化和以金融发展为旗帜的金融体制改革。特别是 20 世纪 80 年代后期至 90 年代以来，

在“华盛顿共识”的压力下，拉美国家和东南亚转轨国家都开始大力推进金融自由化改革和实施金融开放政策。

金融自由化是指政府放弃对金融市场和金融体系的过度干预，放松对利率和汇率的严格管制，使利率和汇率成为反映资金供求和外汇供求变化的信号，从而有利于增加储蓄和投资，促进经济增长。从各国的实践看，金融自由化主要集中在价格自由化、业务经营自由化、市场准入自由化和资本流动自由化。价格自由化主要是利率自由化；业务经营自由化主要是商业银行和投资银行业务的融合，也泛指金融机构开展业务不需要经过严格的审批，如金融创新业务；市场准入自由化，对内指放宽金融机构的设立，对外指允许外资金融机构进入国内市场；资本流动自由化，包括经常项目下的资本自由流动和资本项目下的资本自由流动两个层次，主要指开放资本账户。

二、金融自由化理论的发展

金融自由化理论经历了两次大发展。第一次是第二次世界大战后至 20 世纪 80 年代初，一批西方经济学家，如罗纳德·I. 麦金农（1973）、爱德华·S. 肖（1973）、约翰·G. 格利（1960）、雷蒙德·W. 戈德史密斯（1969）等针对当时发展中国家普遍存在的金融市场不完善，资本市场严重扭曲和政府对金融的“综合干预症”等现象，提出发展中国家应进行金融深化的主张；第二次指以罗纳德·I. 麦金农（1993）、马克威尔·弗莱（1988）为代表的经济学家在总结发展中国家金融改革实践的基础上，于 20 世纪 90 年代初期提出金融自由化次序理论。该理论认为，发展中国家金融深化的方法及金融自由化是有先后次序的，如果金融自由化按照一定的次序进行，就能够保证发展中国家经济发展的稳健性。

（一）金融自由化理论的第一次发展

针对发展中国家的经济和金融状况，一些西方学者在 20 世纪 70 年代初期提出有关“金融抑制”① 和“金融深化”② 的理论，其代表者为肖和麦金农。他们分别在《金融深化与经济发展》和《货币、资本与经济发展》两本著作中，从不同角度对发展中国家金融发展与经济增长的辩证关系作出了开拓性的研究，提出了许多精辟的见解。

麦金农和肖首先概括了发展中国家货币金融的特征：(1) 货币化程度低；(2) 金融制度呈二元结构，即现代化金融机构与传统金融机构并存；(3) 金融市场落后；(4) 政府对金融实行严格监管。金融深化理论以具备这些特征的发展中国家为对象展开论述。其主要观点是：一个国家的金融体制与该国的经济发展之间存在着一种相互刺激、相互影响的关系，在政府放弃对金融体系和金融市场的过分干预、允许市场机制特别是利率机制自由运行的前提下，一方面，健全的金融体系能将储蓄资金有效地动员起来并引导到生产投资上

① 由于当局未能有效地控制通货膨胀，过分干预金融市场，将利率、汇率人为压低所造成的金融体系和经济效率低下的现象，称为“金融抑制”。

② “金融深化”也称“金融自由化”，是“金融抑制”的对称。金融自由化理论主张政府放弃对金融市场和金融体系的过分干预，并有效地控制通货膨胀，使金融体系，尤其是银行体系，能够以适当的利率来吸引大量储蓄资金，同时也能在适当的放款利率水平上满足经济实体的资金需求。

来，从而促进经济的发展；另一方面，经济的发展通过增加国民收入和经济活动对金融服务需要的增长而刺激金融业的发展。但大多数发展中国家的实际状况与金融深化相反，在金融和经济的发展之间存在一种相互掣肘、双双落后的恶性循环状态，这就是“金融压制”。一方面，由于政府对金融体系过度控制，造成资金形成困难和使用浪费的状况，严重阻碍了经济的发展；另一方面，呆滞的经济反过来又压制了资金积累和对金融服务的需求，制约着金融业的扩展。

针对这种金融抑制现象，他们提出了金融深化战略。肖指出：“金融深化的目的，就是要取消金融抑制条件下的配给机制，代之以价格机制和分权，以选择竞争性的投资机会。”这些政策主要包括：(1) 利率市场化；(2) 政府减少对金融业的干预；(3) 政府放弃以通货膨胀刺激经济增长的做法；(4) 着力发掘本国资本，减少对外国资本的依赖性等。麦金农和肖认为制约发展中国家经济增长的首要因素是金融业发展的低水平造成资金短缺，两人提出以放开资金价格——利率为核心的政策，试图通过放开资金价格和完善金融运行机制来加速发展中国家的资金形成，提高资金配置效率，最终达到刺激经济发展的目的。

(二) 金融自由化理论的第二次发展

20 世纪 90 年代以后，金融自由化理论因不断受到理论（信息经济学和内生增长理论的发展）和实践（发展中国家发生一系列金融危机）的双重挑战而受到质疑。学术界对金融自由化的研究也分化为大力推行和慎行的迥异观点。持反对意见者认为，在发展中国家的制度变革中，某种程度的国家干预是必不可少的。Stiglitz (1997，1998) 认为，政府干预采取低利率政策可以提高经济绩效。Hellman，Murdock，and Stiglitz (1995) 认为，政府通过制定一系列政策为银行等部门创造租金机会，这比实行完全自由竞争市场下的金融自由化效果更好。在此基础上，三位学者于 1997 年提出著名的“金融约束”理论。正如这些对金融自由化持反对意见的学者们所批判的那样，20 世纪八九十年代金融自由化政策先后导致了相关发展中国家金融危机的爆发。因此，金融全球化的负面影响也就成了人们关注的焦点。但是，对金融自由化抱坚定支持态度的学者们认为，尽管许多国家的金融自由化尝试失败了，但它们的失败应归咎于改革进程中出现了意外的不利因素，诸如外汇和财政政策等宏观经济政策与金融改革背道而驰，错误地安排了改革顺序，或者调控机制可能未能按照有利于改革政策顺利实施的方式发挥作用。简而言之，这种意见不反对改革，而只是认为改革必须按一定的次序进行才能达到金融改革所预期的效果。

麦金农和肖分别于 1984 年和 1991 年研究了金融部门改革顺序的重要性，提出了著名的金融自由化次序理论，指出为了获得非通货膨胀的金融均衡，商品和资本市场自由化的速度以及减少对国内外贸易的干预与计划调控的范围要有一定限度。财政、货币和外汇政策的排列顺序至关重要。政府不能也许也不应该同时实行所有自由化措施。相反，经济自由化有一个最优顺序，这种最优顺序因自由化国家的初始条件的不同而不同。他们认为，只有实现下列目标，才可进行金融改革：首先，在贸易和财政改进之后，在国内商品和劳务价格与国际价格一致的情况下，财政赤字已得到控制；其次，应在金融部门改革之前取消对生产部门的管制；再次，国内金融改革应在放松对国际资本流动的管制之前；最后，取消对国际收支中资本账户的管理应在取消经常账户之后。

在麦金农和肖指出金融自由化应注意其次序后，许多学者开始总结发展中国家金融自由化的经验教训，关注金融自由化的次序。他们主要关注三个方面的问题：实际部门自由化与金融部门自由化的次序；国内金融部门自由化与国外金融自由化的次序；资本账户自由化的次序。麦金农极力主张贸易自由化应先于金融自由化，并主张贸易自由化的速度最好大大快于金融自由化。关于国内金融部门自由化与国外金融自由化的次序，理论界的主流意见认为，资本账户自由化应在国内金融部门自由化之后进行。至于资本账户的自由化次序问题，学术界争议较大。麦金农最初主张，金融自由化应先开放资本账户，后开放经常性账户。后来，麦金农又对自己的观点做了修正，认为在金融自由化改革中，经常性账户的可兑换应该早于资本账户的可兑换，资本账户的可兑换应是金融自由化的最后阶段。

简而言之，金融自由化的顺序我们可以理解为：先国内自由化，后国外自由化；先经常性账户自由化，后资本账户自由化；先实物投资自由化，后金融资产投资自由化。

由以上分析可知，对于广大发展中国家而言，虽然金融自由化带来的风险不容忽视，但真正导致金融危机的罪魁祸首并非金融自由化本身，而是推行金融自由化的国家对可能出现的问题估计不足、准备不足，突出表现在急于求成、政策失误和金融监管体系不完善等。

2008 年美国的次贷危机在一定程度上是由美国一贯奉行的彻底的金融自由化政策所导致的。利率自由化、业务经营自由化、金融创新自由化、金融监管自由化和资本流动自由化等极端的金融自由化政策使人们忽视了金融风险的存在，加剧了金融系统的脆弱性。金融自由化理论应该摒弃以“完全自由化”为核心，要在提倡自由化的同时强调适度的管制。金融自由化不应该放弃金融监管，而是应该放弃致使价格扭曲的金融管制。金融自由化不是对金融放任自流、不加约束，而是需要金融监管与之相互补充，金融自由化应该在有效监管的前提下循序渐进。也就是说，金融自由化理论的一个重要前提是具有严密的监管机制，在此前提条件下再进行适度的自由化，才能保证整个金融体系的稳定发展。

第三节　金融脆弱性与金融危机

一、金融脆弱性理论

近年来，金融危机多次发生并造成了较大的负面影响，已引起学术界的高度关注。金融危机的发生表明，金融脆弱性尤其是新兴市场经济体的金融脆弱性不容忽视。2008 年美国次贷危机迅速演变为全球金融危机，说明金融脆弱性不仅没能得到有效控制，反而愈演愈烈。金融脆弱性问题已成为全球范围内一个紧迫的、严重的问题。正是认识到金融发展并未降低金融脆弱性，众多学者对金融脆弱性展开了深入研究，金融脆弱性理论成为金融理论研究的前沿课题。

金融脆弱性（financial fragility）的概念产生于 20 世纪 80 年代初期，随着金融危机的爆发，对金融脆弱性的理论研究也日益深入。1982年海曼·明斯基（Hyman P. Minsky）在《金融体系内在脆弱性假说》一书中最先对金融脆弱性问题做了比较系统的解释，形成了“金融脆弱性假说”。许多学者从不同角度界定了金融脆弱性概念。金融脆弱性是指金融体系在外部冲击下容易陷入危机的内在属性。从狭义上讲，金融脆弱性是银行高负债经营特点所决定的易受挤兑冲击的内在特性；从广义上讲，是金融的信用本质属性所带来的不确定性积聚（王东风，2008）。也有学者认为，金融脆弱性是指金融制度、结构出现非均衡导致风险积聚，金融体系丧失部分或全部功能的金融状态（伍志文，2002）。目前，学术界比较认同的另一种定义是：一种趋于高风险的金融状态，泛指一切金融活动中的风险积聚，包括信贷融资和资本市场融资，即金融脆弱性就是金融体系在其运转过程中会逐步积聚风险，从而变得越来越不稳定的一种现象。金融脆弱性理论认为金融体系本身是不稳定的，具有内在脆弱性，金融危机不可避免。

金融脆弱性理论最早是关于货币脆弱性的论述。马克思认为，货币在它产生的时候就已经具有了特定的脆弱性。费雪（Fisher，1933）是最早开始对金融脆弱性机制进行较深入研究的经济学家。他认为金融体系的脆弱性源自经济基本因素的恶化。早期的理论研究十分强调经济对金融脆弱性的影响。后来的研究开始淡化经济周期的影响，而认为即使经济周期没有到衰退阶段，金融脆弱性也会在外力或内在偶然事件的影响下激化成金融危机。明斯基（Minsky，1982）最先对金融脆弱性问题做了比较系统的解释，形成了“金融脆弱性假说”。他从经济繁荣与萧条更替的角度，通过分析微观经济主体财务杠杆与经济周期的联动变化，揭示了金融的脆弱性，提出了金融不稳定假说。

对金融脆弱性的研究大体上可分为信贷市场和金融市场的脆弱性两大类。对信贷市场脆弱性研究的主要贡献者是明斯基（Minsky，1982）和克雷格尔（Kregel，1997），前者从对企业的研究出发，后者则从对银行的研究出发。信息经济学研究金融脆弱性，则将其产生根源归结为信息不对称，分析思路着重于金融机构信贷。金融市场的脆弱性认为其根源来自资产价格的波动性及不同市场之间的联动效应。

国际货币基金组织经济学家阿斯利·德米尔居奇-昆特（Asli Demirguc - Kunt）和恩里卡·德特拉贾凯（Enrica Detragiache）是最早系统研究金融自由化与金融脆弱性相关性的学者，其代表作《金融自由化与金融脆弱性》也是这方面最具影响力的研究文献。他们收集了1980—1995年间53个发达国家和发展中国家的大量数据，对金融危机与金融自由化的相关性进行了实证分析。结果发现，金融自由化与金融脆弱性的相关性非常明显，也就是说，金融自由化对金融脆弱性能够产生独立的负面影响。特别是在金融基础设施不健全、法律法规不完善、政府腐败现象盛行以及行政监管体制效率低下的情况下，金融自由化以后金融体系更容易产生金融危机。他们甚至还发现，即使在宏观经济稳定的情况下，金融自由化仍会增加金融脆弱性。

自20世纪90年代起，一些经济学家试图选用某些指标或模型来对金融脆弱性状况进行衡量。他们认为凡是影响金融脆弱性的因素都会通过一些经济金融变量反映出来，因此金融脆弱性也可以根据一系列的经济金融指标来度量。国际货币基金组织和世界银行1999年5月联合启动了一个“金融部门评估计划”（FSAP），主要用来判别金融体系的脆弱性，该计划包括宏观审慎指标（如经济增长、通货膨胀、利率等）和综合微观审慎指标（如资本充足性指标、盈利性指标、资产质量指标等）。欧洲中央银行（ECB）也专门成立小组展开对金融脆弱性的初步研究，将指标分为三类：一是关于银行系统健全性的指标；二是影响银行系统的宏观经济因素；三是危机传染因素。众多的经济金融学家也对一些具体指标的选择问题进行了深入探讨，他们认为下列指标可以反映金融体系正趋于脆弱状态：(1) 通货膨胀率在 10 个月内的平均水平高于历史平均水平 8%以上；(2) 巨额经常性项目逆差；(3) 预算赤字大；(4) 高利率；(5) 汇率定值过高，如本币实际汇率连续 12 个月高于历史平均水平 10%以上；(6) 货币供给量迅速增加；(7) 短期债务与外汇储备比例失调；(8) M2 对官方储备比率在连续 12 个月的上升后急速下降；(9) 资本流入的组成中，短期资本比例过高。

对金融脆弱性的研究传统上着眼于流量分析，如产出、财政平衡状况、国际资本流动和经常型项目等。近年来兴起了一种新的研究视角，着眼于存量分析，这一分析视角着重关注一国的银行、非金融企业、家庭以及经济总体的资产负债表。伯南克（Bernanke）和格特勒（Gertler）较早地从企业资产负债表的角度对金融脆弱性和经济行为进行了研究，他们分析了企业的资产负债表与投资项目投入、产出之间的关联。米什金（Mishkin）把资产负债的恶化看作金融不稳定的因素之一。克鲁格曼（Krugman）强调公司资产负债表在投资方面的作用以及资本流动在影响实际汇率方面的作用。以资产负债表为视角的研究有两个方向，一是以伯南克和米什金为代表的金融加速器（financial accelerator）理论①；二是由国际货币基金组织大力倡导的关于货币错配与期限错配的研究。②

金融脆弱性理论说明了金融体系自身的特点和缺陷决定了金融脆弱性的必然性，而金融活动的外部性加剧了这种脆弱性。但由金融脆弱性到金融危机有一个量变到质变的积累演化过程。金融脆弱性并非某一国或几国所独有，而是几乎所有国家包括发达国家和发展中国家都要面对的难题。不过，发展中国家的金融体系面临的环境更为复杂，金融脆弱性尤为严重，其对国民经济的潜在危害也更大。因此，我们必须采取一定的措施提前防范和应对金融脆弱性，防止其累积到过高水平，以维持金融体系的平稳运行。

二、金融危机理论

(一) 金融自由化与金融危机

金融自由化在缓解金融压抑、提高金融体系效率、促进经济增长的同时，也给实施金

① 金融加速器理论由伯南克、格特勒和吉尔克里斯特（Gilchrist）于 1996 年正式提出，又称 BGG 模型。金融加速器理论以信贷市场不完美性（即信贷市场存在着信息不对称）为前提。由于企业资产负债表状况的变动影响到信贷市场上代理成本的变动，进而导致初始冲击的扩大机制即金融加速器或信贷乘数（credit multiplier）或金融传播机制（financial propagation mechanism）。

② IMF（2003）对以货币错配与期限错配为核心的资产负债表的分析方法进行了系统论述，并认为资产负债表的分析特别适用于新兴市场。新兴市场的资本项目危机通常发生于债权人对一国的主要部门——银行、非金融企业、政府的资产负债表的健康状况丧失信心之时。这种信心的丧失能够引起突然的、大规模的投资组合的调整。在一个资本项目开放的环境中，对国内资产负债表中资产质量的担忧使债权人将国内资产转为国外资产。这通常会引致资本外流，对汇率和官方储备产生更大的压力，最终造成国际收支危机。对于存在货币错配问题的银行部门，汇率贬值进一步削弱了资产负债表的资产方。这样，银行和货币危机会互相增强，产生“双危机”。

融自由化的国家带来了一定的风险。近 30 多年来，随着金融自由化的不断推进，系统性金融风险与金融危机在全球多次发生，金融自由化与金融危机好似一对孪生兄弟出现在一些国家的经济生活中。许多学者从不同层面、不同角度分析了这一现象。“在过去的 20 年中，全球超过 125 个国家有过至少一次严重的金融业危机，其中一半以上的危机发生在发展中国家，而发生危机的发展中国家的金融业出现了整体资不抵债的现象，其中 10 多个发展中国家的案例，金融业的危机甚至要耗费该国当年十分之一以上的国民收入。”随着 1994 年墨西哥金融危机、1997 年亚洲金融风暴以及随后俄罗斯金融危机、2007 年次贷危机的爆发，人们开始将金融自由化与金融体系的脆弱性联系起来，反省金融自由化与金融脆弱性、金融危机是否存在着紧密关联。

金融自由化后金融机构和金融市场会面临一个更加复杂多变的宏观经济环境。而此时如果缺乏一个发达的银行间拆借市场，金融机构会很难应付短期性的流动性危机。除非中央银行愿意且有能力承担起最后担保者的角色，否则一家金融机构的短期流动性危机很可能蔓延成整个金融体系的流动性危机，并最终导致金融危机的爆发。

金融自由化往往还伴随着对资本自由流动限制的放松。当本国银行从国际资金市场上借入外币资金，并将它贷给本国借款者时，它就承担了外汇风险，即使对以外币计价的敞口头寸有所限制，但这样的限制在实际中往往会被借款者以各种方式规避。如果国内借款者对外汇风险没有进行对冲，那么外汇风险就很容易转化为信贷风险。

卡普里奥（Caprio）发现，自 20 世纪 70 年代后期以来，银行危机越来越成为普遍现象。由金融自由化所带来的宏观经济的不稳定，尤其是出口价格的不稳定是引发银行危机的重要原因。此外，在推行金融自由化进程中由于金融监管措施缺失而导致发生危机的比例也很高。他们提出，在发展中国家金融自由化的早期，一定程度的金融监管是必要的。

威廉姆森（1998）研究了 1980—1997 年间 35 个发生系统性金融危机的案例，发现有 24 个金融危机案例与金融自由化有关。昆特和德特拉贾凯（1998）对 53 个国家在 1980—1995 年间的数据研究结果表明，金融自由化的指标和发生银行业危机的概率呈显著正相关，在发生了金融自由化的国家，更容易出现银行危机。正如以上研究结果所示，随着金融自由化不断推进，发达国家和发展中国家在 20 世纪 80—90 年代都不同程度地暴露出显著的金融脆弱性。

C. E. 韦勒（C. E. Weller）在昆特和德特拉贾凯研究的基础上，进一步对 27 个新兴市场经济国家和地区的金融自由化与金融危机进行了研究。他们通过对 1973—1998 年间 27 个新兴市场经济国家和地区经济数据的分析发现，新兴市场经济国家和地区实行金融自由化后更容易遭受货币危机和银行危机的袭击。随着时间的推移，金融自由化后货币发生危机的概率在减少，而银行发生危机的概率在增加。

（二）金融危机模型

1. 克鲁格曼的第一代金融危机模型

克鲁格曼（1979）深受萨伦特和亨德森（Salant and Herderson，1978）对国际商品价格稳定计划研究的启发，提出了金融危机的早期模型。克鲁格曼的模型及其扩展构成了著名的第一代金融危机模型。它较好地解释了20世纪70—80年代的货币危机（即所谓的“拉美型”货币危机），如墨西哥危机（1973—1982年）、阿根廷危机（1978—1981年）。

克鲁格曼的模型认为，货币危机产生的根源在于政府的宏观经济政策（主要是过度扩张的货币政策与财政政策——财政赤字的货币化政策）与稳定汇率政策（如固定汇率制）之间的不协调。一方面，财政赤字的货币化政策使得持续地通过货币创造融资造成货币供给的增加，进而导致国内物价水平的上涨，物价水平的上涨又带来货币贬值的压力；另一方面，为了维护固定汇率制，保持汇率的稳定，政府必须在外汇市场上用外汇储备购买本币。于是，外汇储备最终将被耗尽，政府无力继续维持固定汇率制。

下面是对该模型的简单推导：

（1）在尚有外汇储备时，实行固定汇率制，使汇率 S_t 保持在既定的水平上，即：$S_t=\bar{S}$。

（2）由于商品市场自由开放，汇率满足购买力平价理论，即汇率等于本国物价水平 P_t 与外国物价水平 P_t^* 之比。假设外国物价水平 $P_t^*=1$，则有 $S_t=P_t$。

（3）本国市场自由开放，投资者可以自由选择本国货币资产和外国货币资产，因而利率平价关系成立：$i_t=i_t^*+\dot{S}_t/S_t$。其中，i_t 代表国内利率水平，i_t^* 代表国外利率水平，$\dot{S}_t$ 代表汇率对于时间的导数。

（4）中央银行的资产负债表表明：$M_t=D_t+S_t\cdot F_t$。其中，D_t 代表国内信贷，F_t 代表外汇储备，M_t 代表基础货币。

（5）国内信贷的增长率为常数 γ，$\dot{D}_t/D_t=\gamma$。

（6）实际货币存量的需求函数为：$M_t/P_t=A\cdot e^{-\eta\cdot i_t}$。其中，$A$ 和 η 均为大于零的常数。

因为政府的目标是保持汇率稳定，这样 $\dot{S}_t/S_t=0$；由于 i_t^* 是外生的，则由假设（3）知：$i_t=i_t^*$ 保持不变。于是由假设（6）知，货币总量 M_t 必须保持不变。

从假设（4）中我们看到，M_t 保持不变，D_t 随时间 t 按固定的增长率 γ 增大，从而国际储备 $S_t\cdot F_t$ 必须随着时间而收缩。到了一定的时间 T，国际储备将被耗尽。这个时间 T 就是一个临界点。在这个临界点之后第一阶段结束，进入第二阶段。在第二阶段，投机者就可以随时发动冲击，把政府手中的外汇储备全部买完，从而使得固定汇率制崩溃，要求汇率浮动变化。

第一代金融危机模型强调外汇市场上的投机攻击与宏观经济基础变量之间的联系，较好地解释了20世纪70—80年代的金融危机，认为危机的根源在于宏观经济基础变量的恶化——过度扩张的货币与财政政策、实际汇率升值、经常性项目恶化等。对政策制定者的建议是，必须保证政策间的一致性，不断强化宏观经济基础变量。

2. 奥伯斯特菲尔德的第二代金融危机模型

第一代金融危机模型无法对1992—1993年爆发的欧洲货币体系危机中的诸多现象给出满意的解释。奥伯斯特菲尔德（Obstfeld，1994），萨克斯、托纳尔和维拉斯科（Sachs，Tornell，and Velasco，1996）等为了解释20世纪90年代发生的欧洲货币体系危机（即所谓的“欧洲型”货币危机），提出了第二代金融危机模型。

与强调经济基本面因素的第一代金融危机模型不同，第二代模型强调了危机自促成

(self-fulfilling) 性质——投机者的信念和预期最终可能导致政府捍卫或放弃固定汇率。市场对汇率贬值的预期因素改变了原先的利弊平衡关系——政府是否捍卫（或放弃）固定汇率取决于捍卫（或放弃）的利弊权衡。坚持固定汇率的成本与公众预期密切相关。公众的贬值预期越强，维持固定汇率的成本就越高，这两种因素改变了原来的利弊平衡关系，使捍卫固定汇率成本提高，政府最终放弃固定汇率——预期贬值本身就是汇率危机的直接原因，即危机的“自促成”。

第二代模型强调了政策和经济的互动性（co-movement），经济政策导致了多维平衡点，从而产生了自促成的危机——经济政策不是预先决定的，而是随着经济状况的变化而变化，市场参与者在形成其预期时将这种关系考虑在内；同时市场参与者的预期与行动将会影响到政府政策制定的经济变量。这种相互关系导致了经济中的多维平衡点，经济可能从一个平衡点转移到另一个平衡点，例如从一个与固定汇率协调的平衡点到固定汇率崩溃的平衡点。

根据第二代金融危机模型可知，尽管一国的经济基本面可能比较好，但是当其中某些经济变量不理想，加之公众发生观念、信心上的偏差时，公众信心不足通过市场机制扩散，也会导致市场共振，进一步导致金融危机。

3. 道德风险模型——第三代金融危机模型

由于第一、第二代金融危机模型无法很好地解释以 1997 年亚洲金融危机为代表的一系列金融危机，有些学者提出了第三代金融危机模型。但是，到目前为止，第三代金融危机模型还不存在统一的分析范式和统一的研究框架。

亚洲金融危机表明，金融自由化、大规模的外资流动、金融中介信用过度扩张、过度风险投资与资产泡沫化、金融中介资本充足率低与缺乏审慎监管等，是与金融危机相伴发生的经济现象，由此可见，金融中介尤其是银行业在金融危机形成过程中发挥着重要作用。第三代金融危机理论开始跳出汇率机制、货币政策、财政政策和公共政策等宏观经济分析范围，着眼于金融中介、资产价格变化等方面，提出了一系列基于金融中介的金融危机模型，统称为第三代金融危机模型。第三代金融危机模型大致可以分为以下几个类别。

资产泡沫化（asset bubbles）模型（Blanchard and Watson，1982；Allen and Gale，1998）分析了资产泡沫化导致银行业危机的机制。道德风险（moral hazard）模型（Akerlof and Romer，1993；Krugman，1998）强调了金融机构的道德风险与资产泡沫之间的关系。在管制宽松的环境中，金融机构有强烈的欲望去追求高风险的高收益，从而导致金融过度（finance excess）。金融过度必然加剧金融体系的脆弱性，进而引发金融危机；金融中介的道德风险是导致银行过度风险投资、形成资产泡沫的主要因素。外资诱导型（capital flow-induced）模型（World Bank，1997；Calvo，1998）分析了金融自由化与外资的流入在导致金融中介信用扩张、资产泡沫化及产生和放大经济周期中的关键作用。金融恐慌（financial panic）模型（Diamond and Diybvig，1983；Radelet and Sachs，1998）指出金融恐慌等预期心理因素导致银行业的流动性危机，而政府与国际金融机构的不适当政策干预促使银行业的流动性危机变成非清偿性危机，最终导致金融危机。孪生危机（twin crisis）模型（Kaminsky and Reinhart，1998）分析了银行业危机与货币危机的关系及二者间的自强化机制。由于篇幅所限，这些理论模型的介绍从略。

（三）经典经济学的金融危机理论

古典的萨伊定律不承认经济危机和生产过剩的问题，认为供给创造对本身的需求。然而，这是相对于物物交换时代而言的。自从引入货币作为流通中介以后，就存在生产过剩和金融危机的可能性。这方面比较有代表性的观点主要有马克思关于需求不足导致生产过剩，从而引发金融危机和经济危机的理论。

马克思认为金融危机有两种类型，一种是伴随经济危机的金融危机，另一种是没有伴随经济危机的金融危机，即由于金融体系自身的运转出现问题，而整体经济比较健康的金融危机。该金融危机理论的核心思想是：生产过剩和资本积累是金融危机的成因，而信用制度则促成了金融危机的爆发。促使资本主义经济运行走向危机的，主要有以下几个因素的作用：（1）市场竞争；（2）资本积累；（3）信用发展。在资本积累过程中由于企业自身积累的限制，企业总是利用商业信用和银行信用，利用债券、股票的发行广泛吸收资本以作为突破资本积累限制的手段，加速积累过程。马克思指出，信用制度使本来可以再伸缩的再生产过程被拉紧到最极端的界限，在竞争和信用的作用下，资本积累加速的结果是：资本量扩张，生产能力和产品迅速增长，劳动者贫困积累，社会收入分配差距增大，生产和消费矛盾尖锐化，而这些都导致了经济危机和金融危机的爆发。

2008 年次贷危机属于独立发生的金融危机，并非伴随经济危机的金融危机。此次危机的成因主要在于：生产过剩、需求不足、信用膨胀、金融创新和自由化过度、虚拟资本无限扩张等。因此，马克思的金融危机理论对美国的次贷危机有较强的解释力。

全球金融危机不可遏制地周期性爆发，且每一个时期的金融危机都具有独特而鲜明的特征。因此，每一代金融危机模型都具有一定的针对性和侧重性，不存在万能的能够解释所有金融危机的理论模型，伴随着新型金融危机的不断爆发，金融危机模型的研究也将不断创新和完善。

（四）金融危机的救助理论

人们由于担心发生金融危机，因此不断探讨金融危机发生的机理。然而，金融脆弱性的存在使得金融危机在所难免。因此，金融危机的救助显得尤为必要。

人们对于系统性风险必须得到救助已形成共识，提供外部援助并要求被救助国进行财政改革，大幅减少财政赤字已成为常规做法。但就具体的救助对象而言，是救助金融机构还是救助金融市场，是否应该救助没有清偿能力的银行，是否应对救助对象征收惩罚性利率，如何防范因救助产生的道德风险，是应该事前明确中央银行的最后贷款人角色还是应该保留“建设性模糊”救助条款等还存在较大的分歧。对救助时机、救助方式、救助力度和退出及救助的国际协调等问题的探讨也是救助理论研究的重点。

就救助的经验和措施而言，已有很多样本值得借鉴，例如有效的存款保险和再保险制度是减缓危机冲击的有效方式；美国次贷危机发生后，有选择地救助机构同时救助市场，组织私人部门参与救助，美联储大量购入“有毒”资产，缓解流动性危机，在金融系统稳定后，政府对金融企业进行事后算账的救助做法为防范道德风险提供了很好的样板；为应对希腊债务危机，对问题严重的金融机构进行托管、注资、债务重组，特别是通过集体行动准则进行债务减记也是值得借鉴的做法。

第四节 互联网金融

互联网金融无疑是近年来金融领域中最为引人瞩目的创新活动。然而，无论以什么样的新姿态出现，互联网金融本质上就是用新技术满足人们的金融需求。因此，我们将从人们的真实金融需求角度出发来理解互联网金融。

一、金融需求和传统金融结构

与所有其他形式的商业形态无异，金融这种商业形式的出现和发展，归根到底是它满足了人们的某一种真实需求，即金融需求。那么，什么是人们的金融需求呢？无外乎两大类：第一，支付结算；第二，投资融资。于是，在传统金融领域，我们可以看到这样的金融结构：

- 支付结算中介——例如商业银行。
- 投资融资中介：
  - ＊间接金融中介——存款机构，例如商业银行。
    ——合约储蓄机构，例如保险公司、养老金。
  - ＊直接金融中介——投资中介，例如共同基金、投资银行、评级机构、证券交易所。

我们可以发现，在传统金融系统中，无论金融机构如何庞大，金融产品如何复杂，只要从满足人们真实金融需求的角度出发，都能化繁为简，进而理解隐藏在纷繁复杂的金融现象背后的本质。

二、理解互联网金融

从满足人们真实金融需求的角度出发，我们给出互联网金融的结构如下：

- 支付结算方式的创新：
  - ＊第三方支付平台。
- 投资融资方式的创新：
  - ＊互联网借贷平台。
  - ＊众筹融资平台。
  - ＊互联网金融门户。

（一）支付结算方式的创新：第三方支付平台

第三方支付平台一般是指在电子商务企业与银行之间建立一个中立的支付平台，为网上购物提供资金划拨渠道和服务的商业模式。电子商务与传统线下交易的一个重要区别在于，它与人们“一手交钱，一手交货”的传统交易支付习惯相矛盾。第三方支付平台正是在这种情况下应运而生的。它通过在传统支付服务的基础上附加“担保”功能，解决了交易双方缺乏相互信任的矛盾，最终满足了互联网经济背景下人们对于交易支付方式的新需求。近年来，我国市场上出现的重要的第三方支付平台有：阿里巴巴公司旗下的支付宝、腾讯公司旗下的财付通等。

我们以典型的B2C交易为例，说明第三方支付模式下支付结算的具体流程（参见图15-2）：

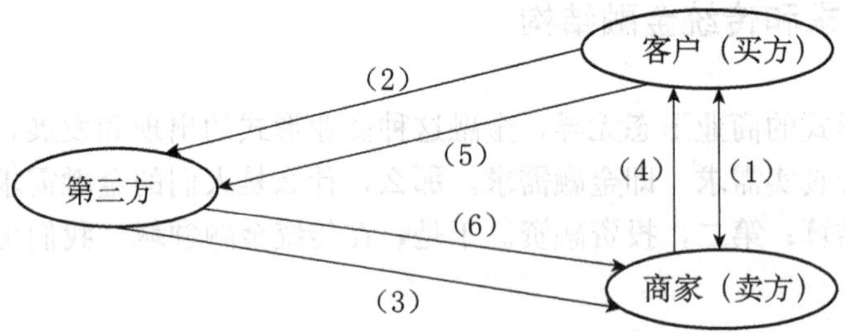

图15-2　第三方支付结算流程

(1) 客户在电子商务网站上选购商品，最后决定购买，买卖双方在网上达成交易意向；

(2) 客户选择利用第三方作为交易中介，客户用信用卡或储蓄卡将货款划到第三方账户；

(3) 第三方支付平台将客户已经付款的消息通知商家，并要求商家在规定时间内发货；

(4) 商家收到通知后按照订单发货；

(5) 客户收到货物并验证后通知第三方；

(6) 第三方将其账户上的货款划入商家账户中，交易完成。

第三方支付平台是为了满足人们在互联网经济背景下对支付结算方式的新需求而出现的金融创新。随着这种新型支付方式与经济活动更加紧密的结合，如今第三方支付方式的应用场景已逐渐从单纯的支付渠道向跨境结算、理财产品销售、资产管理和保险代销等领域快速扩展。

(二) 投资融资方式的创新之一：互联网借贷平台

P2P网络借贷平台是P2P借贷与网络借贷相结合的一种金融服务创新形式。其中，P2P借贷的英文是“Peer to Peer Lending”，也就是个人与个人之间直接进行的民间借贷行为。网络借贷是指在整个借贷过程中信息、资金、合同和手续等全部通过网络实现的借贷模式。而P2P网络借贷平台就是借助于计算机技术和电子信息技术，通过互联网发布信息，把借贷双方连接起来，最终满足各自借贷需求的新型商业模式。

按照平台风险的差异，可以把国内P2P网络借贷平台划分为三大类：

(1) 信息中介。

这一类 P2P 平台坚持纯粹的信息中介原则，只提供信息，不参与担保，在互联网、大数据等技术手段的支持下，旨在为借贷双方提供更有价值的信息，最终撮合借贷资金完成交易。这种形式的交易事实上属于直接融资的范畴，而这一类型的 P2P 平台则扮演了类似于证券交易所的角色。这类平台在国内市场较为少见，拍拍贷是其典型代表。

(2) 信息中介+信用中介。

这一类 P2P 平台不但为借贷双方提供交易信息，还以平台名义为借款人的本金甚至利息提供担保。不难发现，与前面一类平台不同，这种有担保的 P2P 平台实际上承担了信息中介和信用中介的双重角色。因此，在这一类平台上发生的借贷交易属于间接融资范畴。实际上，国内绝大多数 P2P 平台都属于这一类型，例如人人贷、翼龙贷等。

(3) 借贷资产证券化中介。

最后一类 P2P 平台与前面两类截然不同，更像是传统金融机构的延伸。它们把现实金融机构中的借贷资产通过互联网渠道以很低的门槛（通常是 100 元甚至 50 元）销售给大众投资者。严格地讲，这种模式属于借贷资产证券化范畴，国内 P2P 市场上的典型代表有陆金所等。

P2P 网络借贷平台上的借款往往是无抵押、无担保的，而这种金融创新的关键意义也在于此。在漫长的人类金融活动中，抵押（担保）一直是借贷发生的先决条件，比如早期的典当以及当前绝大多数的银行贷款。然而，对于借款人而言，这种借款本质上只是一个资产变现的过程。在这种情形下，人们拥有资产价值的多少直接决定了其融资能力。因此，大多数个人和小微企业在传统金融活动中被拒之门外。这一现象在 P2P 网络借贷平台出现后有所改观。借助于互联网、大数据、云计算等新技术，P2P 网络借贷平台可充分挖掘出人们行为背后所隐藏的信用数据，并以此为基础撮合借贷交易。在这一过程中，信用数据实际上充当了一种“有价值的资产形式”，以此为支撑，普通人的借贷需求最终也将得以满足。

(三) 投资融资方式的创新之二：众筹融资平台

众筹（crowd funding），即大众筹资，最初只是一种“预消费”模式，用“团购+预购”的形式，向公众募集项目资金。后来，众筹逐渐发展为利用互联网和 SNS 传播的特性，让小企业家、艺术家或个人向公众展示他们的创意，争取公众的关注和支持，进而获得所需资金的一种新型融资方式。众筹融资平台便是随着众筹的兴起而出现的一类互联网融资平台。

依据众筹项目的不同类型，众筹融资通常可以分为三类：以物为投资对象的众筹，以借贷债务为投资对象的众筹和以股权为投资对象的众筹。与此相对应，众筹融资平台也可以划分为回报式众筹融资平台、债券式众筹融资平台和股权式众筹融资平台。

(1) 回报式众筹融资平台。

这是一类出现最早、数量最多、最为典型的众筹融资平台。该平台的特点是：支持以物为投资对象的众筹项目发布；并且融资方禁止用股权、债券、分红、利息、资金等形式回报投资者。其基本融资流程一般为：

第一，融资方在众筹平台上发布自己的众筹项目，需要说明拟融资金额、融资期限以及回报方式等具体信息。

第二，众筹平台对项目进行审核。审核通过后，平台将公布众筹项目。此时，对项目有兴趣的投资者开始投资。

第三，在融资期结束后，如果项目收到的投资总额达到预设的融资金额，则众筹项目融资成功，众筹平台将所有融资资金划拨到融资方账户；如果没有达到目标融资金额，则众筹项目融资失败，众筹平台将所有资金退回到投资者账户。

第四，融资成功的众筹项目在收到投资后开始按照计划实施项目；众筹项目完成后，融资方按照事先承诺的形式偿还投资者回报。

（2）债券式众筹融资平台。

这类众筹融资平台将融资方的资金需求总额拆分成众多的小额债权，供投资者购买，融资方在债券到期后按照约定条件归还投资者本金并支付利息。

（3）股权式众筹融资平台。

这类众筹融资平台是企业以向投资者出让一部分股权的形式获得融资的众筹平台。相较于上述两类众筹平台，股权式众筹融资平台的总融资额和单笔融资额都要高出很多。因此，为了保证投融资双方的权益，股权式众筹融资平台一般要求融资方提供更加翔实的众筹项目资料。在实践中，股权式众筹融资平台的整体经营模式比前两类众筹融资平台要复杂许多。

众筹融资这种新兴的融资方式实现了“点子”与资金的直接对接。对项目发布者而言，众筹融资平台除了帮助他们获得创业所需的第一笔资金外，还能帮助他们预测市场需求，进行低成本的市场推广。而对平台上的众多投资者而言，他们获得了以极低的门槛参与创新创业活动的良好机会。近年来，众筹融资平台在我国已有了较大的发展。

（四）投资融资方式的创新之三：互联网金融门户

互联网金融门户是指利用互联网进行金融产品的销售以及为金融产品销售提供第三方服务的平台。它的核心是在互联网技术支持下的“搜索比价”模式，采用金融产品垂直比价的方式，将各家金融机构的产品放在平台上，用户通过对比挑选合适的金融产品。近年来，互联网金融门户出现了多元化创新发展的趋势。提供高端理财投资服务和理财产品的第三方理财机构，提供保险产品咨询、比价、购买服务的保险门户网站等多种互联网金融门户的新模式不断涌现。

互联网金融门户可以看作是先前出现的金融产品线上销售渠道的升级，致力于提供交易环节之外的所有在线金融增值服务。它将大数据技术、垂直搜索技术与金融顾问、贷款初审等传统金融服务相结合，实现了金融搜索方式以及金融业务流程的创新，其核心在于利用数据的可追踪性和可调查性等特点，依托数据分析以及数据挖掘技术，根据客户的特定需求，为客户筛选并匹配符合条件的金融产品。互联网金融门户在国内市场上的典型代表有融360、格上理财等。

三、互联网金融在路上

互联网金融是在互联网、大数据、云计算等新兴技术背景下不断涌现的满足人们真实金融需求的新产品、新服务以及新商业模式的集合。从刚开始出现算起，至今不过短短十来年，但互联网金融如今已深入到了金融服务的方方面面，给我们的生活带来了巨大的改变。回顾互联网金融的发展历程，我们再一次发现，不断满足人们现实的金融需求始终是互联网金融创新的主线。未来，随着新科技的不断进步，金融科技在现实生活中将进一步普及，互联网金融领域还将出现更多的满足人们金融需求的变革和创新。

第五节　供应链金融

一、供应链金融概述

供应链金融（supply chain finance，SCF）是对一个产业供应链中的单个企业或上下游多个企业提供信用增级、融资、担保、结算和风险管理等全面金融服务，以促进供应链核心企业及上下游配套企业“产—供—销”链条的稳固和流转畅顺，并通过金融资本与实体经济协作，构筑银行、企业和商品供应链互利互惠、持续发展、良性互动的产业生态。供应链金融改变了过去银行等金融机构对单一企业主体的授信模式，而是围绕某“1”家核心企业，从原材料采购，到制成中间产品及最终产品，最后由销售网络把产品送到消费者手中这一供应链链条，将供应商、制造商、分销商、零售商直到最终用户连成一个整体，全方位为链条上的“N”个企业提供金融服务，通过相关企业的职能分工与合作，实现整个供应链的不断增值，也被称为“1＋N”模式。

供应链金融也是一种独特的产业组织模式，这一模式的特点体现为企业间的关系以及企业与银行之间的关系发生了变化。一方面，将银行信用融入上下游企业的购销行为，增强其商业信用，促进中小企业与核心企业建立长期战略合作关系，提升供应链的竞争能力。同时，将资金有效注入处于相对弱势的上下游配套中小企业，解决中小企业融资难问题和避免供应链资金失衡。另一方面，企业与银行之间突破了单纯的资金借贷行为，基于企业真实业务的资金链维护与监控全程合作，形成实体经济和金融企业共生发展的新模式。

2008年全球金融危机之后，供应链金融迅速成为各界关注的焦点。《欧洲货币》杂志将供应链金融形容为过去几年银行交易性业务中最热门的话题。《全球贸易评论》杂志认为银行家们不断向他们的客户营销和提供供应链融资服务，信贷紧缩并没有影响到这块业务。

二、供应链金融的特点

供应链金融在一定程度上颠覆了传统融资模式下的融资关系，其最大的特点就是突破了银行一味追求质（抵）押物、第三方担保的制约，权利质押无须转移质押物，这有助于质押物使用价值的发挥，中小企业融资的收益、成本得以改善（如减少评估、担保费用等），加快了物流与资金流的对接与周转，有效拓宽了中小企业的融资渠道。供应链金融相对于传统的信贷业务，具有显著的区别（见表15-1）及鲜明的特点：

（1）供应链金融从新的视角评估授信企业的信用风险。银行对授信企业的信用评级，传统做法是强调对企业自身及其所在行业的分析。而供应链金融转而强调企业的单笔贸易的真实背景和供应链核心企业的实力和信用水平。换言之，银行评估的是整条供应链的信用状况。由于供应链金融业务的开展是建立在充分掌握供应链中的物流、资金流和信息流的基础上的，因此授信企业的信用水平远比传统方式评估的要高。

（2）供应链金融具有封闭性、自偿性和连续性的特征。封闭性是指银行从资金发放到资金收回进行全程控制，既包括对资金流的控制，也包括对物流的控制；自偿性是指还款来源就是贸易自身产生的现金流；连续性是指同类贸易行为在上下游企业之间会持续发生。供应链金融对企业状况的评价从长期稳定性评价转向短期真实性评价。供应链金融重点评估交易的真实性以及中小企业与合作方的履约能力，降低了银行授信业务对中小企业自身实力水平的要求，不需要对中小企业的详尽财务信息等进行调查，从而降低了信息不对称的程度和贷款成本，促进了银行向中小企业放贷。

表15-1 传统商业银行贷款和供应链金融融资的区别

	传统商业银行贷款	供应链金融融资
评级方式	债务人评级	债务人评级或债项评级
评级范围	单个企业	核心企业及上下游整条供应链上的企业
授信依据	财务报表	财务报表、真实交易记录、未来发展潜力等
授信主体	单个企业	单个或多个企业
授信方式	资产抵押、第三方担保等	应收账款抵押、保兑仓、动产质押等
贷后关注	企业财务状况	整条供应链企业状况及行业动态

供应链金融与传统的保理及货押业务等非常相近，但又有本质区别。保理和货押业务只是简单的贸易融资产品，而供应链金融是银行站在产业供应链的全局高度，向所有成员企业的系统性融资安排。银行可以适当淡化对企业的财务分析和贷款准入控制，银行关注的重心是每笔业务交易的真实性，通过中小企业与核心企业的资信捆绑来提供授信，促进中小企业与核心企业建立长期的战略合作关系，激活整个“链条”的运转。一方面，借助“团购”式的授信模式和风险控制手段创新，银行将把握单个企业的不可控风险变为对供应链企业整体的风险控制，通过获取立体信息，有效地降低自身的信贷风险；另一方面，供应链金融也为银行提供稳定高端客户的新渠道，通过面向供应链系统成员的一揽子授信，核心企业也被“锁定”在提供服务的银行。供应链金融巨大的市场潜力和良好的风险控制效果为银行拓展中间业务等新的业务增长点提供了非常大的商机，在不断调整信贷结构的同时，通过批量授信获取规模效益，以差异化业务和优质服务提升银行的核心竞争力。

三、供应链金融的模式

在产业供应链中，中小企业的现金流缺口主要产生于预付账款、存货以及应收账款等节点，这些节点在中小企业的生产经营周期内占据了较大比例。为了提高整个供应链的资金效率，结合中小企业生产经营的周期性特点，供应链金融的基本融资模式主要有：应收账款融资模式、基于预付账款的保兑仓融资模式和基于存货的融通仓融资模式。

（一）应收账款融资模式

这种模式主要针对商品销售阶段。由于绝大多数正常经营的中小企业都具有未到期的应收账款，这一模式适用范围非常广泛。具体而言，应收账款融资模式是指以中小企业对供应链下游核心企业的应收账款凭证为标的物（质押或转让），由商业银行向处于供应链上游的中小企业提供的、期限不超过应收账款账龄的短期授信业务。应收账款融资模式如图 15－3 所示。

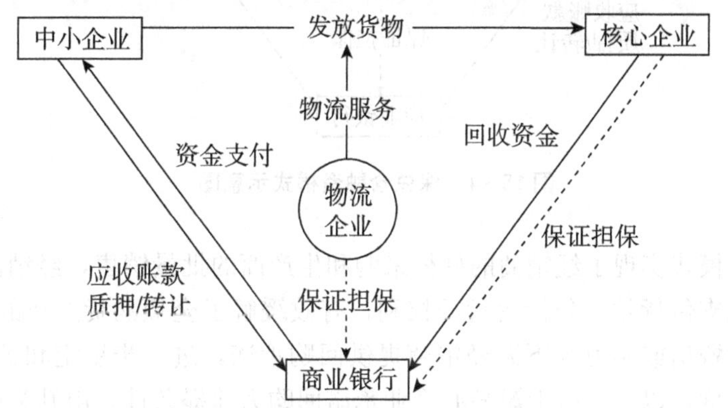

图 15－3 应收账款融资模式示意图

在应收账款质押中，银行通常将中小企业视为借款人，将核心企业视为担保人核定授信额度；而应收账款转让（有追索权保理）通常将核心企业视为借款人，将中小企业视为担保人。因此，在应收账款融资中，核心企业的还款能力、交易风险以及整个供应链的运作状况受到银行更多的关注，避免了只针对中小企业本身进行风险评估，借助核心企业较强的实力和良好的信用，使银行的授信风险得到有效控制。

（二）保兑仓融资模式

所谓保兑仓，是以核心企业承诺回购为前提，以核心企业在银行指定仓库的既定仓单为质押，以控制中小企业向核心企业购买的有关商品的提货权为手段，由银行向中小企业提供融资的授信业务。该模式下的授信产品主要是银行承兑汇票，主要通过商业银行（金融机构）、中小企业（经销商）、核心企业（生产商）和物流企业（货押监管）四方签署合作协议而实施。经销商根据与生产商签订的购销合同向银行交纳一定比例的保证金，申请开立银行承兑汇票，专项用于生产商货款的支付保证和到期支付。物流企业提供保证担保，经销商以货物向物流企业进行反担保。物流企业根据掌控货物的库存情况和销售情况按比例决定承保金额，并收取监管费用。商业银行根据经销商存入的保证金签发相应额度的提货通知单，物流企业凭银行签发的提货通知单向经销商发货，经销商销货后向银行续存保证金，银行再签发提货通知单，物流企业再凭银行签发的提货通知单向经销商发货，如此循环操作，直至保证金账户余额达到银行承兑汇票金额，票据到期，银行保证兑付。保兑仓融资模式如图 15-4 所示。

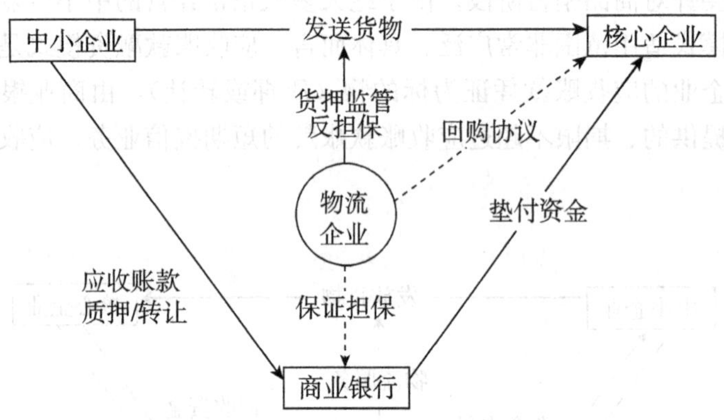

图 15-4　保兑仓融资模式示意图

保兑仓融资模式实现了经销商的杠杆采购和生产商的批量销售，经销商通过保兑仓业务获得的是分批支付货款并分批提货的权利，有效缓解了全额购货造成的流动资金压力。生产商以自身的资信或实力为下游经销商提供回购承诺，进一步稳定和扩大了下游销售。从商业银行的角度，以供应链上游核心企业承诺回购为前提条件，由其为中小企业融资承担连带保证责任，并以银行指定仓库的既定仓单为质押，同时开出的银行承兑汇票由物流企业提供授信担保，从而大大降低了银行对中小企业的授信风险。

（三）融通仓融资模式

所谓融通仓，是指当中小企业需要资金时，可将银行认可的存货等动产作为质押物向金融机构申请授信的行为。然而不同于简单的动产质押，融通仓是在动产质押中引进物流企业，将中小企业采购的原材料或产成品等质押标的物存入物流企业开设的融通仓，由物流企业提供质物保管、价值评估、信用担保和去向监督等服务，由银行根据动产稳定性、评估价值、交易对象和供应链状况等向中小企业提供融资的授信业务。融通仓的还款来源是中小企业生产经营过程中或质押产品销售过程中产生的阶段性资金。为降低融通仓授信业务风险，必要时银行还会与中小企业的上游核心企业签订质押物回购协议。当然，这里的物流企业应该是资质好、信誉高、有实力的企业。尽管如此，银行仍要经常检查质押物的状况以控制风险。融通仓融资模式如图 15-5 所示。

融通仓融资模式使针对中小企业的动产质押贷款业务的可操作性大大增强。融通仓凭

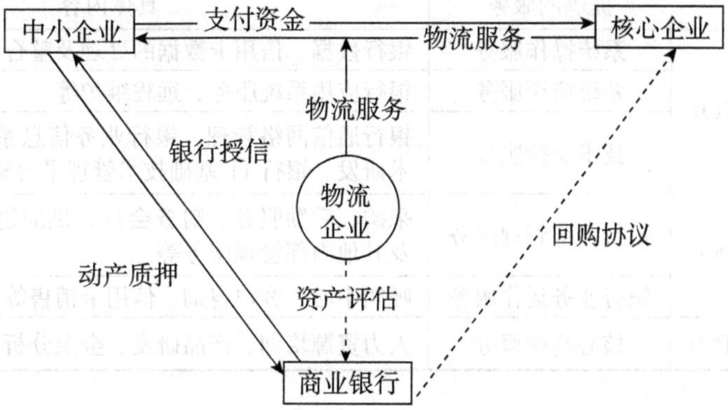

图 15-5 融通仓融资模式示意图

借良好的仓储、物流和评估条件，协助中小企业以存放于融通仓的动产为质押获得融资支持。此外，融通仓还帮助作为质押权人的银行解决了质物估价、监管和拍卖等难题。总之，通过融通仓模式，中小企业可以将以前银行不太愿意接受的动产转变为其愿意接受的动产质押标的物，构建中小企业与银行之间资金融通的新桥梁。

第六节 金融服务外包

外包最早由美国管理学家加里·哈梅尔（Gary Hamel，1990）和 C. K. 普拉哈拉德（C. K. Prahalad，1990）于 1990 年在发表在《哈佛商业评论》上的《企业的核心竞争力》一文中提出。巴塞尔银行监管委员会、国际证监会组织、国际保险监督官协会以及国际清算银行的联合论坛工作组经过多次讨论，将外包的含义界定为受监管实体持续地利用外包服务商（为集团内的附属实体或集团以外的实体）来完成以前由自身承担的业务活动。外包可以是将某项业务（或业务的一部分）从受监管实体转交给服务商操作，或由服务商进一步转移给另一服务商（有时被称为“转包”）操作。

金融服务外包，主要分为信息技术外包（information technology outsourcing，ITO）、业务流程外包（business process outsourcing，BPO）和知识流程外包（knowledge process outsourcing，KPO）。金融 ITO 是指金融企业委托服务外包提供商向企业提供部分或全部信息技术服务功能。金融 BPO 是指金融企业将部分非核心业务流程委托给专业服务提供商来完成，一般是外包到商务成本比较低的国家和地区。相对于传统的 ITO 而言，BPO 是当今服务外包发展的主要形式。金融 KPO 是指金融企业把那些知识密集型业务流程转移给其他企业完成的行为。KPO 具有传统的 ITO 和 BPO 所不具有的特点。例如涉及的领域大多为企业的核心领域，对员工有更高的技术要求，流程高度复杂并且充满不确定性，执行过程和结果较难衡量等。商业银行金融服务外包的主要类型及具体内容见表 15-2。

表 15-2　商业银行金融服务外包的类型及具体内容

类型	提供的服务	具体内容
信息技术外包(ITO)	系统操作服务	银行数据、信用卡数据的处理及整合等
	系统应用服务	银行应用系统服务、远程维护等
	技术支持服务	银行通信网络管理、银行业务信息系统流程设计与技术研发、银行 IT 基础技术管理平台整合或管理整合等
业务流程外包(BPO)	银行内部管理服务	采购、后勤服务、财务会计、供应链管理、人力资源及其他内部管理服务等
	银行业务运作服务	呼叫中心、客户咨询、信用卡销售等
知识流程外包(KPO)	核心高端服务	人力资源培训、产品研发、金融分析等

从世界范围来看，金融业的业务流程外包开始于 20 世纪 70 年代，经过 40 多年的发展，现在正处于高速增长阶段。为实现战略目标及节约成本，全球金融服务业中越来越多的业务活动正在从自行承担转为由外包服务商承担。金融服务外包（out-sourcing in financial services）特别是离岸（off-shoring）外包发展迅猛，据网络金融实验室（E-finance Lab）统计，金融服务外包规模从 2005 年的 1 413 亿美元，增加至 2011 年的逾 3 000 亿美元，年均复合增长率超过 13.4%，超过同期全球服务外包年均复合增速 5 个百分点。根据金融服务外包（Financial Services Outsourcing，FSO）等的研究成果推断，在未来较长一段时期，全球离岸金融服务外包和在岸金融服务外包市场规模都将以超过 10% 的年均增速持续增长。当前在所有外包行业中，金融服务外包规模仅次于制造业，位居第二。全球服务外包转移方主要是由欧美发达国家和新兴国家共同构成，其中美国约占世界服务外包市场总额的 66%，日本和欧洲约占 30%。全球承接方以发展中国家为主，其中亚洲约为 45%。中国、印度和菲律宾等 20 多个国家是全球外包市场的主要承接方，其中印度是金融服务外包最成功的国家之一。在全球金融业务离岸外包市场中，印度的市场占有率已经达到 80%，年均增长保持在 20%左右，除欧美国家外，印度的市场目标还包括东京、新加坡和中国香港等亚洲金融中心。具体来看，服务外包主要发生在信息产品生产部门、信息技术密集使用部门以及以市场研究和金融研究等知识密集型服务为主的行业，包括金融、电信、软件、制造业等。

我国金融机构的外包业务起步较晚，尚处于萌芽阶段，总体规模较小，渗透率偏低，但我国金融服务外包增速超过全球水平。《2021—2027 年中国金融外包行业市场发展调研及竞争格局预测报告》中的数据显示，2014—2019 年，中国金融外包行业市场规模不断扩大，2019 年中国金融外包行业市场规模约为 896.9 亿元，较 2018 年增加了 187.5 亿元。这一增速超过全球金融服务外包的年均增长率。我国金融服务外包已经覆盖到金融业的各个领域，业务种类从低端业务向更复杂、更核心、更高端的业务发展，除了金融软件系统的开发、运营、维护等 IT 业务外包以外，还有投资管理、核保理赔、基金定价等知识流程外包业务，形成了较完整的金融外包服务产业链。

金融服务外包在提高金融机构效率的同时，也带来了一些新的风险，并对金融机构的内部风险控制和外部金融监管带来新的挑战。巴塞尔银行监管委员会（2005）主导的“联合论坛”出台的《金融服务外包文件》分析了金融业务外包存在的10项风险[①]，提出了规避风险的基本方法，对各国金融监管机构的外包业务监管提出了9项指导性建议，并就各国监管当局对外包业务的监管进行了比较。

中国的金融行业目前正处于变革创新、提升国际竞争力的关键时期，金融服务业将大有可为。中国的金融机构应携手“绿色”金融服务业，双方共同形成富有创造性的竞争合力。希望在不久的未来，中国涌现出一批世界级的金融服务外包企业，在全球服务业中打造“中国服务”的品牌，使中国不再单纯扮演“世界工厂”的角色。

本章小结

行为金融理论建立在套利限制和心理学两大基石之上，通过将人们的认知、心理、情绪等心理因素纳入对金融决策的分析之中，解决了传统金融理论中被称为“市场异象”的一系列难题，同时也能够更好地解释真实世界。

20世纪70年代，以麦金农和肖为代表的一些西方经济学家以发展中国家为研究对象，针对这些国家广泛存在的“金融抑制”现象，提出了“金融深化”理论。其核心便是政府应放松本国金融管制，转而实行金融自由化政策，以促进经济增长。然而，20世纪90年代以后，金融自由化理论因不断受到理论上和实践上的双重挑战而饱受诟病。金融自由化的坚定支持者们随之提出了金融自由化次序理论。

在金融自由化的浪潮下，20世纪80年代以来频繁爆发的一系列全球金融危机引发了人们对金融脆弱性的广泛思考。金融脆弱性理论认为金融体系本身是不稳定的，具有内在脆弱性，因此金融风险是普遍存在的，金融危机是不可避免的。学者们通过大量的理论与实证研究认为，金融自由化在一定程度上导致了金融危机的爆发。各种金融危机模型很好地解释了导致历次金融危机爆发的成因。

互联网金融是近年来金融领域中最为引人瞩目的创新活动。它是在互联网、大数据、云计算等新兴技术背景下出现的满足人们真实金融需求的新产品、新服务以及新的商业模式的集合。

供应链金融在一定程度上颠覆了传统融资模式下的融资关系，有效拓宽了中小企业的融资渠道。供应链金融的基本模式主要有：应收账款融资模式、保兑仓融资模式和融通仓

---

① 依据《金融服务外包文件》中的风险分类，可以将金融服务外包的主要风险归纳为如下10种。(1) 战略风险：服务商按照自己利益行事，未必符合发包机构的总体战略目标；发包机构未对承包方实施有效监督；没有足够的专业能力对服务商进行监督。(2) 声誉风险：服务商提供的服务不尽如人意；对客户不能提供与发包机构同一标准的服务；服务商的活动不符合受监管实体（在道德或其他方面）的规定。(3) 合规风险：服务商不遵守关于隐私的有关法律，不能很好地遵守保护客户以及审慎监管的法规，外包提供者的合规与控制力不足。(4) 操作风险：技术失误，缺乏充足的财力以履行责任或提供补偿，欺诈或失误；发包机构难以应对外包项目实施检查或检查成本过高带来的风险。(5) 退包风险：过度依赖单一承包方；金融机构自身失去业务处理能力，无法在必要时将外包业务收回；快速终止外包合同的成本极高。(6) 信用风险：信用评估不当；应收账款质量下降。(7) 国家风险：政治、社会和法律环境造成的风险，商业持续性计划更为复杂。(8) 履约风险：履约的能力；对于离岸业务，选择管辖法律至关重要。(9) 获得信息风险：被监管机构无法及时向监管当局提供数据和信息；监管当局了解承包方业务活动有一定难度。(10) 集中和系统性风险：行业整体风险集中于某一服务商。集中风险包括以下两个方面：各个金融机构对服务商缺乏控制；行业整体面临的系统性风险。

融资模式。

金融服务外包，主要分为信息技术外包（ITO）、业务流程外包（BPO）和知识流程外包（KPO）。从世界范围来看，金融服务外包特别是离岸外包发展迅猛。我国金融机构的外包业务尚处于萌芽阶段，总体规模较小，渗透率偏低。

思考题

1. 请谈谈行为金融理论的起源及其在现实生活中的应用。

2. 如何理解金融自由化与金融脆弱性、金融危机三者之间的关系？

3. 源于发达国家的美国次贷危机与源于发展中国家的墨西哥金融危机、东南亚金融危机有何区别？

4. 供应链金融如何有效解决中国中小企业融资难问题？

5. 中国开展国际金融服务外包业务的优势和劣势各有哪些？

推荐阅读书目

[1] 胡跃飞，黄少卿．供应链金融：背景、创新与概念界定．金融研究，2009(8)．

[2] 姜荣春．全球金融服务外包产业发展最新趋势及中国策略．上海金融，2010(3)．

[3] 李心丹．行为金融理论：研究体系及展望．金融研究，2005(1)．

[4] 雷达．经济全球化与金融自由化的理论思考．中国人民大学学报，2003(4)．

[5] 王东风．国外金融脆弱性理论研究综述．国外社会科学，2007(5)．

[6] 露西·F. 阿科特，理查德·迪弗斯．行为金融：心理、决策和市场．北京：机械工业出版社，2012.

[7] 科林·F. 凯莫勒，乔治·罗文斯坦，马修·拉宾．行为经济学新进展．北京：中国人民大学出版社，2010.

[8] H. 肯特·贝克，约翰·R. 诺夫辛格．行为金融学：投资者、企业和市场，北京：中国人民大学出版社，2017.

[9] 宋华．供应链金融．2 版．北京：中国人民大学出版社，2016.

参考文献

[1] 安东尼·M. 桑托莫罗．金融市场、工具与机构．大连：东北财经大学出版社，2000.

[2] 安锦．金融危机理论模型及其重要启示．经济论坛，2009（20）.

[3] 巴塞尔银行监管委员会，等．金融服务外包（上）（下）．中国金融，2005（13）（14）.

[4] 白钦先，曲昭光．各国政策性金融机构比较．北京：中国金融出版社，2006.

[5] 鲍静海，尹成远．商业银行业务经营与管理．北京：人民邮电出版社，2008.

[6] 彼得·S. 罗斯．货币与资本市场．北京：机械工业出版社，2006.

[7] 毕晓韵，彭芳．金融危机下供应链金融融资问题与机制创新．湖北工业大学学报，2010（6）.

[8] 毕艳杰，柯大钢．行为金融理论述评．首都经济贸易大学学报，2005（2）.

[9] 卞志村．金融学．3版．北京：人民出版社，2019.

[10] 兹维·博迪，罗伯特·C. 默顿，戴维·L. 克利顿．金融学．2版．北京：中国人民大学出版社，2010.

[11] 曹龙骐．金融学．3版．北京：高等教育出版社，2019.

[12] 曹雪琴．新编保险学概论．上海：立信会计出版社，2010.

[13] 陈学彬．金融学．4版．北京：高等教育出版社，2017.

[14] 陈野华．西方货币金融学说的新发展．成都：西南财经大学出版社，2001.

[15] 大卫·H. 弗里德曼．货币与银行．北京：中国计划出版社，2001.

[16] 戴国强．商业银行经营学．5版．北京：高等教育出版社，2016.

[17] 戴天柱．投资银行运作理论与实务．2版．北京：经济管理出版社，2010.

[18] 东朝晖．对套利定价理论及应用的认识．数量经济技术经济研究，2003（5）.

[19] 杜金富．金融市场学．4版．大连：东北财经大学出版社，2014.

[20] 弗兰克·J. 法博齐．金融市场与金融机构基础．4版．北京：机械工业出版社，2010.

[21] 干胜道．企业融资财务．北京：高等教育出版社，2000.

[22] 郭清马．供应链金融模式及其风险管理研究．金融教学与研究，2010（2）.

[23] 韩复龄．投资银行学．2版．北京：对外经济贸易大学出版社，2014.

[24] 贺琼，程希骏．企业投资与融资决策．北京：科学出版社，2000.

[25] 胡玉明．公司理财．2版．大连：东北财经大学出版社，2009.

[26] 胡跃飞，黄少卿．供应链金融：背景、创新与概念界定．金融研究，2009（8）.

[27] 黄达，张杰．金融学．5版．北京：中国人民大学出版社，2020.

[28] 黄辉．中国上市企业资本结构调整速度与调整路径的实证研究．武汉：华中科技大学，2009.

[29] 黄磊，刘兴云．企业资本投资决策．上海：上海财经大学出版社，1997.

[30] 黄涛．行为金融理论的发展与创新．商业经济，2008（11）.

[31] 杨长江，姜波克．国际金融学．5版．北京：高等教育出版社，2019.

[32] 姜荣春．全球金融服务外包产业发展最新趋势及中国策略．上海金融，2010（3）.

[33] 蒋先玲．货币银行学．3版．北京：对外经济贸易大学出版社，2019.

[34] 金雪军．金融学案例．杭州：浙江大学出版社，2004.

[35] 雷达．经济全球化与金融自由化的理论思考．中国人民大学学报，2003（4）.

[36] 李炜．行为金融理论的产生与发展概述．学习与探索，2008（2）.

[37] 李心丹．行为金融理论：研究体系及展望．金融研究，2005（1）.

[38] 李雪茹，尹洪霞，马合增．现代金融学．广州：中山大学出版社，2005.

[39] 林新，赵陵，张宏伟．套利定价理论的实证研究．数量经济技术经济研究，2001（5）．
[40] 刘澄，曹辉，李锋．金融学教程．3版．北京：中国人民大学出版社，2018.
[41] 刘红忠．投资学．4版．北京：高等教育出版社，2019.
[42] 刘园．金融市场学教程．2版．北京：对外经济贸易大学出版社，2011.
[43] 卢福财．企业融资效率分析．北京：经济管理出版社，2001.
[44] 罗开位，侯振挺，李致中．期权定价理论的产生与发展．系统工程，2000（6）．
[45] 李学锋．投资学．3版．北京：科学出版社，2019.
[46] 马晓．企业投资决策与管理．成都：西南财经大学出版社，2000.
[47] 弗雷德里克·米什金，斯坦利·埃金斯．金融市场与金融机构：全球版．北京：机械工业出版社，2013.
[48] 弗雷德里克·S. 米什金．货币金融学：第12版．北京：中国人民大学出版社，2021.
[49] 莫易娴．金融危机模型的分析及启示．统计与决策，2006（4）．
[50] 牛建高，杨亮芳．金融学．2版．南京：东南大学出版社，2010.
[51] 潘海英．金融理论研究的新视角：行为金融理论述评．生产力研究，2005（6）．
[52] 彭兴韵．金融学原理．6版．上海：格致出版社，2019.
[53] 钱立．简评期权定价理论的主要发展．经济科学，2000（4）．
[54] 钱水土．货币金融学．北京：机械工业出版社，2020.
[55] 任淮秀．证券投资学．3版．北京：高等教育出版社，2016.
[56] 上海期货交易所市场部黄金市场介绍．
[57] 上海证券交易所网站．
[58] 沈天鹰．企业投资决策．天津：南开大学出版社，1995.
[59] 斯蒂芬·A. 罗斯，伦道夫·W. 威斯特菲尔德，杰弗利·F. 杰富．公司理财：第11版．北京：机械工业出版社，2017.
[60] 斯坦利·G. 伊肯思．金融学：第2版．成都：西南财经大学出版社，2005.
[61] 宋逢明．金融工程原理．北京：清华大学出版社，1999.
[62] 宋逢明．期权定价理论和1997年度的诺贝尔经济学奖．管理科学学报，1998（2）．
[63] 宋琳．资本成本缺位与我国资本市场功能缺陷．厦门：厦门大学，2006.
[64] 唐旭，成家军．现代商业银行业务与管理．北京：中央广播电视大学出版社，2002.
[65] 王东风．国外金融脆弱性理论研究综述．国外社会科学，2007（5）．
[66] 王广谦．中央银行学．4版．北京：高等教育出版社，2017.
[67] 王克华，陈雨露．货币银行学．武汉：武汉大学出版社，2008.
[68] 王丽娅．企业融资理论与实务．北京：中国经济出版社，2005.
[69] 王千红，梁红岩．金融市场学．2版．南京：东南大学出版社，2014.
[70] 王淑敏，齐佩金．金融信托与租赁．5版．北京：中国金融出版社，2020.
[71] 王伟东．财务公司经营与管理．北京：中国人民大学出版社，2004.
[72] 王玉，陈柳钦．金融脆弱性理论的现代发展及文献评述．贵州社会科学，2006（3）．
[73] 威廉·F. 夏普．投资组合理论与资本市场．北京：机械工业出版社，2016.
[74] 威廉·F. 夏普，等．投资学：第5版．北京：中国人民大学出版社，2013.
[75] 魏巧琴．保险公司经营管理．5版．上海：上海财经大学出版社，2016.
[76] 吴崇伯．近20年来西方金融自由化理论研究的最新进展．国外社会科学，2008（4）．
[77] 吴国新，高长春．金融服务外包研究综述．国际商务研究，2009（5）．
[78] 吴晓求．证券投资学．5版．北京：中国人民大学出版社，2020.

[79] 谢百三．金融市场学．北京：北京大学出版社，2009.
[80] 许文新．金融市场学．上海：复旦大学出版社，2007.
[81] 杨长江，张波，王一富．金融学教程．上海：复旦大学出版社，2004.
[82] 杨丽荣．公司金融学．3 版．北京：科学出版社，2020.
[83] 杨璐．全球金融危机对金融自由化理论的影响．企业导报，2009（10）.
[84] 易纲，吴有昌．货币银行学．2 版．上海：格致出版社，2017.
[85] 虞群娥，龚伯勇．现代商业银行经营管理．杭州：浙江大学出版社，2001.
[86] 曾康霖，金融学教程．北京：中国金融出版社，2006.
[87] 张尚学，货币银行学．北京：科学出版社，2019.
[88] 张先治．公司理财．北京：中国财政经济出版社，2009.
[89] 张延良．金融自由化理论演进分析．经济论坛，2004（20）.
[90] 张杨．消费信贷：经济增长的新动力．济南金融，2004（4）.
[91] 张亦春，郑振龙．金融市场学．5 版．北京：高等教育出版社，2017.
[92] 赵山．中国上市企业资本结构研究．合肥：中国科学技术大学，2006.
[93] 郑道平，张贵乐．货币银行学原理．北京：中国金融出版社，2009.
[94] 中国财务公司协会．财务公司基础知识与实务．北京：中国金融出版社，2005.
[95] 中国国债投资网．
[96] 中国人民银行网站．
[97] 中国银行业从业人员资格认证办公室．公共基础．北京：中国金融出版社，2013.
[98] 中国证券业协会．证券市场基础知识．北京：中国财政经济出版社，2010.
[99] 中国证券业协会．证券投资分析．北京：中国财政经济出版社，2016.
[100] 朱新蓉．货币金融学．北京：中国金融出版社，2015.
[101] 博迪，凯恩，马库斯．投资学：第 10 版．北京：机械工业出版社，2017.
[102] 博迪．金融学：第 2 版．北京：中国人民大学出版社，2018.
[103] 布里格姆，埃尔霍尔特．财务管理：理论与实践：第 10 版．北京：清华大学出版社，2005.
[104] Gordon，M. J. *The Investment，Financing and Valuation of the Corporation*. Illinois：Richard D. Irwin，Inc.，1962.
[105] Williams，J. B. *The Theory of Investment Value*. Cambridge：Harvard University Press，1938.

图书在版编目（CIP）数据

金融学概论/王常柏主编．—3版．—北京：中国人民大学出版社，2021.10
普通高等学校应用型教材．金融
ISBN 978-7-300-29811-5

Ⅰ.①金… Ⅱ.①王… Ⅲ.①金融学—高等学校—教材 Ⅳ.①F830

中国版本图书馆CIP数据核字（2021）第174151号

普通高等学校应用型教材·金融
金融学概论（第三版）
主　编　王常柏
副主编　邵永同　赵玉平
Jinrongxue Gailun

出版发行	中国人民大学出版社		
社　　址	北京中关村大街31号	**邮政编码**	100080
电　　话	010-62511242（总编室）		010-62511770（质管部）
	010-82501766（邮购部）		010-62514148（门市部）
	010-62515195（发行公司）		010-62515275（盗版举报）
网　　址	http://www.crup.com.cn		
经　　销	新华书店		
印　　刷	固安县铭成印刷有限公司	**版　　次**	2012年2月第1版
开　　本	787 mm×1092 mm　1/16		2021年10月第3版
印　　张	17.5	**印　　次**	2024年12月第4次印刷
字　　数	406 000	**定　　价**	42.00元

教学支持说明

1. 教辅资源获取方式

为秉承中国人民大学出版社对教材类产品一贯的教学支持，我们将向采纳本书作为教材的教师免费提供丰富的教辅资源。您可直接到中国人民大学出版社官网的教师服务中心注册下载——http://www.crup.com.cn/Teacher。

如遇到注册、搜索等技术问题，可咨询网页右下角在线 QQ 客服，周一到周五工作时间有专人负责处理。

注册成为我社教师会员后，您可长期根据您所属的课程类别申请纸质样书、电子样书和教辅资源，自行完成免费下载。您也可登录我社官网的"教师服务中心"，我们经常举办赠送纸质样书、赠送电子样书、线上直播、资源下载、全国各专业培训及会议信息共享等网上教材进校园活动，期待您的积极参与！

2. 高校教师可加入下述学科教师 QQ 交流群，获取更多教学服务

经济类教师交流群：809471792

财政金融教师交流群：766895628

国际贸易教师交流群：162921240

税收教师交流群：119667851

3. 购书联系方式

网上书店咨询电话：010－82501766

邮购咨询电话：010－62515351

团购咨询电话：010－62513136

中国人民大学出版社经济分社

地址：北京市海淀区中关村大街甲 59 号文化大厦 1506 室　100872

电话：010－62513572　010－62515803

传真：010－62514775

E-mail：jjfs@crup.com.cn